CRISE DO SACERDÓCIO E ESCATOLOGIA NO SÉC. V a.C.

Dados Internacionais de Catalogação na Publicação (CIP)
(Câmara Brasileira do Livro, SP, Brasil)

Siqueira, Fabio da Silveira
  Crise do sacerdócio e escatologia no séc. V a.C. : a partir da leitura de Ml 2,1-9 e 2,17–3,5 / Fabio da Silveira Siqueira; sob coordenação de Waldecir Gonzaga – Petrópolis, RJ : Vozes : Editora PUC-Rio, 2021. – (Série Teologia PUC-Rio)

Bibliografia.
ISBN 978-65-5713-132-9 (Vozes)
ISBN 978-65-88831-24-3 (PUC-Rio)

1. Cristianismo 2. Escatologia 3. Malaquias, Santo, 1094?-1148 – Profecias 4. Sacerdócio – História I. Título. II. Série.

21-62682   CDD-253

Índices para catálogo sistemático:
1. Sacerdócio : História : Cristianismo 253

Cibele Maria Dias – Bibliotecária – CRB-8/9427

Fabio da Silveira Siqueira

CRISE DO SACERDÓCIO E ESCATOLOGIA NO SÉC. V a.C.
A PARTIR DA LEITURA DE ML 2,1-9 E 2,17–3,5

SÉRIE **TEOLOGIA PUC-RIO**

© 2021, Editora Vozes Ltda.
Rua Frei Luís, 100
25689-900 Petrópolis, RJ
www.vozes.com.br
Brasil

Todos os direitos reservados. Nenhuma parte desta obra poderá ser reproduzida ou transmitida por qualquer forma e/ou quaisquer meios (eletrônico ou mecânico, incluindo fotocópia e gravação) ou arquivada em qualquer sistema ou banco de dados sem permissão escrita da editora.

CONSELHO EDITORIAL

Diretor
Gilberto Gonçalves Garcia

Editores
Aline dos Santos Carneiro
Edrian Josué Pasini
Marilac Loraine Oleniki
Welder Lancieri Marchini

Conselheiros
Francisco Morás
Ludovico Garmus
Teobaldo Heidemann
Volney J. Berkenbrock

Secretário executivo
João Batista Kreuch

©**Editora PUC-Rio**
Rua Marquês de S. Vicente, 225
Casa da Editora PUC-Rio
Gávea – Rio de Janeiro – RJ
CEP 22451-900
T 55 21 3527-1760/1838
edpucrio@puc-rio.br
www.puc-rio.br/editorapucrio

Reitor
Prof. Pe. Josafá Carlos de Siqueira SJ

Vice-Reitor
Prof. Pe. Anderson Antonio Pedroso SJ

Vice-Reitor para Assuntos Acadêmicos
Prof. José Ricardo Bergmann

Vice-Reitor para Assuntos Administrativos
Prof. Ricardo Tanscheit

Vice-Reitor para Assuntos Comunitários
Prof. Augusto Luiz Duarte Lopes Sampaio

Vice-Reitor para Assuntos de Desenvolvimento
Prof. Sergio Bruni

Decanos
Prof. Júlio Cesar Valladão Diniz (CTCH)
Prof. Luiz Roberto A. Cunha (CCS)
Prof. Sidnei Paciornik (CTC)
Prof. Hilton Augusto Koch (CCBS)

Conselho Gestor da Editora PUC-Rio
Augusto Sampaio, Danilo Marcondes, Felipe Gomberg, Hilton Augusto Koch, José Ricardo Bergmann, Júlio Cesar Valladão Diniz, Sidnei Paciornik, Luiz Roberto Cunha e Sergio Bruni.

Coordenação da série: Waldecir Gonzaga
Editoração: Programa de pós-graduação em Teologia (PUC-Rio)
Diagramação: Raquel Nascimento
Revisão gráfica: Alessandra Karl
Capa: Editora Vozes

ISBN 978-65-5713-132-9 (Vozes)
ISBN 978-65-88831-24-3 (PUC-Rio)

Editado conforme o novo acordo ortográfico.

Este livro foi composto e impresso pela Editora Vozes Ltda.

Dedico esta pesquisa à minha mãe, Anilda (*in memoriam*),
por seu carinho e incentivo.

כִּי־שִׂפְתֵי כֹהֵן יִשְׁמְרוּ־דַעַת
וְתוֹרָה יְבַקְשׁוּ מִפִּיהוּ
כִּי מַלְאַךְ יְהוָה־צְבָאוֹת הוּא:
(Ml 2,7)

Agradecimentos

Agradeço em primeiro lugar a Deus, que na sua infinita bondade me chamou à vida e me inspirou o amor às Sagradas Escrituras, guiando-me nessa jornada acadêmica.

À minha orientadora, Profª.-Drª. Maria de Lourdes Corrêa Lima, que esteve ativamente ao meu lado, auxiliando-me e estimulando-me em todas as fases da pesquisa para que ela chegasse a bom termo.

Ao meu Arcebispo, Dom Orani João Tempesta, O. Cist., pelo incentivo constante para que eu perseverasse na vida acadêmica.

À PUC-Rio e à CAPES pelos auxílios concedidos, sem os quais este trabalho não poderia ter sido realizado.

A presente pesquisa foi realizada com o financiamento da Coordenação de Aperfeiçoamento de Pessoal de Nível Superior – Brasil (CAPES) – Código de Financiamento 001.

À Profª.-Drª. Maria Teresa de Freitas Cardoso, coordenadora do programa de Pós-Graduação do Departamento de Teologia da PUC-Rio, e ao Prof.-Dr. Abimar de Oliveira Moraes, que coordenou o programa durante todo o período no qual realizei o Mestrado e nos primeiros semestres do Doutorado. Agradeço a ambos a presença amiga e o estímulo.

Aos professores do Departamento de Teologia, de modo particular aos Professores Dr. Leonardo Agostini Fernandes, Dr. Waldecir Gonzaga e Dr. Heitor Carlos Santos Utrini, por seus pareceres e orientações nos exames de qualificação que tanto me ajudaram a progredir e a realizar de modo mais proveitoso este trabalho acadêmico.

Aos demais professores e funcionários do Departamento de Teologia, pela disposição em auxiliar a todos aqueles que aqui se apresentam no desejo de se aprofundar no estudo e na pesquisa teológica.

Aos meus colegas da PUC-Rio, de modo particular Antonio Marcos, Cláudio, Ednea, Jane e Patrícia.

Aos funcionários da biblioteca da PUC-Rio, pelo auxílio sempre eficiente e amigável, sobretudo na busca pelos artigos e demais materiais de pesquisa.

À Biblioteca do Pontifício Instituto Bíblico, na pessoa de seu diretor, Dr. Adam Wisniewski, pela acolhida durante o período de pesquisa que me permitiu recolher a maior parte da bibliografia utilizada na elaboração desta tese.

Aos queridos amigos, Pe. Cláudio dos Santos e Pe. Eufrázio Luiz, que me acolheram como vigário paroquial durante este tempo de estudo, para que eu pudesse, com mais desembaraço, dedicar-me integralmente à pesquisa e à redação desta tese.

Ao estimado Pe. Luiz Fernando Ribeiro Santana, por seu apoio durante todo o meu processo formativo.

Aos queridos companheiros das Escolas de Fé e Catequese Mater Ecclesiae e Luz e Vida.

Aos meus familiares, amigos, e às queridas irmãs do Mosteiro Nossa Senhora da Paz e da Congregação de Nossa Senhora de Belém. Agradeço de coração o apoio, as orações e a amizade fraterna.

Sumário

Siglas e abreviaturas, 13

Prefácio, 15

Introdução, 19

  O tema, 19

  Os textos, 20

    Ml 2,1-9: estado atual da pesquisa, 20

    Ml 2,17–3,5: estado atual da pesquisa, 25

    Considerações conclusivas, 27

  Hipótese e Objetivo, 27

  Roteiro e Método, 28

Capítulo 1 | O sacerdócio israelita em tempos do Antigo Testamento, 30

  1.1. Terminologia e funções dos sacerdotes, 30

    1.1.1. Terminologia, 30

    1.1.2. Funções dos sacerdotes, 32

      1.1.2.1. A função oracular, 33

      1.1.2.2. O ensino, 34

      1.1.2.3. O culto, 36

  1.2. Panorama histórico da instituição sacerdotal no Antigo Testamento, 37

    1.2.1. Origens, 38

    1.2.2. Período monárquico, 45

    1.2.2.1. O rei e o culto, 45

    1.2.2.2. O sacerdócio de Jerusalém sob Davi e Salomão, 48

    1.2.2.3. Jeroboão e o sacerdócio de Betel, 52

    1.2.2.4. A Reforma de Josias, 55

  1.2.3. Período do Segundo Templo, 60

    1.2.3.1. O programa reformador de Ezequiel, 60

    1.2.3.2. Os sacerdotes "filhos de Aarão", 66

1.3. A hierarquia sacerdotal no pós-exílio, 69

  1.3.1. O sumo sacerdote, 69

  1.3.2. Sacerdotes e levitas, 71

Capítulo 2 | Análise exegética de Ml 2,1-9, 73

2.1. Tradução, notas à tradução e crítica textual, 73

  2.1.1. Tradução, 73

  2.1.2. Notas à tradução, 77

  2.1.3. Crítica textual, 83

2.2. Delimitação, unidade e crítica da redação, 86

  2.2.1. Delimitação e unidade, 86

  2.2.2. Crítica da redação, 89

2.3. Crítica da forma e gênero literário, 92

  2.3.1. Crítica da forma, 92

  2.3.2. Gênero literário, 99

2.4. Comentário exegético, 101

  2.4.1. Introdução: anúncio da מִצְוָה e apresentação dos destinatários (הַכֹּהֲנִים): 2,1, 101

  2.4.2. Anúncio, descrição e fruto do juízo de YHWH: 2,2-4, 104

    2.4.2.1. Anúncio do juízo: 2,2, 105

    2.4.2.2. Descrição do juízo: 2,3, 110

    2.4.2.3. Fruto do juízo: 2,4, 113

  2.4.3. Retrospectiva histórica: a Aliança de YHWH com Levi: 2,5-6, 116

2.4.3.1. A relação de YHWH com Levi na perspectiva da Aliança: 2,5, 116

2.4.3.2. O exemplo de Levi: 2,6, 119

2.4.4. O sacerdote ideal: 2,7, 124

2.4.5. Descrição do mal feito pelos sacerdotes e veredito final de YHWH: 2,8-9, 128

Capítulo 3 | Análise exegética de Ml 2,17-3,5, 135

3.1. Tradução e crítica textual, 135

   3.1.1. Tradução, 135

   3.1.2. Crítica textual, 137

3.2. Delimitação, unidade e crítica da redação, 140

   3.2.1. Delimitação e unidade, 140

   3.2.2. Crítica da redação, 142

3.3. Crítica da forma e gênero literário, 145

   3.3.1. Crítica da forma, 145

   3.3.2. Gênero literário, 149

3.4. Comentário exegético, 150

   3.4.1. Introdução: 2,17, 150

   3.4.2. Primeiro anúncio de uma dupla vinda: o mensageiro (מַלְאָךְ) e YHWH – 3,1ab, 155

   3.4.3. Segundo anúncio de uma dupla vinda: o mensageiro da aliança (מַלְאַךְ הַבְּרִית) e o Senhor (אָדוֹן): c3,1-f, 158

   3.4.4. A vinda do mensageiro: 3,2-4, 164

   3.4.5. A vinda de YHWH: 3,5, 178

Capítulo 4 | Juízo e purificação: A perspectiva escatológica de Malaquias (2,17–3,5) e seu pressuposto (2,1-9), 188

4.1. O discurso de ameaça de Ml 2,1-9 como pressuposto de Ml 2,17–3,5, 188

   4.1.1. A crítica ao sacerdócio em Ml 2,1-9, 188

   4.1.2. As causas da crise denunciada pelo profeta, 191

4.1.3. A ameaça de YHWH: consequências para o sacerdócio e o culto, 194

4.1.4. A aliança com Levi e o sacerdote ideal como contraponto da crítica, 196

4.2. Ml 2,17–3,5 como texto escatológico, 198

4.2.1. O sentido do termo escatologia aplicado ao profetismo, 198

4.2.2. Ml 2,17–3,5: texto escatológico?, 201

4.2.3. Ml 2,17–3,5 e seus aspectos escatológicos, 206

4.3. A inter-relação de Ml 2,1-9 e Ml 2,17–3,5 no contexto de Malaquias, 211

Conclusão, 217

Malaquias e o sacerdócio: aspectos históricos, 217

A análise dos textos, 218

Ml 2,1-9: aspectos semânticos, 218

Ml 2,17-3,5: aspectos semânticos, 220

A correlação entre as perícopes, 221

A avaliação do caráter escatológico de Ml 2,17–3,5, 222

Considerações finais e perspectivas abertas, 223

Referências bibliográficas, 227

Fontes, 227

Estudos, 227

Posfácio, 243

Siglas e abreviaturas

AOP	Antigo Oriente Próximo
AT	Antigo Testamento
BH	Bíblia Hebraica
BHQ	Biblia Hebraica Quinta
BHS	Biblia Hebraica Stuttgartensia
BK	Biblischer Kommentar
BZAW	Beihefte zur Zeitschrift für die alttestamentliche Wissenschaft
c.	Coluna
cc.	Colunas
cpl	Comum Plural
cs	Comum singular
Ed(s)	Editor (es)
fp	Feminino Plural
fs	Feminino Singular
GKC	Geseniu's Hebrew Grammar as Edited and Enlarged by the Late E. Kautzch, ed. A. E. Cowley, Oxford: Clarendon Press, 1990.
Inf	Infinitivo
J-M	A Grammar of Biblical Hebrew, P. Joüon – T. Muraoka, Roma: Gregorian & Biblical Press, 2009.
mp	Masculino Plural
ms	Masculino Singular

N	Partícula negativa
n.	Número
NT	Novo Testamento
OBO	Orbis Biblicus et Orientalis
ON	Oração Nominal
Org(s)	Organizador (es)
OV	Oração Verbal
p	Partícula/pessoa
p.	Página
pl	Plural
ptc	Particípio
s	Singular
tb.	Também
TH	Texto Hebraico
trad.	Tradutor
v.	Versículo ou volume
vv.	Versículos
w	Conjunção וְ
x	Termo ou partícula inserido antes da forma verbal

Prefácio

Presente, de diversos modos, nas várias culturas e povos do Antigo Oriente Próximo, a instituição sacerdotal ocupou também em Israel um lugar de destaque. Com efeito, se Israel se autocompreendeu como povo da aliança, o sacerdote, como especial mediador entre o povo e Deus, apresenta-se como particularmente importante. A discussão sobre a origem e desenvolvimento desta instituição, tal qual atestados no Antigo Testamento, está longe de ser inequívoca, pois, além de incluir aspectos históricos que dependem de testemunhos nem sempre claros, oferece numerosas dificuldades em virtude do complexo processo redacional dos textos bíblicos que a estes pontos aludem ou se referem. Certo, todavia, é que, no tempo pós-exílico, o sacerdócio ganhou relevo, uma vez que a instituição monárquica desaparecera, dando lugar a expressivos domínios estrangeiros. Terá, então, mais do que nunca, o papel de condutor da vida religiosa – e, em alguns momentos, também civil – do povo eleito.

De outro lado, a par da importância do sacerdócio na sociedade israelita, os escritos proféticos são marcados por uma generalizada e contundente crítica a esta instituição. O debate acerca do alcance de tal crítica, mesmo se opõe opiniões diversas, não deixa de evidenciar que, por trás dos questionamentos existentes na profecia, está uma alta valorização do sacerdócio. É exatamente esta tão positiva consideração que leva a exigir dele uma conduta sempre irrepreensível e, desse modo, a dirigir contra ele graves acusações, pelo fato de não corresponder aos seus altos ideais. Nesta estrada se coloca o livro de Malaquias, que tem na crítica à instituição sacerdotal um de seus pontos centrais. Localizado no pós-exílio, através de seus textos é possível deslindar não só a situação do sacerdócio aos olhos do profeta, mas ainda a concepção do livro acerca do que deveriam ser e como deveriam agir os sacerdotes.

Malaquias, no entanto, não se detém na crítica; anuncia a renovação do sacerdócio, que chegará à plenitude segundo o plano divino. Nisso ultrapassa em grande parte a mensagem dos restantes escritos proféticos e oferece, particularmente nesta perspectiva, uma específica e significativa contribuição.

Sobre esta temática versa o presente estudo. Fruto de diligente e acurada pesquisa, debruça-se sobre um tema de grande importância, que implica não poucas dificuldades de compreensão. Considerando passagens fundamentais concernentes à crítica e à renovação do sacerdócio (respectivamente Ml 2,1-9 e 2,17–3,5), a pesquisa permite entrever como as duas perspectivas se conjugam na mensagem do profeta.

A primeira perícope levanta questões sobre o sacerdócio que é ali contemplado, sobre a identificação de sacerdotes e levitas como grupos afins ou opostos, enfim, sobre a existência de algum intento de justificação do sacerdócio exercido em Jerusalém. Com isso, permite desenhar as funções precípuas do sacerdócio. O presente estudo, que aborda o texto em linha exegética, considera, além dos aspectos semânticos e formais, distinções diacrônicas e reconstruções históricas de grande complexidade. Permite, com isso, mais bem compreender o sacerdócio na época pós-exílica. Esses dados, uma vez trabalhados e ampliados em sua dimensão histórica, conduzem a caracterizar o sacerdócio na época de redação do livro (colocada no século V a.C.), contribuindo, desse modo, para a visão do desenvolvimento da instituição sacerdotal, tema que, embora ocupe o primeiro capítulo do trabalho, foi desenvolvido em segunda instância, a partir do estudo detalhado dos textos bíblicos. A exposição aí feita, ao contemplar as grandes vertentes da história da pesquisa, traz como maior contribuição a visão global da questão; de outra parte, permite chegar a conclusões plausíveis sobre o mesmo. Possibilita, assim, caracterizar com mais propriedade o tão obscuro período pós-exílico.

A segunda perícope objeto do estudo, Ml 2,17–3,5, cuja relação com a primeira se justifica pelos contatos terminológicos e temáticos existentes, traz igualmente não poucas dificuldades. Em primeiro plano colocam-se as figuras que aí aparecem – o mensageiro, o anjo da aliança –, sua identificação, sua relação mútua e com o Senhor do Templo. O tema do sacerdócio retorna agora na perspectiva de sua purificação, o que levanta a questão da relação do Senhor e das figuras supracitadas com a renovação dos "filhos de Levi" bem como dos objetivos de tal purificação. Por fim, a perspectiva temporal e a mensagem da perícope incluem a investigação de seu caráter escatológico. Confirmada tal dimensão, o estudo vai além, identificando os pontos característicos da escatologia deste livro profético. Com isso, o presente trabalho contribui também para o estudo do tema teológico da escatologia profética, que, por sua importância, proporciona avaliar, de forma significativamente mais adequada, o alcance dos textos.

Com tal riqueza de dados, acima só acenada, o presente trabalho oferece a todos os que se interessam pelos temas bíblicos uma relevante contribuição para a compreensão da instituição sacerdotal no Antigo Testamento, em seus aspectos históricos e teológicos. Abre, de outro lado, ao conhecimento aprofundado do livro de Malaquias e, com isso, da mensagem profética veterotestamentária e do desenvolvimento do pensamento teológico na época pós-exílica. Além destes aspectos, contribui para o estudo da escatologia profética veterotestamentária e para a consideração de sua relevância no entendimento dos textos bíblicos.

O livro de Malaquias, retomado nas primeiras páginas do Novo Testamento (cf. Mc 1,2; Ml 3,1), mostra-se como essencial para bem compreendê-lo. Sua mensagem de renovação do sacerdócio aponta, de outra parte, para o novo sacerdócio inaugurado na pessoa de Jesus Cristo (cf. Hb 2,17), que cumpre perfeitamente, elevando-as, todas as expectativas da mensagem profética. A presente obra alcança, dessa forma, ainda maior relevância, por colocar bases sólidas para a compreensão também da mensagem cristã em toda a sua riqueza.

Rio de Janeiro, 12 de dezembro de 2020
Festa de Nossa Senhora de Guadalupe
Maria de Lourdes Corrêa Lima

Introdução

O tema

Juntamente com o profetismo e a monarquia, o culto é uma das grandes instituições do Antigo Testamento. Não somente nos textos da chamada tradição sacerdotal, como também no Deuteronômio e na literatura por ele influenciada, o culto tem lugar de destaque. Tal se pode depreender de textos como o livro do Levítico ou Dt 12, por exemplo, que apresenta uma teologia do Templo como lugar que YHWH escolheu para aí fazer "habitar o seu nome" (Dt 12,11:לְשַׁכֵּן שְׁמוֹ שָׁם).[1]

Na literatura profética, sacerdócio e culto também ocupam um lugar de singular importância. Uma vez que o culto é sinal da comunhão que une YHWH e seu povo, os profetas não podem admitir que ele seja realizado de modo inadequado (Ml 1,6-14) ou que se coadune com a prática da injustiça (Am 8,4-6; Is 1,10-17). O sacerdócio, por sua vez, é duramente criticado pelos profetas por não cumprir adequadamente suas funções (Os 4,4-10) ou por realizá-las buscando seus lucros pessoais (Mq 3,11). Contudo, existem também oráculos que preveem que a aliança de YHWH com o sacerdócio não será jamais rompida de modo definitivo (Jr 33,18). O livro de Ezequiel, embora reconheça os desvios outrora cometidos pelos sacerdotes (Ez 22,26), dedica grande espaço à restauração futura do sacerdócio e do culto (Ez 40-48) que estarão, segundo sua visão, no centro da comunidade restaurada.

Em Malaquias, a temática do culto e do sacerdócio ocupa quase a totalidade do livro: além das perícopes de Ml 2,1-9 e 2,17–3,5, tal temática é diretamente abordada em Ml 1,6-14, onde os sacerdotes são duramente criticados por apresentarem vítimas impróprias a YHWH e, juntamente com o povo, são amaldiçoados por pretenderem enganar a Deus (Ml 1,14); além disso, encontram-se

---

1. Para a abreviação dos livros bíblicos, segue-se o modelo estabelecido pela Bíblia de Jerusalém.

referências ao culto em Ml 2,10-16, que trata sobre os casamentos mistos,[2] e em Ml 3,6-12, que trata especificamente dos dízimos.

Malaquias pode ser considerado a fonte principal para que se possa conhecer o modo como o culto foi realizado no período que vai da reconstrução do Templo (515 a.C.) até a intervenção de Neemias (445 a.C.).[3] Tanto sua crítica ao sacerdócio (Ml 2,1-9) como sua perspectiva salvífica (Ml 2,17–3,5) ajudam a compreender não somente os desvios cometidos, os quais o profeta procura denunciar e pôr em evidência, mas também permitem delinear uma teologia do sacerdócio (Ml 2,7) e captar a esperança crescente de que, uma vez purificados por YHWH (Ml 2,17–3,5), os sacerdotes poderão, de novo, realizar o culto em conformidade com a sua vontade (Ml 3,3), a fim de que este se torne, outra vez, o meio por excelência de comunhão entre Deus e seu povo.

Os textos

Este trabalho procura aprofundar o estudo acerca de duas perícopes: Ml 2,1-9 e Ml 2,17–3,5, onde a primeira é compreendida como pressuposto da esperança salvífica apresentada e desenvolvida na segunda.

Embora Ml 2,1-9 seja parte de uma seção maior do livro de Malaquias (Ml 1,6–2,9), no presente trabalho a atenção foi fixada somente sobre a segunda parte do oráculo, o assim chamado "discurso de ameaça" que, pela menção da "aliança de Levi" (Ml 2,8), se liga de modo particular a Ml 2,17–3,5 (particularmente 3,3). Além disso, em 1,6-14 as faltas dos sacerdotes são apenas enumeradas, estando a ameaça de um juízo e sua descrição, de fato, em Ml 2,1-9, ameaça esta que implica uma ação de YHWH tanto num futuro indeterminado, quanto já no presente (Ml 2,2). A correspondência terminológica e conceitual corrobora a correlação existente entre as duas perícopes,[4] correlação essa ainda não suficientemente explorada pela pesquisa bíblica.

Ml 2,1-9: estado atual da pesquisa

Os estudos a respeito de Ml 2,1-9, no que diz respeito à temática do culto e do sacerdócio, podem ser reunidos em três grupos:

---

2. SNYMAN, S. D., Malachi, p. 110-111.

3. SACCHI, P., Historia del Judaísmo en la epoca del Segundo Templo, p. 125. Segundo Soggin, *Sul carattere e i contenuti del culto in quest'epoca apprendiamo invece ben poco e possiamo pertanto procedere solo per deduzioni e supposizioni*. SOGGIN, J. A., Storia d'Israele, 357.

4. Eis os termos comuns às duas perícopes no livro de Malaquias: בְּרִית (2,4.5.8 // 3,1); דֶּרֶךְ (2,8.9 // 3,1); ירא (2,5 // 3,5); לֵוִי (2,4.8 // 3,3); מַלְאָךְ (2,7 // 3,1); פָּנֶה (2,3.5.9 // 3,1); שׁלח (2,2.4 // 3,1).

a) A identidade dos sacerdotes criticados pelo profeta

O livro de Malaquias não faz menção dos "levitas". Nos textos dirigidos aos sacerdotes, estes são chamados de כֹּהֲנִים, termo que, no plural, aparece em Ml 1,6 e 2,1, abrindo cada uma das duas partes da disputa profética que os indicia diretamente. Um grupo de estudiosos, preocupados sobretudo em pôr em destaque o transfundo histórico da profecia de Malaquias, dedicou-se a investigar se o profeta se orientava ou não pelo programa reformador de Ezequiel – o qual previa uma distinção entre sacerdotes e levitas, atribuindo o sacerdócio somente aos de linhagem sadocita (Ez 44,10-16) – e quais seriam as consequências disso para a interpretação de sua profecia.

Alguns desses estudiosos acreditam que Malaquias é influenciado sobretudo pelo Deuteronômio, onde tal distinção entre sacerdotes e levitas não ocorre.[5] Há quem afirme que isso se dá porque o profeta está numa fase de "transição", onde nem o programa reformador de Ezequiel (Ez 40-48), nem a teologia sacerdotal fizeram sentir sua influência.[6] Outros autores, no entanto, não entram no mérito do conhecimento ou não por parte do profeta de tal distinção entre sacerdotes e levitas. Estes acreditam que o foco de Malaquias não é demonstrar ou fazer avaliações a respeito de tal "distinção", mas, sim, concentrar-se no que diz respeito à corrupção tanto do sacerdócio, quanto do povo.[7]

Hanson, por sua vez, defende que, por trás do texto de Malaquias, existem dois grupos em "tensão": levitas e sadocitas. A corrupção dos sacerdotes denunciada pelo profeta seria o reflexo da disputa entre um círculo levítico/profético e outro sadocita, que teria retornado do exílio com seu projeto de reforma hierocrática. A purificação dos "filhos de Levi" em Ml 2,17–3,5 apontaria, no parecer de Hanson, para um tempo onde os sadocitas seriam substituídos por estes no que diz respeito à função sacerdotal, numa espécie de reversão do programa reformador de Ezequiel.[8] A tese de Hanson foi seguida, mais tarde, por Reynolds[9] e criticada por outros autores, como O'Brien, Tiemeyer e Weyde.[10]

---

5. Sem pretender esgotar a enumeração de tais autores, citam-se apenas alguns: GELIN, A., Message aux prêtres, p. 14-20; CHARY, T., Aggeé, Zacharie, Malachie, p. 225; SWETNAM, J., Malachi 1:11: An Interpretation, p. 203; TATE, M. E., Questions for Priests and People in Malachi 1,2 -2,16, p. 391-407.

6. ACHTEMEIER, E., Nahum-Malachi, p. 171-172.188.

7. O'BRIEN, J. M., Priest and Levite in Malachi, p. 143-148; TIEMEYER, L-S., Priestly Rites and Prophetic Rage, p. 127-135.

8. HANSON, P. D., The People Called, p. 253-290.

9. REYNOLDS, C. B., Malachi and the Priesthood, p. 3-16.

10. O'BRIEN, J. M., Priest and Levite in Malachi, p. 25-26.47-48; TIEMEYER, L-S., Priestly Rites and Prophetic Rage, p. 127-135; WEYDE, K. W., The Priests and the Descendants of Levi in the Book of Malachi, p. 238-253.

b) Teologia do sacerdócio no profeta Malaquias

Os estudos neste campo são assaz escassos. Além dos comentários, que não se detêm exclusivamente sobre este tema, pode-se destacar dois trabalhos, com uma significativa distância temporal entre eles.

O primeiro é um artigo de Botterweck, onde se investiga o "ideal" e a "realidade" a respeito do sacerdócio jerusalimitano na época de Malaquias. Em Ml 2,7, segundo seu parecer, é apresentada uma imagem idealizada do sacerdócio, onde este é colocado em estreita relação com o "conhecimento" (דַּעַת), a "instrução" (תּוֹרָה), e cuja correta atuação poderia gerar "vida e paz" (Ml 2,5) para o povo. Tal imagem idealizada demonstra não somente a grandiosidade do sacerdócio em si, mas serviria para reforçar a crítica do profeta aos sacerdotes que apresentam um comportamento diametralmente oposto.[11]

Com relação ao culto, segundo ainda Botterweck, Malaquias aproxima-se da profecia pré-exílica, no que diz respeito à temática. Contudo, o objeto da sua crítica é diferente. Enquanto nos profetas pré-exílicos a crítica estava centrada na falsa segurança religiosa e no perigo que o culto oferecia para aqueles que achavam que bastava realizá-lo exteriormente sem uma configuração da vida a este mesmo culto, em Malaquias, por sua vez, a crítica está focada no laxismo com relação ao modo de conduzir o culto em si, ou seja, ao oferecer animais impróprios, os sacerdotes estão manifestando seu "desprezo" com relação ao culto que é, em última análise, "desprezo" com relação ao próprio YHWH (Ml 1,6.7.12; 2,9: בזה).[12]

O segundo trabalho é a análise feita por Scoralick, a partir de Ml 2,7, do sacerdote como mensageiro.[13] Num primeiro momento, a autora levanta algumas questões que, no seu parecer, mereceriam ser aprofundadas em trabalhos posteriores. Dentre estas, destacam-se: Os sacerdotes teriam função profética, de acordo com esse texto? O texto refletiria a ideia do fim da profecia no pós-exílio? Seria uma indicação da aproximação entre profecia e culto? Num segundo momento, é traçado um paralelo da imagem do sacerdote em Malaquias e em outros profetas menores. Particularmente, a respeito de Ml 1,6 – 2,9, a autora o aproxima de

---

Segundo Weyde, o uso do termo "Levi" em Ml 2,1-9 indicaria o conjunto dos que estavam a serviço do Templo, sacerdotes e, também, levitas. Segundo seu parecer, a menção dos "filhos de Levi" que devem ser purificados (Ml 2,17–3,5) indicaria esta totalidade dos que estavam a serviço do culto no Templo, não significando, contudo, que os levitas tomariam o lugar dos sadocitas.

11. BOTTERWECK, G. J., Ideal und Wirklichkeit der Jerusalemer Priester, p. 109.

12. BOTTERWECK, G. J., Ideal und Wirklichkeit der Jerusalemer Priester, p. 100-109.

13. SCORALICK, R., Priester als "Boten" Gottes (Mal 2,7)?, p. 415-430.

Os 4,4-19, em virtude do uso do binômio תּוֹרָה/דַּעַת que, relacionado ao sacerdócio, só aparece nesses dois textos em todo o conjunto dos doze profetas menores.

c) O sentido da expressão "Aliança com Levi" em Malaquias

O termo בְּרִית, referido ao sacerdócio, ocorre quatro vezes em Malaquias (Ml 2,4.5.8; 3,1). Embora em outros textos bíblicos o sacerdócio tenha sido apresentado sob esta categoria (Nm 25,12-13; Jr 33,20-21), chama a atenção dos estudiosos o fato de Malaquias apresentar a relação entre YHWH e o sacerdócio como "aliança de Levi" (Ml 2,8: בְּרִית הַלֵּוִי), expressão única em toda a BH.[14] Em virtude disso, são mais numerosos os estudos que se detêm sob este aspecto de Ml 2,1-9. Destacam-se, aqui, os estudos mais significativos e detalhados a respeito de tal tema.[15]

Devescovi se debruça sobre o tema da aliança de YHWH com os sacerdotes, com o intuito de compreender as expressões contidas em Ml 2,4.8 בְּרִיתִי אֶת־לֵוִי e בְּרִית הַלֵּוִי, respectivamente).[16] Em seu artigo, ele pretende estudar a natureza e a constituição histórica da aliança estipulada entre YHWH e Levi. Já no início da sua reflexão, o autor afirma que o texto de Ml 2,1-9 é o único a falar de tal aliança "com plena clareza e com uma certa amplidão".[17] O autor examina, no decorrer da sua reflexão, outras passagens do AT que se referem a uma aliança entre Deus e Levi (ou os "levitas", ou o "sacerdócio"): Lv 24,8; Nm 18,19; Nm 25,13; Dt 33,8-11; Ne 13,29; Jr 33,21. Ele conclui que a concepção que Malaquias tem de uma "aliança levítica" vem da tradição sacerdotal. Não adiantaria, na opinião do autor, procurar na história de Israel um momento específico de uma aliança travada entre YHWH e os levitas. Teria sido a tradição sacerdotal que, apresentando a instituição dos sacerdotes e levitas no contexto da atuação de Moisés e do pacto sinaítico, teria entendido que a "aliança do Sinai" compreendia também uma "aliança" com

---

14. Preferiu-se utilizar a expressão Bíblia Hebraica (BH) porque esta deixa mais claro que, em alguns momentos, na tese, a referência é somente aos livros bíblicos do Antigo Testamento escritos em hebraico. Quando a referência não diz respeito a aspectos linguísticos, faz-se a referência ao Antigo Testamento na sua totalidade. Nos capítulos exegéticos, quando se trata de modo particular da crítica textual, utiliza-se a expressão Texto Leningradense porque esta deixa mais evidente que o objeto de comparação é o testemunho textual impresso na edição crítica utilizada, no caso, a Bíblia Hebraica Quinta.

15. Poderiam ser citados, ainda, os seguintes trabalhos nessa linha de pesquisa: HARRISON, G. W., Covenant Unfaithfulness in Malachi 2:1-16, p. 63-72; BOLOJE, B. O.; GROENEWALD, A., Literary Analysis of Covenant Themes in Book of Malachi, p. 257-282; McKENZIE, S. L.; WALLACE, H. N., Covenant Themes in Malachi, p. 549-563, EGGER-WENZEL, R., Covenant of Peace (ברית שלום) – An Eschatological Term?, p. 35-65; KUTSCH, E., Verheißung und Gesetz, p. 118-121.

16. DEVESCOVI, U., L'alleanza di Jahvé con Levi, p. 205-218.

17. DEVESCOVI, U., L'alleanza di Jahvé con Levi, p. 205.

os sacerdotes e levitas. Tal compreensão justificaria o uso, em Malaquias, da expressão "Aliança de Levi".

Haag se detém nos aspectos históricos e teológicos da Aliança com Levi em Ml 2.[18] Na primeira parte de seu artigo, o autor aborda questões de crítica da forma, deixando para a segunda parte as afirmações de cunho mais propriamente teológico. Esta parte do artigo subdivide-se em duas partes menores: na primeira, são apresentadas as conclusões da análise semântica do termo בְּרִית na BH; na segunda parte, é feita uma análise da história do sacerdócio, dividindo essa mesma história em três períodos: o período do assentamento de Israel; o período do primeiro Templo e o período do segundo Templo.

Depois dessa breve apresentação histórica, Haag apresenta uma síntese teológica de como o sacerdócio é apresentado em Ml 2,1-9. Observando algumas passagens do livro das Crônicas (1Cr 16,4; 28,21; 2Cr 17,8-9) onde sacerdotes e levitas aparecem atuando juntos, de forma harmônica, ele afirma que o pano de fundo de Ml 2,1-9 é o desenvolvimento da instituição sacerdotal de acordo com o modelo que será mais tarde apresentado em Crônicas, onde não parece haver tensão entre levitas e sacerdotes. A partir desta conclusão, ele exclui a possibilidade de se considerar a profecia de Malaquias como expressão de uma oposição entre sacerdotes e levitas, como havia afirmado Hanson. Dois aspectos do sacerdócio levítico estariam sendo elucidados na perícope: sua apreciação e avaliação enquanto instituição e a demonstração da sua função em relação ao povo de YHWH. A perícope cuidaria, ainda, de caracterizar o sacerdócio: ele é a "Aliança com Levi" – Ml 2,4-8, em analogia com a "Aliança dos pais" em Ml 2,10.

Filippo Serafini, em sua tese doutoral, estudou o sentido de uma "aliança sacerdotal" no Antigo Testamento submetendo a uma análise exegética acurada diversos textos que relacionam o termo בְּרִית com o sacerdócio. No capítulo terceiro, ele analisa Ml 1,6–2,9, pondo em destaque o modo como o texto apresenta o sacerdócio. O autor reconhece o caráter limitado de uma interpretação meramente sociológica de Malaquias, como o fizeram Hanson[19] e Sacchi.[20] No seu parecer, a categoria "Aliança", em Malaquias, deve ser entendida em seu sentido teológico: ela serve para legitimar o sacerdócio e o culto, enquanto expressão visível e concreta da relação entre YHWH e o povo; por outro lado, serve para reforçar o peso da crítica profética sobre o sacerdócio, tendo em vista que seu modo de proceder

---

18. HAAG, E., Gottes Bund mit Levi nach Maleachi 2, p. 25-44.

19. HANSON, P. D., The People Called, p. 253-290.

20. SACCHI, P., Historia del Judaismo en la época del Segundo Templo, p.129.

põe em risco o que há de mais fundamental para Israel que é justamente sua relação com YHWH.[21]

Frevel reflete sobre o tema da aliança sacerdotal e sua conexão com a invectiva profética contra os casamentos mistos.[22] Seu artigo divide-se em três partes: na primeira, partindo de uma análise de Nm 25, o autor faz a conexão desse texto com outros do AT, demonstrando sua importância para se entender o sentido de "uma aliança com os sacerdotes" no AT; na segunda parte do artigo, é apresentada a recepção de Nm 25, particularmente os vv. 12-13, em Ne 13,29, cuja questão de fundo são os matrimônios mistos; por último, o autor fala da "aliança com Levi" em Ml 2 como "aliança sacerdotal". Analisando o uso do termo בְּרִית em Ml 2,1-9 e em Dt 33,9, ele conclui que a "aliança com Levi" não é uma segunda aliança, ou uma aliança diferente daquela do Sinai. O livro do Deuteronômio, ao afirmar que os levitas[23] "mantêm" a aliança com YHWH, quer significar com isso que a aliança ratificada no Sinai se mantém através da sua tríplice função: a transmissão dos oráculos, o ensino e a oferta de sacrifícios. As falhas dos sacerdotes com relação à oferta de sacrifícios e ao ensino, denunciadas em Ml 1,6–2,9, põem em risco a aliança como um todo. O restabelecimento da "aliança com Levi" seria, na verdade, o restabelecimento da aliança em si, aquela mesma ratificada no Sinai e que se mantém viva na consciência do povo por meio da atuação dos sacerdotes.

Num trabalho mais recente, Assis afirma que procurar uma referência histórica para o estabelecimento de uma aliança particular com Levi nos textos do AT é uma tarefa inútil. Ao invés de procurar uma origem histórica para a expressão "Aliança com Levi", o autor prefere entender essa expressão como um termo com propósito retórico, que serve para indicar que os sacerdotes são responsáveis por manter a relação de Aliança, representando "Deus diante do povo" no seu ofício de ensinar, e "o povo diante de Deus" no seu ofício de oferecer sacrifícios.[24]

Ml 2,17–3,5: estado atual da pesquisa

Com relação a Ml 2,17–3,5, aqui destacam-se os estudos acerca dos seus aspectos escatológicos.[25] Os comentários mais recentes admitem que Ml 2,17–3,5

---

21. SERAFINI, F., L'Alleanza Levitica, p. 261-354.

22. FREVEL, C., Mein Bund mit ihm war das Leben und der Friede, p. 85-93.

23. É importante pôr em relevo que, em Dt 33,8-11, todos os sacerdotes são apresentados como "levitas", no sentido de que são membros da tribo de Levi.

24. ASSIS, E., The Reproach of the Priests (Malachi 1:6–2:9) within Malachi's Conception of Covenant, p. 271-290.

25. Podem ser citados, ainda, os estudos acerca da identidade do "mensageiro da aliança" e do "Senhor", mencionados em Ml 3,1: VON WALLIS, G., Wesen und Struktur der Botschaft des Maleachis, p. 229-237;

seja um texto escatológico,²⁶ todavia, faltam estudos mais específicos, que delineiem melhor as características de tal "escatologia" com seus elementos peculiares.

Himbaza²⁷ defende em um breve artigo a ideia de que todo o capítulo 3 de Malaquias é escatológico, inclusive a perícope de 3,6-12, que normalmente é compreendida pelos estudiosos deste profeta menor como uma chamado ao arrependimento, e não como um texto escatológico.²⁸ A respeito da perícope de Ml 3,1-5, o autor se centra na discussão a respeito das expressões הָאָדוֹן e מַלְאַךְ הַבְּרִית de Ml 3,1. Ele identifica essas duas figuras, baseando-se no paralelismo estabelecido pelas orações subordinadas que acompanham a menção das mesmas: (מַלְאַךְ הַבְּרִית) אֲשֶׁר־אַתֶּם חֲפֵצִים e (הָאָדוֹן) אֲשֶׁר־אַתֶּם מְבַקְשִׁים.

A partir disso, o autor conclui que a purificação do sacerdócio anunciada em Ml 3,2-4 será operada pelo próprio YHWH. Ele chega a constatar que, uma variante de Qumran, que apresenta a raiz בוא (Ml 3,1) no plural e não no singular como testemunha o Texto Leningradense, seria um argumento a favor da compreensão de que, em Qumran, se compreendia que a purificação do sacerdócio seria efetuada pelo mensageiro e não pelo próprio YHWH. O autor, contudo, considera essa leitura secundária. No seu parecer, ela seria fruto de uma interpretação tardia do profeta, à luz de Ml 3,22-24, que identifica o mensageiro com o profeta Elias, eliminando, assim, a possibilidade de sua identificação com o próprio YHWH.

Goswell procurou estudar a influência de Zc 14 na leitura dos textos por ele considerados escatológicos em Malaquias. Ele analisa alguns versículos de Malaquias e não perícopes no seu conjunto. Foram objeto de seu estudo os textos de Ml 1,5.11; 3,4.12. No seu parecer, os aspectos relevantes da escatologia de Malaquias são a esperança da renovação escatológica do culto jerusalimitano (3,4) e o louvor que YHWH deve receber "entre as nações" (1,11).²⁹

Os autores Boloje e Groenewald, num artigo conjunto, aceitam que o texto de Ml 2,17–3,5 seja um texto escatológico, embora não descrevam de que tipo de

---

RENKER, A., Die Tora bei Maleachi, p. 90-97; KAISER, W. C., The Promise of the Arrival of Elijah in Malachi and the Gospels, p. 221-233; GLAZIER-MCDONALD, B., Mal'ak Habberît, p. 93-104; MALONE, A. S., Is the Messiah announced in Malachi 3:1?, p. 215-228; SNYMAN, S. D., Once again: Investigating the identity of the three figures mentioned in Malachi 3:1, p. 1031-1044; VAN DER WOUDE, A. S., Der Engel des Bundes, p. 289-300. Outros autores se destacam por seus trabalhos a respeito da intertextualidade em Ml 3: TIEMEYER, L. S., Priestly Rites and Prophetic Rage, p. 256-259; GIBSON, J., Covenant Continuity and fidelity, p. 156-181.

26. MEINHOLD, A., Maleachi, p. 275; SNYMAN, S. D., Malachi, p. 123; JACOBS, M. R., The Books of Haggai and Malachi, p. 264-286.

27. HIMBAZA, I., L'eschatologie de Malachie 3, p. 359-366.

28. HILL, A., Malachi, p. 320-321.

29. GOSWELL, G., The Eschatology of Malachi after Zechariah 14, p. 625-638, 2013.

escatologia se trata: se de juízo ou salvação. Para eles, a perícope, no seu conjunto, trata do יוֹם יְהוָה como um dia de purificação para o sacerdócio.[30] Em outro artigo, os mesmos autores trataram de outro aspecto relevante em Ml 2,17–3,5: a referência ao Templo – YHWH é descrito como "Senhor do Templo" (Ml 3,1). Analisando Ml 2,17-3,5 e relacionando-o com Ml 3,10-12, os autores concluem que o Templo tornou-se, no pós-exílio, "um emblema para a esperança escatológica".[31]

Considerações conclusivas

Esse breve *status quaestionis* permite perceber que faltam estudos que correlacionem melhor a crítica ao sacerdócio (Ml 2,1-9) à perspectiva salvífica de Ml 2,17–3,5. Além disso, embora se tenha considerado Ml 2,17–3,5 como um enunciado escatológico, os elementos que o caracterizam como tal não foram suficientemente elucidados, bem como não foi posta ainda, em destaque, qual a sua particular importância para a escatologia pós-exílica. A presente tese se insere neste nicho, procurando não somente elucidar a correlação entre a crise do sacerdócio e a perspectiva escatológica de Malaquias, mas, também, pôr em destaque os elementos que permitiriam caracterizar Ml 2,17–3,5 como um enunciado escatológico.

Hipótese e Objetivo

Embora Ml 2,1-9 deseja um discurso de ameaça, onde predomina o juízo de YHWH sobre os sacerdotes faltosos, o v. 4 parece entrever um aspecto positivo. Além do juízo servir para que os sacerdotes "reconheçam" (2,4: יְדַע) que a palavra profética vem de YHWH, a expressão לִהְיוֹת (Ml 2,4), cujo sentido é objeto de discussão entre os estudiosos, parece apontar para o restabelecimento futuro da Aliança com YHWH, corrompida pelos sacerdotes (Ml 2,8).

Este possível restabelecimento futuro da Aliança, a começar pela purificação do sacerdócio e a aceitação do culto por parte de YHWH, está no centro da perspectiva salvífica de Ml 2,17–3,5. Sendo assim, parece verossímil afirmar que, um estudo dos dois textos em conjunto, pode permitir elucidar melhor seus múltiplos aspectos, verificando se Ml 2,1-9 pode ser tido como pressuposto de Ml 2,17–3,5.

---

30. BOLOJE, B. O.; GROENEWALD, A., Malachi's Eschatological Day of Yahweh, p. 53-81.
31. BOLOJE, B. O.; GROENEWALD, A., Malachi's Vision of the Temple, p. 354-381.

Além disso, este trabalho pretende verificar se Ml 2,17–3,5 pode ser considerado um enunciado escatológico. Para atingir tal objetivo, seguindo os resultados das pesquisas recentes no campo da escatologia aplicada aos enunciados proféticos,[32] será verificado se os elementos essenciais que caracterizam um texto como escatológico se encontram em Ml 2,17–3,5.

Roteiro e Método

A pesquisa se desenvolve em três etapas: um breve estudo acerca do desenvolvimento da instituição sacerdotal no Antigo Testamento; análise exegética de Ml 2,1-9 e 2,17–3,5; correlação dos dois textos e verificação do caráter escatológico de Ml 2,17–3,5.

Sendo que é complexo o estudo acerca tanto do surgimento, quanto do desenvolvimento da instituição sacerdotal no Antigo Israel, a primeira parte do estudo apresenta, do ponto de vista do seu desenvolvimento histórico, o sacerdócio israelita em tempos do Antigo Testamento. Tal complexidade é devida, sobretudo, às diferentes datações propostas para os textos bíblicos que tocam nessa temática.[33] O estudo compreende três etapas: num primeiro momento, o tema será abordado sob a perspectiva terminológica; num segundo momento, serão estudadas as funções sacerdotais a partir de textos-chave; por fim, faz-se uma tentativa de reconstrução histórica da instituição sacerdotal no AT a partir dos três grandes períodos da história de Israel: período pré-monárquico (origens), monarquia e período pós-exílico (segundo Templo). Tal estudo tem por finalidade ajudar a localizar os textos do profeta Malaquias dentro da evolução histórica e teológica do sacerdócio, o que contribui para compreender tanto sua crítica aos mesmos sacerdotes (Ml 2,1-9) quanto a perspectiva salvífica apresentada em 2,17–3,5.

Nos capítulos três e quatro será feita a análise exegética de Ml 2,1-9 e Ml 2,17–3,5, respectivamente, seguindo-se os passos do método histórico-crítico.[34] A utilização do Método Histórico-Crítico se justifica pela necessidade de se compreender o enunciado profético dentro do seu contexto histórico específico. Além disso, as diversas etapas do método aplicadas às perícopes estudadas, ajudam a compreender seus aspectos redacionais, formais e semânticos, a fim de que possam ser captadas as múltiplas virtualidades do texto.

---

32. LIMA, M. L. C., Salvação entre juízo, conversão e graça, p. 15-63.
33. KUGLER, R., Priests and Levites, p. 596.
34. SIMIAN-YOFRE, H., Diacronia: os métodos histórico-críticos, p. 73-108; BAUKS, M.; NIHAN, C., Manuale di esegesi dell'Antico Testamento, p. 87-165; LIMA, M. L. C., Exegese bíblica: teoria e prática, p. 85-164.

Cada um dos capítulos é quadripartido, observando-se as seguintes etapas: em primeiro lugar apresenta-se a tradução e a crítica textual;[35] depois é feita a delimitação, a crítica da redação e é estabelecida a datação de cada umas das perícopes; a terceira parte diz respeito à crítica da forma, com o consequente estabelecimento da estrutura de cada uma das perícopes, e à crítica do gênero literário; por fim, é apresentado o comentário exegético de cada um dos textos, sempre a partir da estrutura pré-estabelecida. Nos comentários exegéticos, consideram-se os aspectos sincrônicos dos textos,[36] suas virtualidades semânticas, bem como sua correlação com o livro de Malaquias como um todo. A relação dos textos estudados com outros textos da BH é feita na medida em que isto possa auxiliar sua maior compreensão.

No último capítulo, é estudado, em primeiro lugar, o modo como o anúncio salvífico de Ml 2,17–3,5 se correlaciona com a crítica sacerdotal de Ml 2,1-9. Na segunda parte do capítulo, verifica-se a possibilidade de se considerar Ml 2,17–3,5 como um enunciado escatológico. Em primeiro lugar, procura-se estabelecer, de modo sintético, o sentido do termo escatologia aplicado ao profetismo; em seguida, verifica-se se em Ml 2,17–3,5 encontram-se os elementos que poderiam caracterizá-lo como um anúncio escatológico; em seguida, são analisadas suas características específicas. Por último, são apresentados os aspectos teológicos que mais se acentuam na correlação entre Ml 2,1-9 e Ml 2,17–3,5, quais sejam: o sacerdócio, a centralidade do culto, a relação do culto com o tema da aliança, a coordenação entre juízo e salvação que perpassa os dois textos.

---

35. Com relação à perícope de Ml 2,1-9, apresenta-se um tópico a mais intitulado "notas à tradução" entre a tradução e a crítica textual, uma vez que a interpretação dos vv. 3 e 5 é causa de grande dissenso entre os estudiosos.

36. Considerando-se que o texto na sua forma final é que se tornou normativo e canônico, no comentário às perícopes, considerou-se o aspecto sincrônico como fundamental. O documento "Interpretação da Bíblia na Igreja" afirma a legitimidade desse processo: "A respeito da inclusão no método, de uma análise sincrônica dos textos, deve-se reconhecer que se trata de uma operação legítima, pois é o texto em seu estado final, e não uma redação anterior, que é expressão da Palavra de Deus". PONTIFÍCIA COMISSÃO BÍBLICA, A Interpretação da Bíblia na Igreja, p. 45.

Capítulo 1 | O sacerdócio israelita em tempos do Antigo Testamento

1.1. Terminologia e funções dos sacerdotes

Nesta primeira parte, serão apresentados dois elementos de particular relevância para o estudo do sacerdócio israelita no AT: a etimologia dos termos utilizados para se referir às figuras ligadas ao culto e as funções dos sacerdotes segundo o elenco apresentado em Dt 33,8-11.

1.1.1. Terminologia

Três termos são utilizados no AT para se referir às figuras envolvidas no culto. O mais recorrente é o termo כֹּהֵן,[37] para o qual se estimam três possíveis origens. O termo poderia provir da raiz verbal כון ("estar firme", "ser estabelecido"),[38] com referência ao sacerdote ou ao santuário ao qual ele estaria ligado. Se entendida com referência ao sacerdote, a raiz indicaria que o כֹּהֵן é aquele que é "estabelecido" diante de Deus para o servir.[39] Se referida ao santuário, a raiz indicaria que o כֹּהֵן é aquele que é instalado em função de um santuário tão logo este seja "estabelecido". Essa última compreensão parece encontrar algum respaldo na BH, uma vez que o "estabelecimento" de um santuário é muitas vezes indicado pela raiz כון (Ex 15,17; Jz 16,26; Is 2,2).

---

37. Lisowsky registra 750 ocorrências do termo na BH. LISOWSKY, G., Konkordanz zum Hebräischen Alten Testament, p. 665-670.

38. ALONSO SCHÖKEL, L., Dicionário Bíblico Hebraico-Português, São Paulo: Paulus, 1997, p. 309-310; KOEHLER, L.; BAUMGARTNER, W., The Hebrew and Aramaic Lexicon of the Old Testament, v. 1, p. 464-466.

39. ABBA, R., Levites and Priests, p. 877.

Estima-se, ainda, que o termo כֹּהֵן possa provir do acádico *kânu* (*kahânu*): "inclinar-se". Assim, o sacerdote seria aquele que se "inclina" diante de Deus, que lhe rende homenagem. Ou, ainda, a partir do siríaco *kahhen*: "atuar como sacerdote" ou "tornar próspero" - o sacerdote seria aquele que, pela sua atuação diante da divindade, traria prosperidade. Este sentido de "tornar próspero" para se coadunar com Jz 17,13, onde Micas afirma que Deus "lhe fará bem" (יטב – hifil) porque ele tem um "levita" como sacerdote. As raízes são diversas, mas o sentido é aproximado.[40]

Compostas a partir do substantivo כֹּהֵן, encontram-se as seguintes expressões na BH: הַכֹּהֵן הַגָּדוֹל: o "grande sacerdote" ou "sumo sacerdote" (Lv 21,10);[41] כֹּהֵן הָרֹאשׁ: o "sacerdote chefe" (2Rs 25,18); כֹּהֵן הַמִּשְׁנֶה: o "segundo sacerdote" (Jr 52,24); הַכֹּהֵן הַמָּשִׁיחַ: o "sacerdote ungido" (Lv 4,3.5.16; 6,15).[42]

São atestados, ainda, na BH, a raiz verbal כהן (Piel – Ez 44,13) "agir/atuar como sacerdote" e o substantivo כְּהֻנָּה – "sacerdócio" (Ne 7,64). O termo כֹּהֵן não é utilizado na BH para designar somente os sacerdotes de YHWH. Ele também é utilizado para referir-se aos sacerdotes de outros cultos: os sacerdotes de בַּעַל (2Rs 10,19); de דָּגוֹן (1Sm 5,5); de כְּמוֹשׁ (Jr 48,7); de מִלְכֹּם (Jr 49,3); sacerdotes egípcios (Gn 41,45); madianitas (Ex 3,1); cananeus (Gn 14,18), os sacerdotes dos "lugares altos" (1Rs 12,32).[43]

O segundo termo é לֵוִי, que ocorre na BH tanto no singular quanto no plural,[44] aparecendo em expressões como "filhos de Levi" e "sacerdotes levitas".[45] Cogita-se que o termo tenha sua origem na raiz לוה I que, no nifal, significa "unir-se, ligar-se" a alguém.[46] Essa etimologia se coaduna com o texto de Gn 29,34 – quando Lia dá à luz Levi, ela diz: *agora meu marido se unirá* (יִלָּוֶה) *a mim*.[47] Todavia, existe uma raiz לוה II que significa "tomar emprestado" ou "emprestar" alguma coisa.[48]

---

40. AUNEAU, J., Sacerdoce, p. 1197-1203; DE VAUX, R., Instituições de Israel, p. 384; CODY, A., A History of Old Testament Priesthood, p. 26-29.

41. O grego geralmente traduz esta expressão por ὁ ἱερεὺς ὁ μέγας. O título ἀρχιερεύς ocorre em Lv 4,3, onde traduz a expressão הַכֹּהֵן הַמָּשִׁיחַ; em Js 22,13, onde traduz o termo הַכֹּהֵן; e em Js 24,33, onde no hebraico aparece somente o nome de Aarão, sem nenhum epíteto. Ali a LXX acrescentou o título ἀρχιερεύς.

42. A expressão כֹּהֵן הַמִּשְׁנֶה, o "segundo sacerdote" (Jr 52,24), utilizada em paralelo com a expressão כֹּהֵן הָרֹאשׁ, o "sacerdote chefe" (2Rs 25,18), parece sugerir uma hierarquia sacerdotal já em tempos pré-exílicos.

43. DOMMERSHAUSEN, W., כֹּהֵן, p. 66.

44. São registradas cerca de 354 ocorrências do termo na BH. KELLERMANN, D., לֵוִי, p. 486.

45. Uma síntese a respeito da etimologia do termo poder ser encontra em: KELLERMANN, D., לֵוִי, p. 486-490; AUNEAU, J., Sacerdoce, p. 1200; DE VAUX, R., Instituições de Israel, p. 396-397.

46. KOEHLER, L.; BAUMGARTNER, W., The Hebrew and Aramaic Lexicon of the Old Testament, v. 1, p. 522.

47. Tal verbo aparece relacionado aos "levitas" também em Nm 18,2. ABBA, R., Levites and Priests, p. 877.

48. KOEHLER, L.; BAUMGARTNER, W., The Hebrew and Aramaic Lexicon of the Old Testament, v. 1, p. 522.

Assim, os levitas seriam "emprestados/dados" a YHWH. A BH não usa essa raiz nesse sentido, mas utiliza expressões semelhantes para se referir aos levitas: em Nm 8,15-16, por exemplo, afirma-se que os levitas são "dados" (נתן) a YHWH para substituir os primogênitos e para fazer o serviço da Tenda da Reunião. Há quem considere, ainda, uma origem a partir da raiz árabe *lwy* que significa "girar em roda". De Vaux considera essa hipótese muito arbitrária e sem apoio nos textos bíblicos, devendo, portanto, ser abandonada.[49]

O uso do termo לֵוִי é muito amplo na BH: é o nome de um dos filhos de Jacó (Gn 29,34); designa, também, umas das doze tribos (Dt 18,1); aparece ligado a outros termos, gerando expressões como "sacerdotes levitas" (Ez 43,19), "filhos de Levi" (Gn 46,11; Ex 32,28; Ez 40,46; Ml 3,3) e outras análogas. O termo menos recorrente na BH, para referir-se a um "sacerdote", é כֹּמֶר, que aparece apenas em 2Rs 23,5, Os 10,5 e Sf 1,4, sempre no plural (כְּמָרִים) e indicando sacerdotes pagãos.[50] Cogita-se duas possíveis origens para o termo. Uma seria a partir da raiz כמר I, que originalmente significaria "aquecer, esquentar" e, nesse sentido, o verbo referir-se-ia ao que "oferece holocaustos" ou outros sacrifícios incinerados. A segunda origem possível seria a partir da raiz כמר III (siríaco), com sentido de "ser triste, ser escuro, ser sombrio", o que seria uma referência ou às vestimentas, ou a uma espécie de máscara utilizada por estes sacerdotes.[51] A LXX não traduz o termo. Somente em 2Rs 23,5 ela oferece uma transliteração (χωμαριμ).[52]

1.1.2. Funções dos sacerdotes

O estudo acerca das funções dos sacerdotes é importante porque reflete a teologia do próprio sacerdócio. A partir de Dt 33,8-11 pode-se constatar que a eles são atribuídas, já antes do exílio, três funções principais: a transmissão de oráculos, o ensino e o culto.[53] Enquanto transmite oráculos e ensina, o sacerdote é o representante de YHWH junto aos homens. Quando preside as ações cultuais, por sua vez, o sacerdote representa os homens junto a YHWH.[54]

---

49. DE VAUX, R., Instituições de Israel, p. 396.
50. LISOWSKY, G., Konkordanz zum Hebräischen Alten Testament, p. 684.
51. KOEHLER, L.; BAUMGARTNER, W., The Hebrew and Aramaic Lexicon of the Old Testament, p. 481-482.
52. AUNEAU, J., Sacerdoce, p. 1199-1200; CODY, A., A History of Old Testament Priesthood, p. 28.
53. Embora a datação do Deuteronômio seja discutida, de modo particular no que diz respeito ao livro na sua forma final, as três funções ali apresentadas já são exercidas pelos sacerdotes no pré-exílio como se poderá depreender do desenvolvimento do estudo e da citação de textos que são datados ou ao menos correspondem à tradições deste período. CRAIGIE, P. C., The Book of Deuteronomy, p. 26-27.395-396.
54. DE VAUX, R., Instituições de Israel, p. 395.

1.1.2.1. A função oracular

O texto de Dt 33,8-11 apresenta alguma dificuldade de interpretação pelo fato de utilizar formas verbais no singular (vv. 8-9a.11) e no plural (vv. 9b-10) para se referir à tribo de Levi.⁵⁵ Cogita-se que, talvez, trate-se de um texto composto, onde o extrato mais primitivo corresponda ao uso do singular, referindo-se à tribo de Levi de modo representativo nas figuras de Moisés e, talvez, de Aarão, uma vez que são evocados os episódios de מַסָּה (Ex 17,1-7) e מְרִיבָה (Nm 20,1-13). Considera-se que a camada redacional mais recente corresponda aos versículos que se referem à tribo de Levi no plural.⁵⁶

Considerando-se esse aspecto da formação do texto, pode-se afirmar que a função oracular está elencada como a primeira, constante da parte mais antiga do texto de Dt 33,8-11 (v. 8).⁵⁷ De fato, considera-se que, nos primórdios, o sacerdote estava encarregado, sobretudo, de guardar um santuário e de emitir oráculos (1Sm 22,10).⁵⁸ A ação de consultar YHWH é, nestes contextos, indicada através da raiz שׁאל (Qal), cujo sentido primeiro "perguntar alguma coisa a alguém". Em contextos teológicos, é utilizada para indicar a ação de se consultar a YHWH em busca de um oráculo. A resposta, nestes casos, é direta: "sim" ou "não".⁵⁹ Tal resposta poderia ser obtida por meio de objetos divinatórios. Em Dt 33,8 são citados os אוּרִים e תֻמִּים. Tais objetos divinatórios são mencionados, em geral, em conjunto, à exceção de Nm 27,21 e 1Sm 28,6, em que é mencionado apenas o אוּרִים. Em todas as ocorrências do termo na BH ele está sempre associado com a atividade sacerdotal.⁶⁰ Os textos bíblicos não dão detalhes sobre o modo como tais objetos eram utilizados, assim como o sentido original dos termos também parece obscuro. Somente textos tardios, como o Talmud, é que fizeram derivar אוּרִים de אוֹר e תֻמִּים da raiz תמם.⁶¹

Acredita-se que, com o advento da monarquia, a função de consultar a YHWH foi passando paulatinamente para o profeta, como se pode depreender de textos como 1Rs 14,4-5; 22,5-28; 2Rs 3,11. Nestes casos, costuma-se utilizar a raiz

---

55. CRAIGIE, P. C., The Book of Deuteronomy, p. 396.
56. CODY, A., A History of Old Testament Priesthood, p. 114-115.
57. CODY, A., A History of Old Testament Priesthood, p. 115.
58. CODY, A., A History of Old Testament Priesthood, p. 13.
59. GERLEMAN, G., שׁאל, p. 1060. A raiz שׁאל pode ser utilizada para indicar, também, a busca de um oráculo em outros "dispensadores" que não YHWH: uma árvore (Os 4,12); o espírito de um morto (1Cr 10,13) ou os תְּרָפִים (Ez 21,26).
60. Os termos אוּרִים e תֻמִּים aparecem unidos em Ex 28,30; Lv 8,8; Dt 33,8; Esd 2,63; Ne 7,65. Em 1Sm 28,6 não fica claro por meio de quem Saul consultou a YHWH utilizando o אוּרִים.
61. KEDAR-KOPFSTEIN, B., תָּמַם, p. 706-707; SERAFINI, F., L'Aleanza Levitica, p. 63-64.

דרשׁ e não שׁאל, mas se preserva certa similitude semântica, uma vez que דרשׁ expressa a ideia de "indagar acerca de alguém ou alguma coisa", podendo expressar a busca por uma solução em determinada situação de dificuldade.⁶² A expressão דָּרַשׁ יהוה ou דָּרַשׁ אֱלֹהִים parece constituir, na BH, uma fórmula fixa para indicar a consulta que um profeta faz a YHWH.⁶³ Em geral, o quadro é sempre o mesmo: um rei que envia um mensageiro para consultar um profeta e obter, assim, uma resposta positiva ou negativa a respeito do que se busca compreender (1Rs 14,5; 2Rs 8,8). Tal consulta se dá fora do âmbito cultual, o que corrobora a ideia de que, paulatinamente, o profeta foi substituindo o sacerdote na função de consultar a YHWH (2Rs 22,13-14).⁶⁴ Embora arcaica, tal atitude esboça uma busca espiritual fundamental: fazer a vontade de YHWH. Mesmo quando se utilizava de um objeto divinatório, acreditava-se que era o próprio Deus quem dava uma resposta para uma situação precisa através deste recurso.⁶⁵

1.1.2.2. O ensino

A função de "ensinar" é indicada em Dt 33,10 pela raiz ירה III (qal), que significa "ensinar" ou "instruir"⁶⁶ e que está conectada com os termos מִשְׁפָּט e תּוֹרָה. Os sufixos de 2ms indicam que se trata do מִשְׁפָּט e da תּוֹרָה de YHWH. O conteúdo de tal "instrução" poderia ser de ordem cultual (Lv 14,57 e 2Rs 17,27) ou não (Dt 17,8-10). Acredita-se que a "função oracular" tenha transformado-se na "função de ensinar". No início, consultava-se YHWH em questões particulares, contudo, paulatinamente, a consulta sistemática fez com que se formasse um conjunto de "instruções divinas" (תּוֹרֹת) que deveriam ser transmitidas pelos sacerdotes. Não havia, portanto, a necessidade de se recorrer a objetos divinatórios, nem de se colocar diante de YHWH determinada questão particular, pois já havia um con-

---

62. GERLEMAN, G.; RUPRECHT, E., דרשׁ, p. 651-652; CODY, A., A History of Old Testament Priesthood, p. 115-116; AUNEAU, J., Sacerdoce, p. 1223-1224; DE VAUX, R., Instituições de Israel, p. 388-392.

63. GERLEMAN, G.; RUPRECHT, E., דרשׁ, p. 652-655.

64. GERLEMAN, G.; RUPRECHT, E., דרשׁ, p. 652-655.

65. CODY, A., A History of Old Testament Priesthood, p. 115-116; VANHOYE, A., Sacerdotes Antigos e Sacerdote Novo, p. 53. Boling afirma que o apelativo "pai" (אָב - Jz 17,10; 18,19) atribuído ao "levita" que será instituído como "sacerdote" de Micas parece enfatizar sua função oracular. Ele é o responsável pelos oráculos na forma "sim" ou "não" obtidos através de um objeto divinatório. Mais tarde, tal título, durante o período da monarquia, foi dado aos profetas (2Rs 6,21; 13,14), uma vez que paulatinamente eram estes os responsáveis por transmitir os oráculos de YHWH. BOLING, R. G., Judges, p. 257. Willi-Plein também afirma que o epíteto "pai" (Jz 17,10; 18,19) parece indicar que, no início, a função do sacerdote consistia antes em achar as corretas "decisões sacrais" do que propriamente na execução de algum sacrifício. WILLI-PLEIN, I., Sacrifício e culto no Israel do Antigo Testamento, p. 15.

66. WAGNER, S., יָרָה III, p. 339.

junto de ensinamentos que diziam respeito aos vários âmbitos da esfera da vida humana e os sacerdotes eram os responsáveis por aplicar tais princípios gerais aos casos concretos.[67]

A crítica profética aos sacerdotes, embora diga respeito também às suas falhas no âmbito cultural, se prende de modo muito particular ao âmbito do ensino (Jr 5,31; Mq 3,11). Os sacerdotes são acusados de rejeitar a "instrução" (תּוֹרָה) de YHWH (Ml 2,8), da qual eles são os depositários (Jr 2,8 – תפש). A raiz תפש (Qal) utilizada em Jr 2,8 significa, em primeiro lugar, "estender a mão para alcançar alguma coisa". Seu uso em Jr 2,8 é metafórico, criando uma imagem que apresenta os sacerdotes como aqueles que "sabem manejar" a תּוֹרָה, ou seja, que são especialistas na instrução.[68] Justamente por serem os especialistas na "instrução" (תּוֹרָה) é que o abandono da mesma é tão fortemente condenado pelos profetas, como ocorre em Oseias, que afirma que, uma vez que os sacerdotes se esquecem da תּוֹרָה de YHWH, YHWH se esquecerá dos seus filhos (Os 4,6).[69]

A função de "ensinar", de transmitir a "instrução" (תּוֹרָה) de YHWH, vem conexa com o termo "conhecimento" (דַּעַת) – Os 4,6 e Ml 2,7. Derivado da raiz ידע (conhecer), o termo דַּעַת e, de modo particular, a expressão דַּעַת אֱלֹהִים parece designar o "saber profissional" dos sacerdotes; tal "conhecimento" possibilita um comportamento de acordo com a vontade de YHWH.[70] A função de ensinar torna os sacerdotes os grandes mestres responsáveis por educar o povo numa vida de comunhão com Deus. De Vaux compara a função de ensinar do sacerdote à função de ensinar do profeta. Segundo seu parecer, o sacerdote ensina por meio da תּוֹרָה, uma vez que ele é depositário da דַּעַת, uma ciência que vem de Deus, mas pelos canais humanos da tradição e da prática. O profeta, por sua vez, ensina por meio do דָּבָר, que indica o aspecto dinâmico e atual da palavra divina.[71]

---

67. VANHOYE, A., Sacerdotes Antigos e Sacerdote Novo, p. 54-55.

68. LIWAK, R., תָּפַשׂ, p. 747. Em Gn 4,21 o verbo parece adquirir o mesmo sentido metafórico, indicando aqueles que "sabem tocar" os instrumentos musicais ali descritos.

69. Segundo Wolff, a gravidade da ação dos sacerdotes é corroborada em Os 4,6 pelo uso do termo דַּעַת em paralelo com o termo תּוֹרָה, onde דַּעַת, significaria não somente o "conhecimento" do conteúdo da lei divina, mas também o "reconhecimento" dos atos salvíficos de YHWH para com seu povo, que são uma expressão da sua "aliança". WOLFF, H. W., Hosea, p. 79.

70. SCHOTTROFF, W., ידע, p. 960-961.

71. SCHMIDT, W. H.; BERGMAN, J.; LUTZMANN, H., דָּבָר, p. 109-110: valendo-se de Jr 18,18, o autor recorda que, enquanto a תּוֹרָה caracteriza o sacerdote e a עֵצָה o sábio, o דָּבָר caracteriza a função do profeta. Segundo Weinfeld, a função de "ensinar", de transmitir a "Torah", depois de Esdras e Neemias, foi transferida para o escriba e o sábio. O sacerdote continuava a ensinar, mas em âmbito cultual. WEINFELD, M., Deuteronomy and Deuteronomic School, p. 162-163; DE VAUX, R., Instituições de Israel, p. 393.

1.1.2.3. O culto

A função cultual dos sacerdotes vem apresentada em Dt 33,10b. A raiz שִׂים (Qal - colocar)[72] vem acompanhada de dois objetos: קְטוֹרָה (incenso)[73] e כָּלִיל. O termo כָּלִיל significa algo "perfeito, acabado, inteiro".[74] No caso em questão ele possui o sentido de "totalidade", por isso é normalmente traduzido como "sacrifício íntegro" ou "holocausto".[75] Utilizado relativamente pouco na BH para referir-se aos sacrifícios,[76] o termo designa algo que é inteiramente oferecido a YHWH, do qual nem o oferente e nem o sacerdote tomam nenhuma parte para si. Tal termo parece ter sido, mais tarde, substituído pelo termo עֹלָה.[77]

Em tempos antigos, os chefes de família ou clãs podiam sacrificar os animais que levavam ao templo como oferta a YHWH. Contudo, paulatinamente essa função ficou reservada aos sacerdotes. De modo particular, a manipulação do sangue, considerado o elemento mais sagrado do sacrifício, e o contato com o altar, só são permitidos ao sacerdote.[78] Em Lv 1,5 é previsto que o próprio oferente possa abater (שחט – qal) a vítima, mas o sangue deverá ser manipulado pelos "filhos de Aarão". Lv 1,14-15, por sua vez, que regula o sacrifício de aves, prevê que a imolação das mesmas seja realizada pelo próprio sacerdote, uma vez que deveria ser feita diretamente sobre o altar.[79]

Para De Vaux, a função sacrifical foi se tornando exclusiva do sacerdote à medida que suas outras funções – a função oracular e a função de ensinar – foram sendo condividas com outros membros do povo.[80] Vanhoye, por sua vez, acredita que tal função tornou-se exclusiva do sacerdote em virtude do desenvolvimento da noção de "santidade", esta entendida como "consagração, separação". À medida que a compreensão da santidade de YHWH cresce em Israel, o contato com o altar e a oferta das vítimas, de modo particular, do "sangue" das vítimas, fica restrito

---

72. KOEHLER, L.; BAUMGARTNER, W., The Hebrew and Aramaic Lexicon of the Old Testament, p. 1322.

73. O termo קְטוֹרָה é normalmente traduzido como "incenso" ou "fumaça". KOEHLER, L.; BAUMGARTNER, W., The Hebrew and Aramaic Lexicon of the Old Testament, p. 1092.

74. KOEHLER, L.; BAUMGARTNER, W., The Hebrew and Aramaic Lexicon of the Old Testament, p. 479.

75. ALONSO SCHÖKEL, L., Dicionário Bíblico Hebraico-Português, p. 318.

76. O termo ocorre 15x na BH. Dessas 15 ocorrências, seis se relacionam com os sacrifícios: Lv 6,15.16; Dt 13,17; 33,10; 1Sm 7,9; Sl 51,21. LISOWSKY, G., Konkordanz zum Hebräischen Alten Testament, p. 683. No presente trabalho segue-se a numeração hebraica do saltério.

77. KAPELRUD, A. S., כָּלִיל, p. 184.

78. CODY, A., A History of Old Testament Priesthood, p. 118-119; DE VAUX, R., Instituições de Israel, p. 395.

79. HARTLEY, J. E., Leviticus, p. 21.23.

80. DE VAUX, R., Instituições de Israel, p. 395.

aos sacerdotes.[81] De fato, enquanto em Dt 33,10 a função sacrifical vem elencada em último lugar, em Ez 44,15-31 primeiro se afirma a ligação do sacerdote com o altar ("minha mesa" - שֻׁלְחָנִי - Ez 44,16) e somente depois é que se apresenta a sua função de "ensinar" (יָרה - Ez 44,23) e se une a esta última a função de "julgar" (לִשְׁפֹּט - Ez 44,24) o povo nas suas contendas. [82]

Unida à função sacrifical está a função de abençoar (Dt 10,8; 21,5 e Nm 6,23-27). De modo particular, Nm 6,23-27 destaca que, ao abençoar os filhos de Israel, os sacerdotes devem invocar sobre eles o "nome" de YHWH. Tal invocação do "nome" de YHWH sobre o povo visa criar entre este e Deus uma relação de comunhão. Se a oferta de sacrifícios representa a atitude do homem que se volta para Deus, a bênção sacerdotal, como completamento do culto, indica o movimento de Deus em direção ao homem.[83] Realiza-se, assim, no culto, uma perfeita comunicação de dons: o homem oferece a Deus o que tem de melhor, pelas mãos daquele que é especialmente consagrado para esta função; Deus, por sua vez, dá ao homem sua "bênção", que significa não somente a aceitação do sacrifício, mas a doação de tudo aquilo o que é necessário para que ele viva em paz (Ml 2,5).

Na ação de abençoar e no desempenho de todas as suas outras funções, o sacerdote aparece, sobretudo, como um mediador. Ele representa os homens diante de Deus, de modo particular quando oferece sacrifícios e, também, quando intercede pelo povo (Jl 2,17); quando, contudo, profere oráculos, ensina e "coloca" (שׂים) o nome de YHWH sobre os filhos de Israel (Nm 6,27) "abençoando-os" (Nm 6,23 - ברך [piel]), ele se torna para eles um sinal vivo da presença do próprio Deus.[84]

1.2. Paranorama histórico da instituição sacerdotal no Antigo Testamento

Para a compreensão do desenvolvimento histórico da instituição sacerdotal no AT é necessário considerar três grandes períodos da história de Israel: as origens, ou o período anterior ao estabelecimento da monarquia; o período monárquico, considerando-se tanto o período da chamada "monarquia unida", quanto o período da "monarquia dividida", bem como a reforma de Josias e os principais

---

81. VANHOYE, A., Sacerdotes Antigos e Sacerdote Novo, p. 59.

82. ZIMMERLI, W., Ezekiel, v. 2, p. 456.460-461.

83. VANHOYE, A., Sacerdotes Antigos e Sacerdote Novo, p. 61; SERAFINI, F., L'Aleanza Levitica, p. 68.

84. VANHOYE, A., Sacerdotes Antigos e Sacerdote Novo, p. 70; SERAFINI, F., L'Alleanza Levitica, p. 68; KELLER, C. A.; WEHMEIER, G., ברך, p. 539; AUNEAU, J., Sacerdoce, p. 1231. De Vaux afirma que enquanto o rei e o profeta são "mediadores" por um "carisma especial", o sacerdócio é uma "instituição de mediação". DE VAUX, R., Instituições de Israel, p. 395.

efeitos dessa reforma sobre a instituição sacerdotal; por fim, o período do Segundo Templo, ou seja, o período pós-exílico quando o Templo já está de novo restabelecido e os sacerdotes retomam suas funções (515 a.C.),[85] período no qual se localiza o profeta Malaquias.

1.2.1. Origens

Diversos autores partem da tradição contida em Jz 17-18 para apresentar, em linhas gerais, os inícios do sacerdócio em Israel e sua ligação com a tribo de Levi.[86] Nurmela, no entanto, discorda de tal uso. No seu parecer, Jz 17-18 é um relato que reflete os confrontos da monarquia dividida e, por isso, não é confiável como fonte histórica para se compreender a atuação dos levitas no período dos juízes.[87] De fato, textos como 17,6 e 18,1 apontam para um período redacional posterior e, de modo particular 17,6 parece polemizar com a ideia de um ídolo[88] ligado à religião javista.[89] Serafini, no entanto, parece oferecer uma resposta à Nurmela ao afirmar que, embora a redação final de Jz 17-18 possa ser tardia, as tradições presentes na base do relato podem servir para a reconstrução do sacerdócio na época pré-monárquica.[90] A partir desta premissa, é possível partir de Jz 17-18 para se compreender, através das tradições ali expressas, os inícios da instituição sacerdotal no Israel do AT.[91]

---

85. Soggin considera o ano 515 e não 516 a.C. para o término da reconstrução do Templo porque, na sua opinião, só se deve considerar o início do reinado de Dario no ano 521 a.C., um ano depois da morte de Cambises, quando Dario conseguiu resolver as lutas internas do império e se afirmar como seu sucessor, pois era membro de um ramo colateral Aquemênida e não um sucessor direto do mesmo Cambises. Assim, a indicação de Esd 6,15 de que o Templo terminou de ser construído no 23º dia do mês de Adar, no sexto ano de Dario, deve ser compreendida sendo 12 de março de 515 a.C. SOGGIN, J. A., Storia d'Israele, p. 343-344.348.

86. Assim o fazem, por exemplo: DE VAUX, R., Instituições de Israel, p. 399-400; ABBA, R., Levites and Priests, p. 881; AUNEAU, J., Sacerdoce, p. 1211-1213; CODY, A., A History of Old Testament Priesthood, p. 52-55; HAURET, C., Lewy et Kohen, p. 85-100; REHM, M., Levites and Priests, p. 297-310; SERAFINI, F., L'Alleanza Levitica, p. 33-70. De modo particular, Charles Hauret afirma que o texto de Jz 17-18 é importante por ser um texto que remete a uma tradição antiga e porque exprime a mudança do período seminômade para o período de sedentarização. Na sua forma final, todavia, o texto deve provir de Judá, pois é favorável à monarquia (Jz 17,6; 18,1). HAURET, C., Lewy et Kohen, p. 86. Rehm, por sua vez, afirma que Jz 17 testemunha que os israelitas viam os levitas como representantes do javismo e especialistas no culto. REHM, M., Levites and Priests, p. 301.

87. NURMELA, R., The Levites, p. 17.

88. Os termos פֶּסֶל e מַסֵּכָה são recorrentes em Jz 17-18. O termo פֶּסֶל ocorre 8x e o termo מַסֵּכָה 5x.

89. Cody acredita que Jz 17,6 e 18,1 sejam "ressalvas pró-monarquia", feitas por um redator tardio que vê de modo negativo o ídolo cultuado por Micas e depois levado para o santuário de Dã. CODY, A., A History of Old Testament Priesthood, p. 53.

90. SERAFINI, F., L'Aleanza Levitica, p. 35.

91. Também Boling, em seu comentário ao livro dos Juízes, aponta para a antiguidade das tradições que estão na base de Jz 17-18. BOLING, R. G., Judges, p. 267.

A partir de Jz 17,5 se pode aduzir que, em tempos antigos, nem todo sacerdote precisava ser um levita. Chega-se a afirmar que, somente em torno do VIII ou VII século a. C. é que o sacerdócio em Israel ficou restrito à tribo de Levi, como se pode depreender de algumas passagens do Deuteronômio (Dt 33,8-11, por exemplo).[92] Segundo Jz 17,5, depois de erigir um santuário doméstico (בֵּית אֱלֹהִים), Miqueias (מִיכָיְהוּ) ou Micas (מִיכָה), colocou ali um ídolo de metal fundido (מַסֵּכָה), uma escultura (פֶּסֶל), um efod (אֵפֹר) e um terafim (תְּרָפִים) e depois investiu (יָד + מָלֵא) seu próprio filho como sacerdote (כֹּהֵן) deste santuário doméstico. Embora o termo כֹּהֵן não se refira exclusivamente ao sacerdócio javista, o conjunto dos capítulos 17-18 parecem indicar que se trata do culto javista. De modo particular, em 18,5, os danitas pedem que este sacerdote consulte a Deus por eles. Ele o faz e, em 18,6, afirma que o caminho dos danitas está sob os cuidados de YHWH. A presença da escultura e do ídolo de metal fundido, dois objetos que, em alguns momentos, parecem ser um só (Jz 18,20.24.27.30.31), juntamente com o terafim e o efod, remontam a um período histórico onde a religião javista ainda não havia se despojado desses elementos primitivos.[93]

A mesma tradição contida em Jz 17,13 expressa, todavia, que, embora não se precisasse ser membro da tribo de Levi para ser sacerdote, havia uma preferência por um levita. Quando um levita de Belém de Judá passa pela casa de Micas, ele o convida a permanecer com ele, como "pai" (אָב) e "sacerdote" (כֹּהֵן). E ele tornou-se como "um dos seus filhos". Este levita é incorporado à família de Micas e, ao mesmo tempo, exerce sobre ele e sua casa uma paternidade em nível espiritual, em virtude da função sacerdotal que ali assume.[94]

Tal como fez com seu próprio filho, Micas realiza a "investidura" (יָד + מָלֵא) do levita e só depois de tal investidura é que ele se "torna" (הָיָה) um "sacerdote" (כֹּהֵן). Depois de investir o levita no sacerdócio, Micas expressa sua certeza a respeito da bênção que permanecerá na sua casa: ele tem certeza de que YHWH lhe "fará bem" (יטב)[95], porque ele tem um levita como sacerdote. Tal

---

92. ABBA, R, Levites and Priests, p. 881. De Vaux apresenta Samuel como um exemplo de um sacerdote que não é de origem levítica. De fato, segundo 1Sm 1,1 Samuel provém de Efraim e é descendente de um Efraimita. Só em 1Cr 6,18-23 é que ele e sua linhagem serão, tardiamente, inseridos numa genealogia levítica, como descendentes de Caat, um dos filhos de Levi. DE VAUX, R., Instituições de Israel, p. 399. A este respeito, conferir ainda: SERAFINI, F., L'Alleanza Levitica, p. 43.

93. Para Willi-Plein não somente o conjunto da narrativa, mas também o nome teofórico do proprietário do santuário – מִיכָיְהוּ – apontam para uma forma de culto javista. WILLI-PLEIN, I., Sacrifício e culto no Israel do Antigo Testamento, p. 15.

94. WILLI-PLEIN, I., Sacrifício e culto no Israel do Antigo Testamento, p. 14.

95. De modo particular, nos Salmos, invoca-se a Deus com o mesmo verbo יטב suplicando ou afirmando que é Ele quem faz o bem aos homens e ao povo de Israel – Sl 51,20; Sl 119,68; Sl 125,4.

"preferência" por um levita para exercer o sacerdócio é objeto de discussão entre os estudiosos. Acredita-se que o motivo seja dúplice: a ligação dos levitas com a tradição mosaica e sua relação com a Arca da Aliança (1Sm 6,15).[96] A ligação com Moisés pode ser depreendida de Jz 18,30. O levita investido no sacerdócio por Micas e levado, depois, para o santuário dos Danitas, é "Jônatas, filho de Gersam, filho de Moisés". O Texto Hebraico não traz o nome de Moisés, mas sim o de Manassés (בֶּן־מְנַשֶּׁה). Contudo, muitos manuscritos trazem o נ suspenso,[97] e a LXX traduz a expressão como "filho de Moisés".[98] Acredita-se que tal inserção do נ transformando "Moisés" em "Manassés" tenha sido proposital, com o intuito de não se conectar Moisés com um culto envolvendo um ídolo, como era o caso do santuário de Dã nas suas origens.[99]

Tanto o filho de Micas quanto o levita são "investidos". Isso significa que, mesmo para um membro da tribo levita, a entrada na função sacerdotal não era algo automático. Esta entrada em função era marcada por uma "investidura".[100] Não descreve-se um ritual como nos textos do Levítico (Lv 8), mas utiliza-se uma expressão técnica: "encher a mão" (מָלֵא אֶת־יַד).[101] A mesma expressão com o sentido de "investir" alguém na função sacerdotal aparece em outros lugares na BH (Lv 8,33; 16,32; 21,10).

O sentido original desta expressão (מָלֵא אֶת־יַד) é discutido: cogita-se que signifique o "encher as mãos" do sacerdote com aquilo o que ele deve oferecer – nesse sentido, o início da sua função seria marcado pela primeira oferta que ele deveria apresentar a YHWH; cogita-se, também, que tal expressão possa indicar o salário que deveria receber o sacerdote (Jz 17,10); pensa-se, ainda, numa origem acádica da expressão, onde o seu sentido primitivo seria o de confiar

---

96. REHM, M., Levites and Priests, p. 301; SERAFINI, F., L'Aleanza Levitica, p. 38-39.

97. ELLIGER, K.; RUDOLPH, W. (Ed.), Biblia Hebraica Stuttgartensia, p. 435.

98. O Códice Alexandrino, contudo, traz "Manassés". RAHLFS, A.; HANHART, R., Septuaginta, v. I, p. 480.

99. DE VAUX, R., Instituições de Israel, p. 400; HAURET, C., Lewy et Kohen, p. 89; AUNEAU, J., Sacerdoce, p. 1213; BARTHÉLEMY, D., Critique Textuelle de L'Ancien Testament, p. 115-116. Assim também o interpreta a tradição talmúdica. Segundo o tratado Baba Batra 109b: Surely he was son of Moses, for it is written, 'the sons of Moses: Gershom and Eliezer' (1Chr. 23:15). But since he did the kind of deeds that Manasseh did, Scripture assigns to him descend from Manasseh. – NEUSNER, J. (trad.), The Babylonian Talmud, v. 15, p. 321.

100. Segundo Liverani "Não há 'vocação sacerdotal' (como para os profetas); já se nasce assim e se transmite o papel aos filhos. Quem nasce sacerdote é depois investido de sua função quando começa a oficiar nos sacrifícios e nos outros atos do culto". LIVERANI, M., Para além da Bíblia, p. 407-408.

101. KOEHLER, L.; BAUMGARTNER, W., The Hebrew and Aramaic Lexicon of the Old Testament, v. 1, p. 584. Segundo Snijders, a expressão מָלֵא אֶת־יַד indicação a consagração ou investidura de sacerdotes ocorre 16x no AT: Ex 28,41; 29,9.29.33.35; 32,29; Lv 4,5; 8,33[2x]; 16,32; 21,10; Nm 3,3; Jz 17,5.12; 1Rs 13,33; 2Cr 13,9; 29,31. SNIJDERS, L. A.; FABRY, H.-J., מָלֵא, p. 301-302.

uma responsabilidade a alguém. Sugere-se, ainda, uma ligação com expressões assemelhadas encontradas nos textos de Mari, que indicariam a parte dos despojos de guerra que caberiam por direito aos oficiais. Neste caso, com relação ao sacerdote, a expressão indicaria que ele possuía direito a uma parte do que era oferecido no santuário.[102]

Snijders sugere que o termo יָד, presente na expressão מִלֵּא אֶת־יַד, tome o todo pela parte, ou seja, "encher a mão" significaria o rito pelo qual alguém é completamente preenchido de uma força que o torna capaz de realizar o serviço sacerdotal.[103] A expressão poderia possuir mais de um sentido, que deveria ser apreendido dentro do contexto onde a mesma é utilizada. O sentido proposto por Snijders parece se encaixar no contexto da investidura dos sacerdotes segundo Lv 8. Mas, independente do sentido original que se queira atribuir a esta expressão, ela indica uma ação em vista de tornar alguém apto a exercer o sacerdócio. É o que fica patente nos textos de Jz 17-18, onde tanto o filho de Micas quanto o levita só começam a exercer suas funções sacerdotais depois de receberem tal "investidura".

Um outro elemento que se costuma destacar é o *status social* do levita contido nas tradições de Jz 17-18. Neste relato, ele aparece como um גֵּר. Em Jz 17,7 não aparece o substantivo גֵּר mas, sim, o verbo גּוּר, que significa "residir como estrangeiro".[104] O levita que Micas institui como sacerdote vem de Belém, do clã de Judá, mas não é parte da tribo de Judá, porque habita lá como "estrangeiro". Para Gunneweg, o levita poderia ser o membro de qualquer tribo que, rompendo com os laços tribais, passou a viver no meio do próprio clã como um estrangeiro.[105]

Gunneweg fundamenta sua teoria numa leitura particular de Ex 32,29 e Dt 33,9. Ex 32,29 evoca a investidura (מלא + יָד) que os levitas recebem de Moisés depois de terem agido violentamente contra seus próprios parentes, que haviam praticado o culto ao bezerro de ouro. Dt 33,9, por sua vez, parece evocar tal episódio quando afirma que os levitas dizem de seus pais "nunca os vi" (לֹא רְאִיתִיו) e que eles "não reconhecem" (לֹא הִכִּיר) seus irmãos. Tais textos seriam a recordação do que Gunneweg chama de "regra levítica", ou seja, o desligamento voluntário de seus laços familiares para servir YHWH.

---

102. DE VAUX, R., Instituições de Israel, p. 385-387; AUNEAU, J., Sacerdoce, p. 1212.
103. SNIJDERS, L. A.; FABRY, H.-J., מָלֵא, p. 304.
104. KOEHLER, L.; BAUMGARTNER, W., The Hebrew and Aramaic Lexicon of the Old Testament, p. 184.
105. GUNNEWEG, A. H. J., Leviten und Priester, p. 33-34.

Para este autor, Gn 49,5-7 e Dt 33,8-11 são duas interpretações distintas deste comportamento: uma em tom negativo (Gn 49,5-7) e outra em tom positivo, atribuindo a este gesto a sua escolha para o sacerdócio (Dt 33,8-11).[106] Ele encontra apoio para sua teoria no fato de que os "estrangeiros" parecem ter uma especial relação com YHWH e com o conjunto das tribos. Esta segunda afirmação é aduzida das inúmeras passagens onde se recomenda uma especial atenção com os estrangeiros e onde estes são enumerados entre os membros mais frágeis da sociedade, como as viúvas e os órfãos (Ex 23,9; Dt 14,29).[107]

Cody discorda de tal teoria, pois, segundo ele, não há por que pensar em um motivo que levasse alguém a, voluntariamente, romper com os laços do clã.[108] Mais provável seria imaginar que, no processo de sedentarização, os levitas, por algum motivo que não podemos mais alcançar, ficaram sem um território. O Gênesis liga essa não possessão de um território ao ato de violência perpetrado contra os habitantes de Siquém no caso do estupro de Dina (Gn 34,25-31; 49,5-7). Sem território, os levitas passaram, então, a garantir sua sobrevivência especializando-se no culto. Seu prestígio viria da ligação com Moisés (Jz 18,30) e com a Arca (Jz 20,27-28 e 1Sm 1-4).[109]

Parece verossímil afirmar que elementos da teoria de Gunneweg e de Cody poderiam unir-se. De fato, parece difícil afirmar, sem fundamento histórico ou escriturístico, uma separação voluntária dos membros de um clã sem nenhuma finalidade específica, vindo depois a unir-se num clã sacerdotal. Parece mais pro-

---

106. GUNNEWEG, A. H. J., Leviten und Priester, p. 40-41. Hamilton, seguindo Christensen, apresenta uma interpretação diferente de Dt 33,11. Para ele, Gn 49,5-7 está em harmonia com Dt 33,8-11, uma vez que em Dt 33,11 ele propõe que se leia o verbo אָרַר (amaldiçoar) ao invés do verbo בָּרַךְ (abençoar). Assim como em Jó 1,5, esse verbo teria sido modificado por razões teológicas: o autor sagrado queria evitar o uso do verbo אָרַר próximo ao nome de YHWH. HAMILTON, V. P., The Book of Genesis 18-50, p. 652-653. De acordo com Christensen, seria uma forma de recordar à tribo de Levi a insensatez de seus caminhos quando ainda era uma "tribo secular", ou seja, nos primórdios de sua existência, quando supostamente ainda possuía um território em Israel. CHRISTENSEN, D. L., Dtn 33,11 – A Curse in the 'Blessing of Moses', p. 278-282. Em Jó 1,5, a BHS considera essa possibilidade, mas não em Dt 33,11. ELLIGER, K.; RUDOLPH, W., Biblia Hebraica Stuttgartensia, p. 350.1227. De fato, em Jó 1,5 o verbo בָּרַךְ não se encaixa na narrativa, uma vez que é difícil de se compreender por que Jó ofereceria holocaustos a YHWH para purificar seus filhos por eles terem "bendito" YHWH, por isso ali é possível supor tal mudança na redação no texto. Em Dt 33,11, contudo, não há nada que sugira o uso indevido do verbo בָּרַךְ. A mudança redacional no TH de Jó parece apoiada pelas versões, pois a LXX, por exemplo, traduz o verbo בָּרַךְ pela expressão οἱ υἱοί μου ἐν τῇ διανοίᾳ αὐτῶν κακὰ ἐνενόησαν πρὸς θεόν. RAHLFS, A.; HANHART, R., Septuaginta, v. II, p. 272. Craigie concorda que Dt 33,8-11 seja um texto que contrasta com as palavras de Jacó em Gn 49,5-7. CRAIGIE, P. C., The Book of Deuteronomy, p. 395-396.

107. GUNNEWEG, A. H. J., Leviten und Priester, p. 23-26.

108. CODY, A., A History of Old Testament Priesthood, p. 58-59.

109. CODY, A., A History of Old Testament Priesthood, p. 59.

vável afirmar, com Cody, Zobel[110] e autores mais recentes[111] que, em algum momento, a tribo de Levi existiu num *status social* em parte semelhante ao das demais tribos. Por algum motivo, o qual é difícil de se alcançar historicamente, essa tribo dispersou-se no meio das demais tribos e passou a se identificar não mais pela posse de um território, mas sim pelo exercício de uma função: o sacerdócio.[112] Essa "dispersão" que os levou a não possuir um território específico, poderia sim ter recebido uma dupla interpretação nas tradições do Pentateuco: uma negativa, em Gn 49,5-7; outra positiva, e mais teologizada, presente em Dt 33,8-11. Nesse sentido, essa "dupla interpretação" a respeito da não territorialidade da tribo de Levi não diria respeito ao desligamento voluntário de membros dos diversos clãs de Israel, como afirmava Gunneweg, mas sua intuição pode ser aproveitada para se explicar duas diferentes interpretações que as tradições do Pentateuco dão a respeito deste fato.[113]

Um último elemento que se pode depreender das tradições contidas em Jz 17-18, é que neste período arcaico o sacerdote não é o único que pode oferecer sacrifícios. Isso se pode perceber nos textos do AT onde o sacrifício pode ser oferecido pelo chefe de uma família, como acontece em 1Sm 1,4, onde é Elcana, o pai de Samuel, que os oferece (זבח). O sacerdote é, sobretudo, um especialista na arte de "consultar" a YHWH.[114] Em Jz 18,5 ocorre a raiz שאל (Qal) que possui, dentre outros significados, o de "interrogar, consultar", no sentido de "solicitar

---

110. Segundo Zobel, as "tribos" de Simeão e Levi se envolveram em algum conflito na Palestina central. Esse seria o núcleo histórico do episódio evocado em Gn 34. Somente os remanescentes da tribo de Levi teriam sobrevivido, deslocando-se para a região de Kadesh, onde eles teriam sobrevivido até meados do 14° século a.C. e tornaram-se especializados na arte do culto. Uma parte deles, ou talvez todos, se uniram a outros grupos que desceram ao Egito por ocasião de uma grande carestia na região de Canaã. Mais tarde, de lá retornaram com outros grupos e, paulatinamente, passaram a assumir a supremacia das funções sacerdotais, de modo particular em virtude das tradições que os conectava com Moisés. ZOBEL, H.-J., Stammesspruch und Geschichte, p. 72.

111. SERAFINI, F., L'Aleanza Levitica, p. 38-40.

112. Abba acredita que, no processo de sedentarização, pessoas que não eram levíticas por descendência possam ter sido incorporadas na então "tribo sacerdotal" de Levi. ABBA, R., Levites and Priests, p. 881.

113. Segundo Boling, o fato de o levita ser designado como um "estrangeiro" significa que ele podia habitar no meio de qualquer tribo, mas sem formar parte de nenhuma delas. Isso explicaria o seu deslocamento em busca de uma ocupação (Jz 17,8). BOLING, R. G., Judges, p. 257. A respeito da composição do sistema das 12 tribos é importante atentar para o que vem afirmado por Liverani. Embora ele não negue que, pelo menos algumas das 12 tribos, tivesse uma história concreta, adotando assim uma via média entre as opiniões minimalistas e maximalistas, ele afirma que o modelo da confederação tribal, tal como aparece nos textos bíblicos, foi concebido numa fase histórica posterior, provavelmente o século VI a.C. Ele afirma, ainda, que o conceito de "tribo" deve ser mais esclarecido, para que se possa compreender melhor a evolução de tal fenômeno. Com relação aos levitas, ele afirma que a sua classificação como "tribo" foi uma inovação sacerdotal, uma vez que este grupo se une não pela posse de um território, mas por uma "função". LIVERANI, M., Para além da Bíblia, p. 88-93.368-369.

114. ABBA, R, Levites and Priests, p. 881; HAURET, C., Lewy et Kohen, p. 86.

um oráculo".[115] Para Vanhoye, tal função, embora realizada algumas vezes de um modo um tanto arcaico, valendo-se de objetos divinatórios, exprime uma atitude espiritual fundamental: a busca por se realizar a vontade de YHWH e, se poderia acrescentar, a certeza a respeito da sua onipotência, uma vez que, se ele não quiser tal coisa, ela realmente não sucederá, não chegará a bom termo.[116]

Além de ser um especialista na arte de consutar YHWH, o sacerdote em tempos antigos é, sobretudo, o guarda de um santuário. No episódio narrado em Jz 17-18, o levita torna-se, primeiro, o guardião do "santuário doméstico" (אֱלֹהִים בֵּית) de Micas e, depois, do santuário (בֵּית־הָאֱלֹהִים בְּשִׁלֹה) da tribo de Dã. Cody e Vanhoye consideram esse um traço característico do sacerdote no período pré-monárquico.[117] Essa relação com o santuário aparece, mais tarde, nas tradições de Silo (1Sm 1-4); Nob (1Sm 21) e, nos tempos da monarquia unida, nas tradições a respeito do Templo de Jerusalém e, mais tarde, nos santuários do Reino do Norte.[118] Tanto em Silo quanto em Nob aparece uma marca típica do sacerdócio levítico: a hereditariedade. Em Dã, segundo Jz 17,30, a descendência de Jônatas permaneceu à frente do santuário até o exílio. Com relação a Nob, seu sacerdócio está ligado à mesma tradição de Silo. Segundo 1Sm 22,20, Abiatar é o único sobrevivente do massacre de Saul a Nob e, quando ele é afastado do sacerdócio por Salomão, o autor sagrado interpreta tal fato como o cumprimento da profecia contida em 1Sm 2,27-36 a respeito do fim da "casa de Eli" (1Rs 2,26-27), o que aponta para uma sucessão hereditária à frente deste local de culto.[119]

Apesar das dificuldades existentes na reconstrução da história do sacerdócio israelita nos seus primórdios, pelo menos em alguns pontos há um certo consenso em um considerável número de autores.[120] Pode-se resumir estes pontos em sete itens:

a) A importância das tradições contidas em Jz 17-18 para a reconstrução, ainda que parcial, da história do sacerdócio israelita nas suas origens;

---

115. KOEHLER, L.; BAUMGARTNER, W., The Hebrew and Aramaic Lexicon of the Old Testament, p. 1372.

116. VANHOYE, A., Sacerdotes Antigos e Sacerdote Novo, p. 53.

117. CODY, A., A History of Old Testament Priesthood, p. 29; VANHOYE, A., Sacerdotes Antigos e Sacerdote Novo, p. 51.

118. Em 1Rs 12,31, Jeroboão, ao erigir os templos dos lugares altos, logo institui um corpo sacerdotal que deve "custodiar" estes locais de culto.

119. CODY, A., A History of Old Testament Priesthood, p. 67; HAURET, C., Lewy et Kohen, p. 87-88; AUNEAU, J., Sacerdoce, p. 1214.

120. Serafini destaca que a reconstrução de uma história de Levi e do sacerdócio no período pré-monárquico não pode ser senão conjectural, uma vez que se baseia sobre muitas hipóteses tanto de caráter literário quanto histórico. SERAFINI, F., L'Alleanza Levitica, p. 42.

b) Nos primórdios, nem todo sacerdote precisava ser levita, mas tinha-se preferência por um levita;

c) Tal preferência parece se basear na ligação dos levitas tanto com as tradições referentes a Moisés, quanto com aquelas que se referem à Arca da Aliança;

d) O levita torna-se sacerdote quando da sua "investidura";

e) O *status social* do levita é de um גֵּר. Esse *status* é interpretado de modo negativo em Gn 49,5-7 e de modo positivo e mais teologizado em Dt 33,8-11;

f) A principal função do sacerdote é guardar um santuário e proferir oráculos;

g) Em se tratando do sacerdócio levítico, este é transmitido de modo hereditário.

1.2.2. Período monárquico

Embora nem sempre os autores concordem com a datação dos diversos textos da BH, parece mais fácil reconstruir, ainda que com algumas conjecturas, a história do sacerdócio israelita dentro do período monárquico.[121] Este item se subdivide em quatro partes: primeiro analisa-se a relação entre o rei e o culto; num segundo momento, o estudo se detém em três momentos singulares: o sacerdócio de Jerusalém, sob a monarquia unida; o sacerdócio de Betel, instituído por Jeroboão e a reforma de Josias.

1.2.2.1. O rei e o culto

Não é estranha ao AOP a ideia de que o rei possa ser, também, sacerdote. Este parece ser o caso, por exemplo, do Egito, onde, embora houvesse um corpo de sacerdotes distinto da monarquia, estes parecem agir como "delegados do Faraó", que seria o possuidor do sacerdócio por direito.[122] Contudo, a união entre poder real e poder sacerdotal não é uma união necessária no AOP na Babilônia, por exemplo, parece ter havido uma distinção entre poder real e sacerdócio.[123]

Israel, contudo, comunga da ideia presente em outros povos do AOP de que o rei é investido em seu poder pelo próprio YHWH,[124] o que o torna o repre-

---

121. SERAFINI, F., L'Alleanza Levitica, p. 42.
122. CODY, A., A History of Old Testament Priesthood, p. 98-99; FABRY, H.-J.; RINGGREN, H.; SEYBOLD, B., מֶלֶךְ, p. 349.
123. CODY, A., A History of Old Testament Priesthood, p. 99.
124. FABRY, H.-J.; RINGGREN, H.; SEYBOLD, B., מֶלֶךְ, p. 352; WHITELAM, K. W., King and Kingship, p. 45-46.

sentante do povo como um todo, sendo responsável pelo bem deste, inclusive no que diz respeito à sua relação com YHWH. Isto implica que ele assuma algumas funções específicas com relação ao culto e ao templo. O rei deve administrar o templo e organizar o culto. Isso fica patente em algumas atitudes dos reis que são apresentadas pela BH: Davi transporta a Arca e a instala em Jerusalém (2Sm 6-7); ele prepara a construção do Templo; Salomão leva a cabo tal construção (1Rs 5-8); Josias empreende a reforma religiosa (2Rs 22,1–23,30) etc.[125]

Essa relação do rei com o culto e o Templo fez com que, pelo menos nos seus primórdios, o rei também assumisse determinadas funções que eram exercidas normalmente pelos sacerdotes, como: participar em determinadas ações cultuais e oferecer sacrifícios (1Sm 13,9-10);[126] abençoar o povo (2Sm 6,18; 1Cr 16,2); pronunciar orações de intercessão (2Sm 7,18-19; 1Cr 17,16-27).[127]

Prerrogativas semelhantes dadas ao rei são encontradas também na Assíria, em Mari e em Ugarit. Tal modo de proceder da parte do rei em ocasiões particulares não o tornam um sacerdote, nem mesmo a ação de oferecer sacrifícios. Sendo que esta, em tempos primitivos, era exercida também pelos chefes de família (1Sm 1,4), era natural que, nos primórdios do período monárquico, o rei assumisse uma tal função, tendo em vista que atuava como chefe do povo como um todo, assumindo algumas das funções dos antigos líderes dos clãs.[128] As funções específicas dos sacerdotes nas origens de Israel eram: guardar um santuário (1Sm 1-4) e proferir oráculos (1Sm 23,9; 30,7). Estas nunca aparecem na BH sendo desempenhadas pelo rei.[129] Com o desenvolvimento das concepções teológicas em Israel, no entanto, a realização de determinadas funções cultuais pelo rei foi diminuindo e, até mesmo, sendo criticada.

A função de abençoar, por exemplo, outrora realizada pelos reis (2Sm 6,18; 1Rs 8,14), se torna exclusiva dos sacerdotes (Nm 6,22-27). Relatos paralelos também contribuem para deixar clara essa mudança de mentalidade. Em 2Rs 15,5, por exemplo, tem-se a notícia de que o rei Ozias foi ferido de lepra por YHWH como um castigo (נֶגַע). Contudo, tal castigo parece ter sido em vista da manutenção dos "lugares altos", o que fez com que o povo se mantivesse na idolatria.

---

125. CODY, A., A History of Old Testament Priesthood, p. 100; AUNEAU, J., Sacerdoce, p. 1216. Segundo Weinfeld, a intervenção real em matéria de religião, especialmente no seu aspecto público, é comum em tempos do AT, mesmo antes da reforma de Josias (Ezequias – 2Rs 18,4.22). WEINFELD, M., Deuteronomy and Deuteronomic School, p. 163.

126. 2Sm 6,13.17-18; 1Rs 3,4.15; 8,6.52; 9,25.

127. CODY, A., A History of Old Testament Priesthood, p. 105-107; AUNEAU, J., Sacerdoce, p. 1216.

128. CODY, A., A History of Old Testament Priesthood, p. 105-107.

129. AUNEAU, J., Sacerdoce, p. 1216.

Em 2Cr 26,16-21, por sua vez, a lepra de Ozias se dá porque este, ao pretender oferecer incenso sobre o altar de YHWH, está usurpando uma função sacerdotal. Seu ato é classificado como "infidelidade" (מָעַל).[130] Um segundo exemplo pode ser aduzido de 2Rs 16,12-16. Acaz consagra o novo altar feito de acordo com o modelo do altar que existia em Damasco e ali oferece sacrifícios de comunhão. Em nenhum momento a notícia do livro dos Reis fala que o sacrifício foi oferecido a outros deuses. Quem interpreta assim a atitude de Acaz é o texto paralelo de 2Cr 28,23, talvez com o intuito de desqualificar sua atitude num tempo onde não se concebia mais que fosse possível o rei desempenhar tais ações que seriam exclusivas dos sacerdotes.[131]

Segundo Cody, o que fez com que em Israel o rei não fosse tido, também, como sacerdote, foi o fato de se considerar o sacerdote como alguém que está à serviço de um outro. O uso da preposição לְ parece indicar, em alguns textos, essa subordinação: a Micas (Jz 17,5); aos Danitas (Jz 18,4); a Davi (2Sm 20,26). Em 1Sm 1,3, os filhos de Eli são chamados כֹּהֲנִים לַיהוָה, mas parece que o serviço sacerdotal ali realizado estava, também, submetido às tribos. Eram "sacerdotes de YHWH", mas para o "serviço" das tribos. Fora de Israel, parece se dar um movimento diverso. Melquisedec, rei e sacerdote, é chamado em Gn 14,18 כֹהֵן לְאֵל עֶלְיוֹן. A expressão parece deixar claro que ele não é sacerdote à serviço de uma outra pessoa, mas sim à serviço da própria divindade. Por isso, sua função sacerdotal é compatível com sua função real, que implica o estar à frente de um povo por encargo divino. Em Israel, a ideia primitiva de submissão ou serviço do sacerdote a uma pessoa, clã ou às tribos como um todo, teria impedido que tal título pudesse ser dado ao próprio rei.[132]

Em síntese, pode-se afirmar que, em Israel, o rei não é propriamente um sacerdote. Contudo, nos primórdios da monarquia, ele desempenha algumas funções que também os sacerdotes desempenham, mas somente em momentos muito particulares da vida do povo. Entre estas funções está a oferta de sacrifícios e o proferir as bênçãos, funções que, antes da monarquia, eram desempenhadas também pelos chefes dos clãs e que, com a instituição da monarquia, passaram

---

130. ALONSO SCHÖKEL, L., Dicionário Bíblico Hebraico-Português, p. 390: o verbo מָעַל pode significar "cometer tradição" ou "ser infiel". Em se tratando da relação com YHWH, é sinônimo de חטא "ofender, pecar".

131. CODY, A., A History of Old Testament Priesthood, p. 106-107. Na p. 103, Cody alude a um outro exemplo: em 2Sm 8,18, os filhos de Davi recebem o título de כֹּהֲנִים; o texto paralelo, de 1Cr 18,17, por sua vez, traz o epíteto רִאשֹׁנִים. Tal alteração estaria de acordo com a proposta do cronista, que visava deixar somente aos sacerdotes a prerrogativa em matéria cultual. Ainda segundo Cody (p. 105), os filhos de Davi são "sacerdotes" no sentido de que, na impossibilidade do rei estar em determinadas ações cultuais que exigiam sua presença, seus filhos poderiam substitui-lo.

132. CODY, A., A History of Old Testament Priesthood, p. 101-102.

naturalmente para o rei. O rei deve, sobretudo, vigiar sobre o culto, sendo seu promotor e garantindo que este corresponda à vontade de YHWH. É em virtude disso que, de modo particular no livro dos Reis, é apresentado um juízo negativo sobre aqueles reis de Israel e de Judá que não eliminaram os "lugares altos" ou, em se tratando especificamente do Reino do Norte, não puseram fim ao "pecado de Jeroboão", aceitando um culto desviado do javismo, segundo a mentalidade israelita que se tornou oficial.

1.2.2.2. O sacerdócio de Jerusalém sob Davi e Salomão

Segundo as tradições bíblicas, depois de transladar a Arca para Jerusalém, Davi instala à frente do sacerdócio Abiatar e Sadoc (2Sm 8,17). A origem de Abiatar não é objeto de discussão entre os estudiosos. Procedente do santuário de Nob, é um dos sobreviventes do massacre perpetrado por Saul (1Sm 22,20). A origem de Sadoc, contudo, é controversa.

Em 2Sm 8,17, Sadoc aparece como "filho de Aquitob" e Aquimelec como "filho de Abiatar". Tal notícia, contudo, não se coaduna com 1Sm 22,9.11.20, onde é reportado o massacre da casa de Nob por Saul. Nesses versículos, Aquimelec aparece como pai de Aquitob e este último, por sua vez, como pai de Abiatar. Isso colocaria Sadoc e Abiatar numa relação de parentesco. Contudo, quando Salomão afasta Abiatar do sacerdócio de Jerusalém (1Rs 2,26-27), tal gesto é interpretado como o cumprimento da profecia do homem de Deus contra a casa de Eli (1Sm 2,27-36), o que sugere que Sadoc e Abiatar não deviam ser parentes próximos, mas sim membros de casas sacerdotais diferentes. Tais incongruências, difíceis de resolver, deixam Sadoc sem uma "genealogia precisa".[133] A falta de uma genealogia considerada "precisa" para Sadoc, fez com que, no decorrer da história da pesquisa, surgissem diferentes opiniões a respeito de sua origem.

Uma primeira hipótese foi proposta por Auerbach.[134] Baseando-se na informação de 1Cr 16,39, Auerbach afirma que Sadoc era sacerdote do "lugar alto" (בָּמָה) de Gabaon antes de ser instalado por Davi no sacerdócio de Jerusalém, juntamente com Abiatar. Tal hipótese foi criticada por De Vaux e Cody, em primeiro lugar, por se basear no que eles classificaram como uma "notícia tardia". Os textos considerados mais antigos por estes autores – como 2Samuel, por exemplo – colocam Sadoc em relação com a Arca e, segundo a informação dada por 1Cr 16,39, Sadoc estaria em Gabaon quando a Arca já havia sido transporta-

---

133. NURMELA, R., The Levites, p. 19-21; HUNT, A. W., Zadok, Zadokite, p. 952-954; KUGLER, R., Priests and Levites, p. 596-613.

134. AUERBACH, E., Die Herkunft der Sadokiden, p. 327-328.

da para Jerusalém. Além disso, o fato de Gabaon não desempenhar um papel importante nas tradições a respeito de Davi, faz com que fique sem explicação o fato de Davi colocar um sacerdote procedente daquele lugar numa função de destaque no sacerdócio, quando da instalação da Arca em Jerusalém.[135]

A segunda hipótese foi levantada por Karl Budde.[136] Ele sugere que, em 2Sm 6,3, um erro de copista produziu a expressão "Oza e Aio, filhos de Aminadab" (וְאַחְיוֹ בְּנֵי אֲבִינָדָב וְעֻזָּא), expressão que se repete em 1Cr 13,7. O correto seria "Oza e seu irmão, filhos de Aminadab", lendo אָחִיו (seu irmão) ao invés de אַחְיוֹ (Aio).[137] Esse "irmão" não identificado em 1Sm 6,3 seria Sadoc. Tal tese foi criticada por De Vaux e Cody. Segundo De Vaux, sua fragilidade está no fato de se sustentar apenas sob um possível erro de copista, uma vez que não existe, na tradição massorética,[138] um texto que sustente a leitura proposta por Budde.[139] A esta fragilidade indicada por De Vaux, Cody acrescenta o fato de Oza ser nomeado e Sadoc apenas indicado pelo apelativo "seu irmão". Sendo Sadoc uma figura proeminente nas tradições que compõem 2Samuel,[140] seria esperado que ele fosse indicado por seu nome próprio e não por um simples apelativo.[141] Além disso, é uma mera conjectura supor que esse "irmão" de Oza seria Sadoc, uma vez que não há um outro texto que sustente tal afirmação.

Rowley desenvolveu uma terceira hipótese: a chamada "hipótese jebusita".[142] No seu parecer, Sadoc foi um sacerdote jebusita, que atuava num possível Templo dedicado a אֵל עֶלְיוֹן existente na cidade de Jerusalém quando da sua conquista por Davi. Sadoc deve ter sido, talvez, o chefe do sacerdócio que atuava nesse Templo.

Os argumentos nos quais Rowley baseia sua tese são os seguintes: em primeiro lugar, Sadoc só é mencionada na BH depois da conquista de Jerusalém por Davi (2Sm 8,17); depois, partindo das tradições de Gn 14, ele supõe que, se havia um sacerdote em Salém ao qual Abraão ofereceu o dízimo, deveria necessariamente haver ali, também, um Templo, embora ele reconheça que Gn 14 não

---

135. DE VAUX, R., Instituições de Israel, p. 411-412; CODY, A., A History of Old Testament Priesthood, p. 89-90.

136. BUDDE, D., Die Herkunft Sadoks, p. 42-50.

137. BUDDE, D., Die Herkunft Sadoks, p. 48-49. A LXX substitui o nome próprio "Aio" pelo apelativo "seus irmãos", não servindo, portanto, para apoiar a tese de Budde, porque teria por base não a expressão אָחִיו, mas sua forma plural (אֶחָיו). RAHLFS, A.; HANHART, R., Septuaginta, p. 576.

138. Em se tratando do texto consonantal, as expressões são idênticas.

139. DE VAUX, R., Instituições de Israel, p. 410-413.

140. Enquanto Oza é nomeado 4x (6,3.4.7.8), Sadoc é nomeado 14x (8,17; 15,24.25.27.29.35[2x].36; 17,15; 18,19.22.27; 19,12; 20,25).

141. CODY, A., A History of Old Testament Priesthood, p. 88-93.

142. ROWLEY, H. H., Zadok and Nehushtan, p. 113-141.

diz nada a respeito desse possível Templo. Rowley, contudo, julga tão certa sua existência, que chega a afirmar que a própria conservação da tradição de Gn 14 é um sinal dela; como nenhum texto afirma que Davi teria destruído esse Templo, seria provável que ele também não tivesse deposto o corpo de sacerdotes que atuava ali. Gn 14 adquiriria, então, o valor de um relato etiológico, que teria como objetivo legitimar o sacerdócio jebusita de Sadoc, pois se Abraão pagou dízimos ao jebusita Melquisedec, também os israelitas deveriam aceitar o *status* sacerdotal de seus sucessores; junto com Gn 14, também o Sl 110, particularmente o v. 4, teria por finalidade legitimar a validade perene do sacerdócio jebusita de Sadoc; Salomão não teria construído nenhum Templo, mas apenas reformado o Templo outrora dedicado a אֵל עֶלְיוֹן e depositado, ali, a Arca; o último argumento é que tal forma de proceder da parte de Davi teria como finalidade conciliar os israelitas e a população local jebusita de Jerusalém.[143]

Tal tese foi seguida por Hauer, Corney e, mais recentemente, por Albertz.[144] Retomando o último dos argumentos aduzidos por Rowley, Albertz afirma que ao associar Abiatar, descendente da família de Eli (1Sm 22), com o jebusita Sadoc, Davi pretendia validar as tradições cúlticas pré-israelitas de Jerusalém e reconciliá-las com a religião javista. Tal política religiosa de conciliação terá fim com Salomão, mais uma vez em benefício de Sadoc. Com a deposição de Abiatar (1Rs 2,26-27), o sacerdócio de Jerusalém fica a cargo dos seus descendentes. Segundo Albertz, tal tomada de posição da parte de Salomão se dá em virtude da consciência da sacralidade de sua realeza, em analogia com os reis cananeus, o que fez com que ele tomasse tal atitude sem considerar a necessidade de manter no sacerdócio uma linhagem que se conectasse com as antigas tradições javistas da época primitiva.[145] Baseado em tal tese, Albertz chega a afirmar que a própria construção do Templo não passou de uma reforma de uma antiga estrutura jebusita, o Templo cananeu de אֵל עֶלְיוֹן que Rowley supôs que existisse em Jerusalém na época de sua conquista por Davi.[146]

Alguns autores se opuseram à tese de Rowley. De Vaux e Cody apontam a fragilidade de tal tese no fato de se fundamentar, basicamente, na "possível" existência de um templo cananeu em Jerusalém, o que não é atestado na BH e não encontra apoio em nenhuma outra fonte conhecida.[147] Olyan também critica a tese

---

143. ROWLEY, H. H., Zadok and Nehushtan, p. 124-126.

144. HAUER, C. E., Who was Zadok?, p. 89-94; CORNEY, R. W., Zadok, the Priest, p. 928-929; ALBERTZ, R., Historia de la Religión de Israel en tiempos del Antiguo Testamento, p. 233-241.

145. ALBERTZ, R., Historia de la Religión de Israel en tiempos del Antiguo Testamento, p. 234-235.

146. ALBERTZ, R., Historia de la Religión de Israel en tiempos del Antiguo Testamento, p. 236-237.

147. DE VAUX, R., Instituições de Israel, p. 410-413; CODY, A., A History of Old Testament Priesthood, p. 88-93. Embora Cody aponte a fragilidade da tese de Rowley ele não discorda dela totalmente.

de Rowley, afirmando que a mera falta de uma genealogia mais clara para Sadoc não é motivo suficiente para considerá-lo um sacerdote jebusita.[148] Discordam ainda de Rowley, Rehm[149] e Nurmela[150], por se basear em conjecturas, sem apoio nos textos da BH, em textos extra-bíblicos ou na arqueologia.

Cross não somente discorda da "hipótese jebusita" de Rowley, como elabora uma nova hipótese.[151] Segundo Cross, Abiatar e Sadoc representam duas diferentes casas ou famílias sacerdotais. Abiatar liga-se às tradições de Nob e Silo, à casa de Eli (1Sm 22,20/1Rs 2,27). Sua eleição para estar à frente do sacerdócio de Jerusalém agradaria, sobretudo, às tribos do Norte. Sadoc, por sua vez, seria procedente de Hebron, de uma família sacerdotal que se considerava descendente de Aarão.[152] A colocação de representantes das duas famílias sacerdotais à frente do santuário de Jerusalém teria como objetivo conciliar as tradições cúlticas do Norte e do Sul.[153]

A tese de Cross foi seguida por Olyan[154], Rehm[155], Haran[156] e Nurmela[157]. Para Nurmela, Salomão teria uma política menos tolerante que a de Davi, e estaria pouco disposto a tomar uma postura conciliadora nas diferentes questões envolvendo as tradições do Norte e do Sul, o que levou Abiatar a apoiar Adonias.[158] Somente mais tarde, é que a remoção de Abiatar do sacerdócio por parte de Salomão teria sido interpretada como o cumprimento da profecia contra a casa de Eli (1Sm 2,27-36//1Rs 2,27). O texto de 1Sm 2,36 teria sido relido como uma predição do que aconteceria aos descendentes de Abiatar, que seriam, mais tarde, reduzidos a um clero inferior. Não somente Abiatar teria sido removido do sacerdócio de Jerusalém, mas também outros clãs oriundos do Norte ligados a ele. Estes sacerdotes teriam sido instalados em Betel. A informação de 1Rs 12,31.32, segundo Nurmela, não deve corresponder totalmente à realidade histórica. Jeroboão pro-

---

148. OLYAN, S., Zadok's Origins and the Tribal Politics of David, p. 182.

149. REHM, M., Levites and Priests, p. 305-309.

150. NURMELA, R., The Levites, p. 19-21.

151. CROSS, F. M., Canaanite Myth and Hebrew Epic, p. 207-215.

152. CROSS, F. M., Canaanite Myth and Hebrew Epic, p. 206-207: a partir da notícia de Js 21,10-11, Cross supõe que Hebron seria o centro de um clã sacerdotal ligado à figura de Aarão.

153. CROSS, F. M., Canaanite Myth and Hebrew Epic, p. 207-208.

154. OLYAN, S., Zadok's Origins and the Tribal Politics of David, p. 183.193.

155. REHM, M., Levites and Priests, p. 305-309.

156. HARAN, M., Temple and Temple-Service in Ancient Israel, p. 88.

157. NURMELA, R., The Levites, p. 19-21.

158. NURMELA, R., The Levites, p. 30.

vavelmente deve ter criado um clero misto, com sacerdotes "levitas" descendentes de Abiatar e outros que não podiam reclamar uma ascendência levítica.[159]

As duas hipóteses mais expressivas para a origem de Sadoc e o motivo da sua colocação ao lado de Abiatar à frente do culto em Jerusalém são, portanto, a "hipótese jebusita", de Rowley, e a hipótese de Cross, segundo a qual Sadoc seria originário de Judá. Ambas partem de um mesmo princípio: a instalação da "diarquia sacerdotal" em Jerusalém teve como objetivo solucionar uma situação de conflito. A hipótese de Rowley sugere um conflito entre o javismo e a religião cananeia; a de Cross, um conflito entre dois diferentes grupos sacerdotais.[160]

Embora a origem de Sadoc continue, de certa forma, difícil de se identificar, a tese de Cross parece mais de acordo com a mentalidade bíblica. É possível supor que Davi se preocupasse em conciliar as diferentes tradições do Norte e do Sul, com o intuito de consolidar a monarquia. A necessidade de conciliar tais tradições fica patente quando da divisão do Reino: um profeta do Norte, Aías de Silo, é o anunciador de tal divisão (1Rs 11,29-39). Além disso, o culto que Jeroboão instala em Dã e Betel depois de tal cisão, parece demonstrar que existiam diferentes tradições cúlticas no Norte e no Sul que precisavam, realmente, ser conciliadas (1Rs 12,26-36). Com a saída de Abiatar de Jerusalém, o culto no santuário central, que depois se tornará o único santuário, se torna uma prerrogativa dos sadocitas.

1.2.2.3. Jeroboão e o sacerdócio de Betel

Com a divisão dos reinos, Jeroboão transforma os santuários de Dã e Betel em santuários nacionais para o Reino do Norte.[161] Os dois santuários se ligam às antigas tradições do povo hebreu. O santuário de Dã, segundo Jz 18,30, é ligado a um descendente de Moisés.[162] Betel, por sua vez, está presente nas tradições patriarcais (Gn 28). De modo particular, Jz 20,18.26-28 parece apontar para a existência de um santuário onde o povo vai para "consultar" (שאל) YHWH. Este santuário é guardado por Fineias, filho de Eleazar, filho de Aarão.[163]

---

159. NURMELA, R., The Levites, p. 31-33.

160. SERAFINI, F., L'Alleanza Levitica, p. 46.

161. Cody supõe que a divisão dos reinos pode ter sido influenciada pelo sacerdócio: a tradição sacerdotal de Silo estaria se levantando em favor dos antigos santuários de província e contra a centralização cada vez maior do culto em Jerusalém e da crescente proeminência de Judá. CODY, A., A History of Old Testament Priesthood, p. 108-109.

162. Os autores costumam referir-se ao sacerdócio de Dã como um sacerdócio de tradição "mushita", em virtude da sua ligação com Moises (משה).

163. AUNEAU, J., Sacerdoce, p. 1222-1223.

A informação de 1Rs 12,31 traz um dado significativo para a compreensão da história do sacerdócio: Jeroboão é condenado por instalar como sacerdotes homens "retirados do povo", que não eram "filhos de Levi" (לֹא־הָיוּ מִבְּנֵי לֵוִי). Embora se trate do culto dos "lugares altos" (בָּמוֹת), não parece ser um culto não javista, do contrário não se entenderia a crítica a respeito de ter sido aí instalado um sacerdócio não levita. Na continuação desse texto, no v. 32, afirma-se que esses sacerdotes foram instalados também em Betel. Do ponto de vista da história do sacerdócio, tal informação é relevante porque indica que, no período da redação de 1Rs 12,31-32 ou do surgimento das tradições que estão na base desse texto, já se considerava o sacerdócio uma prerrogativa da tribo de Levi.[164] Da preferência por um levita, passa-se à exclusividade dos mesmos levitas para o exercício do sacerdócio (Dt 18,1-8).[165]

Baseando-se na tese de Aberbach e Smolar[166], Albertz defende a hipótese de que, originalmente, o clero de Betel era de linhagem aarônica.[167] O autor apresenta quatro elementos que apontariam para esta origem: a) A ligação de Aarão com o bezerro de ouro de Ex 32 – ainda que mais tarde Aarão se torne o antecessor de todos os sacerdotes, inclusive do sacerdócio de Jerusalém no período pós-exílico, tal ligação deve ter algum ponto de apoio na história; b) A indicação de Jz 20,26-28 de que no santuário de Betel oficiava Fineias, neto de Aarão; c) A tradição de Js 24,33, segundo a qual Eleazar, filho de Aarão, fora sepultado em Gabaá, cidade de Fineias, na montanha de Efraim. Tal indicação apontaria para uma ligação dos descendentes de Aarão com a região de Efraim, onde está situada Betel; d) Os nomes dos filhos de Jeroboão (Nadab - נָדָב e Abias - אֲבִיָּה) se assemelham aos dos filhos de Aarão (Nadab - נָדָב e Abiú - אֲבִיהוּא) e, como estes últimos, morrem prematuramente (o que seria uma homenagem dos sacerdotes de Betel à dinastia de Jeroboão).[168]

---

164. OLIVEIRA, T. C. S. A., Os Bezerros de Arão e Jeroboão, p. 107-109.

165. DOZEMAN, T. B., Exodus, p. 609: Embora o redator deuteronomista tenha como objetivo central em 1Rs 12,26-32 condenar a instalação dos bezerros de ouro em Dã e Betel, este acrescenta em torno a essa atitude que passará a ser chamada de "o pecado de Jeroboão" (2Rs 13,2: חַטֹּאת יָרָבְעָם), uma série de outras desobediências ao que previa o Deuteronômio: a proibição de se fazer imagens (Dt 5); a determinação de que o local de culto deve ser único (Dt 12,5); o louvor de um único Deus (Dt 6,4); o calendário litúrgico (Dt 16,15) e a exclusividade do sacerdócio levítico (Dt 18,1-8). Segundo Hanson, Ex 32 seria um texto pró-levítico que funcionaria como uma reação à colocação de sacerdotes não levitas em Betel da parte de Jeroboão. HANSON, P. D., The Dawn of Apocalyptic, p. 223; CHILDS, B. S., The Book of Exodus, p. 571.

166. ABERBACH, M.; SMOLAR, L., Aaron, Jeroboam, and the Goldes Calves, p. 129-140.

167. ALBERTZ, R., Historia de la Religión de Israel en tiempos del Antiguo Testamento, p. 270. Albertz e Aberbach defendem que levitas e desdendentes de Aarão constituem grupos diferentes. Os levitas ligariam-se direto a Moisés. Só num período tardio é que teria havido a vinculação de Aarão com Levi.

168. ALBERTZ, R., Historia de la Religión de Israel en tiempos del Antiguo Testamento, p. 270.

Segundo Albertz, o clero aarônico de Betel não teria achado estranha a instalação do bezerro. Este pertencia a antigas tradições cultuais do Norte e teria sido introduzido para rivalizar com a Arca. A narração de Ex 32, em seu estado atual, seria uma revisão sulista de um texto originário do Norte, onde o próprio YHWH teria ordenado a Aarão que fizesse o bezerro. Jeroboão teria em vista, então, não romper com o javismo, mas legitimar através de uma tradição antiga o culto oficial de Betel.[169] A exposição pública do objeto cultual, contudo, encerrava o perigo de uma interpretação errônea por parte do povo. Com o tempo se foi perdendo, pelo menos na mentalidade popular, a diferenciação teológica entre YHWH e seu suporte simbólico (Os 8,6). Além disso, o touro constituía um símbolo ambíguo que, com o tempo, teria se desprendido das antigas tradições do Êxodo e se prestado ao sincretismo com Baal.[170]

Diante da tese de Albertz, permanece a pergunta sobre o sentido da informação de 1Rs 12,32, que afirma que em Betel teria sido instalado um clero não levita. Afinal, se o clero de Betel era aarônico, então era, também, levita, pois tanto Aarão quanto Moisés são considerados pelas tradições da BH como descendentes de Levi (Ex 6,14-27). Nurmela oferece outra hipótese, já antes sugerida, embora não desenvolvida, por Hauret,[171] que complementa, em certo sentido, a proposta de Albertz. Segundo seu parecer, quando da divisão dos reinos, todos os clãs sacerdotais oriundos do Norte foram removidos do serviço cultual de Jerusalém. Alguns destes teriam sido também instalados em Betel por Jeroboão. A notícia de 1Rs 12,31.32 não significaria a remoção dos sacerdotes de linhagem aarônica de Betel e nem mesmo a inserção apenas de sacerdotes não ligados à tribo de Levi. Tal notícia diria respeito à criação por parte de Jeroboão de um clero misto, formado por: a) famílias sacerdotais que já atuariam em Betel e que se consideravam ligadas a Aarão; b) os descendentes de Abiatar e outras famílias sacerdotais oriundas do Norte que foram expulsas do Sul quando da divisão dos reinos; c) "homens do povo" (מִקְצוֹת הָעָם). Os dois primeiros grupos podem ser considerados "levitas", o terceiro não. Nurmela considera, também, que o relato de Ex 32 não seja antiaarônico, mas sim uma polêmica contra os sacerdotes não levitas de Betel, os assim chamados "homens do povo" (1Rs 12,31: מִקְצוֹת הָעָם).[172]

---

169. ALBERTZ, R., Historia de la Religión de Israel en tiempos del Antiguo Testamento, p. 270-271.

170. Por isso a crítica de Os 10,3-8. ALBERTZ, R., Historia de la Religión de Israel en tiempos del Antiguo Testamento, p. 271-273.

171. HAURET, C., Lewy et Kohen, p. 95.

172. NURMELA, R., The Levites, p. 30-39. A obra de Nurmela é posterior à obra de Albertz citada acima, cuja primeira edição alemã é de 1992.

Em síntese, pode-se afirmar que a informação mais importante de 1Rs 12,31-32 para a história do sacerdócio é a que diz respeito à exclusividade do sacerdócio para os levitas. Esta é uma ideia presente, também, no Deuteronômio. Contudo, devido a problemas históricos e, também, de natureza teológica, nem todos os levitas serão admitidos, quando da Reforma de Josias, ao sacerdócio do Templo de Jerusalém.

1.2.2.4. A Reforma de Josias

Segundo De Vaux, antes de qualquer movimento de reforma, a relevância dada aos santuários nacionais, tanto no Norte (de modo particular, Betel), quanto no Sul (Jerusalém), fez com que, paulatinamente, os chamados "sacerdotes de província"[173] ou "sacerdotes rurais"[174] ficassem desprovidos de recursos. A parcela do povo que podia, preferia recorrer aos grandes santuários e, com isso, aqueles sacerdotes que oficiavam em santuários menores[175] e que retiravam do culto sua subsistência foram reduzidos a uma situação economicamente difícil.

Com a reforma de Josias (2Rs 22-23), a crise do sacerdócio de agravou. Centralizando o culto em Jerusalém e destruindo os demais lugares de culto, Josias deixou desprovidos de função e, conquentemente, de subsistência, os sacerdotes que serviam em tais locais.[176] Albertz enumera, dentre outros, dois motivos

---

173. DE VAUX, R., Instituições de Israel, p. 401-402.

174. ALBERTZ, R., Historia de la Religión de Israel en tiempos del Antiguo Testamento, p. 386.

175. Para se referir a estes "santuários menores", Albertz utiliza a expressão "santuários de província" ou "santuários rurais" (como também o fazem De Vaux e Cody), sem, contudo, especificar o que ele entende por esta expressão. Stern, por sua vez, baseando-se em dados da arqueologia recente e no fato de que a Escritura menciona locais de culto no Sul, fora de Jerusalém, ainda que em épocas anteriores à fundação do Templo de Jerusalém, como é o caso de Gabaon (1Rs 3,4), afirma que sob a designação genérica de "Casa de YHWH" alguns locais de culto teriam sido erigidos em diversos lugares, em Judá, antes da reforma de Josias. Ele cita, como exemplo, um santuário judaico dedicado a YHWH encontrado por Aharoni nas proximidades da fortaleza de Arad e que provavelmente funcionou até o século VII a.C. A ligação deste local de culto com YHWH é suposta em virtude da presença de numerosos "óstraca" onde aparece o tetragrama sagrado. ALBERTZ, R., Historia de la Religión de Israel en tiempos del Antiguo Testamento, p. 416-417; STERN, E., Archaeology of the Land of the Bible, p. 201-203; LIVERANI, M., Para além da Bíblia, p. 403-405.

176. Segundo Hanson, desde a deposição de Abiatar, os "levitas", ou seja, todos os demais membros da tribo de Levi que não eram descendentes de Sadoc, começaram a sentir pouco a pouco a erosão dos seus privilégios sacerdotais. Dt 18,6-7 reconhece que todo levita é "por direito" sacerdote. Contudo, a constante menção dos levitas juntamente com outras classes de desfavorecidos sociais, demonstra que "de fato", com a centralização cada vez maior do culto em Jerusalém e em Betel, os sacerdotes dos santuários menores foram ficando sem função e, consequentemente, sem rendimentos. O ponto alto de toda esta situação foi a reforma de Josias que, com a centralização do culto em Jerusalém, colocou o sacerdócio exclusivamente nas mãos dos sadocitas. HANSON, P. D., The Dawn of Apocalyptic, p. 221-222. A respeito da centralização do culto em Jerusalém de acordo com Dt 12,2-28 SILVA, C. M. D., Deuteronômio: portal da História Deuteronomista, p. 40-41.

principais para tal decisão da parte de Josias: a) a centralização do culto foi uma medida protetiva – assim se poderia tanto impedir a entrada de influências religiosas estrangeiras que poderiam contaminar o javismo, quanto se poderia basear a unidade nacional israelita não num mero compromisso político, mas na adoração do "Deus único" (Dt 6,4), que exigia, também, o culto num "lugar único" (Dt 12); b) tal centralização representava o interesse do clero de Jerusalém.[177]

A situação de extrema dificuldade econômica à qual ficaram reduzidos os sacerdotes dos extintos santuários fica explícita no Deuteronômio, de modo particular, nas passagens onde os "levitas", termo com o qual o Deuteronômio parece designar tais sacerdotes, são colocados lado a lado com outras classes de desfavorecidos sociais (Dt 16,12; 26,14).[178]

Para mitigar a situação de miséria dos levitas, o Deuteronômio propõe duas soluções. A primeira diz respeito à atitude dos israelitas com tais levitas – eles são recomendados à caridade do povo: os "levitas", chamados algumas vezes de "levita que mora em vossas cidades" (Dt 12,12) ou "levita que habita contigo" (Dt 12,18) devem receber, juntamente com o estrangeiro, o órfão e a viúva, o dízimo trienal das colheitas dos israelitas (Dt 14,27-29).

A segunda vem expressa em Dt 18,1-8. Cody considera Dt 18,1-8 um texto fundamental para a história do sacerdócio, de modo particular os vv. 6-7 que tratam dos direitos do levita que vem a Jerusalém. Neste texto encontram-se quatro expressões: v.1: כָּל־שֵׁבֶט לֵוִי / כֹּהֲנִים הַלְוִיִּם; v.3: הַכֹּהֲנִים; v.6: הַלֵּוִי. Tais expressões são normalmente compreendidas como um indicativo de que todo membro da tribo de Levi tem direito ao sacerdócio e que todo sacerdote, por sua vez, deve ter ascendência levítica.[179] Cody analisa as expressões הַכֹּהֲנִים הַלְוִיִּם (Dt 18,1) e הַלֵּוִי (Dt 18,6). A primeira designaria os sacerdotes de Jerusalém; a segunda, por sua vez, designaria um levita que, por não ter uma função junto a um altar, é apenas "potencialmente" sacerdote, mas não é sacerdote de fato até que tenha sido incorporado ao clero de um santuário.[180] O objetivo de tal texto seria abrir aos sacer-

---

177. Segundo Albertz, o clero de Jerusalém seria o incentivador da centralização do culto também por razões de ordem econômica. A sua participação nas oferendas (Dt 18,3-4), que aumentaria substancialmente com a centralização do culto, lhes iria permitir renunciar a qualquer herança, a fim de se dedicar totalmente ao ministério sacerdotal (Dt 18,1-2). ALBERTZ, R., Historia de la Religión de Israel en tiempos del Antiguo Testamento, p. 377-378.

178. DE VAUX, R., Instituições de Israel, p. 401-402; ALBERTZ, R., Historia de la Religión de Israel en tiempos del Antiguo Testamento, p. 391; UTRINI, H. C. S., Is 56,1-8: A visão acerca do estrangeiro na comunidade pós-exílica, p. 11-12.

179. DE VAUX, R., Instituições de Israel, p. 401-402; HAURET, C., Lewy et Kohen, p. 96-98; HANSON, P. D., The Dawn of Apocalyptic, p. 221-222; AUNEAU, J., Sacerdoce, p. 1227-1229; REHM, M., Levites and Priests, p. 304-305; SERAFINI, F., L'Alleanza Levitica, p. 50; KUGLER, R., Priests and Levites, p. 603.

180. CODY, A., A History of Old Testament Priesthood, p. 129.131-132;

dotes provindos de outros santuários uma possibilidade de oficiar em Jerusalém e garantir, assim, não somente a manutenção da sua função, mas também a sua subsistência.[181]

Parece, contudo, que Dt 18,6-7 não foi levado em conta no programa de reforma de Josias. Segundo a interpretação de alguns autores,[182] o texto de 2Rs 23,9 indica a não aceitação, por parte dos sacerdotes de Jerusalém, destes "sacerdotes de província", que são equiparados aos "sacerdotes dos lugares altos" (בָּמוֹת).[183] A eles não é permitido "subir" (עלה – qal) ao "altar de YHWH" (מִזְבַּח יְהוָה). Eles podem continuar, contudo, gozando da caridade do povo, comendo o "pão sem fermento" no meio dos seus irmãos. Cody acredita que o uso do termo מַצּוֹת em 2Rs 23,9 indique a Páscoa celebrada por Josias em 2Rs 23,21-23.[184] Essa seria a origem remota da divisão entre "sacerdotes e levitas" ocorrida depois do exílio.

Uma primeira variante dessa teoria é apresentada por Abba.[185] Segundo seu parecer, quando Josias destruiu os lugares altos (2Rs 23,5), trouxe para Jerusalém os sacerdotes desses lugares (2Rs 23,8). Juntamente com esses, trouxe outros que serviam nos santuários de província, mas que não haviam praticado a idolatria. A informação de 2Rs 23,9 significaria, segundo sua opinião, que uma vez tendo chegado a Jerusalém os sacerdotes dos lugares altos foram separados daqueles que serviam em santuários de província e somente esses últimos é que foram admitidos ao clero de Jerusalém. Nada há no texto de 2Rs 23,9, contudo, que sugira essa separação.

Mais tarde, o mesmo autor desenvolve uma teoria mais complexa.[186] Para ele, imaginar que os sacerdotes dos lugares altos de 2Rs 23,9 são os levitas que o Deuteronômio prevê que poderiam oficiar em Jerusalém é uma simplificação. Não há nada, em Dt 18,6-8, que indique que os "levitas" vindos a Jerusalém possam realizar funções sacerdotais. Eles poderiam vir atuar como "levitas", ou seja, ele imagina que já antes da reforma de Josias havia em Jerusalém uma espécie de clero inferior, que atuava no culto, mas não podia subir ao altar para exercer funções sacerdotais.

---

181. ALBERTZ, R., Historia de la Religión de Israel en tiempos del Antiguo Testamento, p. 417.

182. CODY, A., A History of Old Testament Priesthood, p. 134-137; ALBERTZ, R., Historia de la Religión de Israel en tiempos del Antiguo Testamento, p. 372.416-417; HAURET, C., Lewy et Kohen, p. 97-98; HANSON, P. D., The Dawn of Apocalyptic, p. 221-222; AUNEAU, J., Sacerdoce, p. 1227-1229; REHM, M., Levites and Priests, p. 304-305; SERAFINI, F., L'Alleanza Levitica, p. 50; ZIMMERLI, W., Ezekiel, p. 456-457.

183. GRAY, J., I and II Kings, p. 734-735.

184. CODY, A., A History of Old Testament Priesthood, p. 402; NOTH, M., Könige, p. 281-282.

185. ABBA, R., Levites and Priests, p. 882-883.

186. ABBA, R., Priests and Levites in Deuteronomy, p. 264-267.

As expressões aplicadas aos levitas – "oficiar em nome de YHWH" (שָׁרֵת בְּשֵׁם יְהוָה) e estar na "presença de YHWH" (לִפְנֵי יְהוָה) – seriam expressões genéricas, que não indicariam, necessariamente, funções sacerdotais. O autor não entende a expressão כָּל־שֵׁבֶט לֵוִי como sendo um aposto da expressão הַכֹּהֲנִים הַלְוִיִּם, mas as interpreta como expressões distintas, que introduzem um texto a respeito dos direitos dos "sacerdotes", que seriam os הַכֹּהֲנִים הַלְוִיִּם (vv. 3-5) e dos "levitas", indicados pela expressão הַלֵּוִי (vv. 6-8). Sua leitura de Dt 18,1 supõe uma preposição "e" que não existe no texto hebraico[187] e que também não é testemunhada na LXX.[188] Somente a Vulgata é que acrescenta tal preposição. Contudo, a Vulgata diverge tanto do TM quanto da solução proposta por Abba, uma vez que enumera três categorias em Dt 18,1: os sacerdotes "e" os levitas "e" a tribo inteira de Levi. A tese de Abba apresenta, ainda, outra dificuldade. Os testemunhos a respeito de uma espécie de clero inferior, estão mais claramente expostos em Ezequiel (enquanto projeto para o futuro), nos livros das Crônicas e em textos da considerada Tradição Sacerdotal, que parcem remontar a tempos posteriores a Dt 18.

A tese mais amplamente adotada, então, é a que afirma que os כֹּהֲנֵי הַבָּמוֹת de 2Rs 23,9 seriam os "levitas" aos quais se refere Dt 18,1-8, ou seja, os sacerdotes dos santuários rurais do Sul e remanescentes do Norte[189] que, ficando sem função com a reforma de Josias, teriam vindo para Jerusalém, mas não foram ali incorporados ao sacerdócio do Templo. Tal tese parece verossímil quando se considera o contexto de 2Rs 23,9. Segundo Cody, pode-se distinguir os כְּמָרִים de 2Rs 23,5 dos כֹּהֲנִים de 2Rs 23,8. Ele admite que os כְּמָרִים de 2Rs 23,5 sejam, de fato, sacerdotes de um culto não javista, até mesmo porque é nesse sentido que o termo é utilizado nas suas únicas três aparições na BH (2Rs 23,5; Os 10,5; Sf 1,4). Contudo, os כֹּהֲנִים de 2Rs 23,8, embora seu lugar de atuação seja, também, classificado como בָּמָה, são tidos por Cody como sacerdotes de um culto javista, realizado em outros "templos de Judá", cujos altares foram profanados por Josias e comparados aos lugares de

---

187. McCARTHY, C., Biblia Hebraica Quinta, p. 55; RAHLFS, A.; HANHART, R., Septuaginta, p. 319.

188. ABBA, R., Priests and Levites in Deuteronomy, p. 266-267. Haran também discorda que os "sacerdotes dos lugares altos" de 2Rs 23,9 sejam os "levitas" dos quais fala o Deuteronômio. Ele baseia sua tese no fato de considerar que o termo בָּמוֹת não se refere a santuários mas, sim, a altares isolados. Tais altares seriam dedicados a outras divindades que não a YHWH e seu sacerdócio não seria de origem levítica. HARAN, M., Temples and Temple Service in Ancient Israel, p. 99-101. Essa correlação do termo בָּמוֹת com altares isolados não aparece clara na BH. Em Os 10,8, por exemplo, acredita-se que a expressão בָּמוֹת אָוֶן seja uma forma do profeta se referir ao santuário de Betel. Neste caso, o termo בָּמוֹת estaria em relação com um santuário e não apenas com um altar. McCOMISKEY, T.E. (Ed.), The Minor Prophets, p. 169; WOLFF, H. W., Hosea, p. 175.

189. Mesmo depois da queda de Samaria e do fim do Reino do Norte em 722 a.C., o santuário de Betel parece ter continuado em funcionamento, o que explica a notícia de 2Rs 23,15, segundo a qual Josias destruiu o "lugar alto" de Betel. Depois da reforma religiosa iniciada por Josias, Betel parece ter perdido, definitivamente, sua importância como lugar de culto. BRODSKY, H., Bethel (Place), p. 710-712.

culto não javista. Esses são os mesmos que, segundo 2Rs 23,9, não podem subir ao altar de YHWH, mas comem o pão no meio "dos seus irmãos".[190]

O termo בָּמוֹת, utilizado nessas passagens, poderia ser tomado, então numa dupla acepção. Em 2Rs 23,5 o termo se referiria a lugares de culto não javista, o que parece estar de acordo com a informação do restante do versículo que afirma que ali eram oferecidos sacrifícios a "Baal", ao "sol", à "lua", às "constelações" e a "todo o exército dos céus". Em 2Rs 23,8, por sua vez, o termo se referiria a lugares de culto javista, o que parece estar de acordo com o uso do termo כֹּהֲנִים para se referir ao clero desses locais de culto. Tal uso do termo בָּמוֹת teria como finalidade desqualificar os demais locais de culto, mesmo javista, em função da centralidade do Templo de Jerusalém. De fato, segundo Schunck, o termo בָּמוֹת pode indicar, muitas vezes, lugares de culto javista. Contudo, como nesses lugares pode haver certo sincretismo, os profetas passam a condená-los. Mais tarde, com a ideia da centralização do Templo em Jerusalém, é que o termo בָּמוֹת vai assumir, definitivamente, uma acepção negativa.[191]

Além disso, se o termo כֹּהֲנֵי הַבָּמוֹת se referisse a sacerdotes de um culto completamente estranho ao javismo, seria supérflua a afirmação de que eles não podiam "subir ao altar" (מִזְבַּח יְהוָה + עָלָה) de YHWH.[192] Seria também estranha a informação de que eles poderiam comer "pães sem fermento" (מַצּוֹת) no meio dos seus "irmãos" (אָח). É difícil conceber que, num ambiente de reforma religiosa, pagãos fossem admitidos à celebração da Páscoa[193] e fossem chamados de "irmãos".[194]

Se a ideia da centralização do culto foi realmente apoiada pelo sacerdócio de Jerusalém, seria uma consequência natural não somente a destruição dos outros santuários, mas também a desqualificação do sacerdócio que ali atuava. Não parece estranho, então, que o mesmo ideal teológico que levou a classificar lugares de culto javista como Betel como בָּמוֹת, assemelhando-o a lugares de culto não javista, tenha levado a classificar os levitas, que não faziam parte do clero de Jerusalém, e que atuavam em tais santuários, como כֹּהֲנֵי הַבָּמוֹת. Pode-se afirmar, então, que enquanto o Deuteronômio tem uma visão mais integrativa, procurando fazer com que os sacerdotes dos extintos santuários pudessem ser admitidos em Jerusalém, o segundo livro dos Reis, influenciado talvez por uma teologia de tom

---

190. CODY, A., A History of Old Testament Priesthood, p. 134-135.

191. SCHUNCK, K.-D., בָּמָה, p. 144.

192. CODY, A., A History of Old Testament Priesthood, p. 134-135.

193. CODY, A., A History of Old Testament Priesthood, p. 402; NOTH, M., Könige, p. 281-282.

194. Embora o termo אָח, na BH, possa ser usado para expressar uma relação de cortesia para com estrangeiros (Jz 19,23), ele costuma indicar, sobretudo, lanços de consaguinidade ou a pertença a uma mesma tribo. As ocorrências do termo nos livros dos Reis apontam nesse sentido. RINGGREN, H., אָח, p. 191-192.

mais exclusivista, tenha preferido afastar tais sacerdotes do culto do santuário de Jerusalém, não somente por razões de cunho prático, mas também por razões de cunho teológico, como afirma Albertz,[195] buscando evitar que o culto se tornasse outra vez contaminado por práticas estranhas ao javismo.

1.2.3. Período do Segundo Templo

Dentro do chamado "período do Segundo Templo", ou seja, a partir de 515 a.C., podem-se destacar dois momentos de singular importância. O primeiro deles é representado pelo programa reformador de Ezequiel. De modo particular, o texto de Ez 44, que parece restringir o sacerdócio a um ramo específico dentro da tribo de Levi: os filhos de Sadoc. Num segundo momento, encontra-se a expressão "filhos de Aarão", presente sobretudo no Levítico e na obra do Cronista, também para referir-se ao sacerdócio. O uso de tal expressão parece indicar uma nova forma de se compreender quem, de fato, podia ser admitido ao sacerdócio de Jerusalém. Por fim, parece oportuno destacar como a hierarquia sacerdotal se organizou no pós-exílio.

1.2.3.1. O programa reformador de Ezequiel

Desde Wellhausen, considera-se que a separação entre sacerdotes e levitas, sendo estes últimos reduzidos a uma espécie de "clero inferior", foi estabelecida a partir de Ezequiel.[196] É em Ez 44,10-16 que se encontra, de um lado, a punição dos "levitas", que os relega a uma função secundária no culto (vv. 10-14) e, de outro, a legitimação e o direito de exclusividade dos sadocitas no que diz respeito ao exercício das funções sacerdotais no novo templo entrevisto pelo profeta.

Os vv. 10-14, onde os levitas são condenados pelo profeta, podem ser divididos em duas partes: vv. 10-11 e vv. 12-14, sendo cada uma delas marcada pela expressão נָשְׂאוּ עֲוֹנָם.[197] Tal expressão, que pertence à terminologia cultual e pode significar tanto "carregar a [própria] iniquidade", quanto "carregar a iniquidade de [outrem]",[198] é utilizada em Ez 44,10.12 para justificar o juízo de YHWH: o rebaixamento dos levitas é fruto das suas próprias ações. No v. 11, o "carregar a iniquidade" vem descrito como a sua continuação no santuário, mas

---

195. ALBERTZ, R., Historia de la Religión de Israel en tiempos del Antiguo Testamento, p. 418.
196. WELLHAUSEN, J., Prolegomena to the History of Israel, p. 121-124.
197. ZIMMERLI, W., Ezekiel, p. 455-456.
198. STOLZ, F., נשא, p. 154-155.

numa função subalterna, descrita como uma dupla forma de "serviço" (שרת): eles devem "guardar as portas" e "realizar o serviço" do Templo. Este "serviço" do Templo consiste no matar as vítimas para o "holocausto" (עֹלָה) e para o "sacrifício pelo povo" (הַזֶּבַח לָעָם).[199]

Nos vv. 12-14, a expressão que introduz a punição (נָשְׂאוּ עֲוֹנָם) vem precedida pela expressão נָשָׂא יָד (levantar a mão), com o sentido de "jurar".[200] Tal expressão ocorre em Ezequiel tanto em sentido positivo (Ez 20,5), quanto em sentido negativo (Ez 20,15).[201] Em Ez 44,12 ela aparece em sentido negativo, pois YHWH jura punir a iniquidade dos levitas, que consistiu em "servir" aos "ídolos imundos". Daí decorre o que pode parecer uma "segunda punição", mas que é, na verdade, um esclarecimento da punição já descrita em 44,11: os levitas serão afastados do sacerdócio. Eles não se "aproximarão" (נגש – Qal) de YHWH para "exercer o sacerdócio" (כהן – Piel). Também não poderão "aproximar-se" (נגש – Qal) das "coisas santas" (כָּל־קָדְשֵׁי) e nem do "santo dos santos" (קָדְשֵׁי הַקֳּדָשִׁים).[202]

O motivo de tal punição para os levitas vem proposto nos vv. 10.12: os levitas se "distanciaram" (רחק)[203] de YHWH quando Israel "afastou-se" (תעה)[204] dele. A raiz רחק (Qal), utilizada para designar a atitude dos levitas (Ez 44,10), ocorre sobretudo nos Salmos e nos profetas para indicar a atitude do homem que se afasta de YHWH. A atitude oposta, ou seja, o "aproximar-se" de YHWH é indicado normalmente pela raiz קרב (Qal), utilizada em Ez 44,15 para indicar a atitude dos filhos de Sadoc como diametralmente oporta àquela dos levitas.[205] A raiz תעה (Qal), por sua vez, possui o significado concreto de "andar errante". Em sentido figurado, pode significar "extraviar-se". A partir desse último sentido tornou-se um termo importante para designar o pecado. O pecador é comparado às "ovelhas desgarradas" (Is 53,6) ou ao "bêbado que cambaleia" (Jó 12,25).[206] A raiz תעה ocorre em Ez 48,11, para expressar a oposição entre o comportamento dos levitas

---

199. Zimmerli ressalta que, pelo que se pode depreender de Lv 1.3, tal tarefa não ficou restrita aos levitas. Os próprios oferentes continuaram mantendo seu direito de imolar as vítimas que seriam depois oferecidas pelos sacerdotes. ZIMMERLI, W., Ezekiel, p. 456; HARTLEY, J. E., Leviticus, p. 21.

200. STOLZ, F., נשׂא, p. 152.

201. Tal expressão é recorrente em Ez 20, tomada tanto em sentido positivo (Ez 20,5.6.28.42), quanto em sentido negativo (Ez 20,15.23). Em sentido negativo, a expressão introduz a afirmação de YHWH de que negaria a entrada na terra prometida àqueles que "rejeitam" suas normas e estatutos e "profanam" seus sábados.

202. ZIMMERLI, W., Ezekiel, p. 456.

203. ALONSO SCHÖKEL, L., Dicionário Bíblico Hebraico-Português, p. 616.

204. ALONSO SCHÖKEL, L., Dicionário Bíblico Hebraico-Português, p. 706.

205. KÜHLEWEIN, J., רחק, p. 968.

206. SAWYER, J. F. A., תעה, p. 1323.

e o dos sacerdotes, filhos de Sadoc. Enquanto os levitas "se afastaram" (תָּעוּ) de YHWH, os filhos de Sadoc "não se afastaram" (לֹא־תָעוּ) de YHWH.

Tal "distanciamento" dos levitas consistiu no serviço dos גִּלּוּלִים, termo muito recorrente em Ezequiel.[207] Derivado de גֵּל, "excremento"[208] (Ez 4,12) ou גלל II "ser ou estar sujo"[209] (Is 9,4)[210], גִּלּוּלִים costuma ser traduzido como "ídolos imundos".[211] Parece difícil compreender a que tipo de idolatria Ezequiel esteja se referindo. Abba e Nurmela sugeriram que tal idolatria tenha sido o culto do bezerro e que os levitas afastados do sacerdócio sejam os antigos sacerdotes de Betel.[212] A tese de Abba, contudo, oferece uma dificuldade. No seu parecer, os "levitas" já existiam como uma classe inferior de servidores do culto. Nesse sentido, o que Ezequiel estaria afirmando seria a redução de antigos sacerdotes de Betel à função de levitas.[213] Contudo, o texto de Ezequiel não sugere isso. O texto parece afirmar de modo explícito a redução dos levitas a uma função secundária e não a redução de um grupo sacerdotal a uma espécie de "função levítica" já considerada anteriormente como uma função de menor importância.

Nurmela baseia sua tese no fato de considerar a expressão בֵּית־יִשְׂרָאֵל em Ez 44,12 como uma referência ao Reino do Norte. Consequentemente, Ezequiel estaria fazendo alusão ao culto do Reino do Norte e ao santuário de Betel. Nurmela parece não considerar dois elementos. O primeiro deles diz respeito ao uso da expressão בֵּית־יִשְׂרָאֵל em Ezequiel. Tal expressão não se refere sempre ao já extinto Reino do Norte. Algumas vezes ela é utilizada em Ezequiel para designar o povo no seu conjunto (Ez 20,27).[214] O segundo elemento seria a ligação do culto do bezerro com os "levitas". Tal ligação parece ser questionada por Ex 32, considerado por alguns como um texto pró-levítico e contrário aos sacerdotes de Betel instituídos por Jeroboão, que não fariam parte da tribo de Levi (1Rs 12,31).[215]

---

207. Das 48 ocorrências do termo na BH, 39 são em Ezequiel. LISOWSKY, G., Konkordanz zum Hebräischen Alten Testament, p. 326.

208. ALONSO SCHÖKEL, L., Dicionário Bíblico Hebraico-Português, p. 138.

209. ALONSO SCHÖKEL, L., Dicionário Bíblico Hebraico-Português, p. 139-140; KOEHLER, L.; BAUMGARTNER, W., The Hebrew and Aramaic Lexicon of the Old Testament, p. 194: sobre Is 9,4 sugere-se interpretar o referido verbo tanto com "revolver" quanto como "ser sujo".

210. PREUSS, H. D., גִּלּוּלִים, p. 2.

211. PREUSS, H. D., גִּלּוּלִים, p. 2.

212. ABBA, R., Levites and Priests, p. 883; ABBA, R., Priests and Levites in Ezekiel, p. 5-6.8-9; NURMELA, R., The Levites, p. 85-87.

213. ABBA, R., Priests and Levites in Ezekiel, p. 6.8-9.

214. ZIMMERLI, W., Ezekiel, p. 100.

215. DOZEMAN, T. B., Exodus, p. 699-700.

Nurmela, contudo, considera que a informação de 1Rs 12,31 é uma mera ficção com o intuito de desqualificar o clero ali instituído.[216]

Diante da dificuldade de se especificar qual teria sido a idolatria dos levitas, uma vez que Ez 44,10-14 traz expressões muito genéricas, cogita-se que o livro de Ezequiel queira, na verdade, dar uma justificativa para a não aceitação dos sacerdotes remanescentes de outros santuários junto ao clero de Jerusalém.[217] A aceitação desses sacerdotes, chamados pelo Deuteronômio de "levitas" (Dt 18,1-8), foi rechaçada quando da reforma de Josias (2Rs 23,9), pelos possíveis motivos já elencados acima.[218] No retorno do exílio, o livro de Ezequiel, que tem na sua base um sacerdote, presumivelmente de origem sadocita (Ez 1,3),[219] dá a razão teológica para este afastamento. Associando o culto dos santuários fora de Jerusalém à idolatria, o programa reformador de Ezequiel põe fim às expectativas dos sacerdotes desses santuários de tornarem-se sacerdotes no santuário de Jerusalém.[220] O livro de Ezequiel aproxima-se do Deuteronômio com as expressões "levitas" e "sacerdotes levitas", contudo, para garantir a exclusividade de um ramo específico da tribo de Levi, vem formulada a expressão בְּנֵי צָדוֹק (40,46; 44,15; 48,11) e sua variante זֶרַע צָדוֹק (43,19), expressões mais restritivas que as mais amplas encontradas no Deuteronômio.[221] O profeta transforma, assim, uma "situação de fato" em uma "situação de direito".[222]

Segundo Hanson, o exílio teria feito crescer as polarizações que já existiam no interior do judaísmo. Basicamente, duas correntes teriam se formado: uma de cunho utópico, marcada por uma ideia revolucionária, que quereria modificar a ordem estabelecida – contaria com o apoio dos profetas e representaria todos os grupos desprivilegiados, inclusive os sacerdotes destituídos de suas funções e não absorvidos pelo clero de Jerusalém; outra de cunho ideológico – que quereria manter o *status quo* – representaria o interesse dos nobres e dos sacerdotes de

---

216. NURMELA, R., The Levites, p. 31-33.86-87.

217. ZIMMERLI, W., Ezekiel, p. 459.

218. Item 2.2.2.4.

219. GOSSE, B., Les Lévites au Retour de l'Exil dans les livres d'Ezéchiel, de Jérémie ed d'Isaïe, p. 44. Presume-se sua origem sadocita porque ele aparece como um sacerdote que está entre os exilados de Jerusalém na Babilônia (Ez 1,1: גּוֹלָה). Se desde a reforma de Josias o clero de Jerusalém é exclusivamente sadocita, partindo-se do princípio que os sacerdotes de outros santuários não foram ali incorporados, tal hipótese parece possível de ser aceita.

220. AUNEAU, J., Sacerdoce, p. 1233-1235; GOSSE, B., Les Lévites au Retour de l'Exil dans les livres d'Ezéchiel, de Jérémie ed d'Isaïe, p. 45.

221. AUNEAU, J., Sacerdoce, p. 1233-1235.

222. DE VAUX, R., Instituições de Israel, p. 402-404; HAURET, C., Lewy et Kohen, p. 99; GOSSE, B., Les Lévites au Retour de l'Exil dans les livres d'Ezéchiel, de Jérémie ed d'Isaïe, p. 46.

linhagem sadocita que, até o exílio, tinham mantido para si a exclusividade sobre o exercício do sacerdócio em Jerusalém.[223] Os sadocitas teriam procurado elaborar um programa de reforma de cunho conservador: eles quereriam preservar sua posição e salvaguardar a paz na relação com o império persa.[224] O livro de Ezequiel, influenciado pelo ideal de reforma sadocita, proporia uma conciliação onde os sacerdotes de linhagem não sadocita seriam incorporados ao culto, mas numa categoria inferior.[225]

Zimmerli reconhece, contudo, que o programa reformador de Ezequiel conheceu estágios na sua execução. De fato, em Ez 40,45-46 são enumeradas duas categorias de servidores do Templo:

| Ez 40,45 | תִּבָּהַ תְּרֶמֶשְׁמ יֵרְמְשׁ םינַהֲכ | "sacerdotes" que fazem o *serviço do Templo* |
| Ez 40,46 | חַבְזִמַּה תְּרֶמֶשְׁמ יֵרְמְשׁ םינַהֲכ | "sacerdotes" que fazem o *serviço do altar* |

Estes últimos são designados como "filhos de Sadoc", que fazem parte de um grupo maior chamado de "filhos de Levi". Contudo, tanto os que fazem o "serviço do Templo" quanto os que "fazem o serviço do altar" são chamados pelo termo genérico כֹּהֲנִים. Esta subdivisão dentro do sacerdócio teria sido a primeira tentativa de incorporar dentro do serviço do santuário de Jerusalém os sacerdotes provindos de outros santuários, extintos quando da reforma josiânica. Eles estariam a serviço do "Templo", mas não do "altar". Mais tarde, quando Ez 40-48 foi elaborado no seu conjunto, Ez 40,45-46 manifestou sua influência.[226] Sendo o "serviço do altar" uma função de maior honra, somente este grupo continuou a ser considerado propriamente como um grupo sacerdotal. O "serviço do Templo",

---

223. HANSON, P. D., The Dawn of Apocalyptic, p. 212.217.

224. HANSON, P. D., The Dawn of Apocalyptic, p. 217.

225. HANSON, P. D., The Dawn of Apocalyptic, p. 225-226. Em outra obra, Hanson afirma que os sadocitas criaram a acusação de idolatria contra os levitas com o intuito de afastá-los do sacerdócio e de manter sua supremacia. HANSON, P. D., The People Called, p. 268. Segundo Albertz, o exíguo número de levitas frente ao grande número de sacerdotes que retornam do exílio (Esd 2,36-40; Ne 7,39-43) é uma prova de que, a princípio, só um número reduzido de sacerdotes não sadocitas estava disposto a exercer uma nova função no santuário restaurado numa condição inferior. ALBERTZ, R., Historia de la Religión de Israel en tiempos del Antiguo Testamento, p. 604.

226. Zimmerli admite um complexo processo redacional em Ez 40-48. A situação descrita, por exemplo, em Ez 40,45-46, onde dois grupos com atividades cultuais distintas são igualmente chamados de כֹּהֲנִים não se coadunaria com Ez 44,10-16, onde tal título é reservado somente dos "filhos de Sadoc". No seu parecer, o primeiro estágio de composição pode ser identificado em Ez 40-42, onde Ez 42,15-20, com a retomada das medidas do santuário e do seu entorno, funciona como uma conclusão. ZIMMERLI, W., Ezekiel, p. 328.

uma categoria inferior, continuou a ser desempenhado pelos antigos sacerdotes provindos de outros santuários, mas que agora não carregam mais o nome de "sacerdotes", passando a ser designados pelo termo "levitas".

A correlação entre os textos é percebida quando se observa a semelhança entre as expressões de Ez 40,45 (כֹּהֲנִים שֹׁמְרֵי מִשְׁמֶרֶת הַבָּיִת) e de Ez 44,14 (שֹׁמְרֵי מִשְׁמֶרֶת הַבָּיִת – Ez 44,10 aplica a estes o título הַלְוִיִּם). A expressão de Ez 40,46 (כֹּהֲנִים שֹׁמְרֵי מִשְׁמֶרֶת הַמִּזְבֵּחַ), por sua vez, encontra eco na expressão הַכֹּהֲנִים הַלְוִיִּם בְּנֵי צָדוֹק אֲשֶׁר שָׁמְרוּ אֶת־מִשְׁמֶרֶת מִקְדָּשִׁי de Ez 44,15. Aqui não se trata de uma expressão tão semelhante como o são as expressões de Ez 40,45 e 44,14. Contudo, a referência à "gordura" e ao "sangue" no final de Ez 44,15 (חֵלֶב וָדָם) parece indicar o "serviço do altar" (שֹׁמְרֵי מִשְׁמֶרֶת הַמִּזְבֵּחַ) referido em Ez 40,46.[227]

Em síntese, embora o livro de Ezequiel também critique o clero de Jerusalém (7,26; 22,26), este parece ter salvaguardado o seu direito de oficiar no novo Templo a ser inaugurado, justamente pelo fato de nunca ter se afastado de Jerusalém (48,11), garantindo, assim, o "serviço do santuário" (מִקְדָּשׁ) de YHWH (44,15). Os levitas, uma vez que serviram aos ídolos, vão agora servir ao povo (44,11). Os filhos de Sadoc, por sua vez, uma vez que não serviram aos ídolos, serão colocados agora a serviço de YHWH (44,15).[228]

É possível supor que confluam dois elementos na perspectiva do livro de Ezequiel a respeito do sacerdócio: a visão deuteronomista de um único lugar de culto e o crescimento da noção de "santidade" entendida como "separação" e "consagração". A concepção deuteronomista que só admitia o culto num único lugar fez com que o culto, mesmo javista, praticado fora de Jerusalém, fosse retroativamente qualificado como um culto impróprio, idolátrico, desviado. Por isso os "levitas" são tidos como aqueles que "serviram aos ídolos" (Ez 44,12). Por outro lado, o crescimento da noção de "santidade" como "separação e consagração" fez que com que, no pós-exílio, se estabelecessem limites bem claros que tinham como finalidade manter a divindade livre de qualquer profanação. Nesse sentido, o clero do "lugar único", mesmo com as vicissitudes de seu passado, foi considerado o único clero apto a servir YHWH. Os demais sacerdotes provenientes de locais de culto ao menos duvidosos, como o eram os sacerdotes provindos de outros santuários, precisavam ser mantidos num certo "afastamento" de YHWH. Talvez se possa entender, assim, as expressões de Ez 44,13: eles não se aproximarão (לֹא־יִגְּשׁוּ) de YHWH para exercer o sacerdócio e, por extensão, não se aproximarão nem das "coisas santas" e nem do "santo dos santos".

---

227. ZIMMERLI, W., Ezekiel, p. 458-459.
228. ZIMMERLI, W., Ezekiel, p. 456.

2.2.3.2. Os sacerdotes "filhos de Aarão"

Enquanto a expressão בְּנֵי צָדוֹק (Ez 40,46; 44,15; 48,11) e sua variante זֶרַע צָדוֹק (Ez 43,19) referindo-se ao sacerdócio estão restritas ao livro de Ezequiel, uma outra expressão – בְּנֵי אַהֲרֹן – encontra-se presente nos textos da chamada Tradição Sacerdotal do Pentateuco e nos livros das Crônicas. De modo particular, a expressão ocorre no Levítico[229], em três formas distintas: "filhos de Aarão" (בְּנֵי־אַהֲרֹן);[230] "filhos de Aarão, os sacerdotes" (בְּנֵי אַהֲרֹן הַכֹּהֲנִים: Lv 1,5.8.11; 2,2; 3,2); "filhos de Aarão, o sacerdote" (בְּנֵי אַהֲרֹן הַכֹּהֵן: Lv 1,7). Goza de certo consenso a ideia de que tal forma de se nomear os sacerdotes surgiu no pós-exílio.[231] Quais grupos subjazem a essa denominação, contudo, não é consenso entre os estudiosos, o que fez com que surgissem várias hipóteses no decorrer da história da pesquisa.

Para North, durante o exílio, o santuário de Betel, que possuiria um corpo sacerdotal ligado a Aarão, teria se tornado o santuário nacional para os remanescentes na terra prometida. O fato de Betel ter permanecido intacto, enquanto Jerusalém tinha caído nas mãos dos babilônios, teria feito a população local acreditar que o culto lá praticado era mais agradável a YHWH do que o culto de Jerusalém. Os sadocitas, ao retornarem do exílio, teriam conseguido elaborar uma forma de se ligar a Aarão (antepassado do santuário de Betel); teriam reconstruído o santuário e retomado a supremacia do sacerdócio, em detrimento do clero de Betel, do mesmo modo que, sob Davi, seu antepassado jebusita (Sadoc) teria conseguido ligar-se a Levi para legitimar sua condição sacerdotal e tomar a supremacia do sacerdócio sobre os levitas.[232]

Entre as dificuldades oferecidas pela tese de North, está o fato dele descartar a possibilidade de que o santuário de Betel tenha sido destruído por Josias

---

229. Cerca de 22x. No livro dos Números, a expressão ocorre 2x (3,2.3) e no livro das Crônicas 12x (1Cr 15,4; 23,28.32; 24,1.31; 6,35.42; 2Cr 13,9.10; 26,18; 31,19; 35,14). No livro do Êxodo, ocorre apenas duas vezes (28,1.40).

230. Lv 3,5.8,13; 6,7.11; 7,10.33; 8,13.24; 9,9.12.18; 10,1.16; 16,1; 21,1.

231. NORTH, F. S., Aaron's Rise in Prestige, p. 191-199; DE VAUX, R., Instituições de Israel, p. 433; ABBA, R., Levites and Priests, p. 880-889; CODY, A., A History of Old Testament Priesthood, p. 170-174; HANSON, P. D., The Dawn of Apocalyptic, p. 269-279; AUNEAU, J., Sacerdoce, p. 1249; BLENKINSOPP, J., The Judaean Priesthood during the Neo-Babylonian and Achaemenid Periods, p. 25-43; SERAFINI, F., L'Aleanza Levitica, p. 58; HARAN, M., Temples and Temple Service in Ancient Israel, p. 84-111. Stephen Cook discorda de tal proposição. Segundo seu parecer, como os textos da Tradição Sacerdotal utilizam uma expressão mais ampla, ou seja, "filhos de Aarão", tais textos devem ser anteriores a Ezequiel, que utiliza uma expressão mais restritiva: filhos de Sadoc. Com isso, a Tradição Sacerdotal teria de ser datada antes do exílio, o que não parece concordar com a opinião mais aceita a respeito de sua datação. COOK, S. L., Innerbiblical Interpretation in Ezekiel 44 and the History of Israel's Priesthood, p. 193-208. Sobre a datação da Tradição Sacerdotal e sua extensão GALVANO, G.; GIUNTOLI, F., Dai frammenti alla storia: Introduzione ao Pentateuco, p. 187.

232. NORTH, F. S., Aaron's Rise in Prestige, p. 191-199.

(2Rs 23,15). Tal informação, no seu parecer, poderia ser considerada ficcional.²³³ Baseando-se em Zc 7,2 ele afirma que, durante o exílio do reino do Sul, continuou a existir uma forma de culto javista em Betel. A presença do termo בֵּית־אֵל no início do versículo, contudo, é difícil de se interpretar. O autor entende que Betel seja o objeto indireto da raiz שׁלח e que os sacerdotes ali referidos sejam os sacerdotes que estariam atuando em Betel e aos quais a população de Judá estaria enviando uma delegação para interrogá-los sobre o jejum que era observado no aniversário da destruição do Templo.²³⁴ Contudo, não é assim que exegetas mais recentes compreendem o versículo. Como o verbo está no singular e os nomes próprios que o seguem são ligados por um ו, costuma-se ler בֵּית־אֵל como o sujeito e não como o objeto do verbo.²³⁵ O sentido seria justamente o oposto: o povo de Betel estaria enviando uma delegação a Judá para saber se deviam ou não continuar praticando tal jejum.²³⁶

Abba e Haran afirmam que foi em Jerusalém que se deu a conciliação entre dois grupos sacerdotais que foram colocados sob o patrocínio de um ancestral comum: Aarão. Abba considera que, no retorno do exílio, os sadocitas encontraram em Jerusalém antigas famílias sacerdotais não sadocitas, mas vinculadas a Aarão. Há o encontro, então, entre duas linhagens sacerdotais: os sadocitas, que se conectam com Aarão através de Eleazar; as demais famílias sacerdotais, que se conectam com Aarão através de Itamar. Daí em diante vão adotar a denominação "filhos de Aarão" e não mais "filhos de Sadoc".²³⁷ Haran, por sua vez, considera que os "sacerdotes levitas" mencionados no Deuteronômio (18,1-8) eram os "levitas" do Sul, ligados a Aarão. Enquanto os simples "levitas" (18,1-8) eram os "levitas" do Norte, ligados a outros grupos sacerdotais. Estes "levitas" do Norte é que ficaram, desde Josias (2Rs 23,9) e depois com o programa reformador de Ezequiel (44,10-16), reduzidos a um grupo inferior no culto. Os "levitas do sul" uniram-se, no pós-exílio, aos sadocitas de Jerusalém, sob uma nova denominação: filhos de Aarão.²³⁸

Cody, seguindo a "hipótese jebusita" para a origem dos sadocitas, afirma que, no exílio ou no pós-exílio em Jerusalém, eles encontraram uma forma de se conectar com Aarão, para fazerem de si mesmos também "levitas", ou seja, pertencentes à mesma tribo à qual, segundo as tradições de Israel, pertencia o sacerdócio.

---

233. NORTH, F. S., Aaron's Rise in Prestige, p. 193.
234. NORTH, F. S., Aaron's Rise in Prestige, p. 193.
235. SWEENEY, M. A., The Twelve Prophets, p. 637-638; McCOMISKEY, T. E. (Ed.), The Minor Prophets, p. 1124-1125.
236. LIMA, J. M. F., Salvação em Zc 8,1-8: leitura exegética a partir do cenário de Zc 7,4-14, p. 107.
237. ABBA, R., Levites and Priests, p. 880-889.
238. HARAN, M., Temples and Temple Service in Ancient Israel, p. 84-111.

Eles teriam se conectado a Aarão por meio de Eleazar. Outras famílias sacerdotais também teriam se conectado com Aarão através de Itamar. Formava-se, assim, o clero de Jerusalém que passou a ser conhecido como "filhos de Aarão" e não mais como "filhos de Sadoc". Outros descendentes de Levi, mas que não pertenciam ao grupo dos filhos de Aarão, ficaram reduzidos a um clero inferior. O termo "levita" tornou-se, a partir de então, nome de função, e não mais um gentílico.[239]

De Vaux e Hanson não chegam a identificar todos os grupos sacerdotais que subjazem à denominação genérica de "filhos de Aarão". Eles afirmam apenas que os "sadocitas" e "outros grupos sacerdotais" se conciliaram. Segundo De Vaux, a conciliação teria se dado ainda no exílio, porém tais famílias sacerdotais só retornaram a Jerusalém com Esdras, o que fez com que os sadocitas mantivessem o predomínio até esse retorno. Para De Vaux, a menção de Fineias e Itamar em Esd 8,2 indicaria dois ramos sacerdotais que teriam retornado com Esdras da Babilônia. Os sadocitas estariam ligados a Fineias, por meio de Eleazar, conforme vem descrito em genealogias consideradas "tardias" pelo autor (1Cr 5,30-34). É provável, segundo seu parecer, que os descendentes de Abiatar, outrora afastados do sacerdócio por Salomão, agora tivessem readquirido o direito de oficiar no Templo de Jerusalém conectando-se a Itamar. Assim os sacerdotes ficam sendo designados como filhos de Aarão – conectando-se a seus dois filhos, Eleazar e Itamar – um ancestral que colocaria a aliança de YHWH com os sacerdotes nos tempos fundantes da peregrinação no deserto.

A tese de Hanson é quase idêntica a de De Vaux, diferenciando-se somente com relação ao tempo e ao local dessa suposta "conciliação": ela teria se dado somente no pós-exílio. Outros grupos sacerdotais que não conseguiram se ligar a uma descendência aarônica teriam permanecido como um "clero inferior": os "levitas". A supremacia dos sadocitas, contudo, durou até o período dos Macabeus, uma vez que o sumo sacerdote, figura que ganha proeminência no pós-exílio, provinha do grupo dos sadocitas.[240] Blenkinsopp afirma que tal tentativa de conciliação dos diversos grupos sacerdotais teria se dado por pressão do império Persa, uma vez que estes tinham, também, grande influência nas questões políticas da província de Judá.[241]

Embora haja divergências entre os autores no que diz respeito à reconstrução histórica desse período, alguns pontos de consenso podem ser estabelecidos: a) a designação "filhos de Aarão" para indicar o sacerdócio de Jerusalém passa a

---

239. CODY, A., A History of Old Testament Priesthood, p. 170-174.
240. DE VAUX, R., Instituições de Israel, p. 433-434; HANSON, P. D., The Dawn of Apocalyptic, p. 269-279.
241. BLENKINSOPP, J., The Judaean Priesthood during the Neo-Babylonian and Achaemenid Periods, p. 43.

ser utilizada no pós-exílio; b) a fórmula é mais ampla que a expressão restritiva – filhos de Sadoc – encontrada no projeto reformador de Ezequiel (Ez 44);[242] c) ela surgiu como uma tentativa de conciliar os sadocitas com outros grupos sacerdotais que também se ligavam a Aarão e que, por isso, reclamavam o direito de oficiar no Templo reconstruído; d) os que não podiam provar uma ascendência aarônica ficaram reduzidos a um clero inferior e o termo "levita" tornou-se nome de função e não mais um gentílico. Com relação ao momento em que teria surgido tal conciliação entre grupos sacerdotais distintos, parece possível aceitar a hipótese de Sacchi, segundo a qual a supremacia sadocita teria permanecido até a intervenção de Neemias,[243] uma vez que somente em Esd 8,2 aparecem dois ramos sacerdotais, indicados, conforme defende De Vaux, pela menção dos nomes de seus ancestrais epônimos Fineias e Itamar, ambos filhos de Aarão. Aceitando-se essa possibilidade, pode-se concluir que o profeta Malaquias dirige sua crítica ao sacerdócio sadocita, embora ele não entre, aparentemente, em nenhuma polêmica no que se refere a quem deve pertencer o direito de exercer o sacerdócio em Jerusalém.

1.3. A hierarquia sacerdotal no pós-exílio

Independentemente dos debates a respeito da datação da tradição sacerdotal, os textos normalmente ligados a ela, assim como a obra do Cronista, parecem ser normativos para o culto pós-exílico.[244] Em virtude disso, parece oportuno, ainda que em linhas gerais, apontar como os servidores do culto – sumo sacerdote, sacerdotes e levitas – estavam organizados nesse período, de acordo com os textos tanto da obra do Cronista, quanto da tradição sacerdotal, que apresentam uma hierarquia sacerdotal.

1.3.1. O sumo sacerdote

No pós-exílio, o Templo adquire uma importância cada vez maior, tanto do ponto de vista religioso quanto político, uma vez que ali os israelitas podiam gozar de certa liberdade, de modo particular no que diz respeito ao culto, graças à tolerância religiosa dos Persas. Nesse período emerge, também, a figura do su-

---

242. LIVERANI, M., Para além da Bíblia, p. 409: "Provavelmente alguns grupos foram rejeitados, mas outros foram aceitos e se formulou um critério de descendência bem amplo que remontava à época de Moisés e Aarão. A expressão 'filhos de Sadoq' foi substituída por 'filhos de Aarão' para designar os sacerdotes".
243. SACCHI, P., Historia del Judaísmo en la época del Segundo Templo, p. 140-141.
244. SERAFINI, F., L'Alleanza Levitica, p. 58.

mo-sacerdote.[245] Embora pareça haver, já antes do exílio, uma certa hierarquia sacerdotal, que se pode depreender pelo uso dos termos כֹּהֵן הָרֹאשׁ (2Rs 25,18) e כֹּהֵן הַמִּשְׁנֶה (Jr 52,24), é no pós-exílio que surge a figura do "sumo-sacerdote" (הַכֹּהֵן הַגָּדוֹל).[246]

O sumo sacerdote está no vértice da pirâmide sacerdotal.[247] O título completo de seu ofício é dado em Lv 21,10: הַכֹּהֵן הַגָּדוֹל מֵאֶחָיו. Ele é o único dentre os sacerdotes que recebe a unção com óleo (Lv 21,10), tornando-se um מָשִׁיחַ (Lv 4,3; 16,32; Nm 35,25). Tendo em vista que ele serve YHWH no dia da Expiação, no Santo dos Santos (Lv 16),[248] está sujeito a regras de pureza mais rígidas que os demais sacerdotes, enumeradas em Lv 21,10-15.[249] Antes do Dia da Expiação, o sumo sacerdote era separado por sete dias, a fim de que não sofresse nenhum acidente, ou ficasse impuro pelo contato sexual com sua esposa, ou tocando-a caso ela ficasse menstruada, tornando-se, assim, incapaz de realizar suas funções nesse dia que, após o exílio, foi crescendo sempre mais em importância na liturgia judaica.[250] Além do dia da Expiação, o sumo sacerdote exercia outras funções durante o ano, de modo particular nas grandes festas de peregrinação, onde devia presidir ações cultuais importantes.

É através de textos tardios, mormente da Mishná no tratado Yoma, que se pode conhecer melhor quais os deveres e direitos do sumo sacerdote.[251] Entre seus direitos, por exemplo, pode-se enumerar: na repartição das coisas santas, o sumo sacerdote tinha direito de escolher a primeira parte;[252] ele presidia o siné-

---

245. SOGGIN, J. A., Storia d'Israele, p. 356-360.

246. A expressão ocorre em Lv 21,10; Js 20,6; 2Rs 12,11; 22,4.8; 23,4; 2Cr 34,9; Ne 3,1.20; 13,28; Ag 1,1.12.14; 2,2.4; Zc 3,1.8; 6,11. De Vaux considera que as referências a um "sumo sacerdote" antes do exílio, como acontece no livro de Josué e no livro dos Reis, sejam adições posteriores. DE VAUX, R., Instituições de Israel, p. 416; SERAFINI, F., L'Alleanza Levitica, p. 58-60; Josué 20,6: sumo sacerdote como termo tardio – SICRE DIAZ, J. L., Josué, p. 420.

247. CODY, A., A History of Old Testament Priesthood, p. 184; HARTLEY, J. E., Leviticus, p. 349; DOMMERSHAUSEN, W., כֹּהֵן, p. 71.

248. Em Lv 16, o sumo sacerdote é representado pela figura de Aarão. DOMMERSHAUSEN, W., כֹּהֵן, p. 72.

249. CODY, A., A History of Old Testament Priesthood, p. 184; HARTLEY, J. E., Leviticus, p. 243-246.349; WENHAM, G. J., The Book of Leviticus, p. 288-290.

250. NEUSNER, J. (trad.), The Babylonian Talmud, p. 18.

251. Embora se reconheça que as tradições contidas no Talmud e na Mishná remontam a tradições antigas e transmitidas, talvez, no ensino oral dos rabinos, não é possível saber se as atividades ali descritas para o sumo sacerdote, os sacerdotes e os levitas, correspondem exatamente ao que acontecia no Templo de Jerusalém em todas as etapas do seu funcionamento desde a sua reconstrução em 515 a.C. até a sua destruição em 70 d.C.

252. NEUSNER, J. (trad.), The Babylonian Talmud, p. 44.

drio, tendo uma influência determinante em questões administrativas e judiciais.²⁵³ A Mishná tem em tão alta estima a santidade do sumo sacerdote que atribui a destruição do Segundo Templo à falta destes.²⁵⁴ Também o Sirácida contribui para a compreensão da importância do sumo sacerdote no Segundo Templo com os elogios que faz a Aarão (45,6-22); Fineias (45,23-26) e Simão (50,1-21). De modo particular, este último texto faz perceber que as atribuições do sumo sacerdote, em tempos mais próximos do NT, iam além do culto. Simão se preocupa com a construção dos "reservatórios de água" (50,3) e com a fortificação do Templo e da cidade (50,2.4).²⁵⁵

O sumo sacerdote devia provir de linhagem sadocita, mesmo depois da reconciliação dos diversos grupos sacerdotais sob a denominação genérica de "filhos de Aarão". A linhagem sadocita do sumo sacerdócio perdurou até a deposição de Onias III que ocorreu em torno ao ano 175 a.C. A partir de 152 a.C. os Asmoneus passaram a preencher tal função.²⁵⁶

1.3.2. Sacerdotes e levitas

Os sacerdotes estavam organizados em vinte e quatro classes. Cada classe sacerdotal deveria assegurar o serviço do Templo por uma semana, o que fazia com que estivessem em serviço cerca de duas vezes por ano. O sacerdócio era hereditário e exigia a obediência a regras precisas no que diz respeito ao matrimônio e à pureza, além da integridade física, considerada um sinal externo da "santidade", esta compreendida, em primeiro lugar, como "integridade". Neste sentido é que se podem comparar dois textos do Levítico: 21,16-21 e 22,22-24. Em Lv 21,16-21 são enumerados os defeitos que tornam um homem inapto para o sacerdócio. Alguns desse defeitos são enumerados em Lv 22,22-24 como também tornando determinado animal inapto para o sacrifício.²⁵⁷ Tanto o sacerdote (Lv 21,17) quanto o animal a ser sacrificado (Lv 22,20) devem ser "sem defeito" (מוּם).

Os sacerdotes estavam encarregados do sacrifício cotidiano (תָּמִיד). Além disso, todas as outras ações cultuais exigiam sua presença: os holocaustos, o sacrifício pelo pecado, o sacrifício de comunhão, a oferenda de incenso etc. Esta última, considerada de singular importância no culto cotidiano, era feita por um

---

253. AUNEAU, J., Sacerdoce, p. 1265-1266.
254. NEUSNER, J. (trad.), The Babylonian Talmud, p. 44.
255. SERAFINI, F., L'Alleanza Levitica, p. 60.
256. DOMMERSHAUSEN, W., כֹּהֵן, p. 72; SACCHI, P., Historia del Judaísmo em la época del Segundo Templo, p. 128.
257. HARTLEY, J. E., Leviticus, p. 349-350; WENHAM, G. J., The Book of Leviticus, p. 292.295-296.

sacerdote escolhido por meio de um sorteio. Segundo o tratado Yoma, tal função era tão singular que não se deveria deixar que nenhum sacerdote a exercesse repetidamente.[258]

Os levitas também estavam organizados em 24 classes, como os sacerdotes.[259] Eram considerados descendentes de Levi, mas não de Aarão e, por isso, estavam excluídos do serviço do altar. Dentro da esfera cultual estavam mais próximos do povo, podendo, inclusive, abater a vítima pascal no lugar do oferente, caso este não estivesse em situação de pureza ritual (2Cr 30,17).[260] Os levitas se dedicavam a funções secundárias dentro do culto: o canto, o fechamento e abertura das portas do Templo e outras atividades que não os colocasse em contato direto com o altar e nem com as partes mais internas do Templo.

Pelo testemunho de Flávio Josefo, parece que não gozavam das mesmas vantagens materiais que os sacerdotes e, por isso, eram na sua maioria pobres e pouco instruídos. Segundo o mesmo autor, já em tempos do NT, os levitas cantores revoltaram-se exigindo o direito de usar vestes de linho como os sacerdotes; os levitas que cuidavam das portas, por sua vez, reivindicavam o direito de aprender o canto dos Salmos.[261]

A hierarquia sacerdotal no pós-exílio se define, portanto, a partir de uma concepção teológica específica: ela reflete a noção sempre mais crescente da santidade de YHWH. Tal concepção de santidade não se baseia simplesmente na ideia de "perfeição moral", mas sim de "separação". Ezequiel (40-48) entrevê o novo Templo cercado por círculos concêntricos que impediam que a santidade de YHWH fosse violada (o Templo – os sacerdotes – os levitas – o povo). Tal concepção ganhou maior desenvolvimento no pós-exílio. A santidade era exigida maximamente do sumo sacerdote; depois, com menor observância de detalhes, dos sacerdotes, porque estavam em contato com o altar. Os levitas gozavam de uma posição intermediária. Estavam a "serviço do povo" e, no Templo, cuidavam de funções secundárias guardando a devida separação do altar e dos lugares considerados mais sagrados, a fim de se evitar toda e qualquer forma de profanação.

---

258. NEUSNER, J. (trad.), The Babylonian Talmud, p. 87; AUNEAU, J., Sacerdoce, p. 1267-1268.

259. O termo "levita" em textos genealógicos pós-exílicos guarda um certo senso tribal. Neste sentido, o termo pode incluir os sacerdotes. Quando se trata, contudo, de um contexto "funcional", o termo refere-se somente aos que se dedicam ao "serviço" do Templo enquanto uma classe distinta daquela dos sacerdotes. CODY, A., A History of Old Testament Priesthood, p. 191.

260. HARTLEY, J. E., Leviticus, p. 440. Note-se que 2Cr 30,17 utiliza o termo שְׁחִיטָה (matança, imolação). A raiz שחט (qal) ocorre em Esd 6,20, indicando também a ação dos levitas que imolam, em lugar dos israelitas que não estavam purificados, a vítima pascal.

261. AUNEAU, J., Sacerdoce, p. 1269.

Capítulo 2 | Análise exegética de Ml 2,1-9

2.1. Tradução, notas à tradução e crítica textual

2.1.1. Tradução[262]

E agora é para vós este preceito, ó sacerdotes[263]:	2,1a	וְעַתָּ֗ה אֲלֵיכֶ֛ם הַמִּצְוָ֥ה הַזֹּ֖את הַכֹּהֲנִֽים׃
Se não ouvirdes[264],	2,2a	אִם־לֹ֣א תִשְׁמְע֡וּ
e se não puserdes no coração[265]	2,2b	וְאִם־לֹא֩ תָשִׂ֨ימוּ עַל־לֵ֜ב

---

262. Na segmentação e tradução das perícopes, seguiu-se, parcialmente, os critérios sugeridos por Niccacci. NICCACCI, A., Poetic Syntax and Interpretation of Malachi, p. 55-107.

263. O termo vem acompanhado de um artigo definido. Alguns autores sugerem que se deva ler a presente partícula como um marcador de vocativo. GKC §126fg; J-M §137g; MEINHOLD, A., Maleachi, p. 67.71; HILL, A., Malachi, p. 176.197. Marcador idêntico encontra-se em Ml 1,6.

264. Aqui aparece no texto o caso do Yiqtol introduzido por partícula. Neste caso, uma partícula de valor ordinariamente condicional, associada ao advérbio de negação. ALONSO SCHÖKEL, L., Dicionário Bíblico Hebraico-Português, p. 160. A forma Yiqtol de 2,2a e 2,2b não está sozinha, mas associada ao duplo WeQatal de 2,2e e 2,2f, por isso o sentido condicional futuro. DEL BARCO DEL BARCO, F. J., Profecía y Sintaxis, p. 173-174.184.

265. Alonso Schökel afirma que o verbo שִׂים/ שׂוּם significa "colocar alguma coisa em algum lugar". O complemento de lugar pode vir acompanhado da preposição עַל como no texto em questão (2,2b: עַל־לֵב). O autor ressalta, contudo, que quando esse "complemento" de lugar é o substantivo לֵב, a expressão pode ser entendida como "fazer caso de". Esta é, aliás, a tradução que ele sugere para as duas aparições da expressão em Ml 2,2. ALONSO SCHÖKEL, L., Dicionário Bíblico Hebraico-Português, p. 638 e 640. O dicionário de Koehler e Baumgartner, por sua vez, distingue o uso das expressões שׂוּם/שִׂים לֵב e שׂוּם/שִׂים עַל לֵב. No parecer dos citados autores, a primeira expressão deve ser traduzida como "to take to heart", expressão que guarda o sentido de "considerar alguma coisa". Assim se entende a expressão nos textos de Is 42,25; 47,7; 57,1.11; Jr 12,11. A segunda expressão - שׂוּם/שִׂים עַל לֵב – por sua vez, os citados autores a entendem como to regard/pay attention. Assim ela deve ser entendida nos textos de Ex 9,21 e Dn 1,8, por exemplo.

dar glória ao meu nome	2,2c	לָתֵת כָּבוֹד לִשְׁמִי
– diz YHWH dos Exércitos –,	2,2d	אָמַר יְהוָה צְבָאוֹת
lançarei contra²⁶⁶ vós a maldição,	2,2e	וְשִׁלַּחְתִּי בָכֶם אֶת־הַמְּאֵרָה
e amaldiçoarei as vossas bênçãos:	2,2f	וְאָרוֹתִי אֶת־בִּרְכוֹתֵיכֶם
de fato²⁶⁷ as²⁶⁸ amaldiçoo,²⁶⁹	2,2g	וְגַם אָרוֹתִיהָ
porque vós não pondes (isso) no coração.	2,2h	כִּי אֵינְכֶם שָׂמִים עַל־לֵב׃

KOEHLER, L.; BAUMGARTNER, W., The Hebrew and Aramaic Lexicon of the Old Testament, p. 1324, letras "a" e "b". Os comentadores de Malaquias divergem um pouco na hora de traduzir esta expressão. Alguns a traduzem como *lay it to heart; set your heart upon it; if you will not lay it to heart*, seguindo o que afirma o Dicionário de Koehler e Baumgartner: HILL, A., Malachi, p. 171; SNYMAN, S. D., Malachi, p. 43; NICCACCI, A., Poetic Syntax and Interpretation of Malachi, p. 63. Um comentário mais recente, em língua alemã, também atesta a tradução conforme a indicação de Koehler e Baumgartner: *es euch nicht zu Herzen nehmen*. KESSLER, R., Maleachi, p. 127. Há quem, a exemplo do que afirma o Dicionário de Alonso Schökel, traduza mais pelo sentido da frase: *nicht eure Aufmerksamkeit (darauf) richtet*. MEINHOLD, A., Maleachi, p. 71. Aqui preferiu-se manter o sentido literal da expressão, uma vez que este é compreensível em português: "pôr no coração" significa "considerar algo/levar tal coisa a sério". As versões concordam com o sentido literal da expressão. A LXX traduz a expressão como εἰς τὴν καρδίαν ὑμῶν. A Vulgata, por sua vez, a traduz com a expressão *super cor*. ZIEGLER, J., Duodecim Prophetae, p. 331; GRYSON, R. (Ed.), Biblia Sacra Iuxta Vulgata Versionem, p. 1430.

266. A preposição בְּ possui muitos significados. Dependendo do verbo utilizado, pode significar a realização de uma ação "contra" alguém. KOEHLER, L.; BAUMGARTNER, W., The Hebrew and Aramaic Lexicon of the Old Testament, p. 104, letra "b" – construção semelhante ocorre em Dt 28,20. MEINHOLD, A., Maleachi, p. 139.

267. A partícula גַם tem, aqui, sentido enfático. NICCACCI, A., Poetic Syntax and Interpretation of Malachi, p. 63.79; ALONSO SCHÖKEL, L., Dicionário Bíblico Hebraico-Português, p. 140.

268. Com relação ao sufixo 3fs que acompanha o verbo, Niccacci sugere que ele seja lido como "each one of them", ou seja, em referência ao termo בִּרְכוֹתֵיכֶם, e servindo para designar "cada uma das bênçãos". É possível que o sufixo de 3fs se refira a coisas no plural, como refere GKC§135p. A esse aspecto acena Meinhold em seu comentário: MEINHOLD, A., Maleachi, p. 71, embora traduza esse sufixo no singular, harmonizando 2,2f com a LXX, que traz o termo no singular. Meinhold traduz בִּרְכוֹתֵיכֶם pela expressão *eure Segensfülle* – "a totalidade das vossas bênçãos". Outros comentadores traduzem este sufixo pelo singular, mas explicando seu sentido coletivo: trata-se das "bênçãos" mencionadas em 2,2f. Assim: HILL, A., Malachi, p. 199; SNYMAN, S. D., Malachi, p. 81. Fez-se aqui a opção pelo plural, na tradução, porque o texto parece assim ficar mais compreensível, do que o seria se o sufixo fosse traduzido pelo singular.

269. GKC §106 afirma que o Qatal pode ser traduzido pelo presente quando indica uma ação que está em vias de acontecer e, do ponto de quem fala, ela já é considerada como realizada (106i). Tal uso é frequente na linguagem profética (106n). Parece verossímil compreender 2,2g desta forma. Por isso, a tradução pelo presente. O WeQatal presente em 2,2e-f parece corroborar o sentido presente de 2,2g.

Eis que repreendo[270] a vossa[271] descendência;[272]	2,3a	הִנְנִי גֹעֵר לָכֶם֙ אֶת־הַזֶּ֔רַע
e esparramo[273] imundície sobre as vossas faces, a imundície das vossas festas.	2,3b	וְזֵרִיתִי פֶ֙רֶשׁ֙ עַל־פְּנֵיכֶ֔ם פֶּ֖רֶשׁ חַגֵּיכֶ֑ם
E (alguém) vos carregará em direção a isso.[274]	2,3c	וְנָשָׂ֥א אֶתְכֶ֖ם אֵלָֽיו׃
E sabereis	2,4a	וִֽידַעְתֶּ֕ם
que eu envio para vós este preceito,	2,4b	כִּ֚י שִׁלַּ֣חְתִּי אֲלֵיכֶ֔ם אֵ֖ת הַמִּצְוָ֣ה הַזֹּ֑את
para que esteja minha aliança com Levi	2,4c	לִֽהְי֤וֹת בְּרִיתִי֙ אֶת־לֵוִ֔י
– diz YHWH dos Exércitos.	2,4d	אָמַ֖ר יְהוָ֥ה צְבָאֽוֹת׃
Minha aliança estava com ele;	2,5a	בְּרִיתִ֣י ׀ הָיְתָ֣ה אִתּ֗וֹ
a vida e a paz: eu lhas concedia;	2,5b	הַֽחַיִּים֙ וְהַ֨שָּׁל֔וֹם וָאֶתְּנֵֽם־ל֖וֹ

---

270. Há quem sugira ler aqui a raiz גדע (cortar): KOEHLER, L.; BAUMGARTNER, W., The Hebrew and Aramaic Lexicon of the Old Testament, p. 200. Alonso Schökel sugere que se leia גדע ou גרע (diminuir): ALONSO SCHÖKEL, L., Dicionário Bíblico Hebraico-Português, p. 143. Tal fato será melhor explicado na crítica textual.

271. Parece possível compreender o termo לָכֶם aqui como estando numa relação de genitivo. A preposição ל é utilizada com este sentido, por exemplo, nos Salmos: Sl 75,1 מִזְמ֥וֹר לְאָסָ֗ף. KOEHLER, L.; BAUMGARTNER, W., The Hebrew and Aramaic Lexicon of the Old Testament, p. 509.

272. Alguns autores preferem traduzir o termo זֶרַע como "semente", compreendendo a frase como sendo o anúncio de uma catástrofe agrícola. O argumento alegado em defesa dessa tradução é menção do "devorador" em 3,11. O texto de 3,11 seria, então, uma promessa de salvação que reverteria o quadro encontrado em 2,3a. Outros autores, contudo, percebem que o contexto em 2,3 é diferente do contexto em 3,11. Em 3,11 existe termos que remetem ao mundo agrícola. Em 2,3, por outro lado, o que está em jogo é a ameaça aos sacerdotes, cuja instituição se mantém através da "descendência", por isso, esse seria o melhor termo para se traduzir זֶרַע. Não somente o Templo pode ser fechado, como se depreende da ameaça de 1,10, mas também a descendência dos sacerdotes poderá chegar ao fim. Pode-ser alegar, ainda, em defesa da tradução do termo como "descendência" o fato de o mesmo termo aparecer somente aqui em 2,15. Em 2,15 o sentido é claramente o de descendência. MEINHOLD, A., Maleachi, p. 72.

273. A acentuação massorética permite que se compreenda a forma וְזֵרִיתִי como um W+Qatal. Na sucessão das formas verbais de Ml 2,1-9, nota-se que a perspectiva futura indicada pela cadeia de WeQatal de 2,e e 2,2f é interrompida pelo Qatal presente em 2,2g, talvez como um modo de indicar que a ação de YHWH contra os sacerdotes já começa a se realizar no presente. Essa perspectiva já presente da ação de YHWH parece mantida pela sucessão das orações nominais de particípio de 2,2h e 2,3a, bem como pelo W+Qatal de 2,3b.

274. O *status quaestionis* da interpretação do segmento 2,3c e do v. 5 será apresentado à parte.

temor: ele me temia;	2,5c	מוֹרָא וַיִּירָאֵנִי
e diante do meu nome ele se aterrorizava.	2,5d	וּמִפְּנֵי שְׁמִי נִחַת הוּא:
Uma instrução verdadeira havia em sua boca	2,6a	תּוֹרַת אֱמֶת הָיְתָה בְּפִיהוּ
e o engano[275] não se encontrava em seus lábios.	2,6b	וְעַוְלָה לֹא־נִמְצָא בִשְׂפָתָיו
Em paz e em retidão caminhava comigo	2,6c	בְּשָׁלוֹם וּבְמִישׁוֹר הָלַךְ אִתִּי
e a muitos fazia voltar da iniquidade.	2,6d	וְרַבִּים הֵשִׁיב מֵעָוֹן:
Porque os lábios do sacerdote guardam o conhecimento[276]	2,7a	כִּי־שִׂפְתֵי כֹהֵן יִשְׁמְרוּ־דַעַת
e instrução procuram em sua boca,	2,7b	וְתוֹרָה יְבַקְשׁוּ מִפִּיהוּ
porque ele é mensageiro de YHWH dos Exércitos.	2,7c	כִּי מַלְאַךְ יְהוָה־צְבָאוֹת הוּא:
Mas vós vos afastastes do caminho,	2,8a	וְאַתֶּם סַרְתֶּם מִן־הַדֶּרֶךְ
fizestes tropeçar a muitos na instrução,	2,8b	הִכְשַׁלְתֶּם רַבִּים בַּתּוֹרָה

---

275. O termo pode ser traduzido como "maldade, injustiça, malícia". KOEHLER, L.; BAUMGARTNER, W., The Hebrew and Aramaic Lexicon of the Old Testament, p.798. Hill o traduz como "engano/dolo" que parece servir bem para mostrar a contraposição de ideias presentes em 2,6a e 2,6b – ele (Levi) trazia nos lábios uma "instrução verdadeira" e nos seus lábios não havia "engano". HILL, A., Malachi, p. 171.

276. Segundo Del Barco, nos profetas pré-exílicos, os discursos descritivos, tal como o que se encontra no v. 7, não possuem uma orientação temporal definida, e esta pode ser indicada pelo contexto. Por isso, ele afirma que o mais comum é que tais discursos sejam construídos com formas nominais, embora não seja impossível, embora raro na profecia pré-exílica, que tais discursos sejam construídos com Yiqtol, sobretudo o chamado "discurso gnômico", ou seja, aquele tipo de poesia marcada por sentenças breves que tendem a auxiliar a sua memorização. DEL BARCO DEL BARCO, F. J. Profecía y Sintaxis, p. 239-240. Niccacci, embora traduza tal versículo pelo futuro, à semelhança do que acontece em Ml 1,6, afirma que seu sentido expressa o que seria um comportamento naturalmente esperado da parte do sacerdote.

corrompestes[277] a aliança de Levi[278]	2,8c	שִׁחַתֶּם בְּרִית הַלֵּוִי
– diz YHWH dos Exércitos.	2,8d	אָמַר יְהוָה צְבָאוֹת:
Quanto a mim,[279] eu vos tornei[280] desprezíveis e vis para todo o povo,	2,9a	וְגַם־אֲנִי נָתַתִּי אֶתְכֶם נִבְזִים וּשְׁפָלִים לְכָל־הָעָם
visto que[281] vós não guardais o meu caminho,	2,9b	כְּפִי אֲשֶׁר אֵינְכֶם שֹׁמְרִים אֶת־דְּרָכַי
e sois parciais na instrução.[282]	2,9c	וְנֹשְׂאִים פָּנִים בַּתּוֹרָה: פ

2.1.2. Notas à tradução

V. 3a:

Como a LXX traduz a raiz גער como ἀφορίζω, há quem sugira que ela tenha se baseado numa compreensão equivocada do texto hebraico. Ao invés da raiz גער, o tradutor da LXX leu a raiz גדע (arrancar/extirpar). Além da inversão das duas últimas letras, teria havido, também, uma confusão entre o ר e o ד. Além disso, sugere-se também, a partir da variante da LXX, que o termo זֶרַע, traduzido na LXX como ὦμος, deve ter sido compreendido de modo equivocado na sua vo-

---

277. A tradução da raiz שׁחת como "corromper" é sugerida por Niccacci: NICCACCI, A., Poetic Syntax and Interpretation of Malachi, p. 64; Alonso Schökel aceita "corromper" como uma possibilidade: ALONSO SCHÖKEL, L., Dicionário Bíblico Hebraico-Português, p. 666. Koehler, por sua vez, propõe "destruir, arruinar, aniquilar": KOEHLER, L.; BAUMGARTNER, W., The Hebrew and Aramaic Lexicon of the Old Testament, p. 1470.

278. Chama atenção aqui o uso do artigo definido aglutinado a um nome próprio. Tal detalhe será melhor explicado no comentário ao texto.

279. Segundo Niccacci, a expressão יִנָּאֲ־מְנוּ está em paralelismo com a expressão מָתָאן de 2,8a e a partícula גַּם teria, aqui sentido enfático, como em 2,2g. NICCACCI, A., Poetic Syntax and Interpretation of Malachi, p. 64.82; KOEHLER, L.; BAUMGARTNER, W., The Hebrew and Aramaic Lexicon of the Old Testament, p. 196.

280. Embora o sentido básico do verbo וְתַן seja 'dar', 'entregar', os dicionários afirmam que ele pode ser usado com o sentido de 'tornar alguém alguma coisa', como em Gn 17,5. KOEHLER, L.; BAUMGARTNER, W., The Hebrew and Aramaic Lexicon of the Old Testament, p. 734, n. 12; ALONSO SCHÖKEL, L., Dicionário Bíblico Hebraico-Português, p. 458. Ml 2,9a-b segue a mesma estrutura verbal que Ml 2,2g-h (Qatal / Oração nominal de particípio). Ml 2,2g foi traduzido pelo presente, em virtude do WeQatal que o antecede. Ml 2,9a, por sua vez, continua a estrutura Qatal que o precede, por isso a tradução pelo pretérito. Os seguimentos seguintes, por sua vez, Ml 2,9b-c, trazem duas orações nominais de particípio que são a justificativa do juízo de YHWH. Traduziu-se pelo presente, em analogia com com Ml 2,2h que traz também uma justificativa para o juízo de YHWH já manifesto no presente.

281. KOEHLER, L.; BAUMGARTNER, W., The Hebrew and Aramaic Lexicon of the Old Testament, p. 915.

282. ALONSO SCHÖKEL, L., Dicionário Bíblico Hebraico-Português, p. 451.

calização. Ao invés de זֶרַע dever-se-ia ler זְרוֹעַ. Admite-se uma influência do texto hebraico de 1Sm 2,31 na tradução da LXX de Ml 2,3.[283]

Outros autores, contudo, defendem que as diferenças encontradas na LXX podem ser fruto de uma releitura de Malaquias à luz de alguns textos do AT. As variantes da LXX, em alguns casos, seriam um processo típico na tradução do texto hebraico para o grego, tornando-o assim mais acessível ao leitor. O sentido, para ser preservado, pediria essas adaptações.[284] Vianés, analisando a tradução grega de Ml 2,3 em comparação com o texto hebraico, questiona-se a respeito do motivo que teria levado o tradutor da LXX a traduzir o termo זֶרַע por "ombro (ὦμος)". Não se trataria apenas de um erro de compreensão, que criou confusão entre os termos "descendência" (זֶרַע) e "braço" (זְרֹעַ), porque o termo זְרֹעַ normalmente é traduzido na LXX como βραχίων.[285] O termo ὦμος, geralmente, traduz o termo hebraico [286]שְׁכֶם ou o termo כָּתֵף[287]. Como o termo שְׁכֶם pode significar tanto o substantivo "ombro", quanto o nome próprio "Siquém", a tradução da LXX seria uma forma de se referir ao episódio de Gn 34: por matar os homens da tribo de Siquém (שְׁכֶם) os levitas tinham direito ao "ombro/espáduas" da vítima (שְׁכֶם). O "ombro" seria, segundo a tradição interpretativa judaica posterior, a parte que cabe aos levitas.[288] O texto grego teria o sentido de "separar para os sacerdotes o ombro da vítima", o que seria uma forma de se anunciar, na opinião do autor, a redução dos sacerdotes à simples função de levitas.[289]

V. 3c:

Os comentários ao profeta Malaquias, divergem com relação à interpretação desse versículo e da súbita alteração da primeira para a terceira pessoa do singular. As posições podem ser assim classificadas:

---

283. DEISSLER, A., Zwölf Propheten III, p. 325; ELLIGER, K., Die Propheten Nahum, Habakuk, Zephanja, Haggai, Sacharja und Maleachi, p. 194; BARTHÉLEMY, D., Critique Textuelle de L'Ancien Testament, p. 1025-1026; ALONSO SCHÖKEL, L., Dicionário Bíblico Hebraico-Português, p. 143; LIEDKE, G., גער, p. 609.

284. KUGLER, R. A., A note on the Hebrew and Greek Texts of Mal 2,3α, p. 426-429; VIANÈS, L., L'Épaule comme part des Lévites, p. 512-521.

285. Gn 49,24; Ex 6,6; 15,16; Nm 6,19; Dt 4,34; 5,15; 7,19; 2Sm 1,10; 22,35; 2Cr 6,32; Is 9,19; Jr 21,5; Ez 20,33; Dn 10,6; Os 7,15; Zc 11,17.

286. Gn 21,14; Ex 12,34; Is 9,5; 10,27.

287. Ex 28,12; Nm 7,9; Dt 33,12; Ez 12,6.

288. Vianès menciona a este respeito a tradição haláquica: VIANÈS, L., Lévites fautifs et prêtre parfait dans la LXX de Malachie 2,3-9, p. 256.

289. VIANÈS, L., Lévites fautifs et prêtre parfait dans la LXX de Malachie 2,3-9, p. 252-266.

a) Há quem concorde com o editor da BHS no que diz respeito a emendar o texto, alterando a pessoa do verbo da terceira para a primeira do singular e o final do segmento de אֵלָיו para מֵעָלַי – *und ich nehme euch fort vom Dienst vor mir*;[290]

b) Há quem proponha mudar somente a pessoa do verbo: da terceira para a primeira do singular: *I will carry you to it*;[291]

c) Há quem proponha somente a alteração do final do segmento: de אֵלָיו para מֵעָלַי – *you will be carried away from me*;[292]

d) Alguns autores, apoiando-se na gramática hebraica, afirmam que o segmento deve ser traduzido pela voz passiva: *and you will be carried off to it*.[293] Torna-se um pouco difícil esta opção de tradução pelo fato de que a gramática hebraica prevê que, em alguns casos, quando a terceira pessoa do plural é utilizada para expressar um sujeito indefinido, tal frase possa ser compreendida e traduzida pela voz passiva.[294] No segmento em questão, contudo, o verbo encontra-se na terceira pessoa do singular.

e) Alguns autores, por sua vez, afirmam que não é necessário emendar o texto. O verbo deve ser mantido na terceira pessoa do singular e o sujeito pode ser entendido como um sujeito indefinido: "e alguém vos carrega/carregará em direção a isto" (a imundície das festas - פֶּרֶשׁ).[295]

---

290. ELLIGER, K., Die Propheten Nahum, Habakuk, Zephanja, Haggai, Sacharja, Maleachi, p. 194.

291. McCOMISKEY, T.E. (Ed.), The Minor Prophets, p. 1304.

292. PETERSEN, D.L., Zechariah 9-14 and Malachi, p. 175.

293. VERHOEF, P. A., The Books of Haggai and Malachi, p. 236.242-243; GLAZIER-McDONALD, B., Malachi: The Divine Messenger, p. 68-69.

294. GKC §140fg.

295. DEISSLER, A., Zwölf Propheten III, p. 325: *und man wird euch zu ihm hinausschaffen*; LESCOW, T., Das Buch Maleachi, p. 81: *und man schafft euch zu ihm hinaus*; REVENTLOW, H. G,. Die Propheten Haggai, Sacharja und Maleachi, p. 138: *damit man euch zu ihm trage*; SMITH, R. L., Micah-Malachi, p. 309: and *'he' will carry you to it*; HILL, A., Malachi, p. 171.202-203: and so *'he' will lift you up to it*; SNYMAN, S. D., Malachi, p. 81: and *'he' will take you to it*; JACOBS, M. R., The Books of Haggai and Malachi, p. 210: and *'he' will take you to it*; KESSLER, R., Maleachi, p. 127: *und man trägt euch zu ihm*; WILLI-PLEIN, I., Haggai, Sacharja, Maleachi, p. 239: *und man hebt euch auf zu ihm*; NICCACCI, A., Poetic Syntax and Interpretation of Malachi, p. 63, embora traduza o termo hebraico אֵלָיו como *together with it*. Weyde não somente afirma que não é necessário emendar o texto, como conclui que YHWH não pode ser o sujeito do verbo נָשָׂא, uma vez que o pano de fundo deste segmento seria a afirmação de que, assim como a "imundície" dos animais sacrificados é lançada fora do Templo, e isto devia ser feito pelos sacerdotes ou por qualquer outra pessoa (Lv 4,11-12), não se poderia imaginar YHWH realizando tal função, sobretudo porque segundo Lv 16,27-28 e Nm 19,1-10, quem toma parte neste rito de queimar fora do acampamento os excrementos e a pele dos animais sacrificados se torna "impuro". Alguém, em lugar de YHWH, lançaria fora os sacerdotes assim como se lança fora a imundície dos sacrifícios oferecidos. Por isso ele sugere que se traduza o verbo com um sujeito indefinido: *one*. WEYDE, K. W., Prophecy and Teaching, p. 166-167. A opção de Weyde parece sustentar bem a forma do texto hebraico e dar sentido ao texto. Por isso optou-se aqui por se traduzir o versículo como "e (alguém) vos carregará em

Ainda com relação a este segmento, coloca-se a questão da temporalidade da raiz נשא. No que diz respeito à forma, ela pode ser entendida tanto como W+-Qatal quanto como WᵉQatal. Alguns comentadores costumam traduzir essa forma verbal pelo futuro, sem, contudo, mencionar se a estão compreendendo como W+Qatal ou WᵉQatal.[296] Niccacci não especifica em seu artigo se entende a forma verbal como W+Qatal ou WᵉQatal, contudo ele compreende todo o v. 3 no eixo do futuro, inclusive a oração nominal de particípio de 2,3a, talvez porque tenha compreendido a forma verbal de 2,3b (וְזֵרִיתִי) como um WᵉQatal, embora pareça verossímil a compreensão de tal forma como um W+Qatal em virtude da acentuação massorética.[297] No conjunto da sucessão de formas verbais, parece mais provável que se tenha em 2,3c a forma WeQatal, retomando a perspectiva futura de 2,2e e 2,2f e fazendo o gancho com a forma WᵉQatal de 2,4a. Tal compreensão parece corresponder à lógica de uma ação de YHWH já no presente (esparramar imundície no rosto dos sacerdotes), que os levará a um consequente afastamento futuro do sacerdócio.

V. 5:

Pode-se dividir a compreensão da sintaxe desse versículo em duas vertentes principais:[298]

a) Alguns autores afirmam que os termos שָׁלוֹם, חַיִּים e מוֹרָא devem ser compreendidos como objetos da raiz נתן, retomados pelo sufixo de 3ms.[299] Pela

---

direção a isso", deixando o "alguém" entre parênteses para que se perceba que esta expressão está subentendida no texto hebraico.

296. Assim o fazem, por exemplo VERHOEF, P., The Books of Haggai and Malachi, p. 236; HILL, A., Malachi, p. 171; SNYMAN, S. D., Malachi, p. 81.

297. NICCACCI, A., Poetic Syntax and Interpretation of Malachi, p. 63.79-80 e nota 273.

298. Tanto a LXX quanto a Vulgata, interpretaram os termos "vida" e "paz" como estando em uma relação de genitivo com o termo "aliança". LXX: ἡ διαθήκη μου ἦν μετ᾽ αὐτοῦ τῆς ζωῆς καὶ τῆς εἰρήνης καὶ ἔδωκα αὐτῷ ἐν φόβῳ φοβεῖσθαί με καὶ ἀπὸ προσώπου ὀνόματός μου στέλλεσθαι αὐτόν. Vulgata: *pactum meum fuit cum eo vitae et pacis et dedi ei timorem et timuit me et a facie nominis mei pavebat.* RAHLFS, A.; HANHART, R., Septuaginta, p. 562-563; ZIEGLER, J., Duodecim Prophetae, p. 332; VIANÈS, L., La Bible d'Alexandrie: Malachie, p. 121-122.

299. KEIL, C. F.; DELITZSCH, F., Commentary on the Old Testament in Ten Volumes, p. 444-445; SMITH, R. L., Micah-Malachi, p. 309; GLAZIER-McDONALD, B., Malachi: The Divine Messenger, p. 45; McCOMISKEY, T.E. (Ed.), The Minor Prophets, p. 1304.1317-1318; SNYMAN, S. D., Malachi, p. 181; JACOBS, M. R., The Books of Haggai and Malachi, p. 218-219. Deissler também apoia tal tradução, mas afirma que o termo מוֹרָא perdeu, por haplografia (em virtude do לֹ que o antecede), um ו que o precederia (וּמוֹרָא): DEISSLER, A., Zwölf Propheten III, p. 326.

forma como apresentam suas traduções, pode-se supor a seguinte segmentação de Ml 2,5 em tais autores:

בְּרִיתִי֙ הָיְתָ֤ה אִתּוֹ֙ הַֽחַיִּ֣ים וְהַשָּׁל֔וֹם	2,5a	Minha aliança com ele era a vida e a paz;
וָאֶתְּנֵֽם־ל֥וֹ מוֹרָ֖א	2,5b	e eu lhas concedia, (juntamente com) o temor
וַיִּֽירָאֵ֑נִי	2,5c	e ele me temia.
וּמִפְּנֵ֥י שְׁמִ֖י נִחַ֥ת הֽוּא׃	2,5d	E diante do meu nome ele se aterrorizava.

Esta forma de compreender a sintaxe do versículo, tem a vantagem de conservar o Wayyiqtol no início dos segmentos 2,5b e 2,5c, como é mais comum na sintaxe hebraica. O termo מוֹרָא, seria, no caso, predicado da raiz verbal נתן. Esta união do termo מוֹרָא com a raiz verbal נתן parece concordar com os sinais massoréticos conjuntivos que se encontram no final de 2,5b: מוֹרָא ל֥וֹ.[300]

Existem, contudo, algumas questões que se levantam com relação a essa forma de compreender a sintaxe do versículo. A primeira delas é um certo "desequilíbrio" entre os três termos que seriam o objeto de נתן: a saber הַשָּׁלוֹם, הַחַיִּים e מוֹרָא. Dos três termos, somente מוֹרָא está sem artigo e é colocado depois do sufixo que acompanha a raiz verbal נתן. Se o sufixo retoma o que foi elencado antes, teria mais sentido o termo מוֹרָא ser colocado antes do verbo e, com o artigo definido, a fim de conservar um certo equilíbrio entre os termos, uma vez que se trata de um texto poético.

A este questionamento, alguns estudiosos afirmam que a estranha colocação do termo מוֹרָא, sem artigo, depois do verbo com seu sufixo, teria como objetivo indicar que também o temor é parte da "aliança", mas num sentido distinto: conceder a vida e a paz é a parte de YHWH nessa aliança; colocar em prática o temor, também dado por YHWH, é a parte dos sacerdotes. Tal ideia seria reforçada pela presença das raízes verbais ירא e חתת, que aparecem nos segmentos seguintes.[301]

Existe, ainda, uma outra dificuldade na tradução. Admitindo-se a sintaxe acima, seria necessário acrescentar palavras ao texto, com o intuito de conservar uma tradução que faça sentido nas línguas modernas. Assim sendo, uma outra

---

300. Os mesmos sinais encontram-se em 2,5d: וּמִפְּנֵ֥י שְׁמִ֖י.
301. McCOMISKEY, T.E. (Ed.), The Minor Prophets, p. 1304.1317-1318.

corrente de autores acredita tratar-se, aqui, de um *casus pendens*, onde o autor inverte, propositadamente, o predicado, a fim de dar-lhe maior ênfase.

b) Tais autores[302], apoiados em GKC §143 e, também, em GKC §111h, onde a referida gramática trata dos casos em que o Wayyiqtol introduz uma apódose, acreditam que este seja o caso de Ml 2,5. Estes autores segmentam o versículo da seguinte forma:[303]

בְּרִיתִ֣י הָיְתָ֣ה אִתּ֔וֹ	2,5a	Minha aliança estava com ele;
הַֽחַיִּים֙ וְהַשָּׁל֔וֹם וָאֶתְּנֵֽם־ל֖וֹ	2,5b	a vida e a paz: eu lhas concedia;
מוֹרָ֖א וַיִּֽירָאֵ֑נִי	2,5c	temor: ele me temia.[304]
וּמִפְּנֵ֥י שְׁמִ֖י נִחַ֥ת הֽוּא׃	2,5d	E diante do meu nome ele se aterrorizava.

O texto de Ml 2,5 seria semelhante, do ponto de vista da sintaxe, ao texto de Jr 6,19, citado em GKC §111h:

וְתוֹרָתִ֖י וַיִּמְאֲסוּ־בָֽהּ

Qal Wayyiqtol 3mpl da raiz מאס

Apódose   Prótase

E a minha instrução, eles a desprezaram.

Esta forma de segmentar e traduzir o texto tem a vantagem de fazer com que não seja necessário acrescentar-lhe nenhuma palavra, conservando-se, assim, uma maior fidelidade ao texto hebraico, e conservando-se a ênfase onde presume-se que o autor queria que a mesma fosse posta: nos termos בְּרִיתִי, הַחַיִּים, הַשָּׁלוֹם, e מוֹרָא e, na expressão וּמִפְּנֵי שְׁמִי, que ocupam todos posição "1" nas frases. Pode-se perceber, também, que o versículo assim disposto revela uma assonância: os seg-

---

302. ELLIGER, K., Die Propheten Nahum, Habakuk, Zephanja, Haggai, Sacharja, Maleachi, p. 194; REVENTLOW, H. G., Die Propheten Haggai, Sacharja und Maleachi, p. 138; MEINHOLD, A., Maleachi, p. 66.73-74; KESSLER, R., Maleachi, p. 127; NICCACCI, A., Poetic Syntax and Interpretation of Malachi, p. 63.79-80.

303. J-M§156/ ao tratar do tema *"casus pendens"* alude a 1Rs 15,13, onde o Wayyiqtol do verbo סור que encontra-se no meio da sentença (וְגַם אֶת־מַעֲכָה אִמּוֹ וַיְסִרֶהָ מִגְּבִירָה) é compreendido como o que o autor chama de um waw de apódose, remetendo-se a J-M§176a.

304. O sentido da sentença parece ser o seguinte: "Com relação à vida e à paz", isso era concedido por YHWH; "Com relação ao temor", Levi o temia, e diante do seu "Nome" tinha respeito. A expressão "com relação à" seria, contudo, um acréscimo indevido ao texto original. Meinhold entende os segmentos 2,5b e 2,5c como duas sentenças nominais compostas, cada uma delas precedida por um sujeito nominal absoluto e tendo como predicado uma oração verbal. MEINHOLD, A., Maleachi, p. 73.

mentos 5a e 5b, que dizem respeito a YHWH, fazem assonância em ô (וֹ); os segmentos 5c e 5d, por sua vez, que dizem respeito a Levi, fazem assonância em î (י).

A tradição judaica, expressa na LXX, tenta resolver as dificuldades impostas pela sintaxe hebraica. Ela apresenta o segmento 2,5c da seguinte forma: καὶ ἔδωκα αὐτῷ ἐν φόβῳ φοβεῖσθαί με.[305] A repetição do verbo "dar" de 2,5b torna mais fácil a compreensão da sintaxe de 2,5c.

Assim sendo, optou-se por considerar o segmento em questão como um exemplo de *casus pendens*, onde o autor, com o intuito de dar ênfase a alguns termos, fez a inversão proposital *prótase-apódose*.

2.1.3. Crítica Textual[306]

V. 2e:

A expressão הַמְּאֵרָה é atestada na LXX, na Vulgata e no Targum. Somente a versão Siríaca faz uma tradução mais livre, sem artigo: *uma maldição* (לוטתא).[307] Não há justificativa, então, para se deixar de lado a leitura do Texto Leningradense.[308]

VV. 2f e 2g:

Com relação aos termos בְּרְכוֹתֵיכֶם e אָרוֹתִיהָ as variantes foram causadas em virtude da "aparente incongruência entre os sufixos".[309] A LXX harmonizou o primeiro termo com o segundo, trazendo a expressão no singular (τὴν εὐλογίαν ὑμῶν καὶ καταράσομαι αὐτήν). Além disso, a LXX inseriu uma glosa: καὶ διασκεδάσω τὴν εὐλογίαν ὑμῶν. A Vulgata, ao contrário da LXX, harmonizou toda a expressão com o plural do primeiro termo, trazendo a expressão: *benedictionibus vestris et maledicam illis*. A versão Siríaca, pelo mesmo motivo de facilitação sintática, eliminou a inteira expressão וְגַם אָרוֹתִיהָ. Como são mudanças devidas à tentativa de facilitar a sintaxe dos termos por parte das mais diferentes versões antigas da Escritura, convém adotar a *lectio difficilior* presente no Texto Leningradense e atestada na tradição massorética.

---

305. O sentido é o de "temer verdadeiramente".

306. A crítica textual das duas perícopes estudadas no presente trabalho será feita a partir do aparato crítico da Bíblia Hebraica Quinta: GELSTON, A., Biblia Hebraica Quinta, p. 146-155.

307. BAUSCHER, G. D., The Aramaic-English Interlinear Peshitta Old Testament, p. 135.

308. A expressão "Texto Leningradense" refere-se aqui ao testemunho textual usado comumente nas edições críticas da Bíblia Hebraica. Preferiu-se este título ao título "Texto Massorético" tendo em vista que existem outros testemunhos da tradição massorética além do Texto Leningradense.

309. GELSTON, A., Biblia Hebraica Quinta, p. 150*.

V. 3a:

Com relação à forma verbal גֵּעַר, ela é atestada na versão de Áquila, no Targum e na versão Siríaca. A versão Siríaca acrescenta o pronome pessoal de primeira pessoa do singular, que está subentendido no hebraico (אנא). A LXX e a Vulgata apresentam variações na compreensão deste termo. A LXX o traduz pelo verbo ἀφορίζω, o que parece indicar a leitura da raiz גרע (cortar/separar) ao invés de גער. Conjectura-se a leitura desta raiz, porque seria explicável a inversão as letras e, porque, em 3,11, a raiz גער é traduzida na LXX por διαστέλλειν (ameaçar).³¹⁰ A Vulgata, por sua vez, traz o termo *proiciam* (lançar fora/rejeitar). Como o termo é bem atestado na tradição massorética, e as diferenças na Vulgata e na LXX podem ter se dado por meio da confusão entre as letras da raiz, deve-se preferir o Texto Leningradense.

Ainda neste mesmo segmento, a versão Siríaca não apresenta o termo לָכֶם, mas traz em acréscimo o termo דארעא (da terra/do país).³¹¹ Tal ampliação da expressão também é encontrada no Targum.³¹²

Um erro, talvez, na interpretação da vocalização fez com que o termo זֶרַע fosse compreendido como זְרֹעַ (braço). Em virtude disso, a Vulgata traz o termo *brachium* e a LXX, por sua vez, o termo ὦμος. Tais variantes parece ser fruto de uma assimilação com o texto de 1Sm 2,31 (הִנֵּה יָמִים בָּאִים וְגָדַעְתִּי אֶת־זְרֹעֲךָ וְאֶת־זְרֹעַ בֵּית אָבִיךָ מִהְיוֹת זָקֵן בְּבֵיתֶךָ)³¹³. Como tais variantes podem ter surgido ou por um erro na leitura do termo, no que diz respeito à sua vocalização, ou por uma assimilação com o texto de 1Sm 2,31, deve-se preferir o Texto Leningradense.³¹⁴

V. 3b:

Com relação à expressão פֶּרֶשׁ חַגֵּיכֶם, a LXX, a versão de Áquila e a Vulgata confirmam sua leitura. O Targum, por sua vez, faz uma paráfrase ao texto hebraico: *I will put and end to the glory of your festivals.*³¹⁵ A versão Siríaca assimilou nesta parte final do segmento a mesma preposição עַל constante do seu início, trazendo a seguinte formulação (ופרתא על עדאדיכון): *e imundície sobre as vossas*

---

310. GELSTON, A., Biblia Hebraica Quinta, p. 150*.

311. BAUSCHER, G. D., The Aramaic-English Interlinear Peshitta Old Testament, p. 135.

312. CATHCART, K. J.; GORDON, R. P., The Targum of the Minor Prophets, p. 232.

313. "Eis que virão dias (nos quais) cortarei o teu braço e o braço da casa do teu pai, a fim de que não haja um ancião em tua casa."

314. GELSTON, A., Biblia Hebraica Quinta: The Twelve Minor Prophets, p. 150*; BARTHÉLEMY, D., Critique Textuelle de L'Ancien Testament, p. 1025-1026.

315. CATHCART, K. J.; GORDON, R. P., The Targum of the Minor Prophets, p. 232.

festas.³¹⁶ Pelo princípio da *lectio brevior*, deve-se preferir o Texto Leningradense à versão Siríaca. A variante do Targum, por sua vez, é uma paráfrase, que parte já de uma interpretação do sentido do termo. Em virtude disso e, somando-se a isso o fato de os termos serem amplamente testemunhados tanto na tradição massorética quanto nas grandes versões da Vulgata e da LXX, deve-se preferir o Texto Leningradense.

V. 3c:

Com relação à raiz נשׂא a Vulgata mantém, como o Texto Leningradense, a terceira pessoa do singular. A LXX e a versão Siríaca, por sua vez, por uma assimilação ao contexto imediato do versículo, mantêm o verbo na primeira pessoa do singular.³¹⁷ O Targum, por sua vez, faz uma paráfrase, trazendo a expressão: *your share shall be withheld from it*.³¹⁸ Como as alterações se dão em virtude de uma clara assimilação ao contexto imediato do versículo ou por meio de uma paráfrase, como no caso do Targum, não há motivos, então, para se abandonar a leitura do Texto Leningradense.

V. 4b:

A LXX acrescenta ao texto o termo ἐγώ, já suposto pela desinência verbal. Tal inclusão tem, talvez, o intuito de enfatizar a pessoa que realiza a ação (YHWH). Pelo princípio da *lectio brevior* deve-se preferir o Texto Leningradense.

V. 4c:

A BHS sugere que se leia מְהָיוֹת ao invés de לִהְיוֹת, o que traria à expressão o sentido de "fazer cessar" como ocorre em Ex 9,28. Tal mudança, contudo, parte de uma conjectura e de uma interpretação prévia do texto. Em virtude disso, deve-se preferir o Texto Leningrandense.³¹⁹

V. 5b:

O sufixo de terceira pessoa masculino plural não foi traduzido nem pela LXX, nem pela Vulgata e nem pelo Targum. A versão Siríaca, por sua vez, o mantém. A ausência dele nas traduções da LXX, da Vulgata e do Targum dá-se pelo

---

316. BAUSCHER, G. D., The Aramaic-English Interlinear Peshitta Old Testament, p. 135.
317. BAUSCHER, G. D., The Aramaic-English Interlinear Peshitta Old Testament, p. 135.
318. CATHCART, K. J.; GORDON, R. P., The Targum of the Minor Prophets, p. 232.
319. ELLIGER, K.; RUDOLPH, W. (Eds.), Biblia Hebraica Stuttgartensia, p. 1083; DOZEMAN, T. B., Exodus, p. 234.

fato de que tais versões consideram como objeto da raiz verbal נתן não os termos הַחַיִּים וְהַשָּׁלוֹם, mas sim o que vem depois, ou seja, o termo מוֹרָא. Como o sufixo é atestado na tradição massorética e, também, na versão Siríaca, não há motivo para se abandonar a leitura do Texto Leningradense.

V. 9a:

O Targum e alguns manuscritos da versão Siríaca, confirmam a leitura da expressão וְגַם ao início do versículo. A LXX omite o termo גַם. A Vulgata traduz a expressão de forma mais livre, trazendo *propter quod*. Como a expressão וְגַם é confirmada pela tradição massorética, pelos dois manuscritos mais antigos da versão Siríaca e pelo Targum, não há motivos para se deixar de lado a leitura do Texto Leningradense.[320]

Ainda neste segmento, o termo עַם da expressão לְכָל־הָעָם é traduzido pelo plural na Vulgata e na LXX (*omnibus populis* / εἰς πάντα τὰ ἔθνη). A versão Siríaca mantém o termo no singular, mas retira o artigo.[321] Tais traduções parecem ser fruto de um entendimento equivocado do sentido do texto hebraico. Como o termo é atestado no singular e com o artigo em toda a tradição massorética, não há motivos para se discordar desta mesma tradição testemunhada no Texto Leningradense.

2.2. Delimitação, unidade e crítica da redação

2.2.1. Delimitação e unidade

Os comentadores são unânimes em reconhecer que Ml 2,1-9 é a segunda parte de uma seção maior do livro: Ml 1,6–2,9. Este texto pode ser dividido em duas partes: 1,6-14, onde são elencadas as faltas dos sacerdotes com relação ao culto e 2,1-9, onde YHWH profere contra os sacerdotes um discurso de ameaça em virtude do seu proceder.[322]

---

320. CATHCART, K. J.; GORDON, R. P., The Targum of the Minor Prophets, p. 232; GELSTON, A., Biblia Hebraica Quinta, p. 150*.

321. GELSTON, A., Biblia Hebraica Quinta, p. 150*.

322. PRESSEL, W., Commentar zu den Schriften der Propheten Haggai, Sacharja und Maleachi, p. 381; BALDWIN, J. G., Haggai, Zechariah and Malachi, p. 243; DEISSLER, A., Zwölf Propheten III, p. 324; ELLIGER, K., Die Propheten Nahum, Habakuk, Zephanja, Haggai, Sacharja, Maleachi, p. 193; SMITH, R. L., Micah-Malachi, p. 299; ACHTEMEIER, E., Nahum-Malachi, p. 177; GLAZIER-McDONALD, B., Malachi: The Divine Messenger, p. 46; VERHOEF, P. A., The Books of Haggai and Malachi, p. 162-163; O'BRIEN, J.M., Priest and Levite in Malachi, p. 63-64; LESCOW, T., Das Buch Maleachi, p. 70; REVENTLOW, H.G., Die Propheten Haggai, Sacharja und Maleachi, p. 137; PETERSEN, D.L., Zechariah 9-14 and Malachi, p. 173; PAZDAN, M. M., I libri di Gioele,

Alguns elementos que acenam para a unidade do texto de Ml 1,6–2,9 são:
- os destinatários de Ml 2,1-9 são os mesmos de Ml 1,6-14: 1,6f e 2,1a – הַכֹּהֲנִים;
- o pano de fundo cultual: em Ml 2,1-9 encontra-se a menção das bênçãos (2,2f בְּרְכוֹתֵיכֶם) e das festas (2,3b: חַגֵּיכֶם), num contexto de condenação, talvez pelo fato de os sacerdotes não terem levado a sério o "preceito" dado pelo Senhor, que parece ter sido o de observar as normas do culto, claramente descuradas pelo que se depreende de Ml 1,6-14.

Em 2,1, todavia, encontra-se o advérbio עַתָּה, que introduz uma transição na argumentação.[323] Em 1,9a ele introduz a ordem do profeta a fim de que os sacerdotes "aplaquem" a face de Deus. Aqui o referido advérbio introduz o discurso que contém o "preceito" (מִצְוָה) para os sacerdotes, abrindo, assim, a segunda seção do texto, cuja unidade pode ser percebida do ponto de vista temático e, também, no uso de um vocabulário comum.

Do ponto de vista temático, o texto de 2,1-9 gira em torno da ameaça de YHWH aos sacerdotes caso estes não mudem de comportamento (2,2e-2,3c). Além de ameaçar os sacerdotes, YHWH recorda a "Aliança de Levi" e o apresenta como "modelo ideal" para os sacerdotes, pois assim como "na boca" de Levi estava uma "instrução verdadeira" (2,6a), assim também se procura "na boca" do sacerdote uma "instrução" (2,7b), afinal "seus lábios" (2,7a) devem guardar o conhecimento.

Tal comparação com Levi serve para reforçar o aspecto negativo da conduta dos sacerdotes, retomada em 2,8: se Levi fazia a "muitos voltar da iniquidade" (2,6d), os sacerdotes fazem a "muitos tropeçar na instrução" (2,8b).

A ameaça em tom futuro (2,2e.2f; 2,3c), mas que já começa a realizar-se no presente (2,2g.2h; 2,3a.3b), é retomada em 2,9, mas agora como algo já realizado, pelo menos em parte, uma vez que 2,9a continua a cadeia de Qatal iniciada em 2,8a.

Do ponto de vista do vocabulário, alguns termos conferem unidade a esta seção do texto (2,1-9):

Abdia, Aggeo, Zaccaria, Malachia, p. 165; HILL, A., Malachi, p. 170; McCOMISKEY, T.E. (Ed.), The Minor Prophets, p. 1293; SWEENEY, M. A., The Twelve Prophets, p. 724; FLOYD, M. H., Minor Prophets, p. 587-589; WEYDE, K. W., Prophecy and Teaching, p. 112-113; TAYLOR, R. A.; CLENDENEN, E. R., Haggai, Malachi, p. 241; MEINHOLD, A., Maleachi, p. 59; WILLI-PLEIN, I., Haggai, Sacharja, Maleachi, p. 237; ERLEHT, T.; HAUSOUL, R. R., Das Buch Haggai. Das Buch Maleachi, p. 366; KESSLER, R., Maleachi, p. 124; SNYMAN, S. D., Malachi, p. 42; SILVA FILHO, P. S., Ml 3,13-21 no conjunto dos doze profetas, p. 121-173.

323. LAURENTIN, A., We'attah – kai nun – formule caractéristique des textes juridiques et liturgiques, p. 171.

בְּרִית	2,4c; 2,5a; 2,8c
דֶּרֶךְ	2,8a; 2,9b
לֵוִי	2,4c; 2,8c
פֶּה	2,6a; 2,7b
שָׂפָה	2,6b; 2,7a
תּוֹרָה	2,6a; 2,7b; 2,8b; 2,9c

Por fim, deve-se notar o uso da raiz נתן (Qal), que aparece apenas três vezes em Malaquias – 2,2c; 2,5b; 2,9a:

לָתֵת כָּבוֹד לִשְׁמִי	2,2c
הַחַיִּים וְהַשָּׁלוֹם וָאֶתְּנֵם־לוֹ	2,5b
וְגַם־אֲנִי נָתַתִּי אֶתְכֶם נִבְזִים וּשְׁפָלִים לְכָל־הָעָם	2,9a

Tal verbo parece funcionar como um elemento de coesão da perícope:
• em 2,2c é anunciado aquilo o que os sacerdotes devem "dar" a Deus: a glória que lhe é devida;
• em 2,5b é apresentado aquilo que Deus "dava/concedia" a Levi: a vida e a paz;
• em 2,9a é anunciado aquilo o que YHWH "deu" para os sacerdotes que se negaram a "dar-lhe" a glória devida: o desprezo e o aviltamento – YHWH os "fez/tornou" vis e desprezíveis diante de todo o povo.

Assim sendo, pode-se perceber que Ml 2,1-9 é uma unidade textual, embora, no conjunto do livro, constitua a segunda parte da grande seção de Ml 1,6 – 2,9. É nesta segunda parte que aparece a ameaça de YHWH aos sacerdotes e aqui se faz menção dos termos לֵוִי / דֶּרֶךְ / בְּרִית que aparecem também em 3,1 e 3,3 como termos-chave. Isso possibilita que se correlacione Ml 2,1-9 com Ml 2,17–3,5 para se compreender como se relacionam, em Malaquias, o juízo sobre o sacerdócio e a consequente perspectiva salvífica.

2.2.2. Crítica da redação

As questões redacionais acerca de Ml 2,1-9 se concentram nos vv. 2 e 7:

- *Ml 2,2*:

Elliger afirma que todo o versículo deve ser considerado uma interpolação tardia. No seu parecer, a partir do v. 3 o texto é assertivo, o que não se coadunaria com a ameaça prévia constante dos primeiros segmentos do v. 2. O autor afirma, ainda, que, enquanto no v. 2 o que está em jogo são as bênçãos dos sacerdotes, o que está ameaçado no v. 3 é a sua descendência. Tais diferenças não se coadunariam num texto que tivesse provindo de um único redator.[324]

Snyman não afirma, como Elliger, que todo o v. 2 seja uma adição posterior. No seu parecer, somente os segmentos 2,2gh seriam uma adição, pois o juízo futuro é transformado numa ação presente de YHWH com a mudança do duplo WeQatal para o Qatal de 2,2g e a oração de particípio de 2,2h.[325]

Não parece ser necessário, todavia, considerar Ml 2,2 como uma adição posterior. O tom assertivo de Ml 2,3 diz respeito à descrição do juízo de YHWH, enquanto as advertências de 2,2ac se encaixam dentro do gênero literário da perícope. A ameaça de YHWH começa naturalmente com uma chamada de atenção para o que se deve observar a fim de, talvez, se evitar o castigo.

A perspectiva presente descrita em 2,2gh também não foge da estrutura do oráculo no seu conjunto. Em 2,3a e 2,3b essa perspectiva presente continua. Como será melhor visto no comentário ao texto, a sucessão das formas verbais de 2,2c a 2,4c se apresentam de modo harmônico, levando o texto a um centro constituído pelas formas W+Qatal (2,2g.3b) e por orações nominais de particípio (2,2h.3a).

- *Ml 2,7*:

No século XIX, Böhme afirmou numa nota de rodapé em um artigo a respeito de Malaquias e Ageu, que Ml 2,7 seria uma interpolação tardia. Três foram as razões alegadas:[326]

- O uso do termo תּוֹרָה sem artigo. Em Ml 2,8.9 o termo aparece com artigo nas expressões בַּתּוֹרָה (2,8b e 2,9c). Em Ml 2,6a o termo está sem artigo, mas nesse caso a sintaxe não exigiria o artigo em virtude do *status constructo* (תּוֹרַת אֱמֶת);

---

324. ELLIGER, K., Die Propheten Nahum, Habakuk, Zephanja, Haggai, Sacharja, Maleachi, p. 195-199.

325. SNYMAN, S. D., Malachi, p. 83.

326. BÖHME, W., Zu Maleachi und Haggai, p. 214-215.

- O termo כֹּהֵן aparece no singular e, nas outras ocorrências do mesmo termo no decorrer do livro, ele está sempre no plural (1,6; 2,1);
- Um terceiro elemento alegado, seria o uso do termo דַּעַת, que só aparece aqui em todo o livro de Malaquias.

Elliger concorda com a opinião de Böhme e acrescenta mais três motivos para se considerar Ml 2,7 como uma inserção posterior: o texto interrompe a vivacidade do juízo de YHWH; chama o sacerdote de מַלְאָךְ, um título considerado inusitado; em 2,7c YHWH aparece em terceira pessoa, o que parece interromper o fluxo do texto, onde YHWH fala sempre em primeira pessoa.[327]

Deve-se notar, contudo, que Ml 2,7 possui um vocabulário que se harmoniza com o restante da perícope. Os termos "lábios" (שָׂפָה) e "boca" (פֶּה) retomam 2,6a e 2,6b. O termo "instrução" (תּוֹרָה) é um termo chave na perícope, encontrado nos vv. 6.7.8. Ainda que aqui esteja sem artigo, como Böhme chama a atenção, não se pode desconsiderar que seu uso coloca o v. 7 em harmonia com o conjunto do oráculo. O termo דַּעַת é inusitado, mas coloca Malaquias em relação com a tradição profética anterior, particularmente com Os 4, que afirma ser fundamental o ensino da דַּעַת por parte dos sacerdotes para que o povo possa se manter na comunhão com Deus. Deve-se destacar, ainda, o uso do verbo "guardar" (שׁמר - Qal), que será retomado no v. 9b.

Quanto ao uso do termo מַלְאָךְ para se referir ao sacerdote, isto parece ser, realmente, uma novidade introduzida por Malaquias. Segundo Habets, o texto de Ecl 5,5, que é o único fora Malaquias na BH que se refere ao sacerdote como mensageiro, deve ser dependente deste profeta.[328]

Em síntese, pode-se afirmar que Ml 2,7 se encaixa, do ponto de vista do vocabulário, com o restante do oráculo, particularmente com Ml 2,6.8, os versículos que estão no seu entorno dentro da perícope. Além disso, do ponto de vista do conteúdo, ele serve como uma espécie de clímax para a descrição de Levi: parte-se do particular para o universal – Levi é apresentado como um representante ideal (Ml 2,5-6) do sacerdócio e Ml 2,7 apresenta uma imagem de um sacerdote ideal, sem designar uma figura específica.[329] O uso da terceira pessoa em 2,7c não parece ser argumento suficiente para se descartar a unidade redacional do oráculo. Caso contrário, também dever-se-ia considerar do mes-

---

327. ELLIGER, K., Die Propheten Nahum, Habakuk, Zephanja, Haggai, Sacharja, Maleachi, p. 195-199.
328. HABETS, G., Vorbild und Zerrbild: Eine Exegese von Maleachi 1,6 – 2,9, p. 51.
329. HABETS, G., Vorbild und Zerrbild: Eine Exegese von Maleachi 1,6 – 2,9, p. 50-51; WEYDE, K. W., Prophecy and Teaching, p. 194-195.

mo modo todas as fórmulas do mensageiro, que em Ml 2,1-9 estariam em contraste com o restante do texto em que YHWH fala sempre em primeira pessoa.

No que tange à época de redação, há certo consenso entre os autores em datar o livro de Malaquias no século V a.C.[330] Esta afirmação tem por base tanto a percepção de certos dados históricos que se podem aduzir do livro, como de certos problemas tratados por Malaquias que também são tratados nos livros de Esdras e Neemias, cuja atuação na província persa de Judá se deu também nos séculos V-IV a.C.[331]

- O período pós-exílico seria já indicado pelo uso do termo פֶּחָה, o mesmo termo encontrado em Ageu (1,1.14; 2,2.21) para referir-se a Zorobabel, governador de Judá. O termo aparece em Esd 8,36 para referir-se aos governadores persas na Transeufratênia. Assim também em Ne 2,7.9 e 3,7. O mesmo termo aparece em Ne 5,14 e em 12,26, para referir-se a Neemias e sua posição como "governador" de Judá. No período pré-exílico, Judá não foi governado por um פֶּחָה;[332]
- A não referência à reconstrução do Templo e as denúncias com relação as práticas condenáveis no culto, bem como a solicitação de dízimos para que haja alimento na casa de Deus, assim como o anúncio de um culto renovado e purificado, supõem que se tenha passado um período relativamente considerável desde a reconstrução do mesmo Templo e o seu já pleno funcionamento (Ml 1,6–2,9; 2,10-16 e 2,17–3,5);
- Servem ainda para corroborar o fato da existência do Templo: Ml 1,10 (menção das portas do Tempo); 1,6 e 2,1 (fala-se dos "sacerdotes" em pleno uso de suas funções); 2,3b (faz-se menção das "festas"); 3,1 (Deus virá ao seu Templo);
- Ml 1,6-14 reflete a preocupação com a decadência do sacerdócio, também apresentada em Ne 13,4-9;
- Malaquias alude à aliança com Levi em 2,4 assim como Ne 13,29;
- Malaquias condena os matrimônios com estrangeiras em Ml 2,11-12, um problema aparentemente resolvido mais tarde por Esdras (Esd 9-10) e Neemias (Ne 10,31; 13,1-3);

---

330. BALDWIN, J. G., Haggai, Zechariah and Malachi, p. 199; SMITH, R. L., Micah-Malachi, p. 298-299; VERHOEF, P. A., The Books of Haggai and Malachi, p. 156-160; SNYMAN, S. D., Malachi, p. 1-3; JACOBS, M. R., The Books of Haggai and Malachi, p. 132.

331. McCOMISKEY, T. E. (Ed.), The Minor Prophets, p. 1252-1255; PAUTREL, R., Malachie, p. 739-740.

332. VERHOEF, P. A., The Books of Haggai and Malachi, p. 157; FENSHAM, F.C., Pehâ in the Old Testament and the Ancient Near East, p. 44-52.

- Malaquias também critica a falta de seus contemporâneos com relação ao dízimo devido ao Templo (Ml 3,8-10), crítica também encontrada em Ne 10,32-39 e 13,10-13.

Estes dados sugerem uma data posterior à reconstrução do Segundo Templo (515 a.C.)[333] e anterior à atuação de Esdras e Neemias. Como a primeira missão de Neemias é geralmente datada em 445 a.C. no tempo do rei Artaxerxes I, e a missão de Esdras, por sua vez, é colocada no sétimo ano do rei Artaxerxes II, ou seja, em 398 a.C.,[334] sugere-se uma datação para Malaquias entre 490 e 450 a.C. É neste período que os autores que consideram Ml 2,1-9 como uma unidade redacional vão datar esta perícope.[335]

2.3. Crítica da forma e gênero literário

2.3.1. Crítica da forma

A expressão וְעַתָּה que introduz 2,1-9 não indica somente uma passagem temporal do tipo "agora/depois", mas uma transição no discurso.[336] No primeiro versículo, 2,1, é enunciado o "preceito" (מִצְוָה) de YHWH para os sacerdotes, destinatários do oráculo.

A explicação de qual seja essa מִצְוָה aparecerá no v. 2, que inicia com duas "orações verbais" em p-N-Yiqtol ligadas por um וֹ. Os dois segmentos são assonantes, seja pelo uso da expressão אִם־לֹא que abre cada um dos dois primeiros segmentos (2a e 2b), seja pela presença das raízes verbais שׂים/שׁמע que, na forma na qual aparecem no texto em questão, ou seja, Qal Yiqtol 2mp, produzem tal assonância (תָשִׂימוּ/תִשְׁמְעוּ). Os segmentos 2,2a e 2,2b funcionam como uma espécie de advertência de YHWH, uma chamada de atenção para o que pode acontecer caso os sacerdotes não sigam a מִצְוָה que será enunciada em 2,2c.

O segmento 2,2c é a única oração nominal de todo o v. 2, e é nela que se encontra a מִצְוָה de YHWH para os sacerdotes: לָתֵת כָּבוֹד לִשְׁמִי. Esta reúne dois termos

---

333. SOGGIN, J. A., Storia d'Israele, p. 348-349.

334. SOGGIN, J. A., Storia d'Israele, p. 348-356; outras possibilidades para a datação da atuação de Esdras e Neemias são discutidas por Soggin nas p. 351-356.

335. GLAZIER-McDONALD, B., Malachi: The Divine Messenger, p. 14-18; HILL, A., Malachi, p. 77-84; JACOBS, M. R., The Books of Haggai and Malachi, p. 129-130.

336. LAURENTIN, A., We'attah – kai nun – formule caractéristique des textes juridiques et liturgiques, p. 171.

importantes para toda a perícope: כָּבוֹד (2,2) e שֵׁם (2,2/2,5).³³⁷ O anúncio da מִצְוָה vem seguido da fórmula do mensageiro: 2,2d (0-Qatal).

Os segmentos 2,2e e 2,2f anunciam o juízo futuro de YHWH, caso os sacerdotes não cumpram a מִצְוָה enunciada em 2,2c: são dois segmentos em We-Qatal, onde os termos לִשְׁמִי (2,2c) e as formas verbais וְשִׁלַּחְתִּי e וְאָרוֹתִי (2,2e e 2,2f, respectivamente) são assonantes. Esses dois segmentos são dominados pelo paradoxo bênção e maldição, particularmente 2,2f, onde YHWH declara que irá "amaldiçoar" (אָרַר) as "bênçãos" (בְּרָכָה) dos sacerdotes. Em 2,2e encontra-se o termo הַמְּאֵרָה que é assonante com o termo הַמִּצְוָה de 2,1a.

Em 2,2g há uma mudança brusca: o anúncio de um juízo futuro torna-se a manifestação de uma ação de juízo de YHWH no presente – passa-se do WeQatal para o Qatal e o versículo é concluído por uma oração nominal de particípio (2,2h).³³⁸

A partícula גַּם, com valor enfático,³³⁹ introduz o segmento 2,2g e, logo em seguida, a partícula כִּי introduz a explicação³⁴⁰ do motivo pelo qual o "juízo futuro" de YHWH transformou-se em "juízo presente" ou ganhou, também, essa dimensão: os sacerdotes não cumpriram o que havia sido enunciado em 2,2a-c – não "puseram sobre o coração", ou seja, não levaram a sério o "dar glória ao nome de YHWH".

Ml 2,3 continua a perspectiva presente enunciada em 2,2g e 2,2h. Aberto por uma oração nominal de particípio iniciada com um sinal macrossintático (הִנְנִי), o versículo continua com duas orações verbais em W+Qatal. O vocabulário cultual aparece em 2,3b, com os termos חַג e פֶּרֶשׁ. O sufixo de 2mp marca a assonância que domina todo o versículo אֶתְכֶם/חַגֵּיכֶם/פְּנֵיכֶם/לָכֶם. Uma aliteração pode ser percebida entre os termos הַזֶּרַע (descendência) que encerra 2,3a e o termo וְזֵרִיתִי (espalhar/esparramar) que abre 2,3b.

São indicadas três coisas que se realizarão com os sacerdotes como manifestação do juízo de YHWH: duas são ações do próprio YHWH (2,3ab) e outra é uma ação futura com um sujeito indeterminado (2,3c). Observando-se a sucessão das formas verbais, pode-se perceber uma simetria no texto, que vai de 2,2c a 2,4c. O texto é emoldurado por duas orações nominais com infinitivos constructos (2,2c; 2,4c). Essas orações apresentam tanto o que se espera dos sacerdotes (לָתֵת

---

337. O termo שֵׁם (referido a YHWH) é recorrente em Malaquias: 1,6(2x).11(3x).14; 2,2.5; 3,16.20.
338. NICCACCI, A., Poetic Syntax and Interpretation of Malachi, p. 79 e nota 44.
339. KOEHLER, L.; BAUMGARTNER, W., The Hebrew and Aramaic Lexicon of the Old Testament, p. 195-196.
340. Sobre os diversos sentidos da partícula כִּי: AEJMELAEUS, A., Function and Interpretation of כִּי in Biblical Hebrew, p. 193-209.

לִשְׁמִי כָּבוֹד (לִשְׁמִי כָּבוֹד), quanto o que YHWH deseja realizar a partir do seu juízo (לִהְיוֹת בְּרִיתִי אֶת־לֵוִי). Em seguida, tanto em 2,2e-2g quanto em 2,3b-4a, pode-se constatar uma estrutura verbal semelhante (WeQatal – WeQatal – Qatal / Qatal – WeQatal – We-Qatal). No centro, há duas orações nominais de particípio: 2,2h e 2,3a. Em 2,2h, justifica-se porque o juízo de YHWH já começou a se manifestar: os sacerdotes não colocaram sobre o coração a sua מִצְוָה (2,2h). Em 2,3a, por sua vez, tem início a continuação da descrição do juízo presente de YHWH, com outra oração nominal de particípio: uma vez que os sacerdotes não colocam sobre o coração a מִצְוָה de YHWH, sua própria existência está ameaçada, porque YHWH repreende a sua "descendência".

A ação futura reiniciada em 2,3c[341] continua em 2,4a, com o WeQatal da raiz ידע (Qal). O fruto do juízo de YHWH será, em primeiro lugar, o "reconhecimento" de que a מִצְוָה, transmitida pelo profeta, é não somente uma palavra pessoal deste, mas sim um verdadeiro "preceito" de YHWH. Isso vem explícito em 2,4b (הַמִּצְוָה הַזֹּאת). O segundo fruto, será o "restabelecimento" da aliança de YHWH com Levi, já acenado aqui. O v. 4 termina com a fórmula do mensageiro.

Em 2,5 e 2,6 encontra-se uma espécie de retrospectiva histórica, onde Levi é apresentado em termos ideais. De modo particular, Ml 2,5 apresenta uma estrutura simétrica do ponto de vista estrutural, tendo ao centro dois segmentos na forma de *casus pendens*:[342]

בְּרִיתִי הָיְתָה אִתּוֹ	2,5a	x – **Qatal** (Qal Qatal היה)	*Minha aliança estava com ele;*
הַחַיִּים וְהַשָּׁלוֹם וָאֶתְּנֵם־לוֹ	2,5b	**x - Wayyiqtol** (Qal Wayyiqtol נתן)	*a vida e a paz: eu lhas concedia;*
מוֹרָא וַיִּירָאֵנִי	2,5c	**x - Wayyiqtol** (Qal Wayyiqtol ירא)	*temor: ele me temia.*
וּמִפְּנֵי שְׁמִי נִחַת הוּא:	2,5d	w – x – **Qatal** (Nif Qatal חתת)	*E diante do meu nome ele se aterrorizava.*

---

341. Essa perspectiva futura já havia sido iniciada em 2,2e e 2,2f.

342. Conferir a discussão a respeito das possibilidades de segmentação e tradução deste texto no item 2.1.2. – "Notas à tradução".

No centro do versículo estão os termos dessa "Aliança": da parte de YHWH, "a vida e a paz" (2,5b); da parte de Levi, o "temor" (2,5c).

Em 2,5a encontra-se o verbo הָיָה como cópula da oração. Tal verbo é recorrente em Malaquias, aparecendo também em 1,9; 2,4.5.6; 3,3.5.10.12.17.19.21. Todavia, a forma הָיְתָה, Qal Qatal 3fs, somente aparece em 1,9 e em 2,5.6. Em 1,9 serve para indicar uma situação presente, sendo traduzido, algumas vezes, como "vir/provir": *de vossas mãos vem isto*. Em 2,5 e 2,6 serve para indicar o passado: o que era a aliança de Deus com Levi e o que se encontrava nos lábios de Levi.

O versículo seguinte, Ml 2,6, está estreitamente unido ao v. 5, onde esse olhar para um passado ideal continua, agora numa cadeia verbal simétrica: x-Qatal / w-x-N-Qatal / x-Qatal / w-x-Qatal:

תּוֹרַת אֱמֶת הָיְתָה בְּפִיהוּ	2,6a	x - **Qatal** (Qal Qatal היה)
וְעַוְלָה לֹא־נִמְצָא בִשְׂפָתָיו	2,6b	w – x – N – **Qatal** (Nifal Qatal מצא)
בְּשָׁלוֹם וּבְמִישׁוֹר הָלַךְ אִתִּי	2,6c	x – **Qatal** (Qal Qatal הלך)
וְרַבִּים הֵשִׁיב מֵעָוֺן׃	2,6d	w – x – **Qatal** (Hifil Qatal שוב)

Os segmentos 2,6a e 2,6b são formados por termos ligados ao campo semântico da "palavra": instrução (תּוֹרָה), boca (פֶּה) e lábio (שָׂפָה), e são correspondentes na sua estruturação:

תּוֹרַת אֱמֶת הָיְתָה בְּפִיהוּ ↕	2,6a
וְעַוְלָה לֹא־נִמְצָא בִשְׂפָתָיו	2,6b

À "instrução verdadeira" se contrapõe o "engano"; o termo "boca", por sua vez, está em relação com o termo "lábios".

Os segmentos 2,6c e 2,6d são marcados por verbos de ação (הלך – Qal e שוב – Hifil) e estão unidos pelo ו *copulativum*, assim como 2,6a e 2,6b. Em 2,6c o termo שָׁלוֹם é retomado, mas formando um binômio com o termo מִישׁוֹר, traduzido aqui como "retidão". O segmento 2,6d, com o Hifil do verbo שוב, indica uma outra atitude de Levi: ele fazia "muitos" voltar da iniquidade. Essa segunda atitude se alinha com 2,6a: uma "instrução verdadeira" estava em seus lábios. Por meio dessa "instrução verdadeira", Levi fazia com que "muitos" se afastassem do caminho da iniquidade.

Ml 2,7, por sua vez, apresenta a visão de um sacerdote ideal:[343]

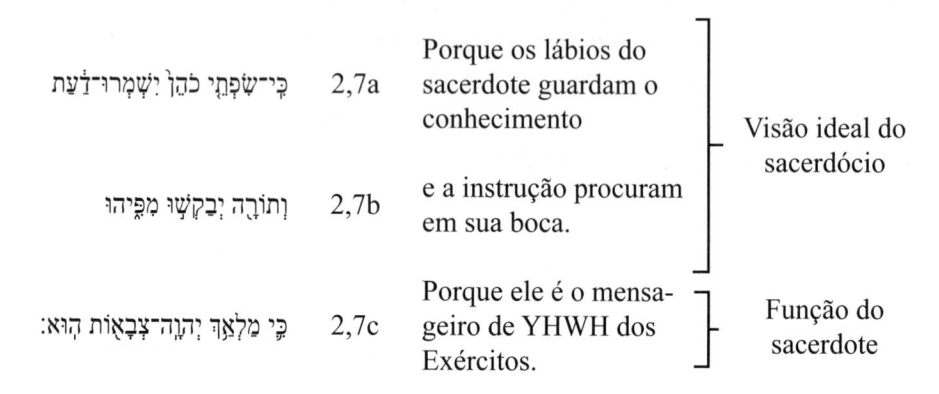

כִּי־שִׂפְתֵי כֹהֵן יִשְׁמְרוּ־דַעַת	2,7a	Porque os lábios do sacerdote guardam o conhecimento	Visão ideal do sacerdócio
וְתוֹרָה יְבַקְשׁוּ מִפִּיהוּ	2,7b	e a instrução procuram em sua boca.	
כִּי מַלְאַךְ יְהוָה־צְבָאוֹת הוּא׃	2,7c	Porque ele é o mensageiro de YHWH dos Exércitos.	Função do sacerdote

Do ponto de vista terminológico e estrutural, as orações 2,6a e 2,7b apresentam certa semelhança:

תּוֹרַת אֱמֶת הָיְתָה בְּפִיהוּ   2,6a

וְתוֹרָה יְבַקְשׁוּ מִפִּיהוּ   2,7b

A forma yiqtol encontrada em 2,7a e 2,7b serve, segundo Niccacci, para designar comportamento natural, adequado, seja para os sacerdotes (2,7) ou para o povo em geral (1,6).[344]

Uma oração nominal complexa iniciada por um ו *adversativum*, abre o versículo 2,8 (8a). O termo אַתֶּם é o "x" da estrutura w-x-Qatal que abre o versículo. A ênfase está, assim, na pessoa que executa a ação: os sacerdotes que, "afastando-se do caminho" estão numa situação diametralmente oposta àquela de Levi.

---

343. WEYDE, K. W., Prophecy and Teaching, p. 194.
344. NICCACCI, A., Poetic Syntax and Interpretation of Malachi, p. 82.

Os segmentos 2,8b-d continuam a cadeia de Qatal iniciada em 2,8a. De 2,8a a 2,8c encontram-se três verbos de ação que indicam a distância moral que existe entre os sacerdotes indiciados na perícope e aquele que é apresentado como modelo de sacerdote ideal, Levi: afastar-se (סור - Qal); tropeçar (כשל – Hifil), corromper (שחת - Piel).

As raízes verbais שוב/ כשל no Hifil, bem como o uso do adjetivo רַבִּים em 2,6d e 2,8b indicam a semelhança estrutural e semântica desses dois segmentos, indicando como Levi serve de antagonista para os sacerdotes: ele "fazia voltar", enquanto os sacerdotes "fazem tropeçar":

2,6d   וְרַבִּים הֵשִׁיב מֵעָוֹן:

2,8b   הִכְשַׁלְתֶּם רַבִּים בַּתּוֹרָה

A raiz כשל de 2,8 é um *hápax legómenon* em Malaquias. Neste versículo encontram-se, ainda, outros termos que ocorrem pouco no livro, como a raiz סור (Qal – 2,8; 3,7), o termo דֶּרֶךְ (2,8; 2,9) e a raiz שחת (2,8 [Piel]; 3,11[Hifil]). Outros termos aparecem como elementos de coesão do versículo com o restante da perícope, como o termo תּוֹרָה (2,6.7.8.9), o termo בְּרִית (2,4.5.8 – além de aparecer ainda em 2,10.14; 3,1) e o termo לֵוִי (2,4; 2,8).

O segmento 2,8c remete o leitor de volta para 2,4c e 2,5a, onde a "aliança com Levi" é mencionada. O texto de 2,8b, por sua vez, aponta retrospectivamente para 2,6a e 2,7b. Na boca de Levi estava uma "instrução verdadeira" (2,6a); uma "instrução" se procura na boca do sacerdote (2,7b); mas estes sacerdotes aos quais o profeta se dirige, fazem "tropeçar muitos" na instrução (2,8b). A fórmula do mensageiro aparece, pela terceira vez, em 2,8d, encerrando o versículo.

Ml 2,9 está em paralelismo com 2,8. Em 2,8 os sacerdotes são contrapostos à imagem ideal de Levi apresentada antes; em 2,9, por outro lado, YHWH se contrapõe aos sacerdotes (2,8a: וְאַתֶּם /2,9a: וְגַם־אֲנִי), apresentando seu juízo, agora com a forma Qatal (2,3b) e não como um anúncio futuro (2,2e; 2,2f)[345], em vista do mal comportamento dos sacerdotes. A partícula גַם, ao mesmo tempo que confere ênfase, serve para demonstrar como a atitude dos sacerdotes, acrescenta-se a atitude de YHWH.

---

345. NICCACCI, A., Poetic Syntax and Interpretation of Malachi, p. 82.

O juízo atual de YHWH consiste em tornar os sacerdotes "desprezíveis" (בזה) e "vis" (שפל) diante de todo o povo. A raiz בזה conecta este versículo com Ml 1,6-14, pois ela aparece também em 1,6; 1,7 e 1,12. Os sacerdotes desprezam o "nome" de YHWH (1,6) e o seu altar com os seus frutos (1,7 e 1,12). Agora YHWH os torna desprezíveis diante de todo o povo.

Por fim, o v. 9 termina com duas orações nominais de particípio, que retomam 2,8a e 2,8b:

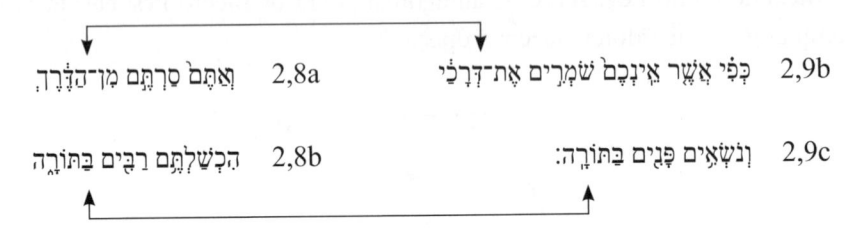

וְאַתֶּם סַרְתֶּם מִן־הַדֶּרֶךְ	2,8a	כְּפִי אֲשֶׁר אֵינְכֶם שֹׁמְרִים אֶת־דְּרָכַי	2,9b
הִכְשַׁלְתֶּם רַבִּים בַּתּוֹרָה	2,8b	וְנֹשְׂאִים פָּנִים בַּתּוֹרָה:	2,9c

Pode-se estabelecer, então, a seguinte estrutura para a perícope:

2,1: *Introdução (anúncio da* מִצְוָה*) e destinatários (*הַכֹּהֲנִים*)*
2,2-4: Anúncio, descrição e fruto do juízo de YHWH
    2,2: Anúncio do juízo de YHWH
        2,2a e 2,2b: Advertências (*Yiqtol*)
        2,2c: Anúncio da מִצְוָה a ser cumprida (ON – *Inf*)
        2,2d: *Fórmula do mensageiro*
        2,2e e 2,2f: Perspectiva *futura* do juízo (*WeQatal*)
        2,2g: Perspectiva *presente* do juízo (*Qatal*)
        2,2h: Justificativa para a *perspectiva presente* do juízo (כִּי)
    2,3: Descrição do juízo
        2,3a: Com relação à descendência (perspectiva presente – ON ptc)
        2,3bc: Com relação aos sacerdotes
            2,3b: A imundície lançada em seus rostos (perspectiva presente – *Qatal*)
            2,3c: Sua saída do santuário (retomada da perspectiva futura - *WeQatal*)
    2,4: Fruto do juízo
        2,4a: Anúncio do fruto do juízo
        2,4b: Primeiro fruto – reconhecimento de que o oráculo veio de YHWH
        2,4c: Segundo fruto – a "retomada" da "aliança com Levi"
        2,4d: *Fórmula do mensageiro*

2,5-6: Retrospectiva histórica – a Aliança de YHWH com Levi
  2,5: A relação de YHWH e Levi na perspectiva da Aliança (x-*Qatal*)
    2,5ab: O que YHWH concedia a Levi:
      a vida e a paz (*Wayyiqtol*)
    2,5cd: Como Levi respondia a YHWH:
      2,5c: Levi temia YHWH (*Wayyiqtol*)
      2,5d: Se aterrorizava diante do "Nome" (x-*Qatal*)
  2,6: O exemplo de Levi (uma cadeia de *Qatal*)
    2,6ab: A relação de Levi com a "instrução"
      (binômio עוֹלָה/תּוֹרַת אֱמֶת)
    2,6cd: A relação de Levi com YHWH e com o povo
      (binômio עָוֹן /בְּשָׁלוֹם וּבְמִישׁוֹר)

2,7: O sacerdote ideal
  2,7a: O que seus lábios "guardam": דַעַת
  2,7b: O que se "procura" em sua boca: תּוֹרָה
  2,7c: Quem ele é: מַלְאַךְ יְהוָה־צְבָאוֹת

2,8-9: Descrição do mal feito pelos sacerdotes (em contraposição com Levi e com o sacerdote ideal de 2,7) e veredito final de YHWH
  2,8: Descrição do mal feito pelos sacerdotes
    2,8a: Afastar-se do caminho (w-x-*Qatal*)
    2,8b: Fazer tropeçar na "instrução" (0-*Qatal*)
    2,8c: Corromper a "aliança de Levi" (0-*Qatal*)
    2,8d: Fórmula do mensageiro (0-*Qatal*)
  2,9: Veredito final de YHWH – proclamação do juízo com sua justificativa
    2,9a: YHWH tornou os sacerdotes "vis e desprezíveis"
    2,9b: Justificativa do juízo (retoma 2,8a - דֶּרֶךְ)
    2,9c: Justificativa do juízo (retoma 2,8b - בַּתּוֹרָה)

2.3.2. Gênero literário

Embora o texto de Ml 1,6–2,9, no seu conjunto, possa ser considerado, segundo Pfeiffer, uma "disputa profética" – *Disputationsworte*, quando, porém, dividido nas suas duas partes (1,6-14 e 2,1-9), ele pode ser compreendido da seguinte forma, no que diz respeito ao gênero literário:[346]

---

346. PFEIFFER, E., Die Disputationsworte im Buche Maleachi, p. 555-556; SCHART, A., Maleachi, p. 17-19.

a) Ml 1,6-14: discurso de repreensão (*Scheltrede*);
b) Ml 2,1-9: discurso de ameaça (*Drohrede*).

O "discurso de ameaça", que é o gênero literário de Ml 2,1-9, comporta em si quatro partes:[347]

a) Ameaça da parte de YHWH;
b) Anúncio do castigo (*Strafe*);
c) Propósito pedagógico do castigo (*Pädagogischen Abzweckung*);
d) Veredito ou sentença judicial (*Strafurteil*).

No texto de Ml 2,1-9, embora o v. 1 sirva, na estrutura, como introdução do oráculo, o discurso de ameaça de YHWH que "introduz", como afirma Pfeiffer, o gênero literário "discurso de ameaça", encontra-se no v. 2, dentro da primeira parte do texto: *anúncio, descrição e fruto do juízo de YHWH*.

O anúncio do castigo, bem como o propósito pedagógico do mesmo, está, também, nesta primeira parte do texto (2,3-4).

Os vv. 5-9, por sua vez, trazem o veredito. No caso de Ml 2,1-9, tal sentença está mais propriamente localizada no v. 9. Os 5-6 trazem uma memória a respeito de Levi e o v. 7 a visão do "sacerdote ideal". O v. 8, por sua vez, contrapõe os sacerdotes destinatários do oráculo seja à figura Levi (vv. 5-6), seja à figura do sacerdote ideal (v. 7).

Confrontando-se as partes das quais se compõe o gênero literário de Ml 2,1-9 e a estrutura do mesmo texto já previamente estabelecida, poderia se visualizar o seguinte esquema:

2,1: Introdução geral da perícope

2,2-4: Anúncio, descrição e juízo futuro de YHWH

2,2: *Anúncio do juízo de YHWH*	a) *Discurso de ameaça de YHWH*
2,3: *Descrição do juízo*	b) *Anúncio do castigo*
2,4: *Fruto do juízo*	c) *Propósito Pedagógico*

---

347. PFEIFFER, E., Die Disputationsworte im Buche Maleachi, p. 559.

2,5-6: Retrospectiva histórica
2,7: O sacerdote ideal
2,8-9: Descrição do mal feito pelos sacerdotes e veredito final de YHWH
2,8: Descrição do mal feito pelos sacerdotes
(em comparação ainda com Levi e com a imagem do sacerdote ideal)
2,9: Veredito final de YHWH　　　　*d) Veredito ou sentença judicial*

2.4. Comentário exegético

2.4.1. Introdução: anúncio da מִצְוָה e apresentação dos destinatários (הַכֹּהֲנִים): 2,1

O texto inicia-se com a expressão וְעַתָּה. O advérbio עַתָּה precedido de וְ introduz, normalmente, uma palavra dirigida a alguém. Em virtude disso, costuma vir acompanhado de formas verbais em segunda pessoa. A oração ou o oráculo introduzido por וְעַתָּה podem vir acompanhados de um imperativo, ou de um vocativo, como acontece em Ml 2,1. O seu uso marca uma articulação no discurso: diante de uma situação apresentada, uma decisão deve ser tomada.[348] Dos motivos da acusação passa-se à convocação do acusado.[349] A expressão serve, assim, para indicar tanto a continuidade do discurso, quanto para chamar a atenção para uma nova e decisiva afirmação que será feita.[350] Tal movimento pode ser observado em Ml 1,6–2,9. A expressão וְעַתָּה em Ml 2,1 marca a passagem para a segunda parte deste oráculo (2,1-9), onde um juízo é anunciado em vista do comportamento indevido dos sacerdotes apresentado em 1,6-14.

O advérbio עַתָּה possui, algumas vezes, sentido meramente temporal: Os 2,9. Outras vezes, o termo introduz um chamado à conversão: Jl 2,12; Ag 1,5. Pode ser utilizado, também, para indicar um juízo da parte de YHWH, em virtude de um pecado já anteriormente exposto: Os 2,12; Am 6,7. Em Malaquias, tal advérbio ocorre três vezes (1,9; 2,1; 3,15) e vem sempre precedido de וְ. Em Ml 1,9 e Ml 3,15 ele é utilizado em expressões que parecem revelar certa ironia. Em Ml 1,9 o עַתָּה introduz a fala do profeta que indica a atitude dos sacerdotes que, depois de

---

348. LAURENTIN, A., We'attah – kai nun – formule caractéristique des textes juridiques et liturgiques, p. 171-172.

349. LAURENTIN, A., We'attah – kai nun – formule caractéristique des textes juridiques et liturgiques, p. 182.

350. JACOBS, M. R., The Books of Haggai and Malachi, p. 210; KESSLER, R., Maleachi, p. 162.

oferecer animais impróprios a YHWH, esperam aplacar a sua face. Em Ml 3,15, por sua vez, o termo indica o que seria a atitude dos indiciados naquele oráculo. Depois de reclamarem dizendo que é inútil servir a Deus, os destinatários do oráculo sairiam felicitando os arrogantes, pois, afinal, eles fazem o mal e prosperam. Em Ml 2,1, por sua vez, a expressão וְעַתָּה introduz a fala de YHWH que ocupa todo o oráculo. YHWH anuncia o juízo que pode se abater sobre os sacerdotes caso não se cumpra o que está explicitado em 2,2ab.

O uso da expressão וְעַתָּה em Ml 2,1 assemelha-se ao uso que dela se faz em Ag 1,5 e 2,15. A semelhança está no vocabulário: nas duas passagens de Ageu, a expressão וְעַתָּה vem seguida da raiz שׂים (Qal), a mesma que ocorre em Ml 2,2b. Contudo, enquanto em Ageu existe a promessa da passagem de uma situação negativa para uma situação positiva, caso eles considerem a palavra de YHWH, em Malaquias, por sua vez, o texto está centrado num juízo iminente, caso não se considere a palavra que YHWH envia por meio do profeta.

O conteúdo da fala de YHWH em Ml 2,1-9 é classificado, pelo próprio texto, como uma מִצְוָה. O termo מִצְוָה é uma construção nominal de tipo *miqtal* oriunda da raiz צוה,[351] que só ocorre na BH no Piel e no Pual, e que possui o sentido de "ordenar" (Piel) ou "receber ordens" (Pual).[352] Dentro do *corpus propheticum*, a raiz צוה é recorrente em Isaías (10x) e em Jeremias (39x). Em Malaquias, ela ocorre apenas uma vez (3,22).[353] Em geral, seu sujeito é o próprio YHWH. Os destinatários, todavia, podem ser vários: Moisés (Ex 7,2); os profetas (Jr 1,7; 14,14); os sacerdotes (Lv 8,34); os povos estrangeiros (Is 10,6) etc.[354] De Is 45,11, por sua vez, se pode depreender que YHWH nunca pode ser o destinatário de uma ordem (צוה).[355]

מִצְוָה pertence ao campo semântico dos termos que são utilizados na escritura para indicar uma ordem dada ou um preceito transmitido por alguém que goza de autoridade, como: מִשְׁפָּט, חֹק, תּוֹרָה e דָּבָר. Destes quatro termos, três ocorrem em Malaquias: מִשְׁפָּט (2,17; 3,5.22), תּוֹרָה (2,6.7.8.9; 3,22) e דָּבָר (1,1; 2,17; 3,13).[356] Em relação aos outros termos utilizados na BH para indicar autoridade, o

---

351. RINGGREN, H; LEVINE, B., מִצְוָה, p. 505-506.

352. LIEDKE, G., צוה, p. 668; ALONSO SCHÖKEL, L., Dicionário Bíblico Hebraico-Português, p. 557-558.

353. LISOWSKY, G., Konkordanz zum Hebräischen Alten Testament, p. 851-853.

354. LIEDKE, G., צוה, p. 671-672.

355. LIEDKE, G., צוה, p. 672.

356. RINGGREN, H; LEVINE, B., מִצְוָה, p. 506. O termo דָּבָר em Malaquias só indica a palavra provinda de YHWH em 1,1. Em 2,17 e 3,3, o termo indica a palavra dos destinatários dos respectivos oráculos contra YHWH.

termo מִצְוָה é considerado um termo tardio.³⁵⁷ Somente em Is 48,18 e em Ml 2,1.4 o termo refere-se a uma מִצְוָה de YHWH.³⁵⁸ Suas ocorrências em Is 29,13; 36,21; Jr 32,11; 35,14.16.18(2x) dizem sempre respeito ao âmbito secular, nunca ao âmbito religioso.

No âmbito secular, o termo מִצְוָה possui uma grande variedade de sentidos:³⁵⁹

a) Um document legal: nesse sentido, assemelha-se ao termo חֹק: Jr 32,11;
b) O último desejo ou o testamento de um pai: Jr 35,14;
c) Um decreto real: 2Rs 18,36; Is 36,21;
d) Uma "porção", uma "parte", um "direito adquirido": Ne 13,5;
e) Uma obrigação/dever: Ne 10,33;
f) Um "mandamento humano" – conotação negativa: Is 29,13;
g) A instrução de um pai para seu filho: Pr 2,1.³⁶⁰

O sentido religioso do termo מִצְוָה, por sua vez, pode ser depreendido a partir da concepção particular que Israel tinha a respeito da lei. Enquanto no Antigo Oriente Próximo era comum a compreensão de que o rei havia sido investido pelas divindades para promulgar leis justas, em Israel se compreende que é Deus mesmo quem as promulga.³⁶¹ Paulatinamente, aquilo o que Deus "ordenou" (צוה), vai sendo explicitado como sendo seu "mandamento/ordem/preceito" (מִצְוָה). Se a מִשְׁפָּט devia ser observada porque representava o padrão de justiça estabelecido; se o חֹק podia ser seguido porque fora promulgado por alguém com autoridade para isso; se a תּוֹרָה tinha que ser posta em prática porque fora transmitida por alguém autorizado; se o דָּבָר tinha de ser ouvido, guardado e posto em prática, porque se tratava de uma palavra vinda de YHWH; a מִצְוָה, por sua vez, como expressão e resultado da ordem de YHWH (צוה), tinha de ser, também, observada.³⁶²

Considera-se que מִצְוָה, enquanto "mandamento divino" seja a transposição de um conceito próprio das relações humanas para o âmbito teológico. Assim, se Deus é pai, juiz e rei, e se estas figuras podem "ordenar/comandar", Deus também pode agir desta forma, manifestando sua autoridade através de uma "ordem/man-

---

357. RINGGREN, H; LEVINE, B., מִצְוָה, p. 509.

358. LISOWSKY, G., Konkordanz zum Hebräischen Alten Testament, p. 851-853.

359. RINGGREN, H; LEVINE, B., מִצְוָה, p. 506-508.

360. Esse último uso do termo מִצְוָה é próprio do livro dos Provérbios: 2,1; 3,1; 4,4; 6,20.23; 7,1.2; 10,8; 13,13; 19,16.

361. RINGGREN, H; LEVINE, B., מִצְוָה, p. 509.

362. RINGGREN, H; LEVINE, B., מִצְוָה, p. 506.

damento/preceito", ou seja, uma מִצְוָה.³⁶³ Nesse sentido, o uso do termo מִצְוָה em Malaquias é significativo, uma vez que este profeta apresenta Deus como pai (1,6); rei (1,14) e juiz (3,5). Segundo Snyman, o termo מִצְוָה deve ser compreendido no contexto da aliança. Se YHWH fez uma aliança com seu povo, é esperado que ele lhe dê "mandamentos/preceitos". Os mandamentos, por sua vez, devem ser obedecidos por aqueles que os recebem.³⁶⁴ A parte de YHWH na aliança é indicar, por meio dos mandamentos, o caminho a ser seguido. A parte do povo de Israel e, no caso de Ml 2,1-9, a parte dos sacerdotes, é obedecer, guardar, os mandamentos de YHWH, o que pode ser resumido na expressão de Ml 2,2c: לָתֵת כָּבוֹד לִשְׁמִי.

A introdução da perícope termina com a apresentação dos destinatários da mesma. Trata-se dos sacerdotes (כֹּהֲנִים). O termo vem introduzido pelo artigo definido (ה) que, neste texto, pode ser compreendido como um indicador de vocativo. São os mesmos destinatários de Ml 1,6-14 (Ml 1,6), o que reforça a ideia já acenada de que a perícope de Ml 1,6–2,9 é uma grande disputa profética dividida em duas partes: 1,6-14 e 2,1-9. No *corpus propheticum*, os sacerdotes são mencionados com mais frequência em Jeremias e em Ezequiel.³⁶⁵ Excetuando-se Ez 40–48, as referências aos sacerdotes estão, sobretudo, em oráculos de juízo, como ocorre em Ml 2,1. Malaquias manifesta, no período pós-exílico, críticas semelhantes àquelas que se faziam aos sacerdotes já no período pré-exílico e exílico: sua incapacidade de discernir entre o puro e o impuro (Ml 1,6-14/ Ez 22,26); sua falha com relação à transmissão da דַּעַת (Ml 2,7/Os 4,6) e da תּוֹרָה (Os 4,6/Ml 2,8-9).³⁶⁶ A não observância às normas cultuais e a falha no que diz respeito à transmissão da דַּעַת e da תּוֹרָה acarretarão o juízo que será descrito no decorrer do oráculo.

2.4.2. Anúncio, descrição e fruto do juízo de YHWH: 2,2-4

Depois da introdução, onde se anuncia a מִצְוָה de YHWH e são apresentados os destinatários do oráculo (os sacerdotes), a primeira seção do texto traz o anúncio (v. 2), a descrição (v. 3) e o fruto do juízo (v. 4) que YHWH trará sobre os sacerdotes.

---

363. RINGGREN, H; LEVINE, B., מִצְוָה, p. 505.
364. SNYMAN, S. D., Malachi, p. 81.
365. O termo כֹּהֵן ocorre cerca de 38x em Jr e 24x em Ez. Em Ez, o termo aparece mais frequentemente nos capítulos 40-48. LISOWSKY, G., Konkordanz zum Hebräischen Alten Testament, p. 665-670.
366. Is 28,7; Jr 2,8.26; 4,9; 5,31; 6,13; Ez 7,26; 22,26; Os 4,4.9; 5,1; 6,9; Mq 3,11; Sf 3,4; Ml 1,6; 2,1.

2.4.2.1. Anúncio do juízo: 2,2

O anúncio do juízo de YHWH inicia-se com uma dupla advertência de YHWH, composta pela expressão אִם־לֹא e pelo uso das raízes שׁמע (Qal – 2,2a) e שׂים (2,2b), ambas no Qal. A raiz שׁמע em Ml 2,2a não indica a simples capacidade sensorial, mas possui sentido figurativo, podendo ser compreendida como "ouvir favoravelmente, aderir".[367] Em passagens de relevância teológica, a raiz שׁמע pode indicar duas coisas: o agir de Deus, que "escuta" as manifestações humanas (Gn 16,11; Ml 3,16); o agir do homem, que ouve as manifestações divinas (1Sm 3,10) ou, em sua obstinação, não ouve aquilo que Deus lhe diz (Ex 7,22). Tal verbo costuma aparecer, ainda, nos contínuos convites a ouvir a palavra divina (Dt 4,1).[368]

Algumas vezes, a raiz שׁמע vem associada à partícula negativa לֹא, como em Ml 2,2a, indicando uma atitude de fechamento diante da palavra divina, o que acarretará o juízo: Os 9,17 (Deus vai rejeitar [מאס] os que não escutam [לֹא שָׁמְעוּ] a sua palavra); Mq 5,14 (aos que não ouvem [לֹא שָׁמֵעוּ] a palavra divina, manifestar-se-á sua ira [אַף] e sua vingança [נָקָם]); Sf 3,2 (como Jerusalém se recusa a ouvir [לֹא שָׁמְעָה] a palavra divina, Deus fará vir sobre ela a sua ira [3,8: לָכֵן ... אַפִּי]); Zc 1,4 (convite a não ser como os "pais" que não ouviram [לֹא שָׁמְעוּ] outrora a palavra divina).[369] Em Zc 7,13, é dito que, assim como YHWH chama e o povo não o escuta (וְלֹא שָׁמֵעוּ), do mesmo modo, o povo chamará por Ele, mas ele não o escutará (לֹא אֶשְׁמָע). Deus escuta, aquele que o escuta, e se recusa a ouvir os que fecham seu ouvido à sua voz.[370]

Do ponto de vista da fraseologia, os textos de Zc 6,15 e Ml 2,2 parecem próximos. Nos dois textos, a raiz שׁמע é utilizada junto à partícula condicional אִם. Em Zc 6,15 trata-se de uma promessa de salvação condicionada. Caso o povo "ouça" (אִם־שָׁמוֹעַ תִּשְׁמְעוּן) a voz de YHWH, então a salvação prometida concretizar-se-á. Esse "ouvir" é reforçado pela dupla aparição a raiz שׁמע – infinitivo + Yiqtol – dando o sentido de "ouvir verdadeiramente".[371] Subentende-se que, caso o povo não ouça a voz de YHWH, tal promessa salvífica não acontecerá. Em Malaquias, por sua vez, encontra-se a formulação negativa da expressão: caso os sacerdotes "não ouçam" (אִם־לֹא תִשְׁמְעוּ) a מִצְוָה de YHWH, então abater-se-á sobre eles o juízo. Fica subentendido que, caso tivessem ouvido a palavra

---

367. RÜTERSWÖRDEN, U., שָׁמַע, p. 258.

368. SCHULT, H., שׁמע, p. 1227-1229.

369. O verbo שׁמע também vem acompanhado da partícula negativa לֹא em Am 5,23; Na 2,14; Hab 1,2; Zc 6,15 e Ml 2,2, mas com outros acentos.

370. SCHULT, H., שׁמע, p. 1228.

371. McCOMISKEY, T. E. (Ed.), Minor Prophets, p. 1121.

de YHWH, tal juízo não ocorreira. Contudo, mais adiante, em Ml 2,2gh, o profeta dá a entender que a palavra não foi ouvida e, por isso, o juízo já começa a acontecer.[372]

O uso da raiz שמע com as partículas אִם־לֹא aproxima, também, o texto de Ml 2,2a aos textos de Lv 26,14 e Dt 11,13-15.28. Em Lv 26,14 trata-se de "não ouvir" a Deus. Tal expressão está em paralelo com as expressões:

a) Não praticar os mandamentos: עשה + כָּל־הַמִּצְוֺת
b) Rejeitar os estatutos de YHWH ("meus estatutos"): מאס + בְּחֻקֹּתַי
c) Desprezar as normas de YHWH ("minhas normas"): געל + מִשְׁפָּטַי
d) Quebrar a Aliança com YHWH ("minha aliança"): פרר + בְּרִיתִי

No livro do Deuteronômio, encontram-se dois tipos de formulação com a raiz שמע: uma positiva, em Dt 11,13, que vem acompanhada de várias promessas (Dt 11,14-15); outra negativa, em Dt 11,28 – caso o povo não ouça a voz de YHWH, será enviada sobre ele a "maldição" (קְלָלָה – Ml 2,2e: מְאֵרָה). O não ouvir a voz de YHWH é comparado, em Dt 11,28, com o "desviar-se do caminho" (סוּר: Ml 2,8a).[373] Subentende-se que o ouvir supõe a obediência ao mandato divino.[374] Tanto em Lv 26,16, quanto em Malaquias, YHWH promete devolver a rejeição recebida (Ml 2,9) da parte daqueles que não o "ouviram" (Lv 26,14/Ml 2,2) e não colocaram em prática os seus mandamentos (מִצְוָה) quebrando, assim, a "aliança" (Lv 26,15/Ml 2,8c).

Paralela à expressão אִם־לֹא תִשְׁמְעוּ está a expressão אִם־לֹא תָשִׂימוּ עַל־לֵב. A expressão שִׂים עַל־לֵב é usada em sentido figurativo na BH e pode significar "dar/prestar atenção", "inclinar-se", "preocupar-se", "conservar na memória" ou "reconhecer" uma coisa ou pessoa.[375] Uma expressão semelhante, aparece em Ag 1,5.7: שִׂים לֵב עַל. Costuma-se distinguir as duas expressões.[376] A expressão שִׂים עַל־לֵב que ocorre em Malaquias, ocorre também em Is 42,25; 47,7; 57,1.11; Jr 12,11, sempre com o sentido de "colocar algo no coração". Enquanto a expressão שִׂים לֵב עַל, que ocorre em Ag 1,5.7, parece considerar em primeiro plano o sujeito, que coloca seu coração/atenção (לֵב) sobre alguma coisa, a expressão שִׂים עַל־לֵב, por sua vez, pela inversão da preposição עַל com o termo coração (לֵב), colocando-o por último,

---

372. VON BULMERINCQ, A., Kommentar zum Buche Maleachi, p. 183.

373. KESSLER, R., Maleachi, p. 164; JACOBS, M. R., The Books of Haggai and Malachi, p. 213.

374. McCOMISKEY, T. E. (Ed.), The Minor Prophets, p. 1311.

375. VANONI, G., שִׂים, p. 101.

376. KOEHLER, L.; BAUMGARTNER, W., The Hebrew and Aramaic Lexicon of the Old Testament, p. 1324.

parece querer chamar a atenção não para o sujeito, mas para o que será dito ao sujeito. Nesse sentido, a expressão שִׂים עַל־לֵב é equivalente à raiz שמע. A repetição de duas expressões com um sentido equivalente, como acontece em Ml 2,2a e 2,2b tem a função de dar ênfase, de demonstrar para os destinatários que o juízo de YHWH realmente virá caso a sua מִצְוָה não seja ouvida/obedecida.[377]

A מִצְוָה de YHWH vem expressa em Ml 2,2c. A sucessão das formas verbais em Ml 2,2 coloca em destaque 2,2c: ao duplo Yiqtol das advertências de YHWH em 2,2a e 2,2b, corresponde o duplo WeQatal que anuncia o juízo em 2,2e e 2,2f. No centro de tudo isso está a oração de 2,2c que explica em que consiste a מִצְוָה de YHWH: לָתֵת כָּבוֹד לִשְׁמִי. A formulação da מִצְוָה de YHWH (2,2c) traz dois termos de relevância para a teologia da BH: כָּבוֹד e שֵׁם. Os dois termos são utilizados na BH para indicar a presença de Deus: כָּבוֹד, nos textos da chamada Tradição Sacerdotal (Lv 9,23); שֵׁם, nos textos da chamada Tradição Deuteronomista (Dt 12,5.11).[378] Em Malaquias, a raiz כבד (Piel) ocorre em 1,6, com o sentido de "honrar" e o termo כָּבוֹד, por sua vez, não é utilizado no livro para indicar a presença de YHWH, mas sim para indicar que seu "nome" (שֵׁם) é digno de honra. Em Malaquias, a presença de Deus é indicada pelo termo שֵׁם. Dar glória ao "nome" de YHWH significa, portanto, glorificar a sua própria pessoa.

O termo שֵׁם indicando a presença de YHWH ocorre 10x no livro de Malaquias:

1,6 (2x)	Aparece ligado à raiz בזה – Qal (desprezar) e serve para indicar a atitude dos sacerdotes em relação a YHWH.
1,11 (3x)	Aparece ligado ao adjetivo גָּדוֹל (2x) e ao particípio Hofal das raízes קטר e נגש. O versículo indica a grandeza do "nome" de YHWH "entre as nações" (בַּגּוֹיִם). Ele é honrado com incenso "em todo lugar" (בְּכָל־מָקוֹם).
1,14	Aparece ligado ao particípio da raiz ירא (Nifal – temer). Mais uma vez, tal atitude de "temor", que deveria ser encontrada entre os sacerdotes, é encontrada "entre as nações" (בַּגּוֹיִם).
2,2	Aqui o termo aparece unido ao substantivo כָּבוֹד, numa indicação da atitude que os sacerdotes devem ter com relação a YHWH.

---

377. McCOMISKEY, T. E. (Ed.), The Minor Prophets, p. 1311.

378. WEINFELD, M., כָּבוֹד, p. 36-37. Segundo Weinfeld, a diferente terminologia para indicar a presença de YHWH reflete uma diferença conceitual. Enquanto a tradição sacerdotal imagina YHWH num sentido mais corpóreo (Lv 26,11 – ele habita na "tenda"), a tradição deuteronomista, por sua vez, imagina YHWH de forma mais abstrata – ele habita no céu (Dt 4,36), somente seu "nome" está no santuário (Dt 12,5).

2,5	O termo indica a atitude de reverência (חתת – Nifal) que Levi tinha diante do nome de YHWH.
3,16	O termo é utilizado numa formulação positiva: trata-se de uma promessa de salvação para os que "estimam, apreciam, consideram" (חשׁב – Qal) o nome de YHWH.
3,20	O termo também é utilizado numa formulação positiva: uma outra promessa de salvação para os que "temem" (ירא) o nome de YHWH.

Das dez ocorrências do termo שֵׁם em Malaquias, oito são na perícope de 1,6–2,9, o que mostra sua relevância nesta passagem. A referência ao "nome" de YHWH com o sufixo de 1ps, assim como o uso do termo כָּבוֹד aproxima os textos de Ml 1,6 e Ml 2,2c, mostrando o antagonismo entre o que os sacerdotes realmente fazem (בּוֹזֵי שְׁמִי) e o que eles deveriam fazer (לָתֵת כָּבוֹד לִשְׁמִי).[379] Se o "nome" de YHWH foi "desprezado" pelos sacerdotes e se estes não lhe deram a "glória" que lhe é devida (1,6), agora eles são chamados a "dar-lhe glória", a fim de que seu juízo não venha cair sobre eles. Serafini chama a atenção para a proximidade da expressão de Malaquias (לָתֵת כָּבוֹד לִשְׁמִי) com a encontrada no Sl 115,1: לְשִׁמְךָ תֵּן כָּבוֹד. O salmista convida a dar glória ao "nome" de Deus, a fim de que as nações reconheçam a grandeza do Senhor. Em Malaquias são os sacerdotes que não dão glória a Deus, e isso agrava ainda mais sua culpa, uma vez que são eles os principais responsáveis a tornar manifesta a glória de Deus no culto.[380]

A expressão "dar glória a Deus" guarda, ainda, um segundo aspecto. Quando unida às raízes verbais נתן ou שׂים, pode significar um chamado a reconhecer o próprio pecado ou a confessar a culpa, como se pode depreender de textos como Js 7,19, 1Sm 6,5 e Jr 13,16.[381] Tal expressão demonstra que a מִצְוָה de YHWH diz respeito, também, ao seu desejo de que os sacerdotes reconheçam sua culpa, que se materializa quer na oferta de animais impuros e numa atitude de desprezo interior com relação ao culto (Ml 1,6-14), quer na sua forma descurada de cuidar de uma função fundamental de seu ofício, o "ensino" (Ml 2,8b).

A perspectiva futura do juízo de YHWH se apresenta com o duplo W^{e}Qatal dos vv. 2,2ef. São duas orações verbais introduzidas pelas raízes שׁלח (2,2e) e ארר (2,2f). A raiz שׁלח pode indicar algo ou alguém que YHWH envia: seu mensagei-

---

379. SERAFINI, F., L'Alleanza Levitica, p. 291-292.

380. SERAFINI, F., L'Alleanza Levitica, p. 291-292.

381. WEINFELD, M., כָּבוֹד, p. 26.

ro (Ml 3,1.23); um guia (Mq 6,4); seu profeta (Zc 6,15); sua palavra (Is 9,7); um castigo (Ml 2,2).[382] No caso de Ml 2,2e, trata-se do envio da "maldição" (הַמְּאֵרָה), termo bastante raro na BH.[383]

Do ponto de vista da fraseologia, são próximos os textos de Dt 28,20 e Ml 2,2: pelo uso do Piel da raiz שׁלח e da preposição בְּ junto ao sujeito sobre o qual a maldição está sendo enviada. No Deuteronômio, trata-se da maldição que virá contra os que violam as "ordens" (מִצְוֹת) e os "estatutos" (חֻקּ[וֹ]ת) de YHWH. Em Malaquias, por sua vez, trata-se da maldição contra os que desempenham de modo incorreto seu encargo sagrado (Ml 2,2; 3,9), violando também, embora não se mencione, as "ordens" e os "estatutos" de YHWH.[384]

Em Dt 28,20, o termo מְאֵרָה aparece em paralelo com os termos מְהוּמָה, que pode ser traduzido como "consternação, perturbação, estupor, pânico";[385] e מִגְעֶרֶת, termo que só ocorre nesta passagem,[386] e que significa "ameaça, reprovação".[387] O uso do termo מְאֵרָה, em Dt 28,20, ligado aos termos מְהוּמָה e מִגְעֶרֶת, sugere que a maldição a ser enviada por YHWH implica, ao mesmo tempo, a vinda de um castigo e a confusão/estupor que há de se estabelecer no meio daqueles que receberão tal castigo.[388] Tal uso do termo מְאֵרָה em Dt 28,20 pode levar a uma compreensão de como a ameaça de Ml 2,1-9, trazendo o mesmo termo, foi recebida pelos destinatários do oráculo. A ameaça do fim da própria instituição sacerdotal (Ml 2,3a) causa, não somente nos sacerdotes, mas em todo o povo, tal consternação, tendo em vista que o culto é fundamental para a manutenção da relação deste com YHWH.

O sentido do termo מְאֵרָה torna-se ainda mais explícito em 2,2f: YHWH vai amaldiçoar as "bênçãos" dos sacerdotes. Tal expressão pode significar duas coisas: a maldição das bênçãos que os sacerdotes dão sobre o povo e a perda dos benefícios que lhes advém do culto.[389] O último sentido parece secundário: seria uma

---

382. DELCOR, M.; JENNI, E., שׁלח, p. 1148: em geral, no Piel, tendo Deus como sujeito, o verbo é utilizado para indicar o envio de um castigo.

383. Ocorre apenas 5x: Dt 28,20; Pr 3,33; 28,27; Ml 2,2; 3,9. LISOWSKY, G., Konkordanz zum Hebräischen Alten Testament, p. 745.

384. KELLER, C. A., ארר, p. 359-360.

385. ALONSO SCHÖKEL, L., Dicionário Bíblico Hebraico-Português, p. 357.

386. LISOWSKY, G., Konkordanz zum Hebräischen Alten Testament, p. 749.

387. ALONSO SCHÖKEL, L., Dicionário Bíblico Hebraico-Português, p. 354.

388. BRICHTO, H. C., The Problem of the Curse in the Hebrew Bible, p. 112-114.

389. BALDWIN, J. G., Haggai, Zechariah and Malachi, p. 252; JACOBS, M., The Books of Haggai and Malachi, p. 212; McCOMISKEY, T. E. (Ed.), The Minor Prophets, p. 1312; BOLOJE, B. O.; GROENEWALD, A., Perspectives on Priests' Cultic and Pedagogical Malpractices in Malachi 1,6–2,9 and their Consequent Acts of Negligence, p. 401.

consequência do afastamento dos sacerdotes de sua função, o que parece previsto em Ml 2,3. O que estaria realmente no centro deste segmento seria a recusa da parte de YHWH de dar a sua bênção àqueles aos quais os sacerdotes impõem suas mãos. Em Nm 6,23-27 o autor sagrado deixa claro que quem abençoa, de fato, é YHWH. Os sacerdotes "põem o nome" de YHWH sobre os israelitas, mas é YHWH que os abençoa: וְשָׂמוּ אֶת־שְׁמִי עַל־בְּנֵי יִשְׂרָאֵל וַאֲנִי אֲבָרֲכֵם (Nm 6,27).[390] Esse seria o sentido propriamente teológico do versículo.

Há uma assonância entre os segmentos 2,2eg: em primeiro lugar, pela abertura de todos os segmentos com o ו *copulativum*; num segundo momento, pode-se perceber a assonância produzida pelos sufixos de 1ps juntos aos verbos que abrem os segmentos 2,2ef; o sufixo de 2mpl utilizado nos termos בָּכֶם e בִּרְכוֹתֵיכֶם também contribui para a assonância dos segmentos; por fim, o final de 2,2e com o final de 2,2g (אָרוֹתִיהָ/הַמְּאֵרָה). Pode-se cogitar, inclusive, se o redator do livro não preferiu utilizar em 2,2g o sufixo de 3fs, ao invés do plural que se esperaria para se referir ao plural do termo בְּרָכָה em 2,2f, por razões estilísticas.

Em 2,2g encontra-se uma mudança na forma verbal. A mudança de WeQatal (2,2ef) para Qatal (2,2g) abre uma perspectiva presente do juízo de YHWH. A maldição é uma realidade futura, mas é tão certa, que o profeta a apresenta como algo presente.[391] O versículo termina com o que poderia ser classificado como uma "justificativa" para a perspectiva presente do juízo (2,2h). O segmento é introduzido pela partícula כִּי, com valor explicativo.[392] Aqui se apresenta o motivo pelo qual a maldição de YHWH já começou a operar no presente: os sacerdotes não puseram sobre o coração a sua מִצְוָה. A expressão de 2,2b (שִׂים עַל־לֵב) é retomada em 2,2h. Ao invés de uma proposição positiva, mostrando o que poderia acontecer caso os sacerdotes ouvissem a palavra de YHWH, o que se encontra é uma sentença que reforça o estado de recusa da parte dos mesmos sacerdotes em ouvir o que Deus lhes fala por meio do seu profeta.

2.4.2.2. Descrição do juízo: 2,3

Ml 2,3 indica três consequências do juízo de YHWH. Uma se refere à descendência dos sacerdotes e duas referem-se aos próprios sacerdotes. Em 2,3a é

---

390. SNYMAN, S. D., Malachi, p. 83; McCOMISKEY, T. E. (Ed.), The Minor Prophets, p. 1311.

391. Gesenius chama tal uso do Qatal de "perfeito profético". Na sua concepção, o "perfeito profético" nada mais é que uma forma de uso do Qatal, comum na linguagem profética, para indicar fatos que são iminentes e que, na perspectiva do redator, são considerados como já realizados. Joüon considera tal uso do Qatal um recurso retórico. GKC §106i; §106n; J-M §112h; McCOMISKEY, T. E. (Ed.), The Minor Prophets, p. 1312; MEINHOLD, A., Maleachi, p. 141.

392. ALONSO SCHÖKEL, L., Dicionário Bíblico Hebraico-Português, p. 312.

apresentada a que se refere aos descendentes: eles estão sendo "reprovados" por YHWH; em 2,3bc, encontram-se as duas consequências que se referem diretamente aos sacerdotes: a imundície lançada em seus rostos (2,3b) e a sua saída do santuário (2,3c), onde é retomada a perspectiva futura do juízo, anteriormente apresentada em 2,2ef.

O segmento que contém a ameaça à descendência dos sacerdotes é construído com a raiz גער (Qal). O significado básico dessa raiz, comparando-a com raízes semelhantes em outras línguas semíticas, seria "gritar/manifestar pelo grito um discurso de repreensão ou ameaça".[393] Na BH, ela ocorre predominantemente nos Salmos e nos textos proféticos, onde designa a manifestação da ira ameaçadora de YHWH, seja contra as forças do caos (Sl 106,9), seja contra aqueles que se rebelam contra ele (Sl 9,6; 119,21; Is 17,13).[394] Em Malaquias, seu uso indica que uma "efetiva maldição" foi proferida por Deus contra os sacerdotes, que se recusam a ouvir sua palavra, persistindo nos desmandos com relação ao culto e ao ensino.[395]

O objeto da ameaça de YHWH é a זֶרַע dos sacerdotes. Este termo pode ser entendido como "semente" ou "descendência". Entendendo-se o termo זֶרַע como "semente", Ml 2,3a significaria a destruição da produção agrícola. Com isto, as "bênçãos" dos sacerdotes, ou seja, a parte que eles recebiam no sacrifício, diminuiria (Ml 2,2f). A reversão desta maldição estaria em Ml 3,11, onde a raiz גער indica a ameaça/repreensão de YHWH contra os gafanhotos, a fim de que os campos não fossem destruídos.[396] Compreendendo-se, porém, o termo זֶרַע como "descendência", mesmo sentido que o termo assume em Ml 2,15, Ml 2,3a significaria que o que está sendo ameaçado é a descendência dos sacerdotes.[397] Tal sentido do termo parece mais de acordo com o contexto de Ml 2,1-9, onde YHWH ameaça duramente os sacerdotes. A própria subsistência da instituição sacerdotal

---

393. LIEDKE, G., גער, p. 610; CAQUOT, A., גֵּעָר, p. 49.

394. Das 14 ocorrências do verbo na BH, 4 se dão nos Salmos e 8 nos profetas. Fora desses livros, o verbo גֵּעָר pode ser encontrado somente em Gn 37,10 e Rt 2,16. LISOWSKY, G., Konkordanz zum Hebräischen Alten Testament, p. 330.

395. MACINTOSH, A. A., A consideration of Hebrew גֵּעָר, p. 477; REIF, S. C., A note on גֵּעָר, p. 241-244.

396. CASHDAN, E., Malachi, p. 343; SWEENEY, M. A., The Twelve Prophets, p. 729; KESSLER, R., Maleachi, p. 165-166.

397. PETERSEN, D.L., Zechariah 9-14 and Malachi, p. 189; REVENTLOW, H. G., Die Propheten Haggai, Sacharja und Maleachi, p. 138; VERHOEF, P. A., The Books of Haggai and Malachi, p. 240-242; FLOYD, M. H., Minor Prophets, p. 599; McCOMISKEY, T. E. (Ed.), The Minor Prophets, p. 1312-1314; MEINHOLD, A., Maleachi, p. 65; SNYMAN, S. D., Malachi, p. 85; JACOBS, M. R., The Books of Haggai and Malachi, p. 214-215.

estaria ameaçada, uma vez que esta se mantém pela transmissão hereditária do sacerdócio.[398]

Tal ameaça se torna mais clara quando se compara Ml 2,3a com Nm 25,13. Segundo Petersen, a ameaça de Ml 2,3a vai diametralmente de encontro à aliança de um sacerdócio perpétuo (בְּרִית כְּהֻנַּת עוֹלָם) de Nm 25,13.[399] Se, no episódio de Nm 25, o zelo (קִנְאָה – Nm 25,11) de Fineias fez com que tal aliança fosse firmada entre ele e YHWH, com benefícios não somente para si, mas também para sua descendência (זֶרַע – Nm 25,13), agora a desobediência dos sacerdotes acarretará para eles e, também para sua descendência, o rompimento dessa mesma aliança.

Em 2,3bc o profeta descreve o juízo de YHWH com relação aos sacerdotes. A perspectiva presente, em continuidade com 2,2g-3a é mantida em 2,3b. O segmento começa a raiz זרה, que pode significar "espalhar, esparramar ou joeirar". No Piel, como acontece em Ml 2,3, ela significa estritamente "espalhar ou esparramar".[400] Seu objeto em 2,3b é o substantivo פֶּרֶשׁ, que pode significar tanto o conteúdo dos intestinos, quanto do estômago das vítimas.[401] De modo genérico, o termo costuma ser traduzido como "excremento" ou "imundície". Ele deve ser queimado "fora do acampamento", expressão que se repete tanto no livro do Êxodo, quanto no Levítico e em Números (מִחוּץ לַמַּחֲנֶה).[402] Em Lv 16,28 se afirma que quem realiza a tarefa de queimar tais excrementos fora do acampamento fica impuro, devendo purificar-se depois.

Ainda em 2,3b, o termo פֶּרֶשׁ aparece uma segunda vez, agora no *status constructus* em relação com o termo חַג. O termo serve para indicar de modo genérico as mais diversas festas realizadas em Israel. Em Malaquias, seu uso parece ser uma metonímia para se referir aos animais oferecidos no culto.[403] Ao afirmar que a imundície (פֶּרֶשׁ) será espalhada na face dos sacerdotes, o texto prevê não somente sua mais alta humilhação, mas também a transformação da sua condição de puros para impuros. Eles são, assim, assimilados com a impureza a ser espalhada em seu rosto.[404] A expressão é confirmada pelo aposto פֶּרֶשׁ חַגֵּיכֶם. Uma vez que o termo חַג

---

398. Tal modo de certa forma "hiperbólico" de falar parece ser condizente com o livro de Malaquias. Em Ml 1,10 o profeta sugere o fechamento do Templo e o fim do culto. CAQUOT, A., נֵעַר, p. 53.

399. PETERSEN, D.L., Zechariah 9-14 and Malachi, p. 189.

400. KOEHLER, L.; BAUMGARTNER, W., The Hebrew and Aramaic Lexicon of the Old Testament, p. 280.

401. KOEHLER, L.; BAUMGARTNER, W., The Hebrew and Aramaic Lexicon of the Old Testament, p. 977; ALONSO SCHÖKEL, L., Dicionário Bíblico Hebraico-Português, p. 550.

402. Ex 29,14; Lv 4,11; 8,17; 16,27; Nm 19,3.

403. KEDAR-KOPFSTEIN, B; BOTTERWECK, G. J., חַג, p. 205-206.

404. PETERSEN, D.L., Zechariah 9-14 and Malachi, p. 189; GLAZIER-McDONALD, B., Malachi: The Divine Messenger, p. 68; VERHOEF, P. A., The Books of Haggai and Malachi, p. 242-243; SWEENEY, M. A., The

indica, na BH, sobretudo as festas de peregrinação (Cabanas, Páscoa, Semanas), e nestas o volume de sacrifícios costumava ser bem maior, esta seria uma forma de mostrar o grande volume de "excremento" (פֶּרֶשׁ) a ser lançado na face dos sacerdotes, e a sua humilhação na frente do grande número de peregrinos que acorriam à cidade de Jerusalém.[405]

Ml 2,3c encerra o versículo retomando a perspectiva futura de 2,2ef. O sufixo de 3ms junto à preposição אֶל aponta para o termo פֶּרֶשׁ. Como a imundície deveria ser queimada fora do acampamento, é para lá, juntamente com tal imundície que os sacerdotes serão levados. Indica-se, assim, seu afastamento das suas funções. Keller propõe que Ml 2,3bc seja lido conjuntamente com Ml 1,10. Em Ml 1,10 se prevê o fechamento das portas do santuário a fim de que o altar não seja aceso em vão. Em Ml 2,3bc, por sua vez, é anunciado que os sacerdotes se tornarão impuros e serão afastados da sua função. Os dois textos anunciariam o possível fim do culto, que poria termo a uma forma iminente de comunhão entre YHWH e todo o Israel.[406]

Em síntese, a maldição anunciada em 2,2e, se desdobra em Ml 2,f-3c. Primeiro, as bênçãos dos sacerdotes são amaldiçoadas, seja num sentido futuro em 2,2f ou já considerada numa perspectiva presente em 2,2g. Em 2,3a, os descendentes dos sacerdotes são "repreendidos/reprovados". Com isso, a existência da instituição sacerdotal fica em risco. Em 2,3bc, os próprios sacerdotes destinatários do oráculo são amaldiçoados, seja com sua vergonha pública, ao terem lançada em seus rostos a imundície das suas festas (2,3b), seja pelo seu afastamento do sacerdócio, previsto em 2,3c.[407]

2.4.2.3. Fruto do juízo: 2,4

Ml 2,4a anuncia um duplo fruto do juízo: em primeiro lugar, o reconhecimento de que procede de YHWH a palavra comunicada pelo profeta (2,4b);

Twelve Prophets, p. 730; BALDWIN, J. G., Haggai, Zechariah and Malachi, p. 253: *The invective of the eighth-century prophets against the cultus (Isa. 1:11-15; Hos. 4:6-10; Amos 4:4,5; 5:21-23; Mic. 6:6-8) was polite by comparison.*

405. McCOMISKEY, T. E. (Ed.), The Minor Prophets, p. 1314.

406. KESSLER, R., Maleachi, p. 167.

407. Snyman afirma que a ameaça, que toma um tom tão forte em Ml 2,3, visa também à conversão. Tal afirmação parece verossímil quando se olha Ml 2,4: o fruto do juízo. Em Ml 2,4a aparece o anúncio do fruto do juízo (יָדַע); os segmentos seguintes, 2,4b-c trazem os dois frutos desse juízo: 2,4b – o reconhecimento que o oráculo veio de YHWH; 2,4c: a retomada da aliança com Levi. O versículo é encerrado pela fórmula do mensageiro. Se o fruto será o "reconhecimento" de que a palavra veio de YHWH e a retomada da aliança com Levi, logo a compreensão de Snyman parece plausível. SNYMAN, S. D., Malachi, p. 85.

num segundo momento, a retomada da aliança com Levi (2,4c). Semelhante ao que acontece nas "fórmulas de reconhecimento", presentes tanto nas tradições do Êxodo (Ex 7,17; 8,6.18; 9,14.29), quanto na literatura profética (Is 60,16; Jr 9,23; 24,7; Ez 6,14; 7,9.27),[408] Ml 2,4a traz a raiz ידע que, no Qal, pode significar "saber, conhecer, compreender".[409]

Esse "conhecer" vai além de uma atividade simplesmente teórica.[410] Conhecer YHWH é, em última análise, "interessar-se por Ele, ter familiaridade com Ele, aproximar-se d'Ele".[411] Nesse sentido, se pode compreender a afirmação de Snyman, de que Ml 2,2-3 visa, também, à conversão dos sacerdotes, uma vez que eles são chamados a "saber", ou seja, "conhecer" que a palavra profética lhes veio de YHWH, com o objetivo de lhes fazer voltar a sua atenção para Ele (2,4b).[412] Um dos termos que indica a atitude diametralmente oposta a esse "conhecimento" é a raiz סור (Qal – "afastar-se" – Ml 2,8)[413].

Segundo Snyman, a expressão final de Ml 2,4b, הַמִּצְוָה הַזֹּאת, cria uma "inclusão" com a idêntica expressão encontrada em 2,1.[414] Outra "inclusão" é criada entre os vv. 2,2c e 2,4c: trata-se de duas orações construídas de modo semelhante (com infinitivos) e que indicam tanto o que se espera dos sacerdotes (2,2c), quanto o que lhes sucederá como fruto do juízo de YHWH (2,4c). Nota-se, ainda, a assonância entre os dois segmentos produzida pelo sufixo de primeira pessoa singular junto ao termo "nome" (לִשְׁמִי), em 2,2c e o termo לֵוִי de 2,4c. Tal estrutura, parece indicar que tal "reconhecimento" da parte dos sacerdotes é a condição de possibilidade para que a "Aliança de YHWH com Levi" permaneça.

É significativo o uso do termo בְּרִית (aliança) em Ml 2,4c. Em Malaquias, o uso do termo בְּרִית se dá tanto do ponto de vista teológico, indicando a relação entre Deus e o homem, no caso, os sacerdotes (Ml 2,4), quanto do ponto de vista secular, indicando a relação entre o marido e a esposa (Ml 2,14).[415] Em Ml 2,4c não se trata do estabelecimento de uma בְּרִית, mas sim da continuidade de uma בְּרִית já constituída no passado, como se pode depreender de Ml 2,5-6.

---

408. SCHOTTROFF, W., ידע, p. 963.964.

409. ALONSO SCHÖKEL, L., Dicionário Bíblico Hebraico-Português, p. 268-270.

410. SCHOTTROFF, W., ידע, p. 952.

411. SCHOTTROFF, W., ידע, p. 959.

412. SNYMAN, S. D., Malachi, p. 85.

413. SCHOTTROFF, W., ידע, p. 952.

414. SNYMAN, S. D., Malachi, p. 85.

415. Mesmo em Ml 2,14 essa relação de "aliança" entre o marido e a esposa está em conexão com YHWH, porque ele é "testemunha" (עוּד) dessa "aliança". A raiz עוּד aparece duas vezes em Malaquias, aplicada sempre a YHWH: em 2,14 é utilizado o verbo עוּד e, em 3,5 o substantivo עֵד.

Junto ao termo בְּרִית está o infinitivo constructo do verbo הָיָה (Qal). Poucas vezes o verbo הָיָה é utilizado no contexto do estabelecimento de uma בְּרִית. Há quem traduza a expressão לִהְיוֹת não como "para que esteja" ou "para que permaneça", mas como "para que termine/seja abolida" a minha Aliança com Levi.[416] O verbo הָיָה, no Nifal, pode ser traduzido algumas vezes como "terminar/chegar ao fim/cair". Esse parece ser o sentido do verbo em Dn 2,1 e 8,27.[417] Contudo, em Ml 2,4, o verbo está no Qal e não no Nifal. No Qal, o verbo הָיָה que possui o sentido básico de "ser/existir", pode guardar o sentido de "permanecer". Esse parece ser o sentido de Ml 2,4: a permanência da Aliança de YHWH com Levi.[418]

A expressão "Aliança com Levi" é explicitamente citada, pela primeira vez, em Ml 2,4, embora seja aludida em outros textos (Dt 33,9; Ex 32,25-29).[419] O uso do termo Levi, que aparece trêz vezes em Malaquias (2,4.8; 3,3), parece servir para indicar a instituição sacerdotal no seu conjunto.[420] O uso do artigo em 2,8 parece corroborar tal interpretação.[421] A continuidade da Aliança dos sacerdotes com YHWH seria a grande esperança de Ml 2,4.[422]

---

416. Essa forma de compreender o versículo é defendida por Chary e Driver. DRIVER, G. R., Linguistic and Textual Problems, p. 399; CHARY, T., Aggée-Zacharie-Malachie, p. 250-251: mesmo reconhecendo que o Texto Leningradense é atestado por toda a tradição hebraica e pelas versões, Chary insiste que deve-se ler em lugar de לִהְיוֹת a expressão מִהְיוֹת de 1Sm 2,31 (A preposição מִן, quando utilizada junto com um infinitivo, pode significar "ausência, carência, abstenção": ALONSO SCHÖKEL, L., Dicionário Bíblico Hebraico-Português, p. 382). No seu parecer, um escriba teria modificado o texto, com o intuito de defender a permanência da instituição sacerdotal. Todavia, o conjunto da profecia de Malaquias, particularmente 2,17–3,5, demonstram que o interesse de YHWH é, na verdade, através do juízo, purificar e manter a instituição sacerdotal.

417. AMSLER, S., הָיָה, p. 675; KOEHLER, L.; BAUMGARTNER, W., The Hebrew and Aramaic Lexicon of the Old Testament, p. 244.

418. ALONSO SCHÖKEL, L., Dicionário Bíblico Hebraico-Português, p. 171. Também compreende assim o versículo: SMITH, R. L., Micah-Malachi, p. 317; VUILLEUMIER, R., Malachie, p. 235-236; VERHOEF, P. A., The Books of Haggai and Malachi, p. 244-245; McCOMISKEY, T. E. (Ed.), The Minor Prophets, p. 1315-1317; SNYMAN, S. D., Maleachi, p. 85: "The intended punishment of the priests does not mean the end of the priesthood as institution". JACOBS, M. R., The Books of Haggai and Malachi, p. 215-216. Chary afirma que se deve ler, de acordo com a indicação da BHS, מִהְיוֹת ao invés de לִהְיוֹת, insistindo no fato de que Ml 2,4 seria uma releitura de 1Sm 2,31. CHARY, T., Aggée-Zacharie-Malachie, p. 250-251.

419. SNYMAN, S. D., Maleachi, p. 85-86.

420. Tal afirmação parece corroborada pelo fato de, depois de falar especificamente de Levi nos vv. 5 e 6, o profeta introduz um enunciado de caráter geral no v. 7, onde fala-se do sacerdócio de modo genérico, e que aparece ligado aos vv. anteriores pelo uso da preposição כִּי. SMITH, R. L., Micah-Malachi, p. 317. Fuller recorda que em Malaquias é muito comum a utilização das figuras do passado de Israel (Esaú e Jacó, Levi, Moisés e Elias). FULLER, R., The Blessing of Levi in Dtn 33, Mal 2, and Qumran, p. 39-40.

421. VUILLEUMIER, R., Malachie, p. 236.

422. PETERSEN, D. L., Zechariah 9-14 and Malachi, p. 190. O sentido da Aliança de YHWH com Levi será melhor explorado no último capítulo deste trabalho. Tanto a Aliança com Levi quanto a imagem do sacerdote ideal de 2,7 serão apresentadas como contraponto da crítica de Malaquias ao sacerdócio.

O versículo termina com a fórmula do mensageiro, em 2,4d. A fórmula אָמַר יְהוָה צְבָאוֹת ocorre 23x em Malaquias (1,4.6.8.9.10.11.13.14; 2,2.4.7.8; 3,1.5.7.10.11.12.14.17.19.21. Em 2,16, encontra-se também a expressão אָמַר יְהוָה אֱלֹהֵי יִשְׂרָאֵל e, em 3,13, a expressão אָמַר יְהוָה. A exaustiva insistência na fórmula do mensageiro seria uma forma de Malaquias, que na quase totalidade do seu livro se identifica com YHWH, demonstrar que ele é, de fato, seu mensageiro. Assim, ele teria garantida a autoridade dos seus oráculos.[423] Ml 2,4, particularmente a menção da בְּרִית com Levi em 2,4c, parece servir como uma transição para o restante do oráculo, onde domina este tema: nos vv. 5-6 essa "aliança" será recordada e descrita de modo idílico. Mais adiante, nos vv. 8-9, as práticas atuais dos sacerdotes serão apresentadas como estando diametralmente opostas a essa Aliança.[424]

2.4.3. Retrospectiva histórica – a Aliança de YHWH com Levi: 2,5-6

Em Ml 2,5-6 encontra-se uma retrospectiva histórica que contém dois elementos: em primeiro lugar, a relação de YHWH com Levi, na perspectiva da Aliança (2,5); num segundo momento, o profeta apresenta o exemplo de Levi, abordando um duplo aspecto: sua relação com a "instrução" (2,6ab); sua relação com YHWH e com o povo (2,6cd).

2.4.3.1. A relação de YHWH com Levi na perspectiva da Aliança: 2,5

Ao apresentar a relação de YHWH com Levi na perspectiva da Aliança (2,5), o profeta enfatiza que o sujeito principal da Aliança é Deus: trata-se da "minha aliança" (בְּרִיתִי).[425] Ml 2,5a retoma os mesmos termos encontrados em 2,4c (לֵוִי/הָיָה/בְּרִית).[426] Tal retomada terminológica, de modo particular do termo בְּרִית, indica a ênfase do profeta no tema da "aliança", corroborada pela colocação do termo בְּרִית em posição enfática na frase. Na sua primeira parte (2,5ab), o versículo explicita melhor o conteúdo dessa "aliança" por meio dos termos חַיִּים e שָׁלוֹם. O termo חַיִּים pode significar "a duração da vida", a "existência" ou vida enquanto "bem-estar".[427] Nesse último sentido, חַיִּים pode vir associado ao termo שָׁלוֹם, como acontece em Ml 2,5.

---

423. McCOMISKEY, T.E. (Ed.), The Minor Prophets, p. 1295.
424. REVENTLOW, H. G., Die Propheten Haggai, Sacharja und Maleachi, p. 143; SNYMAN, S. D., Malachi, p. 85.
425. VERHOEF, P. A., The Books of Haggai and Malachi, p. 246.
426. Em Ml 2,5a não aparece o nome próprio לֵוִי, mas este está subentendido no sufixo 3ms presente junto à partícula indicadora de objeto direto.
427. ALONSO SCHÖKEL, L., Dicionário Bíblico Hebraico-Português, p. 215-216; RINGGREN, H. et al., חָיָה, p. 333.

O uso do termo חַיִּים em Dt 30,19 pode favorecer a sua compreensão em Ml 2,5. Em Dt 30,19 חַיִּים vem associado ao termo בְּרָכָה. Ele é apresentado como antônimo do termo מָוֶת, que por sua vez está associado a קְלָלָה.[428] Pode-se supor, a partir deste texto (Dt 30,19), que "vida", significa "bênção", enquanto "morte", significa "maldição". Na perspectiva de Malaquias, a aliança de Deus com Levi, que se expressa no culto, é fonte de vida, tanto para os sacerdotes quanto para o povo. Os sacerdotes, por sua atitude de desprezo frente ao culto, atraem sobre si o juízo divino e põem em risco a subsistência dessa fonte. A presença do termo שָׁלוֹם torna isso mais explícito. Derivado da raiz שׁלם (ser inteiro, completo, ter paz), שָׁלוֹם porta a ideia de saciedade, plenitude, inteireza, satisfação interior e exterior.[429] Em Ml 2,5, associado ao termo חַיִּים parece indicar a "vida em plenitude", onde as necessidades são atendidas por YHWH.[430] Os termos חַיִּים e שָׁלוֹם apresentam, assim, de modo condensado, tudo o que a aliança de YHWH com os sacerdotes, simbolicamente identificados aqui com Levi, representava.

Nos segmentos 2,5cd, o profeta apresenta o modo como Levi respondia a YHWH. Em 2,5c, afirma-se que Levi "temia" (ירא) YHWH e, em 2,5d, o texto dá destaque para o "nome de YHWH", diante do qual Levi se aterrorizava (חתת). O temor de YHWH é um tema importante em Malaquias. A raiz ירא ocorre seis vezes no livro: quatro em formas verbais (1,14 [Nifal]; 2,5 [Qal]; 3,5 [Qal]; 3,23 [Nifal]) e duas vezes no substantivo מוֹרָא (1,6 e 2,5). מוֹרָא é frequentemente empregado na BH em relação aos prodígios que YHWH produziu no Egito: tais prodígios provocaram o "temor/terror" naqueles que os testemunharam (Dt 4,34; 26,8; Jr 32,21).[431] Segundo Is 8,13, o "temor" é a atitude própria a se ter diante de YHWH. No Sl 76,12, o termo מוֹרָא é empregado como um epíteto de YHWH: ele é o "Terrível".

A relação do termo com os prodígios realizados do Êxodo indica que a experiência do numinoso pode produzir "terror", mas também "atração". O poder de YHWH, particularmente manifesto nesta experiência, fez com que os israelitas o percebessem como aquele que era capaz de, por este mesmo poder, lhes garantir a vida.[432] O "terror" torna-se, então, "reverência", por isso a tradução do termo por

---

428. RINGGREN, H. et al., חָיָה, p. 333-334.

429. GERLEMAN, G., שׁלם, p. 1164; ALONSO SCHÖKEL, L., Dicionário Bíblico Hebraico-Português, p. 675; KOEHLER, L.; BAUMGARTNER, W., The Hebrew and Aramaic Lexicon of the Old Testament, p. 1533.

430. STENDEBACH, F. J., שָׁלוֹם, p. 40.

431. LISOWSKY, G., Konkordanz zum Hebräischen Alten Testament, p. 761-762; STÄHLI, H. P. ירא, p. 1056-1058.

432. FUHS, H. F., יָרֵא, p. 297-298.

"temor". Tal sentido de "reverência" parece corroborado pelo uso que se faz do termo מוֹרָא em Ml 1,6, onde ele aparece associado ao termo כָּבוֹד.

A expressão יָרֵאתָ מֵאֱלֹהֶיךָ que aparece em Lv 19,14.32 e 25,17.36.43 parece indicar que o "temor" implica, ainda, uma atitude de "obediência". Nestes dois capítulos do Levítico, tal expressão se repete ao final da enumeração das leis que devem ser seguidas, as quais referem-se tanto ao âmbito moral, quanto cultual. Obedecer a tais prescrições é temer YHWH. O temor aparece como síntese da observância de todas as normas e preceitos de YHWH, assim como em Ml 3,5e o "não temor" aparecerá como uma síntese de todas as atitudes feitas em oposição à vontade de YHWH. Parece corroborar tal sentido de obediência o uso do termo מוֹרָא em Ml 1,6 e da raiz verbal ירא em Lv 19,3. Em Lv 19,3 trata-se de temer os pais no sentido de "honrar", "respeitar", atitudes que se tornam explícitas, dentre outras coisas, na ação de "obedecer" (Pr 1,8). Em Ml 1,6 YHWH afirma ser "pai" e "senhor", um pai que exige honra (כָּבוֹד), e o Senhor (מוֹרָא) que exige temor, ou seja, o "respeito" que se manifesta na obediência aos seus mandamentos.[433] Levi aparece, então, como aquele que é capaz, por seu temor, sua reverência, sua obediência, de oferecer um culto perfeito a Deus.[434]

Assim como o conteúdo da בְּרִית de YHWH com Levi é melhor explicitado em 2,5b, por meio dos termos חַיִּים e שָׁלוֹם, o temor (מוֹרָא) com o qual Levi respondia a Deus é melhor explicitado em 2,5d, pelo uso da raiz חתת (Nifal). A raiz חתת significa "aterrorizar-se" ou "ser aterrorizado".[435] O terror indicado por esse verbo pode ser tomado numa acepção negativa ou positiva. Em sentido negativo, significa o medo diante dos inimigos (Dt 1,21; Dt 31,8; 2Cr 20,15), ou do próprio Deus, quando ele resolve estabelecer o seu juízo (Is 30,31); do ponto de vista positivo, esse terror pode indicar o temor reverencial diante de Deus.[436] Nesse sentido,

---

433. FUHS, H. F., יָרֵא, p. 313.

434. O temor, segundo Verhoef, é a parte que corresponde aos sacerdotes dentro dessa relação de "aliança". O temor poderia ser compreendido em dois sentidos: atitude interior de reverência para com YHWH e meticulosa observância das prescrições cultuais. Os sacerdotes são acusados em Ml 1,6-14 de realizar o oposto a isso. VERHOEF, P. A., The Books of Haggai and Malachi, p. 246-247.

435. MAASS, F., חָתַת, p. 278. No Hifil, pode significar, também, despedaçar, destroçar, como em Is 9,3. ALONSO SCHÖKEL, L., Dicionário Bíblico Hebraico-Português, p. 253-254.

436. Por 16x, o verbo aparece com a partícula negativa אַל (Dt 1,21; Js 1,9; 8,1; 10,25; 1Cr 22,13; 1Cr 28,20; 2Cr 20,15.17; 2Cr 32,7; Is 51,7; Jr 1,17; 10,2; 17,18; 30,10; 46,27; Ez 2,6). Outras 6x, o verbo aparece ligado à partícula לֹא (Dt 31,8; Jó 39,22; Is 31,4; 51,6; Jr 23,4; Ez 3,9). Na maioria das vezes trata-se do não ter medo diante dos inimigos ou de uma missão especialmente confiada (1Cr 28,20). Neste último caso, a ausência do terror se dá em virtude da certeza da presença de YHWH, que faz com que a missão recebida chegue a bom termo.

ele se aproxima, do ponto de vista semântico, da raiz ירא utilizada em 2,5c. Esse parece ser o sentido do termo em Ml 2,5d.[437]

Não somente do ponto de vista da forma (uso do Qatal), mas também do conteúdo, os segmentos 2,5a e 2,5d aparecem unidos e esclarecendo-se mutuamente: de um lado YHWH concede aos sacerdotes sua Aliança (2,5a); de outro, eles lhe respondem por meio da reverência para com seu nome (2,5d), expressão que significa todo o conjunto de atitudes e disposições interiores que revelam um real interesse por YHWH. Os últimos segmentos do v. 5 (5cd) preparam, assim, o que será apresentado em Ml 2,6, a descrição do modo como Levi, enquanto símbolo do sacerdócio perfeito, desempenhava suas funções em consonância com a vontade de YHWH.

2.4.3.2. O exemplo de Levi: 2,6

O primeiro aspecto da figura de Levi ressaltado pelo oráculo é sua relação com a תּוֹרָה (2,6ab). Em Ml 1,6-14 o que ocupava o centro da acusação profética eram os desmandos no culto: de modo particular a oferta de animais impróprios (1,8.13) e uma atitude interior de desprezo com relação ao mesmo (1,13). Em Ml 2,6 e, particularmente mais à frente, em 2,8, começa a elucidar-se um outro aspecto da crítica profética em relação aos sacerdotes: sua falta com relação ao ensinamento, à instrução (תּוֹרָה).

De acordo com Dt 33,10, relacionada com a função sacrifical dos sacerdotes está a sua função de "ensinar": *"Eles ensinam (יוֹרוּ) tuas normas a Jacó e tua Lei (תּוֹרָה) a Israel. Eles oferecem incenso às tuas narinas e holocaustos sobre o teu altar (מִזְבֵּחַ).*" Dois termos importantes aparecem neste trecho do Dt: a raiz ירה (Hifil) 'ensinar' e o substantivo תּוֹרָה 'instrução/lei'. Etimologicamente, תּוֹרָה liga-se à raiz ירה. Cogita-se a sua ligação seja com a raiz ירה I[438] (lançar, apontar o dedo mostrando o caminho), seja com a raiz ירה III[439] (instruir, ensinar). Este último sentido é o mais aceito.[440] Pode ser que, originariamente, a instrução dos sacerdotes se baseasse em definir o que era puro ou impuro, correto ou incorreto do ponto de vista cultual.[441] Contudo, textos como Os 4,6 e Ml 2,7-8, onde o termo

---

437. VAN PELT, M. V.; KAISER, W. C., חתת, p. 331.

438. KOEHLER, L.; BAUMGARTNER, W., The Hebrew and Aramaic Lexicon of the Old Testament, p. 436.

439. KOEHLER, L.; BAUMGARTNER, W., The Hebrew and Aramaic Lexicon of the Old Testament, p. 438.

440. FABRY, H.-J.; GARCÍA LOPEZ, F., תּוֹרָה, p. 611.

441. Parece corroborar essa afirmação o uso do termo תּוֹרָה com sentido de "rito/ritual" como ocorre em Lv 6,2.7.18; 7,1.7.11.37; 11,46; 12,7; 13,59; 14,2.32.54.57; 15,32; Nm 5,29.30; 6,13.21. ALONSO SCHÖKEL, L., Dicionário Bíblico Hebraico-Português, p. 700; HARTLEY, J. E., Leviticus, p. 94.

תּוֹרָה aparece em paralelo com o termo דַּעַת, fazem pensar que a função de ensino dos sacerdotes fosse mais ampla, e que desta função dependesse o correto relacionamento de Deus com o seu povo.[442]

O termo תּוֹרָה vem qualificado pelo termo אֱמֶת.[443] A expressão תּוֹרַת אֱמֶת só ocorre em Malaquias. אֱמֶת liga-se à raiz אמן, que tem o sentido básico de "ser firme, seguro".[444] O termo אֱמֶת serve para indicar o que é digno de confiança, o que corresponde à verdade, o que expressa fidelidade.[445] Em Ne 9,13 e no Sl 119,142 ocorrem expressões semelhantes a de Ml 2,6a, indicando que, em última análise, é a "instrução de YHWH" que é verdadeira.[446] Em se tratando de Ml 2,6a, o termo serve para indicar que, na sua tarefa de transmitir a instrução de YHWH, Levi, que simboliza em Malaquias a instituição sacerdotal, era fiel. Seu ensinamento correspondia à verdade. Em sua boca a "instrução" de YHWH era íntegra.[447] Comportamento diametralmente oposto YHWH encontra nos sacerdotes indiciados na profecia de Ml 2,1-9. Estes são "parciais" na instrução (Ml 2,9c) e fazem "muitos" tropeçar nela (Ml 2,8b).

Contraposto à locução תּוֹרַת אֱמֶת está o termo עַוְלָה (Ml 2,6b), que pode significar falsidade, injustiça ou perversão.[448]. Quando associado à raiz דבר (Piel) o termo עַוְלָה pode significar "dizer falsidade".[449] Em Malaquias, עַוְלָה não está associado à raiz דבר, mas a presença do termo "lábio" (שָׂפָה) indica que se trata do âmbito da fala. Uma vez que o termo está em contraposição a אֱמֶת (verdade), o sentido de "falsidade" ou "engano" parece justificável. Ml 2,6b reforça, assim, o sentido de Ml 2,6a. Em Ml 2,6a afirma-se a confiabilidade, a veracidade da instrução dada pelos sacerdotes por meio da expressão תּוֹרַת אֱמֶת. Em Ml 2,6b, por sua vez, a presença do termo עַוְלָה, numa formulação negativa, reforça tal afirmação.

---

442. DE VAUX, R., Instituições de Israel no Antigo Testamento, p. 393.

443. Segundo Wildberger, quando אֱמֶת aparece como o segundo membro de uma composição constructa, ele serve para determinar um conceito predominante. No segmento em questão, trata-se do termo תּוֹרָה. WILDBERGER, H., אמן, p. 308.

444. WILDBERGER, H., אמן, p. 276.

445. WILDBERGER, H., אמן, p. 311-312.

446. Em Ne 9,13, no contexto de um discurso dos levitas, a expressão aparece no plural (תּוֹרוֹת אֱמֶת). No Sl 119,142 ocorre uma expressão quase idêntica (תּוֹרָתְךָ אֱמֶת). Num e noutro texto, a תּוֹרָה de YHWH vem sempre qualificado pelo termo אֱמֶת, indicando a sua solidez, a sua veracidade.

447. VERHOEF, P. A., The Books of Haggai and Malachi, p. 248: o termo אֱמֶת mostra que a "instrução" (תּוֹרַת) dos sacerdotes (simbolizados na figura de Levi) era confiável, genuína, totalmente de acordo com a vontade de YHWH.

448. KNIERIM, R., עָוֶל, p. 291.

449. ALONSO SCHÖKEL, L., Dicionário Bíblico Hebraico-Português, p. 483.

O sacerdócio é visto, nessa retrospectiva histórica, como a fonte do ensinamento verdadeiro, confiável, integral, que levava à comunhão com YHWH.[450]

O segundo aspecto da figura de Levi destacado pelo profeta é a sua relação com YHWH (2,6c) e com o povo (2,6d). Em 2,5b o binômio חַיִּים e שָׁלוֹם indicava em que consistia a aliança de YHWH com Levi, agora um outro binômio é utilizado para indicar o modo como Levi respondia à aliança de YHWH (2,6c): שָׁלוֹם e מִישׁוֹר. O termo מִישׁוֹר, tomado em sentido geográfico, pode indicar uma planície. Em sentido ético, indica a "retidão".[451] A associação dos termos שָׁלוֹם e מִישׁוֹר em Malaquias com a raiz הלך (Qal) serve para indicar a integridade do caminho. A conduta de Levi é apresentada como uma conduta íntegra, particularmente do ponto de vista ético e religioso, porque se trata da sua conduta com relação a YHWH, o caminho que ele trilhava com Deus.[452]

Em 2,6d é apresentada a relação de Levi com o povo. O substantivo רַבִּים ganha destaque, aparecendo em primeira posição. Esses "muitos" são os que se desviavam do caminho, os que se afastavam de YHWH. A estes, Levi "fazia voltar" da iniquidade. O termo רַבִּים, indicando uma multiplicidade, costuma aparecer na BH sempre acompanhado de algum substantivo.[453] O uso absoluto, indicando um grupo de pessoas, aparece em textos como Sl 40,4; Is 8,15; 52,14; 53,12. O texto de Is 53,12 traz o termo em sentido absoluto junto à expressão "carregar o pecado",[454] já apresentada acima como uma expressão técnica para referir-se a uma das funções do sacerdote, embora em Isaías se encontre o termo חֵטְא e não עָוֺן como em Malaquias e no Pentateuco. רַבִּים pode ter o sentido de "maioria" ou "todos",[455] e pode ser utilizado para se contrapor uma figura individual a um grupo.[456] Esse parece ser o sentido do termo em Malaquias, onde se apresenta a função de Levi frente a comunidade dos filhos de Israel.[457]

---

450. Weyde chama a atenção para o uso do termo עַוְלָה em Jó 27,4: assim como em Malaquias, o termo indica algo que pode vir através dos lábios (שָׂפָה), algo que é dito com o intuito de enganar. WEYDE, K. W., Prophecy and Teaching, p. 189-190.

451. ALONSO SCHÖKEL, L., Dicionário Bíblico Hebraico-Português, p. 372.

452. STENDEBACH, F. J., שָׁלוֹם, p. 40. Segundo Weinfeld, a expressão הָלַךְ אִתִּי de Ml 2,6c indica, em Malaquias, a correta performance dos ritos e, na esfera moral, indica integridade e bondade. WEINFELD, M., Deuteronomy and Deuteronomistic School, p. 76.

453. Em Jr 12,10 encontra-se a expressão "muitos pastores/pastores em grande número" (רֹעִים רַבִּים), por exemplo. Expressões semelhantes encontram-se em Os 3,3; Mq 4,2.3.11.13; Hab 2,8.10; Zc 2,15; 8,22 etc. HARTMANN, T., רַב, p. 905-906.

454. הוּא חֵטְא־רַבִּים נָשָׂא

455. HARTMANN, T., רַב, p. 907.

456. FABRY, H.-J.; BLUM, E.; RINGGREN, H., רַב, p. 293.

457. VERHOEF, P. A., The Books of Haggai and Malachi, p. 249.

A raiz שׁוּב (Hifil) é um termo chave neste segmento. Muito recorrente na BH, particularmente nos profetas,[458] significa "voltar" (Qal) ou, no Hifil, "trazer alguém para sua posição", "trazer de volta alguém/alguma coisa". O objetivo seria retornar ao ponto de partida.[459] Pode assumir uma acepção negativa, no sentido de "fazer vir sobre alguém" o fruto da sua iniquidade, por exemplo (Os 4,9).[460]

No Hifil, a raiz שׁוּב costuma assumir um tom negativo em alguns textos proféticos. Nestes casos, o sujeito é quase sempre YHWH, que faz recair sobre o iníquo o fruto da sua iniquidade.[461] Em Zc 9,12; 10,6.10, o sujeito também é YHWH, mas o verbo ganha sentido positivo, como em Ml 2,6; 3,7.24, onde o sujeito pode ser Levi (Ml 2,6) ou YHWH (Ml 3,24). Em Ml 2,6d, Levi faz muitos "voltar da iniquidade" e, em Ml 3,24, YHWH fará voltar "o coração dos pais para os filhos e dos filhos para os pais". A atitude de Levi assemelha-se, assim, àquela do próprio YHWH. O texto visa indicar que a função dos sacerdotes é trazer os homens à comunhão com Deus, e isso se realiza tanto por meio do culto, quanto por meio de um ensinamento que corresponda à verdade.

De particular importância para a compreensão de Ml 2,1-9 é o texto de Nm 25,11-13. Nele, a raiz שׁוּב é utilizada também no Hifil e com um sentido positivo, envolvendo um descendente de Levi. Nesse texto, o verbo indica que Fineias, o sacerdote, "fez cessar"[462] (Nm 25,11 - הֵשִׁיב) a ira de YHWH contra os israelitas, quando transpassou com sua lança o israelita que pecava com a mulher moabita. A ira de YHWH cessou e, por isso, YHWH lhe deu sua "aliança de paz" (בְּרִיתִי שָׁלוֹם - Nm 25,12) e lhe fez a promessa de um "sacerdócio perpétuo" (בְּרִית כְּהֻנַּת עוֹלָם - Nm 25,13). Em virtude disso, Fineias foi habilitado para fazer o "rito de expiação" pelos israelitas (Nm 25,13).[463]

---

458. LISOWSKY, G., Konkordanz zum Hebräischen Alten Testament, p. 1407-1415.

459. FABRY, H.-J.; GRAUPNER, M., שׁוּב, p. 464; SOGGIN, J. A., שׁוּב, p. 1112-1113.

460. FABRY, H.-J.; GRAUPNER, M., שׁוּב, p. 479.

461. Os 4,9; 12,3.15; Jl 4,1.4.7; Am 1,3.6.8.9.11.13; 2,1.4.6. LISOWSKY, G., Konkordanz zum Hebräischen Alten Testament, p. 1414. Com relação a Jl 4,1, o Texto Leningradense traz a forma Qal, contudo, na sua concordância, Lisowsky considera o qerê, que sugere o Hifil para tornar mais claro o sentido transitivo do verbo no versículo em questão. GELSTON, A., Biblia Hebraica Quinta: The Twelve Minor Prophets, p. 77*.

462. "Fazer cessar, revogar, cancelar, é um dos sentidos possíveis do verbo שׁוּב no Hifil." KOEHLER, L.; BAUMGARTNER, W., The Hebrew and Aramaic Lexicon of the Old Testament, p. 1433. Em Nm 25,11 o verbo שׁוּב está associado à expressão מֵעַל. Literalmente, o sentido seria "fazer voltar o que está sobre", por isso o sentido de "fazer cessar".

463. Expiar é, de certo modo, fazer voltar da iniquidade por meio da ação ritual. Isso corresponde à função de Levi, segundo Ml 2,6d. Em outros lugares, o verbo שׁוּב no Hifil aparece tendo Deus como sujeito: Sl 80,4.8.20 e Lm 5,21, por exemplo. São textos onde se suplica a Deus que faça o pecador voltar, que se converta de seu mal caminho. Segundo Ml 2,6 era isso o que Levi fazia, através de um correto ensinamento da vontade de YHWH.

Além da raiz שׁוּב (Hifil), Nm 25,11-13 tem em comum com Ml 2,1-9 os termos בְּרִית (Nm 25,12-13 / Ml 2,4c.5a.8c) e שָׁלוֹם (Nm 25,12 / Ml 2,5b.6c). O zelo de Fineias fez com que a Aliança de YHWH fosse com ele estabelecida. Essa Aliança, segundo Ashley, é explicitada em Nm 25,13 como uma "Aliança de um sacerdócio perpétuo".[464] Através do sacerdócio, uma instituição de mediação entre YHWH e o povo, a totalidade (שָׁלוֹם) dos bens necessários para a vida deste na terra é garantida. Em Malaquias, dá-se uma situação diametralmente oposta. Já estando de volta na terra da promessa, os sacerdotes colocam em risco a própria instituição sacerdotal e, consequentemente, a "Aliança de paz" estabelecida entre eles e YHWH, com consequências para o povo no seu conjunto. Ao invés de "fazer voltar" (הֵשִׁיב) o povo da iniquidade, como o fizera Fineias, seu antepassado ideal, eles o conduzem à iniquidade, seja por meio dos sacrifícios impróprios (Ml 1,6-14), seja por meio da "parcialidade" na instrução (Ml 2,1-9). Pelas semelhanças no uso do vocabulário, não é improvável que o autor do livro de Malaquias tivesse em mente ao menos essa "tradição" registrada no livro dos Números.[465]

O termo que, em Ml 2,6d, se traduz por "iniquidade" é o termo hebraico עָוֹן, que vem acompanhado da preposição מִן, que indica o "lugar" de onde Levi fazia muitos voltar. Ele se liga à raiz עוה, cujo sentido é "dobrar, torcer, distorcer".[466] Em âmbito teológico, o termo pode ser utilizado para desqualificar uma ação, uma conduta ou uma situação. עָוֹן pode indicar o resultado ou a consequência dos atos de pecado (Os 8,13);[467] ou, ainda, o afastamento consciente do caminho correto (Jr 3,21; 9,4; Sl 106,6).[468] São sugeridas várias traduções, como "crime, delito, culpa, pecado, iniquidade".[469] A tradução por "iniquidade" parece encaixar-se bem no texto de Ml 2,6d. Tal tradução parece dar conta da ideia de "totalidade" (a conduta pecaminosa e suas consequências) expresso pelo termo עָוֹן e se harmoniza com a raiz שׁוּב de Ml 2,6d.[470]

A expressão "carregar a culpa/iniquidade" (נשׂא עָוֹן) aparece em alguns textos como Ex 28,38; 34,7; Lv 10,17; Nm 18,1.23. Deus é o primeiro a "carregar a

---

464. ASHLEY, T. R., The Book of Numbers, p. 522-523.

465. Afirmar a influência redacional, todavia, depende de outros fatores, como a datação da tradição sacerdotal e a consideração da sua extensão.

466. KNIERIM, R., עָוֹן, p. 316.

467. KOCH, K., עָוֹן, p. 555.

468. KNIERIM, R., עָוֹן, p. 315-318.

469. ALONSO SCHÖKEL, L., Dicionário Bíblico Hebraico-Português, p. 484; KOEHLER, L.; BAUMGARTNER, W., The Hebrew and Aramaic Lexicon of the Old Testament, p. 800.

470. KNIERIM, R., עָוֹן, p. 316-317; LIMA, M. L. C., Salvação entre juízo, conversão e graça, p. 160-161.

culpa" do povo: assim ele é descrito em Ex 34,7 (נֹשֵׂא עָוֹן).⁴⁷¹ Depois de Deus, são os sacerdotes que têm como função primordial "carregar a culpa/iniquidade" dos filhos de Israel. À luz desses textos, ou pelo menos das tradições que estão na base deles, Ml 2,6d pode ser melhor compreendido, tanto no seu alcance teológico, quanto na sua força retórica. Do ponto de vista teológico, torna-se evidente que os sacerdotes indiciados em Ml 2,1-9 fazem o oposto do que é esperado da instituição sacerdotal. Esta, à semelhança de Levi, deve fazer com que o povo retorne da iniquidade. Os sacerdotes do tempo de Malaquias fazem o oposto. Eles se afastam do caminho (2,8a) e fazem o povo tropeçar (2,8b). Do ponto de vista da força retórica do texto, pode-se supor o impacto que um oráculo dirigido contra os sacerdotes ganha ao se utilizar de um vocabulário presente nos textos ou tradições ligadas ao âmbito cultual.

2.4.4. O sacerdote ideal: 2,7

Em Ml 2,7 é apresentada uma imagem idealizada do sacerdote. A exemplo do que ocorre em Ml 1,6, o Yiqtol é utilizado em 2,7ab para transmitir uma sentença de caráter geral. Os dois primeiros segmentos do v. 7 (7ab) formam um paralelismo: o termo שָׂפָה de 2,7a está em paralelo com o termo פֶּה de 2,7b; o termo דַּעַת de 2,7a está em palelo com o termo תּוֹרָה de 2,7b:

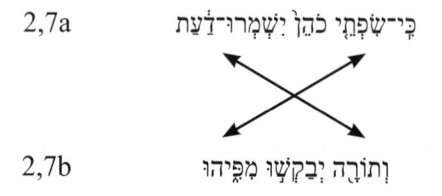

2,7a   כִּי־שִׂפְתֵי כֹהֵן יִשְׁמְרוּ־דַעַת

2,7b   וְתוֹרָה יְבַקְשׁוּ מִפִּיהוּ

A preposição כִּי abre e encerra o v. 7 (7a.7c). Em 2,7a ela conecta os vv. 6 e 7, mostrando o motivo pelo qual "muitos voltavam da iniquidade" através de Levi. Em 2,7c, por sua vez, ela indica o motivo pelo qual se pode esperar da boca dos sacerdotes a דַּעַת e a תּוֹרָה: "porque" (כִּי) o sacerdote é "mensageiro" (מַלְאָךְ) de YHWH dos Exércitos. Os termos פֶּה (Ml 2,6a.7b) e שָׂפָה (Ml 2,6b.7a) permitem identificar um paralelismo quiástico⁴⁷² em Ml 2,6a-7b:⁴⁷³

---

471. Dozeman entende que Ex 34,6-7 é uma fórmula litúrgica, onde é enfatizado o caráter benevolente e misericordioso de YHWH. DOZEMAN, T. B., Exodus, p. 735.

472. Para a definição da estrutura A-B-C-C-B-A como "paralelismo quiástico" ver BERLIN, A. Parallelism, p. 156.

473. WEYDE, K. W., Prophecy and Teaching, p. 194-195; HABETS, G., Vorbild und Zerrbild: Eine Exegese von Maleachi 1,6–2,9, p. 50.

2,6a	תּוֹרַת אֱמֶת הָיְתָה בְּפִיהוּ	A
2,6b	וְעַוְלָה לֹא־נִמְצָא בִשְׂפָתָיו	B
2,6c	בְּשָׁלוֹם וּבְמִישׁוֹר הָלַךְ אִתִּי	C
2,6d	וְרַבִּים הֵשִׁיב מֵעָוֹן׃	C'
2,7a	כִּי־שִׂפְתֵי כֹהֵן יִשְׁמְרוּ־דַעַת	B'
2,7b	וְתוֹרָה יְבַקְשׁוּ מִפִּיהוּ	A'

Em 2,7a, o profeta chama a atenção para aquilo que os "lábios" do sacerdote "guardam" – a דַּעַת. Derivado da raiz ידע, o termo דַּעַת significa "conhecimento".[474] דַּעַת é considerado um termo técnico para designar o saber profissional dos sacerdotes.[475] Este "saber" proporciona a quem o adquire um comportamento adequado com relação a YHWH. Segundo Serafini, o termo דַּעַת possui uma dupla dimensão: objetiva, indicando o conhecimento da "instrução" (תּוֹרָה) de YHWH; subjetiva, indicando o reconhecimento (ידע) de Deus, o sentir-se unido a Ele.[476]

O termo דַּעַת é significativo na profecia bíblica. Em Is 5,13, é afirmado que o exílio ocorreu em virtude da falta de "conhecimento" (דַּעַת). O mesmo profeta Isaías apresenta YHWH como o portador da דַּעַת (Is 40,14). Interessa de modo particular ao estudo de Malaquias a ocorrência do termo דַּעַת em Os 4,6. Trata-se de um oráculo dirigido aos sacerdotes, onde os termos דַּעַת e תּוֹרָה estão em paralelo, do mesmo como em Ml 2,7ab.[477] Na perspectiva de Oseias, o povo "perece" (דמה) por falta de conhecimento (דַּעַת). Os sacerdotes são aqueles que "rejeitaram" (מאס) o conhecimento de YHWH e, por isso, YHWH os rejeitará do seu sacerdócio. Tanto em Oseias, quanto em Malaquias, apresenta-se uma alta consideração do sacerdócio.[478] Eles são os responsáveis por transmitir ao povo o "conhecimento" de YHWH. Tal consideração, supõe, também, uma severa crítica, como de fato ocorre, quando esta função não está sendo exercida de modo adequado.[479]

---

474. SCHOTTROFF, W., ידע, p. 960.

475. SCHOTTROFF, W., ידע, p. 960; HABETS, G., Vorbild und Zerrbild: Eine Exegese von Maleachi 1,6–2,9, p. 51.

476. SERAFINI, F., L'Alleanza Levitica, p. 326.

477. PETERSEN, D.L., Zechariah 9-14 and Malachi, p. 192; WEYDE, K. W., Prophecy and Teaching, p. 195; SCORALICK, R., Priester als "Boten" Gottes (Mal 2,7), p. 428-429.

478. ACHTEMEIER, E., Nahum-Malachi, p. 178; McCOMISKEY, T. E. (Ed.), The Minor Prophets, p. 1321; WOLFF, H. W., Hosea, p. 79: *Hosea gives a surprisingly positive picture of the priest's work*.

479. NEHER, A., Prophètes et Prophecie, p. 268.

Se em 2,7a o profeta apresentou o que os lábios do sacerdote "guardam", em Ml 2,7b, por sua vez, o profeta apresenta o que se "procura" em sua "boca". Na "boca" (מִפִּיהוּ) do sacerdote se procura a תוֹרָה.⁴⁸⁰ Uma vez que, em Malaquias, os termos דַּעַת e תוֹרָה estão em paralelo, pode-se supor que o próprio sentido do termo תוֹרָה se amplia: mais que um conjunto de instruções que dizem respeito ao culto, como ocorre em alguns textos da chamada "tradição sacerdotal"⁴⁸¹, trata-se de guiar o povo numa reta conduta, que os levará a uma comunhão efetiva com YHWH.⁴⁸² O uso da raiz בקשׁ (Piel) em Ml 2,7b, que ocorre também em Ml 3,1, reforça a ideia de que o sacerdote é o grande dispensador de um conhecimento que possibilita uma vida de comunhão plena e verdadeira com YHWH. É nele que a comunidade dos filhos de Israel "procura"⁴⁸³ a orientação a respeito do correto caminho para se viver a comunhão com YHWH.

Em 2,7c a preposição כִּי introduz a conclusão do versículo: procura-se no sacerdote a דַּעַת e a תוֹרָה porque (כִּי) ele é o "mensageiro de YHWH dos Exércitos". No conjunto dos escritos proféticos, a expressão מַלְאַךְ יְהוָה aparece predominantemente nos profetas pós-exílicos.⁴⁸⁴ O termo צְבָאוֹת coligado à expressão מַלְאַךְ יְהוָה, contudo, aparece somente em Ml 2,7c. Não é difícil de se compreender esse acréscimo quando se percebe que, em Malaquias, a expressão יְהוָה צְבָאוֹת é muito recorrente (23x).

O מַלְאַךְ יְהוָה é um personagem que desperta a curiosidade dos estudiosos. Em alguns momentos, ele parece confundir-se com o próprio YHWH, como em Ex 3,1-4.⁴⁸⁵ Em outros momentos, ele fala em nome de YHWH, como em Jz 6,12.

---

480. Embora esteja precedida pela preposição מִן, que pode indicar o lugar de onde procede alguma coisa, preferiu-se traduzir por "em sua boca", uma vez que o verbo "procurar", em português, no sentido como está construída a frase, costuma ser regido pela preposição "em".

481. FABRY, H.-J.; GARCÍA LOPEZ, F., תוֹרָה, p. 616-617. Lv 6,2.7.18; 7,1.7.11.37; Lv 12,7 etc.

482. Em Ez 44,23 a função de ensinar (יָרָה) aparece como sendo um meio de se levar o povo a distinguir entre o sagrado (קֹדֶשׁ) e o profano (חֹל); o puro (טָהוֹר) e o impuro (טָמֵא), termos que aludem diretamente ao âmbito cultual. Em Ez 44,24, por sua vez, o termo תוֹרָה aparece num contexto mais amplo: FABRY, H.-J.; GARCÍA LOPEZ, F., תוֹרָה, p. 617.

483. ALONSO SCHÖKEL, L., Dicionário Bíblico Hebraico-Português, p. 115-116.

484. LISOWSKY, G., Konkordanz zum Hebräischen Alten Testament, p. 797-798: Is 37,36; Ag 1,13; Zc 1,11.12; 3,1.6; Ml 2,7.

485. Em seu comentário sobre o livro do Êxodo, Dozeman afirma que o מַלְאַךְ יְהוָה é frequentemente indistinguível do próprio Deus, como ocorre em Ex 3,1-4. Ele chama a atenção para a função de "resgate" que o מַלְאַךְ יְהוָה possui em muitos textos. Na passagem em questão, não é ele quem resgata o povo, mas ele comissiona Moisés, para que seja seu instrumento/instrumento de Deus nesse resgate. Em Ml 2,6d o profeta afirma que Levi "fazia voltar" a muitos da iniquidade. Nesse sentido, Levi aparece como alguém que "resgata", que age como um instrumento de salvação da parte de Deus para resgatar o homem da iniquidade. Tal forma de se compreender a missão do מַלְאַךְ יְהוָה poderia iluminar a forma de se compreender Ml 2,7: o sacerdote é alguém que deveria "resgatar" o pecador do caminho da iniquidade. DOZEMAN, T. B., Exodus, p. 125.

Essa ambiguidade faz com que o מַלְאַךְ יְהוָה não possa ser sempre compreendido como uma visão ou representação do próprio YHWH.[486] Em Ag 1,13, por exemplo, o מַלְאַךְ יְהוָה é o próprio profeta.[487] Em Zacarias, por sua vez, ele parece como um ser sobrenatural, portador de uma mensagem de YHWH e que se dirige, também, a YHWH, como uma espécie de intercessor (Zc 1,12). Ele aparece, ainda, como uma figura contraposta ao adversário (הַשָּׂטָן) do sumo sacerdote Josué (Zc 3,1).[488]

A identificação do מַלְאַךְ יְהוָה com o profeta Ageu em Ag 1,13 fez com que alguns autores sugerissem que, em Malaquias, o sacerdote estaria tomando o lugar do profeta, uma vez que ele é dito "mensageiro de YHWH dos Exércitos". Tal aplicação do termo ao sacerdote seria um indicativo da diminuição ou declínio da influência profética.[489] Outros autores, no entanto, discordam de tal forma de interpretar Malaquias. O sacerdote é um mensageiro de YHWH, mas não no mesmo sentido que o profeta o é. Malaquias se alinha com a tradição profética anterior (Jr 18,18; Ez 7,26), onde termos que indicam o aspecto dinâmico da Palavra de YHWH são atribuídos ao profeta (חָזוֹן/דָּבָר), enquanto a transmissão da תּוֹרָה é atribuída ao sacerdote. O sacerdote é mensageiro de YHWH enquanto guardião de um corpo de conhecimento religioso baseado numa tradição anterior a ele.[490]

O sacerdote ideal seria, na sua concepção, o que transmite ao povo a תּוֹרָה, identificada no texto com a דַּעַת, um conhecimento que leva à comunhão com YHWH. Ml 2,7 serve como clímax para o que antes havia sido afirmado em Ml 2,5-6 a respeito de Levi: a função por excelência do sacerdote é comunicar a דַּעַת. Ele a comunica seja através da "instrução" (תּוֹרָה), seja realizando o culto de modo consoante à vontade de YHWH.[491] No conjunto das suas funções, o sacerdote deve manifestar, assim, a "glória" de YHWH. É isto que se exige daqueles a quem se dirige a palavra do profeta Malaquias (2,2c).

---

486. McCOMISKEY, T. E. (Ed.), The Minor Prophets, p. 1321; AKAO, J. O., Yahweh and Mal'ak in the Early Traditions of Israel, p. 72-85.

487. SWEENEY, M. A., The Twelve Prophets, p. 541.

488. As traduções em português normalmente acrescentam a leitura da versão Siríaca que, para harmonizar o texto, colocou o מַלְאַךְ יְהוָה como o anunciador da repreensão de YHWH em Zc 3,2. GELSTON, A., Biblia Hebraica Quinta: The Twelve Minor Prophets, p. 122.

489. BOTTERWECK, G. J., Ideal und Wirklichkeit der Jerusalemer Priester, p. 109; GLAZIER-McDONALD, B., Malachi, p. 71-72.

490. VERHOEF, P. A., The Books of Haggai and Malachi, p. 250; SMITH, R. L., Micah-Malachi, p. 318. Habets acredita que a menção do מַלְאַךְ em Ecl 5,5 seja uma referência ao sacerdote. No seu parecer, este texto seria dependente de Malaquias. HABETS, G., Vorbild und Zerrbild: Eine Exegese von Maleachi 1,6–2,9, p. 51-52.

491. Lopasso afirma: *Per Malachia, il sacerdote rimane sempre l'uomo del culto, ma in grado di trarre ispirazione dalla tradizione profetica, affinché possa svolgere nel modo più consono alla volontà di Dio l'ufficio affidatogli*. LOPASSO, V., La vocazione del sacerdote in Malachia 1,6–2,9, p. 32.

2.4.5. Descrição do mal feito pelos sacerdotes e veredito final de YHWH: 2,8-9

Os vv. 8-9 trazem a parte final do oráculo. Em Ml 2,8 encontra-se a descrição do mal feito pelos sacerdotes. No versículo seguinte, por sua vez, é apresentado o veredito final de YHWH e a justificativa do juízo. A crítica da forma revelou que a presença do termo אַתֶּם no início de 2,8a põe em destaque os destinatários os oráculos (sacerdotes) e reforça uma contraposição: de um lado, o comportamento de Levi no passado (vv. 5-6) e o que se espera do sacerdote (v. 7); de outro, a atitude dos sacerdotes aos quais se dirige o oráculo. Niccacci chama a atenção, ainda, para uso das formas verbais utilizadas para descrever o comportamento seja de Levi, seja dos sacerdotes destinatários do oráculo: 2,5d – 2,6d: x – Qatal; 2,8b – 2,8d: 0 – Qatal. Segundo seu parecer, tal modo de organizar a sucessão das formas verbais é um modo de se reforçar a contraposição que se quer estabelecer.[492] Além disso, a semelhança terminológica entre alguns segmentos parece corroborar tal antítese:

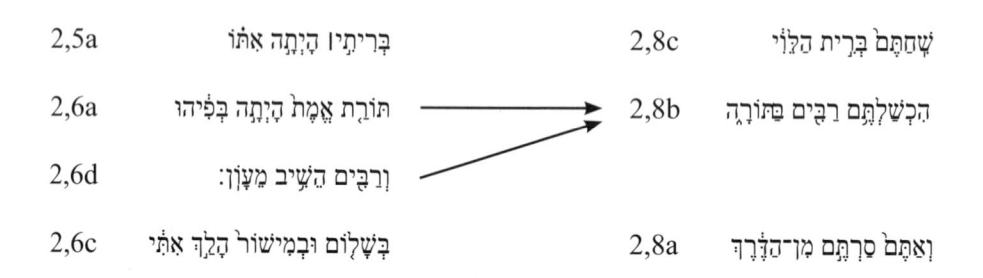

2,5a	בְּרִיתִי הָיְתָה אִתּוֹ	2,8c	שִׁחַתֶּם בְּרִית הַלֵּוִי
2,6a	תּוֹרַת אֱמֶת הָיְתָה בְּפִיהוּ ⟶	2,8b	הִכְשַׁלְתֶּם רַבִּים בַּתּוֹרָה
2,6d	וְרַבִּים הֵשִׁיב מֵעָוֹן:		
2,6c	בְּשָׁלוֹם וּבְמִישׁוֹר הָלַךְ אִתִּי	2,8a	וְאַתֶּם סַרְתֶּם מִן־הַדֶּרֶךְ

Em Ml 2,6c afirma-se que Levi "caminhava com YHWH"; em 2,8a, por sua vez, o profeta afirma que os sacerdotes afastaram-se (סור) do "caminho". O significado da raiz סור (Qal) é "desviar-se da direção empreendida".[493] Em sentido ético, significa "extraviar-se, perverter-se".[494] Ele é utilizado, com certa frequência, para indicar a conduta do povo ou de um indivíduo em particular com relação a YHWH.[495] Com sentido ético, a expressão "afastar-se do caminho" (מִן־הַדֶּרֶךְ +

---

492. VERHOEF, P. A., The Books of Haggai and Malachi, p. 251; NICCACCI, A., Poetic Syntax and Interpretation of Malachi, p. 82.

493. SCHWERTNER, S., סור, p. 198.

494. ALONSO SCHÖKEL, L., Dicionário Bíblico Hebraico-Português, p. 464.

495. SCHWERTNER, S., סור, p. 198.

סור) ocorre poucas vezes na BH.⁴⁹⁶ Na maior parte das vezes em que é utilizada, a expressão diz respeito à idolatria (Ex 32,8; Dt 9,12.16; Jz 2,17).

Jacobs chama atenção para o uso da raiz שחת juntamente com a expressão "afastar-se do caminho" (סוּר מִן־הַדֶּרֶךְ) em Ex 32,7-8 e Dt 9,12. A passagem do livro do Êxodo apresenta a idolatria do povo enquanto Moisés permanecia no Sinai. Aarão tem uma participação ativa nessa idolatria, tendo em vista que é ele quem fabrica o ídolo a pedido do povo. O texto de Dt 9,12, por sua vez, é a recordação do mesmo episódio: trata-se da idolatria do povo com o bezerro de ouro. Em Ml 2,1-9 não se fala de idolatria, mas a aproximação dos textos do ponto de vista linguístico, pode ser uma forma de indicar que a atitude dos sacerdotes no seu desprezo pelo culto e na transmissão de uma instrução parcial é tão grave quanto a idolatria que trouxe, no deserto, a ira de Deus sobre o povo.⁴⁹⁷

Em outros lugares, a expressão "afastar-se do caminho" pode significar, de modo genérico, a desobediência aos mandamentos de YHWH (Dt 11,28; 31,28), como parece ser o caso de Ml 2,8a, sobretudo ao se observar um segundo uso da raiz סור (Qal) em Ml 3,7, onde vem acompanhado do termo חֻקִּי.⁴⁹⁸ Diferentemente de Levi, que caminhava com YHWH em paz e retidão (Ml 2,6c), os sacerdotes aos quais o oráculo de Malaquias se destina afastaram-se do caminho e arrastaram o povo atrás de si.

Em Ml 2,8b, o uso do termo "muitos" (רַבִּים) conecta este segmento a Ml 2,6d, onde fica clara a atitude diametralmente oposta de Levi, que fazia a "muitos" (רַבִּים) voltar da iniquidade. A raiz כשל, "tropeçar"⁴⁹⁹, utilizado em Ml 2,8b, costuma ser utilizada em contextos que envolvem a ideia de "caminho", "caminhar", "ir em uma direção", exatamente como acontece em Malaquias (Ml 2,6c; Ml 2,8a).⁵⁰⁰ Em alguns textos proféticos, ela é utilizada num contexto de ameaça (Os 4,4-6; Is 3,1-3; Ml 2,1-9).⁵⁰¹ Algumas vezes, o "tropeçar" é precursor da queda,

---

496. Ex 32,8; Dt 9,12.16; 11,28; 31,29; Jz 2,17; Ml 2,8. LISOWSKY, G., Konkordanz zum Hebräischen Alten Testament, p. 992-995.

497. JACOBS, M., The Books of Haggai and Malachi, p. 231.

498. Em Dt 2,27; 17,20 e 28,14, se afirma que o povo não deve se "afastar" (סור) das palavras de YHWH nem para a direita e nem para a esquerda (יָמִין וּשְׂמֹאול), expressão comum à linguagem deuteronomista e que ocorre também em Js 1,7; 1Sm 6,12; 2Rs 22,2, além de 2Cr 34,2. Em 2Rs, o verbo סור é utilizado com frequência junto à partícula negativa לֹא para indicar a atitude do povo ou dos reis, particularmente do Norte, que "não se afastaram" do pecado (2Rs 10,29.31; 12,4; 13,2.6.11; 14,4.24; 15,4.9.18.24.28.35). SNYMAN, S. D., Malachi, p. 92-93.

499. ALONSO SCHÖKEL, L., Dicionário Bíblico Hebraico-Português, p. 327.

500. BARTH, C., כָּשַׁל, p. 354.

501. BARTH, C., כָּשַׁל, p. 356.

como no Sl 27,2 (כָּשְׁלוּ וְנָפָלוּ).⁵⁰² O verbo pode ter também sentido metafórico. Em Oseias, o povo tropeça na iniquidade (Os 5,5; 14,2);⁵⁰³ em Ml 2,8b, por sua vez, são "muitos" que tropeçam "na instrução" (בַּתּוֹרָה). A expressão utilizada por Malaquias é, de certo modo, inusitada: na תּוֹרָה não se deveria tropeçar, pois, segundo o Sl 119,165, a תּוֹרָה livra o homem de qualquer "tropeço" (מִכְשׁוֹל).⁵⁰⁴

Tal expressão utilizada por Malaquias só será esclarecida em Ml 2,9c: um ensinamento "parcial" não produz a efetiva comunhão com YHWH, ao contrário, faz tropeçar. A instrução dos sacerdotes não é mais, como era a de Levi, uma תּוֹרַת אֱמֶת, por isso o povo tropeça, se afasta de YHWH tal como os sacerdotes dele se afastaram (Ml 2,8a). O texto parece sugerir que, se outrora não havia "engano" (עַוְלָה) na boca de Levi, agora o que há na boca dos sacerdotes é justamente esse engano.⁵⁰⁵ Eles "torcem" o que é reto, como sugere a raiz à qual se liga o termo עַוְלָה e, por isso, o povo se desvia, afasta-se de YHWH. O uso do Hifil, "fazer voltar (2,6d) / fazer tropeçar (2,8b)", reforça a ideia de que a "causa" da fortuna ou da ruína do povo está nas mãos dos sacerdotes. De sua תּוֹרָה depende a vida do povo e a sua comunhão com Deus.

O terceiro e último elemento na descrição do mal feito pelos sacerdotes retoma Ml 2,5a com a expressão בְּרִית הַלֵּוִי. Os sacerdotes são acusados de "corromper" (שָׁחַת) a aliança de Levi. O uso do nome próprio com artigo indica que não se trata simplesmente de uma figura histórica, mas sim do que ela simboliza no contexto do profeta Malaquias: o sacerdócio.⁵⁰⁶ A raiz שחת (Piel) pode significar "destruir, arruinar, exterminar, corromper".⁵⁰⁷ O contexto da perícope parece sugerir mais o sentido de "corrupção" do que de "destruição da aliança", particularmente se

---

502. LIMA, M. L. C., Salvação entre juízo, conversão e graça, p. 157-158.

503. Em Os 5,5 e 14,2 o verbo está ligado ao substantivo עָוֹן, por meio da preposição בְּ. Em Os 14,10 são os rebeldes que tropeçam, enquanto os justos andam nos caminhos de YHWH.

504. Serafini chama a atenção para o padoxo que se cria entre Ml 2,8 e o Sl 119,165. No Salmo é o amor pela תּוֹרָה que livra de qualquer tropeço (מִכְשׁוֹל). SERAFINI, F., L'Alleanza Levitica, p. 333-334.

505. Esse é sentido normalmente admitido entre os comentadores de Malaquias. VERHOEF, P. A., The Books of Haggai and Malachi, p. 252; SNYMAN, S. D., Malachi, p. 93. Serafini, no entanto, sugere uma outra interpretação. Segundo seu parecer, o termo תּוֹרָה não precisa indicar, em si, um ensinamento parcial ou incorreto. O ensinamento/instrução poderia até ser correto, mas se torna causa de tropeço em virtude da *praxis* sacerdotal, que é contrária ao que eles ensinam. O conjunto do oráculo, no entanto, particularmente Ml 2,6a-b, onde se insiste sobre a instrução "verdadeira" de Levi, parecer apontar noutra direção. O contraponto serve para exprimir melhor o sentido de Ml 2,8. SERAFINI, F., L'Alleanza Levitica, p. 335.

506. HILL, A., Malachi, p. 216.

507. VETTER, D., שחת, p. 1118; CONRAD, J., שָׁחַת, p. 583; ALONSO SCHÖKEL, L., Dicionário Bíblico Hebraico-Português, p. 666 – especificamente com relação a Malaquias, Alonso Schökel sugere a tradução por "invalidar". Koehler e Baumgartner, por sua vez, sugerem para Ml 2,8 a tradução "arruinar": KOEHLER, L.; BAUMGARTNER, W., The Hebrew and Aramaic Lexicon of the Old Testament, p. 1470.

se compreende que o chamado à conversão do v. 2 tem em vista a continuidade desta aliança, como se pode depreender de 2,4c.[508]

O v. 9 encerra a parte final do oráculo trazendo duas informações: o veredito final de YHWH (9a) e uma dupla justificativa do juízo (9b-c). Em 2,9a, a expressão inicial וְגַם־אֲנִי coloca a ação de YHWH em contraposição com aquela dos sacerdotes, apresentada em 2,8a e introduzida pelo וְאַתֶּם. A inserção dos pronomes, já supostos pelas desinências dos verbos, servem para dar ênfase as duas partes em cena durante o oráculo: YHWH e os sacerdotes.[509] O veredito final de YHWH consiste em tornar[510] os sacerdotes "desprezíveis e vis" para todo o povo. Serafini chama a atenção para o contraste que se cria entre 2,9a e 2,5b pelo uso da raiz נתן. Por causa da fidelidade de Levi, YHWH lhe "concedia" (נתן) "vida e paz".[511] Os sacerdotes faltosos, por sua vez, YHWH os "torna" (נתן) "desprezíveis" e "vis".

A sucessão das formas verbais parece indicar que é o juízo de YHWH que está em primeiro plano, enquanto a justificativa do juízo está em segundo plano. Em 2,9a, aparece uma oração nominal complexa, no esquema p-x-Qatal. Nos segmentos seguintes, 9bc, sucedem-se duas orações nominais de particípio. Segundo Niccacci, tanto no discurso direto quanto na poesia, o nível principal do discurso, no passado, pode vir sob a forma de uma oração de tipo x-Qatal, enquanto que o nível secundário do discurso pode vir na forma x-Qatal ou como uma oração nominal.[512]

O termo ora traduzido por "desprezível" é o particípio Nifal da raiz verbal בזה,[513] que ocorre cinco vezes em Malaquias: 1,6(2x); 1,7; 1,12; 2,9. Ela abre e encerra o grande oráculo de 1,6–2,9. No início do oráculo, os sacerdotes são acusados de "desprezar o nome" de YHWH (1,6). Essa acusação se desdobra nos vv. 7 e 12, onde o seu desprezo pelo "nome" de YHWH se manifesta na sua forma de considerar a "mesa de YHWH" (altar) e o que dela provém como "desprezíveis". No final do oráculo, é YHWH quem torna os sacerdotes "desprezíveis". Esse "retorno" da parte de YHWH recorda Ez 16,59, onde YHWH promete fazer com o povo assim como o povo fez com ele, uma vez que este "desprezou" (בזה + אָלָה) o

---

508. SWEENEY, M. A., The Twelve Prophets, p. 731; McCOMISKEY, T.E. (Ed.), The Minor Prophets, p. 1319; JACOBS, M. R., The Books of Haggai and Malachi, p. 217. Alguns autores de língua alemã sugerem a tradução por "arruinar" (verderben): ELLIGER, K., Die Propheten Nahum, Habakuk, Zephanja, Haggai, Sacharja, Maleachi, p. 194; MEINHOLD, A., Maleachi, p. 66; KESSLER, R., Maleachi, p. 128.

509. McCOMISKEY, T. E. (Ed.), The Minor Prophets, p. 1323.

510. Conferir no item 2.1.1. a justificativa a respeito da tradução do verbo נָתַן.

511. SERAFINI, F., L'Alleanza Levitica, p. 340-341.

512. NICCACCI, A., Poetic Syntax and Interpretation of Malachi, p. 58-59.

513. KOEHLER, L.; BAUMGARTNER, W., The Hebrew and Aramaic Lexicon of the Old Testament, p. 117.

juramento e "quebrou" a aliança (בְּרִית + פרר).⁵¹⁴ Contudo, em Ez 16,60, fica patente que o juízo tem em vista a conversão do povo: YHWH de novo restabelecerá sua aliança. Do mesmo modo acontece em Malaquias, onde em 2,17–3,5 se abre uma perspectiva salvífica, que demonstra que o juízo de 2,1-9 não é um fim em si mesmo, mas prepara uma intervenção de YHWH em vista do restabelecimento da sua Aliança.

O termo traduzido por "vil" em 2,9a é o adjetivo שָׁפָל. O sentido básico da raiz שפל é "ser baixo" ou "tornar baixo".⁵¹⁵ Numa acepção positiva, sugere-se a tradução por "humilde" (Sl 138,6). Numa acepção negativa, ou seja, num contexto de juízo, como é o caso de Malaquias, sugere-se a tradução por "de pouco valor/vil".⁵¹⁶ Algumas vezes o termo indica uma humilhação a ser perpetrada por Deus (Ez 29,14.15; Ml 2,9).⁵¹⁷ A ideia de uma humilhação pública retoma o que está anunciado em 2,3. Há quem sugira que a própria deflagração dos crimes dos sacerdotes, tornados públicos pela acusação profética, seja já o início de tal humilhação.⁵¹⁸

A justificativa do juízo de YHWH vem apresentada em 2,9bc. Ml 2,9b retoma o texto de Ml 2,8a pela utilização do substantivo דֶּרֶךְ. Se em Ml 2,8a os sacerdotes eram condenados por "afastarem-se do caminho", agora se utiliza uma expressão paralela: "não guardar o caminho" (אֵינְכֶם שֹׁמְרִים אֶת־דְּרָכַי), mais precisamente, o caminho de YHWH, o que vem indicado pelo sufixo de 1ms.

A expressão "guardar o caminho" na BH pode ser utilizada em muitas acepções. Algumas vezes, tem o sentido de guardar um caminho em sentido próprio, como em Gn 3,24; outras vezes, a expressão indica a proteção de YHWH, que guarda o povo "no caminho" ou "nos caminhos" (Gn 28,20; Js 24,17; Sl 91,11; Pr 2,8); outras vezes, a expressão pode significar, metaforicamente, observar os mandamentos de YHWH (Gn 18,19; Jz 2,22; Sl 18,11; Sl 37,34). Este último sentido é o que melhor se encaixa em Ml 2,9b. A primeira justificativa do juízo se dá em vista da falta dos sacerdotes que não foram obedientes aos mandamentos de YHWH.

---

514. O texto de Ml 2,9 também recorda 1Sm 2,27-36, onde um homem de Deus traz uma mensagem de YHWH contra os filhos de Eli. De modo particular, no v. 30, é afirmado que YHWH honra (כָּבֵד) os que o honram, e despreza (בָּזָה) os que o desprezam. São os mesmos verbos encontrados em Ml 1,6–2,9.

515. ALONSO SCHÖKEL, L., Dicionário Bíblico Hebraico-Português, p. 689.

516. ALONSO SCHÖKEL, L., Dicionário Bíblico Hebraico-Português, p. 689-690; KOEHLER, L.; BAUMGARTNER, W., The Hebrew and Aramaic Lexicon of the Old Testament, p. 1632.

517. ENGELKEN, K., שָׁפָל, p. 442.

518. JACOBS, M., The Books of Haggai and Malachi, p. 232-233. McComiskey vê na reforma de Esdras e Neemias a grande manifestação da "humilhação" de YHWH para com os sacerdotes faltosos acusados por Malaquias. Segundo sua opinião, as novas estipulações apresentadas por Neemias (Ne 13,30) e a instalação na Palestina de sacerdotes que vieram com ele da Babilônia, seriam uma forma de realização concreta deste oráculo de YHWH, ainda que parcialmente. McCOMISKEY, T. E. (Ed.), The Minor Prophets, p. 1324.

Essa primeira justificativa é complementada pela segunda, em Ml 2,9c. Além de não guardar o caminho de YHWH, os sacerdotes "foram parciais" na "instrução" (תּוֹרָה). A expressão נֹשְׂאֵי פָנִים, traduzida como "ser parcial", ocorre, também, em Ml 1,8.9. Em Ml 1,8.9 ela tem o sentido de "ser favorável". "Levantar a face", com sentido de "ser favorável" significa demonstrar por alguém graça e favor. Quando um governante "levanta face" de alguém, sobretudo de alguém que lhe está pedindo algo, isto significa que ele lhe "foi favorável". Quando é Deus quem "levanta a face" de alguém, isto pode significar que ele está conferindo graça e bênção a esta pessoa.[519]

Em Ml 2,9c, contudo, a expressão parece ter uma conotação negativa. Entre outras traduções possíveis, "ser parcial" é uma opção bem considerada entre os comentadores.[520] Essa expressão recorda, segundo Fishbane, o texto de Nm 6,23-27, a bênção sacerdotal. Fishbane afirma que o uso da mesma expressão neste oráculo de juízo seja um recurso retórico, com o intuito de tornar a acusação ainda mais forte por meio de termos que recordavam a própria função cotidiana dos sacerdotes, que acompanhava aquela de oferecer sacrifícios: abençoar o povo. O oráculo transforma-se, assim, numa antibênção.[521]

O segmento 2,9c retoma o segmento 2,8b. "Fazer tropeçar" é o mesmo que "ser parcial" na instrução, ou seja, oferecer um ensinamento que não está em completa harmonia com o desejo de YHWH. A própria aceitação de animais impróprios como oferta, descrita em Ml 1,6-14, aponta nesse sentido. A instrução ofertada com parcialidade, ou seja, de modo incompleto, está em oposição à "instrução verdadeira" (תּוֹרַת אֱמֶת) que estava na boca de Levi, que fazia muitos "voltar do pecado". A "instrução" (תּוֹרָה) dos sacerdotes aos quais Malaquias dirige seu oráculo, faz o povo "tropeçar" (2,8b: כשׁל) ao invés de "caminhar" com YHWH.

Em síntese, pode-se afirmar que a intenção principal do texto é apresentar um discurso de ameaça de YHWH que desemboca num juízo que, embora possua

---

519. FABRY, H.-J. et al, נָשָׂא, p. 37.

520. VERHOEF, P. A., The Books of Haggai and Malachi, p. 237; PETERSEN, D.L., Zechariah 9-14 and Malachi, p. 175; WEYDE, K. W., Prophecy and Teaching, p. 208.209; KESSLER, R., Maleachi, p. 128; GRUBER, M. I., The Many Faces of נשא פנים "lift up the face", p. 258; BOLOJE, B. O.; GROENEWALD, A., Perspectives on Priests' Cultic and Pedagogical Malpractices in Malachi 1,6–2,9 and their Consequent Acts of Negligence, p. 399. Hill sugere que a partícula negativa de 2,9b seja lida juntamente com o segmento 2,9c, traduzindo o mesmo segmento por "não agistes graciosamente com relação à instrução". Tal opção, todavia, parece difícil do ponto de vista da sintaxe. HILL, A., Malachi, p. 171. Há quem sugira a tradução por "fazer acepção de pessoas", como se a falta dos sacerdotes consistisse em deixar de fora da instrução uma parcela do povo. Contudo, o sentido de "ensinamento parcial" parece coadunar-se melhor com o conjunto do oráculo, particularmente 2,8b. MEINHOLD, A., Maleachi, p. 66; BROWN, F; DRIVER, S. R.; BRIGGS, C. A., The Brown-Driver-Briggs Hebrew and English Lexicon, p. 670.

521. FISHBANE, M., Form and Reformulation of the Biblical Prestly Blessing, p. 119-120.

uma dimensão futura, já começa a manifestar-se no presente. Já desde o início do oráculo essa dupla perspectiva é apresentada, particularmente pela sucessão das formas WeQatal e Qatal, bem como pelas orações nominais de particípio que se intercalam de 2,2e a 2,4c. O objetivo do juízo é fazer com que a aliança de YHWH com os sacerdotes permaneça (2,4c).

A instituição sacerdotal vem representada pela figura de Levi. A aliança de YHWH com Levi vem recordada de modo idílico nos vv. 5-6 que desembocam no v. 7, onde vem descrita a figura do sacerdote ideal. O oráculo é concluído pelos vv. 8-9 onde a ameaça inicial transforma-se em juízo. Enquanto o v. 8 apresenta a atitude dos sacerdotes como diametralmente oposta àquela do sacerdote ideal do v. 7 e de Levi, apresentada nos vv. 5-6, o v. 9 trata de demonstrar que YHWH já começou a realizar seu juízo sobre os sacerdotes, tornando-os "desprezíveis e vis" diante do povo, tendo em vista que falharam na sua missão, tanto desviando-se do caminho (9b), quanto transmitindo um ensinamento parcial ao povo (9c).

Capítulo 3 | Análise exegética de Ml 2,17–3,5

3.1. Tradução e crítica textual

3.1.1. Tradução

Cansastes YHWH com vossas palavras.[522]	17a	הוֹגַעְתֶּם יְהוָה בְּדִבְרֵיכֶם
Mas dizeis:	17b	וַאֲמַרְתֶּם
Em que cansamos?	17c	בַּמָּה הוֹגָעְנוּ
Ao dizerdes:	17d	בֶּאֱמָרְכֶם
"Todo o que faz o mal é bom aos olhos de YHWH",	17e	כָּל־עֹשֵׂה רָע טוֹב בְּעֵינֵי יְהוָה
e "neles Ele se compraz",	17f	וּבָהֶם הוּא חָפֵץ
ou, "Onde está o Deus do direito?"[523]	17g	אוֹ אַיֵּה אֱלֹהֵי הַמִּשְׁפָּט׃

---

522. Segundo Niccacci, aqui começa uma nova seção, uma nova "acusação divina", onde o Qatal coloca o texto na esfera do passado. Por isso, a tradução pelo pretérito perfeito em português. NICCACCI, A., Poetic Syntax and Interpretation of Malachi, p. 91.

523. A correta tradução do termo מִשְׁפָּט depende, sobretudo, do campo ao qual se refere e do contexto onde está inserido. "Direito" e "julgamento" são duas traduções possíveis. ALONSO SCHÖKEL, L., Dicionário Bíblico Hebraico-Português, p. 410-411 e KOEHLER, L.; BAUMGARTNER, W., The Hebrew and Aramaic Lexicon of the Old Testament, p. 651-652. Em 2,17g, a tradução por "direito" parece se encaixar melhor no sentido da frase, uma vez que este versículo reflete uma pergunta dos destinatários do oráculo a respeito de YHWH e da sua ação – um aspecto dessa ação seria estabelecer o direito (Jr 9,23: מִשְׁפָּט דֹּסַח הֹשָׁע הוֹהִי יָנָא יִכּ ץֶרָאָבּ הֶקָדֻצּ). Em 3,5a, por sua vez, a tradução por "julgamento" parece mais adequada, uma vez que tal segmento introduz o "discurso de juízo" ou a "ameaça" de YHWH aos destinatários do oráculo.

Eis que eu envio meu mensageiro,	3,1a	הִנְנִי שֹׁלֵחַ מַלְאָכִי
ele preparará[524] o caminho diante de mim.	3,1b	וּפִנָּה־דֶרֶךְ לְפָנָי
E de repente virá ao seu Templo o Senhor	3,1c	וּפִתְאֹם יָבוֹא אֶל־הֵיכָלוֹ הָאָדוֹן
que vós procurais,	3,1d	אֲשֶׁר־אַתֶּם מְבַקְשִׁים
e o mensageiro da Aliança, que vós desejais,	3,1e	וּמַלְאַךְ הַבְּרִית אֲשֶׁר־אַתֶּם חֲפֵצִים
eis que ele vem –	3,1f	הִנֵּה־בָא
diz YHWH dos Exércitos.	3,1g	אָמַר יְהוָה צְבָאוֹת׃
E quem suportará o dia de sua vinda?	3,2a	וּמִי מְכַלְכֵּל אֶת־יוֹם בּוֹאוֹ
E quem se manterá de pé quando ele se revelar?	3,2b	וּמִי הָעֹמֵד בְּהֵרָאוֹתוֹ
Porque ele é como o fogo do fundidor e a lixívia dos lavadeiros.	3,2c	כִּי־הוּא כְּאֵשׁ מְצָרֵף וּכְבֹרִית מְכַבְּסִים׃
Sentar-se-á[525] o que funde e purifica a prata:	3,3a	וְיָשַׁב מְצָרֵף וּמְטַהֵר כֶּסֶף
purificará os filhos de Levi	3,3b	וְטִהַר אֶת־בְּנֵי־לֵוִי
e os acrisolará como o ouro e a prata.	3,3c	וְזִקַּק אֹתָם כַּזָּהָב וְכַכָּסֶף
E serão para YHWH aqueles que apresentam uma oferenda em justiça.	3,3d	וְהָיוּ לַיהוָה מַגִּישֵׁי מִנְחָה בִּצְדָקָה׃
Será agradável, então, para YHWH, a oferenda de Judá e Jerusalém como nos dias antigos e como nos anos remotos.	3,4a	וְעָרְבָה לַיהוָה מִנְחַת יְהוּדָה וִירוּשָׁלָםִ כִּימֵי עוֹלָם וּכְשָׁנִים קַדְמֹנִיּוֹת׃

---

524. Segundo Niccacci, o WeQatal constitui aqui a linha principal de comunicação, referindo-se ao futuro. As orações nominais de particípio de 3,2a e 3,2b, por estarem conectadas a esta forma WeQatal serão, então, também traduzidas pelo futuro. NICCACCI, A., Poetic Syntax and Interpretation of Malachi, p. 91.

525. De 3,3a a 3,5b há uma cadeia de WeQatal. Como o discurso assume um tom preditivo, essas formas podem ser traduzidas pelo futuro. DEL BARCO DEL BARCO, F. J., Profecía y Sintaxis, p. 72. Aqui não se encontra uma indicação temporal futura, do tipo "naquele dia", como Del Barco afirma normalmente existir em tal tipo de discurso nos profetas pré-exílicos. Todavia, em 3,2a a expressão "dia da sua vinda" parece dar essa necessária orientação futura.

Eu me aproximarei de vós para o julgamento,	3,5a	וְקָרַבְתִּי אֲלֵיכֶם לַמִּשְׁפָּט
e serei uma testemunha rápida contra os feiticeiros, contra os adúlteros e contra os que fazem um juramento falso;[526]	3,5b	וְהָיִיתִי עֵד מְמַהֵר בַּמְכַשְּׁפִים וּבַמְנָאֲפִים וּבַנִּשְׁבָּעִים לַשָּׁקֶר
e contra os que oprimem o salário[527] do assalariado, a viúva e o órfão	3,5c	וּבְעֹשְׁקֵי שְׂכַר־שָׂכִיר אַלְמָנָה וְיָתוֹם
e enganam o estrangeiro,[528]	3,5d	וּמַטֵּי־גֵר
e não me temem -	3,5e	וְלֹא יְרֵאוּנִי
diz YHWH dos Exércitos.	3,5f	אָמַר יְהוָה צְבָאוֹת׃

3.1.2. Crítica textual

2,17a:

A forma הוֹגַעְתֶּם é atestada tanto na tradição massorética quanto na Vulgata, na versão Siríaca e no Targum. A LXX, por sua vez, traz o particípio presente ativo do verbo παροξύνω. Os achados de Qumran (4QXII^a) registram um ו ao início. Neste caso, pelo princípio da *lectio brevior*, deve-se preferir o Texto Leningradense ao texto de Qumran. Com relação à diferença notada pela LXX, esta não deve ser preferida pelo fato de que a forma encontrada no Texto Leningradense é bem atestada tanto na tradição massorética, quanto na Vulgata, no Targum e na versão Siríaca.

---

526. A expressão רֹהַמְמַ דֵע וּתיִיֱהְו rege, ao que tudo indica, os segmentos 3,5bcd. Todavia, a divisão em 3,5b e 3,5c deu-se em virtude da sinalização massorética: vide o uso do 'atnaḥ no final da expressão רֶקֶשַּׁל םיִעָבְּשִׁנַּבוּ. A divisão em 3,5c e 3,5d, por sua vez, deu-se em virtude de uma aparente dissimetria do último segmento, onde constata-se a ausência da preposição בְּ que segue introduzindo as diversas classes de pessoas contra as quais YHWH será uma "testemunha rápida".

527. O sentido da raiz קשע relacionada à expressão רַכָשׂ־יֵקְשֹׁעְבוּ será melhor explicitado no comentário ao texto – item 4.4.5.

528. É possível a tradução tanto por "enganar" como, segundo Koehler, por "torcer o caminho" ou "desviar o caminho". KOEHLER, L.; BAUMGARTNER, W., The Hebrew and Aramaic Lexicon of the Old Testament, p. 693.

2,17c:

Com relação a este segmento, a LXX, Vulgata, a versão Siríaca e o Targum, acrescentam-lhe o objeto direto, para tornar o texto mais explícito. Pelo princípio da *lectio brevior* deve-se preferir o Texto Leningradense.

3,1a:

A forma הִנְנִי é atestada no início das grandes versões: LXX, Vulgata, versão Siríaca e Targum. O texto de Qumran, por sua vez, acrescenta um לָכֵן. Pelo princípio da *lectio brevior* deve-se preferir o texto massorético.[529]

3,1b:

A forma פִּנָּה é suposta nas versões de Áquila, Teodocião, na Vulgata, na versão Siríaca e no Targum. A LXX parece ter lido a raiz פנה no Qatal e não no Piel como se encontra no Texto Leningradense e, por isso, a traduziu por ἐπιβλέπω.[530] Na versão de Símaco, por sua vez, encontra-se o verbo σχολάζω.[531] Como a variante da LXX pode ter se dado em virtude de uma compreensão equivocada do texto hebraico e, com relação a encontrada em Símaco, é difícil de se conjecturar qual verbo hebraico o tradutor teria lido, deve-se preferir, então, o Texto Leningradense, bem atestado na tradição massorética e nas grandes versões.

V. 3,1c:

A forma הֵיכָלוֹ הָאָדוֹן é atestada na LXX, na Vulgata e no Targum. A versão Siríaca traz a forma להיכלה דמריא: *virá ao Templo do Senhor*. Como se trata de um possível erro de compreensão da sintaxe do texto, deve-se preferir o Texto Leningradense, atestado na tradição massorética e nas grandes versões antigas.

V. 3,2c:

O termo הוּא, suposto na Vulgata e na versão Siríaca, não se encontra na LXX. Em seu lugar encontra-se o verbo εἰσπορεύεται. Pode tratar-se de uma assimilação ao contexto por conta do uso do verbo בּוֹא em 3,2a. O Targum, por

---

529. O uso do termo לָכֵן parece indicar que os copistas de Qumran entenderam que o oráculo de 3,1 está ligado ao texto de 2,17, uma vez que tal partícula costuma ser utilizada para introduzir a consequência de algo indicado antes (uso anafórico): Jz 8,7 – ALONSO SCHÖKEL, L., Dicionário Bíblico Hebraico-Português, p. 344-345.

530. Uma possível confusão entre as formas פָּנָה e וּפָנָה. GELSTON, A., The Twelve Minor Prophets, p. 151. No Qal, a raiz פנה indica a direção do rosto ou do olhar. Somente no Piel é que a raiz possui o sentido de "preparar/dispor". ALONSO SCHÖKEL, L., Dicionário Bíblico Hebraico-Português, p. 537-538.

531. "Ser/estar ocioso". BAILLY, A., Dictionnaire Grec-Français, p. 1887.

sua vez, traz uma paráfrase do texto: *For his anger dissolves like fire*.[532] Como as diferenças nas versões se dão por assimilação ao contexto ou por meio de uma paráfrase, não há motivo para se discordar do Texto Leningradense.

Ainda no mesmo segmento, o termo מְצָרֵף atestado na Vulgata e na versão Siríaca, por liberdade semântica, aparece na LXX como χωνευτηρίον (forja) ao invés de χωνευτής (fundidor).[533] O Targum, como já visto acima, faz uma paráfrase de todo o segmento. Não há, pois, razão para se abandonar o Texto Leningradense.

V. 3,3a:

Com relação ao termo וְיָשַׁב, este é bem atestado na tradição massorética e, também, em Qumran, na LXX e na Vulgata. A versão Siríaca leu aqui a raiz שׁוּב ao invés de יָשַׁב, trazendo o termo דנהפון. O Targum, por motivação teológica, talvez para evitar empregar qualquer possível interpretação antropomórfica para YHWH, traz *And shall be revealed*.[534] Como as diferenças notadas nestas duas versões se dão por conta de possíveis equívocos na compreensão da raiz verbal e por razões de ordem teológica, não há motivo, então, para se deixar de lado o Texto Leningradense.

Ainda neste segmento, o termo כֶּסֶף é atestado em Qumran e na Vulgata. A LXX, por assimilação ao contexto, traz a expressão ὡς τὸ ἀργύριον καὶ ὡς τὸ χρυσίον, encontrada em 3,3c. Por razões exegéticas, o Targum traz *as a man who tests and purifies silver* e a versão Siríaca איך סאמא (*como a prata*), seguindo, esta última, o texto da LXX. Pelo princípio da *lectio brevior* deve-se preferir o Texto Leningradense.[535]

V. 3,3c:

Com relação à forma וְזִקַּק, somente a versão Siríaca diverge do Texto Leningradense, trazendo, por liberdade semântica, o termo פנגבא (*escolher*). Todavia, o editor da BHQ acentua que o texto da versão Siríaca não está muito distante do Texto Leningradense, uma vez que a raiz גבא (Peal) pode significar "purificar".[536]

---

532. CATHCART, K. J.; GORDON, R. P., The Targum of the Minor Prophets, p. 235.

533. BAILLY, A., Dictionnaire Grec-Français, p. 2163. É possível que o tradutor, na LXX, tenha feito confusão entre os termos מְצָרֵף (fundidor) e מִצְרָף (forja), que são idênticos no texto hebraico consonântico. ALONSO SCHÖKEL, L., Dicionário Bíblico Hebraico-Português, p. 398.567.

534. CATHCART, K. J.; GORDON, R. P., The Targum of the Minor Prophets, p. 235: o Targum pode ter compreendido que o que se assenta e purifica os filhos de Levi é o próprio YHWH e não o "mensageiro da Aliança".

535. BARTHÉLEMY, D., Critique Textuelle de L'Ancien Testament, p. 1035.

536. GELSTON, A., The Twelve Minor Prophets, p. 151*.

Não há motivo, pois, para se discordar do Texto Leningradense, atestado tanto na tradição massorética e nas grandes versões antigas.

V. 3,5b:

Com relação à expressão וּבַֽמְכַשְּׁפִים, a LXX faz uma assimilação com o texto de Zc 5,4, trazendo o texto: ἐπὶ τοὺς ὀμνύοντας τῷ ὀνόματί μου ἐπὶ ψεύδει.[537] Aplica-se, aqui, o princípio da *lectio brevior*, devendo-se preferir o Texto Leningradense.

V. 3,5c:

A expressão וּבַנֹּאֲפִים é suposta na Vulgata, na versão Siríaca e no Targum. A LXX, por facilitação semântica, utiliza três verbos diferentes com o intuito de explicitar o sentido do único verbo hebraico עָשַׁק, aplicando-o a cada uma das categorias de pessoas enumeradas.[538] Pelo princípio da *lectio brevior* deve-se preferir o Texto Leningradense.

V. 3,5d:

A Vulgata e a versão Siríaca leem, com a tradição massorética, a expressão וּמַטֵּי. A LXX traz καὶ τοὺς ἐκκλίνοντας κρίσιν προσηλύτου, por uma assimilação com o texto de Dt 24,17,[539] acrescentando a tradução grega do termo מִשְׁפָּט, que não está no texto hebraico de Malaquias. No mesmo segmento, a versão Siríaca lê duas vezes o termo גֵּר. Pelo princípio da *lectio brevior* e por tratar-se de influência de outras passagens na tradução da LXX, deve-se preferir o Texto Leningradense.

3.2. Delimitação, unidade e crítica da redação

3.2.1. Delimitação e unidade

A perícope abre-se em 2,17 seguindo o mesmo estilo de 1,2 e 1,6: uma afirmação de caráter geral seguida de um questionamento da parte daqueles que estão sendo acusados. Também como em 1,2 e 1,6, a pergunta dos interlocutores do profeta neste versículo introdutório é introduzida pela expressão interrogativa בַּמָּה.

---

537. Em Zc 5,4 encontra-se a expressão בִּשְׁמִי que a LXX acrescenta aqui.
538. GELSTON, A., *The Twelve Minor Prophets*, p. 151*; VIANÈS, L., *La Bible d'Alexandrie:* p. 144-145.
539. Dt 24,17 - Heb.: לֹא תַטֶּה מִשְׁפַּט גֵּר / LXX: οὐκ ἐκκλινεῖς κρίσιν προσηλύτου.

O termo מִשְׁפָּט, que aparece em 2,17g e 3,5a, cria uma moldura para a perícope, onde a pergunta que a abre (2,17g) encontra uma resposta (3,5a). No início os interlocutores perguntam "Onde está o Deus do julgamento (מִשְׁפָּט)" e, no final do oráculo, Deus afirma que Ele se aproximará para o "julgamento?" (מִשְׁפָּט).[540]

A partir da pergunta de 2,17g, o texto aparece muito bem encadeado. YHWH mandará à sua frente o seu mensageiro, cuja ação é descrita em 3,3 e a consequência desta em 3,4: a oferenda será agradável de novo a YHWH como nos dias antigos. Em 3,5, por sua vez, se descreve a vinda do próprio YHWH, que se aproxima para o julgamento, respondendo com sua ação ao questionamento de 2,17g.[541]

Enquanto em 2,17-3,1b quem fala é YHWH, de 3,2b até 3,4 quem fala é o profeta, que desenvolve a própria fala de YHWH que é retomada com a primeira pessoa do singular em 3,5.

Alguns autores, contudo, consideram que a perícope deve estender-se até 3,6. Os que seguem tal ponto de vista, entendem a conjunção כִּי com sentido explicativo, vendo em 3,6 o clímax de toda a perícope: YHWH não mudou e os filhos de Jacó não cessaram.[542]

Outros autores consideram que a perícope estende-se até metade de 3,7 (שְׁמַרְתֶּם)[543]. Tais autores consideram que a conjunção כִּי tem valor explicativo e que os vv. 6 e 7a constituem a motivação de 3,1-5:

Porque eu sou YHWH,	6a	כִּי אֲנִי יְהוָה
não mudei;	6b	לֹא שָׁנִיתִי
e vós sois filhos de Jacó,	6c	וְאַתֶּם בְּנֵי־יַעֲקֹב
não o deixastes de ser.	6d	לֹא כְלִיתֶם׃
Desde os dias de vossos pais vos afastastes dos meus decretos	7a	לְמִימֵי אֲבֹתֵיכֶם סַרְתֶּם מֵחֻקַּי
e não (os) guardastes.	7b	וְלֹא שְׁמַרְתֶּם

---

540. McCOMISKEY, T.E. (Ed.), The Minor Prophets, p. 1349; ERLEHT, T.; HAUSOUL, R. R., Das Buch Haggai/Das Buch Maleachi, p. 444.

541. MORROW, W., Memory and Socialization in Malachi 2:17–3:5, p. 126-127.

542. ACHTEMEIER, E., Nahum-Malachi, p. 183; TAYLOR, R. A.; CLENDENEN, E.R., Haggai, Malachi, p. 401; WEYDE, K. W., Prophecy and Teaching, p. 280.317-318. Em Ml 3,6 fica subentendido a ideia de "não cessaram de fazer o mal".

543. SNYMAN, S. D., Malachi, p. 120; WILLI-PLEIN, I., Haggai, Sacharja, Maleachi, p. 237; SWEENEY, M. A., The Twelve Prophets, p. 724; FLOYD, M. H., Minor Prophets, p. 611-620; NICCACCI, A., Poetic Syntax and Interpretation of Malachi, p. 67.

A purificação virá porque YHWH não mudou e o povo também não. YHWH não mudou no seu amor, e o povo não deixou de ser enganador como o fora Jacó (Gn 27,18-30).[544] A nova unidade se abriria em 3,7c com a expressão שׁוּבוּ אֵלַי.

A grande maioria dos estudiosos de Malaquias, no entanto, concorda em delimitar a terceira disputa do livro de Malaquias em 2,17–3,5.[545] Em primeiro lugar, porque a conjunção כִּי que abre 3,6 não precisa ser entendida, necessariamente, como explicativa. Ela pode ser tomada em sentido enfático.[546] Depois, 3,6 abre uma nova seção trazendo uma afirmação no contexto de um relacionamento: Deus permanece sendo YHWH e o povo permanece sendo "filho de Jacó", por sua constante traição. É assim que também se abre a primeira seção do livro em 1,2 (a relação de Esaú e Jacó como irmãos); também a segunda em 1,6 (a metáfora Pai/Senhor aplicada a Deus) e 2,10 (Deus como pai e criador). Além disso, o próprio nome de יַעֲקֹב (3,6) parece ressoar na raiz קבע de 3,8, particularmente no Yiqtol de 3,8a (יִקְבַּע), ligando, assim, este versículo ao que seria o início de uma nova perícope em Ml 3,6.[547]

Um outro critério para se fechar a perícope em 3,5 é que, a partir de 3,6, o passado de Israel é visto em sentido negativo: o povo não deixou de ser como Jacó, enganador (Gn 27,18-30). O olhar para o passado em 3,4, por sua vez, é positivo: a oferenda de Israel será de novo aceita como o foi nos dias de outrora. Pode-se afirmar, então, que a perícope de 2,17 – 3,5 constitui uma unidade textual.

3.2.2. Crítica da redação

Nem todos os estudiosos de Malaquias concordam que o oráculo de 2,17–3,5 seja uma unidade redacional. Alguns admitem que tal oráculo seja

---

544. FLOYD, M. H., Minor Prophets, p. 611-620.

545. BALDWIN, J. G., Haggai, Zechariah and Malachi, p. 243; DEISSLER, A., Zwölf Propheten III, p. 316; ELLIGER, K., Die Propheten Nahum, Habakuk, Zephanja, Haggai, Sacharja, Maleachi, p. 205; SMITH, R. L., Micah-Malachi, p. 326; GLAZIER-McDONALD, B., Malachi: The Divine Messenger, p. 123.174; VERHOEF, P. A., The Books of Haggai and Malachi, p. 283; O'BRIEN, J.M., Priest and Levite in Malachi, p. 63-64; LESCOW, T., Das Buch Maleachi, p. 114; REVENTLOW, H. G., Die Propheten Haggai, Sacharja und Maleachi, p. 151-152; PETERSEN, D. L., Zechariah 9-14 and Malachi, p. 206; SCHULLER, E. M., Malachi, p. 849; HILL, A., Malachi, p. 259; McCOMISKEY, T.E. (Ed.), The Minor Prophets, p. 1349; MEINHOLD, A., Maleachi, p. 235.295; ERLEHT, T.; HAUSOUL, R. R., Das Buch Haggai. Das Buch Maleachi, p. 443-444; KESSLER, R., Maleachi, p. 249; SCHART, A., Maleachi, p. 19-20.

546. MEINHOLD, A., Maleachi, p. 291; GKC §148d; J-M §164b; SCHOORS, A., The Particle כי, p. 241.

547. MEINHOLD, A., Maleachi, p. 293.295.

fruto de um complexo processo de desenvolvimento.⁵⁴⁸ Outros, no entanto, acreditam que existam pelo menos duas camadas redacionais: 2,17–3,1b.5 seria a primeira camada redacional; os vv. 3,1c-4 seriam um acréscimo posterior.⁵⁴⁹ Os argumentos aduzidos são:⁵⁵⁰

- Em primeiro lugar, em 2,17–3,1b.5 o discurso articula-se na primeira pessoa do singular. Já o texto de 3,1c-4 articula-se na terceira pessoa do singular;
- Em 3,1ab.5 o juízo de YHWH, como resposta às indagações de 2,17, assumiria uma dimensão ampla, atingindo não somente um grupo específico, mas várias classes de malfeitores que são enumerados em 3,5. Nos vv. 3,1c-4, por sua vez, o juízo de YHWH parece referir-se a um grupo específico: os filhos de Levi (3,3b). Além disso, a purificação dos sacerdotes descrita em 3,3-4 não parece conciliável com a crítica e a rejeição do mesmo sacerdócio encontrada em 2,1-9, o que seria um indicativo de uma inserção tardia de tais versículos;⁵⁵¹
- O terceiro argumento aduzido diz respeito ao vocabulário utilizado para indicar a vinda de YHWH. Em 3,1c, que pertenceria à segunda camada redacional, é utilizada a raiz verbal בוא, enquanto em 3,5a é utilizada a raiz קרב.

Ao primeiro argumento, os autores que aceitam Ml 2,17–3,5 como uma unidade redacional afirmam que tal mudança abrupta no discurso, ou seja, a passagem da primeira para a terceira pessoa ou vice-versa, não é incomum na BH. Tal mudança pode ser encontrada também em outros textos como Is 42,18-25 e 54,11-17.⁵⁵² Deve-se considerar, além disso, que a terceira pessoa também aparece em Ml 2,17, que os mesmos citados autores costumam considerar como parte do texto tido como "original", ou seja, a primeira camada redacional do oráculo. Além disso, pode-se pensar em Ml 3,1c-4 como um

---

548. ELLIGER, K., Die Propheten Nahum, Habakuk, Zephanja, Haggai, Sacharja, Maleachi, p. 206-208; VAN DER WOUDE, A. S., Der Engel des Bundes, p. 292-293; MORROW, W., Memory and Socialization in Malachi 2:17–3:5, p. 126-127.

549. TIEMEYER, L. S., Priestly Rites and Prophetic Rage, p. 23-24; PETERSEN, D.L., Zechariah 9-14 and Malachi, p. 209; REVENTLOW, H. G., Die Propheten Haggai, Sacharja und Maleachi, p. 153.

550. Um elenco desses argumentos é apresentado em: REVENTLOW, H. G., Die Propheten Haggai, Sacharja und Maleachi, p. 153.

551. VAN DER WOUDE, A. S., Der Engel des Bundes, p. 292-293.

552. GLAZIER-McDONALD, B., Mal'ak Habberît, p. 95-96.

comentário do profeta à vinda de YHWH e de seu mensageiro anunciada em Ml 3,1ab, o que justificaria a mudança da primeira para a terceira pessoa nesses versículos.

Com relação ao segundo argumento aduzido à favor da admissão de camadas redacionais em Malaquias, Kessler responde afirmando que tal modo de pensar parte de uma ideia pré-concebida, segundo a qual um texto "original" não poderia conter uma mudança na direção do discurso, quando isso é plenamente possível.[553] Levando-se em conta que, na perspectiva profética, "juízo e salvação não se excluem" e que, algumas vezes, particularmente quando o livro assume sua forma final, o juízo aparece como "etapa anterior à salvação",[554] Ml 2,17–3,5 se encaixa não somente dentro do livro como um todo, como oferece uma resposta ao texto de Ml 2,1-9, mostrando que o desejo último de YHWH não é o fim do culto ou do sacerdócio mas, ao contrário, a sua purificação e o seu restabelecimento como nos dias de outrora.[555]

Com relação ao último argumento aduzido, pode-se afirmar que a utilização de duas raízes verbais para indicar a vinda de YHWH (בוא: 3,1c; קרב: 3,5a) não seria um argumento suficiente para admitir diferentes camadas redacionais se for considerada a riqueza de vocabulário que este profeta menor apresenta num texto relativamente curto. A raiz verbal בוא é utilizada na BH para indicar a vinda de YHWH ou a vinda do "Dia de YHWH" (Zc 9,9; 14,1). A raiz קרב, por sua vez, aparece em textos que se referem ao culto (Lv 1,15; 2,1). Uma vez que o culto ocupa um lugar preponderante na profecia de Malaquias, não é estranho admitir que ele funda um linguajar profético com termos ligados à tradições cultuais para compor sua mensagem.

Em síntese, pode-se considerar que Ml 2,17–3,5 constitui uma unidade redacional. Entre duas falas de YHWH (Ml 3,1ab.5), introduz-se a fala do profeta (Ml 3,1c-4), que já aparece na introdução do oráculo (Ml 2,17). O profeta retoma e expande o anúncio da vinda de YHWH e de seu mensageiro (Ml 3,1ab), dando atenção de modo particular à vinda do mensageiro e à sua ação como purificador do sacerdócio (Ml 3,2-3). A vinda de YHWH é apresentada em Ml 3,5 na primeira pessoa do singular, como uma fala do próprio YHWH, recurso literário que dá solenidade ao anúncio de sua vinda. Ele virá como juiz que julga os malfeitores e todos aqueles que não o temem (Ml 3,5e). Os que aceitam a perícope como unida-

---

553. KESSLER, R., Maleachi, p. 223.

554. LIMA, M. L. C., Mensageiros de Deus: Profetas e Profecias no Antigo Israel, p. 129.

555. Para Snyman, é tão marcante o interesse de Malaquias pelo culto, que é muito difícil compreender Ml 3,1c-4 como uma adição posterior. SNYMAN, S. D., Malachi, p. 126-127.

de redacional a datam entre os anos 490-450 a.C., a mesma datação estabelecida para o livro como um todo.[556]

3.3. Crítica da forma e gênero literário

3.3.1. Crítica da forma

De modo semelhante ao que acontece em Ml 1,2 e Ml 1,6, o texto inicia com uma afirmação de caráter geral (2,17a): *Cansastes* (יגע - Qatal) *YHWH com vossas palavras* (בְּדִבְרֵיכֶם). Em 2,17b, o WeQatal da raiz אמר introduz o questionamento daqueles aos quais a sentença de 2,17a se dirige. O questionamento em si vem em 2,17c, introduzido pela expressão interrogativa בַּמָּה.

Em 2,17d, a mesma raiz אמר é retomada, agora numa oração de infinitivo, abrindo uma série de orações nominais, onde será esclarecido o que está sendo "dito" pelos sacerdotes, ou seja, quais são suas "palavras" que cansaram YHWH:

2,17e: o que faz o mal é bom aos olhos de YHWH

2,17f: neles YHWH se compraz

2,17g: Onde está o Deus do direito?

A situação descrita acima gera uma ação de YHWH, a qual vem descrita em 3,1-5. O cap. 3 abre-se com o sinal macrossintático הִנְנִי, que aparece também no início da descrição do juízo de YHWH em Ml 2,3a, e uma oração nominal de particípio. A expressão הִנֵּה abre e encerra este versículo, antes da aparição da fórmula do mensageiro (3,1a.f). Ela introduz uma "iminente intervenção divina" que irá reverter toda a situação denunciada até então.[557]

O segmento 3,1b indica qual será a função do mensageiro, expressa em sentido futuro pelo WeQatal (פנה): o mensageiro "preparará" o caminho de YHWH. Aqui tem início a linha principal do discurso, que será continuada na cadeia de WeQatal presente também nos vv. 3, 4 e 5.[558] Chama a atenção o uso de w-x-Yiqtol em 3,1c. Segundo Niccacci, tal mudança na forma verbal tem como objetivo indicar que aqui começa a "linha secundária" do discurso, ou seja, uma especificação daquilo que foi anunciado pelo WeQatal de 3,1b. O objetivo do uso de tal forma seria

---

556. GLAZIER-McDONALD, B., Malachi: The Divine Messenger, p. 14-18; HILL, A., Malachi, p. 77-83.
557. NICCACCI, A., Poetic Syntax and Interpretation of Malachi, p. 91.
558. NICCACCI, A., Poetic Syntax and Interpretation of Malachi, p. 91.

dar ênfase ao advérbio "repentinamente" (פִּתְאֹם), indicando-se assim a vinda do Senhor como "repentina" e não meramente "sequencial" à vinda do mensageiro.[559]

Os segmentos 3,1c-3,1f indicam uma dupla vinda: a do Senhor (הָאָדוֹן)[560] e a de seu mensageiro (מַלְאַךְ הַבְּרִית). Os segmentos seguem a estrutura w-x-Yiqtol / p-ON (ptc) / p-ON (ptc) / p-Qatal. A vinda do mensageiro em 3,1f é anunciada com הִנֵּה, como em 3,1a, mas com um particípio, trazendo essa "vinda" para uma perspectiva presente, em contraposição com o Yiqtol de 3,1c, que anuncia a vinda de YHWH. O versículo é encerrado pela fórmula do mensageiro em 3,1g.

Os vv. 2-3 descrevem as características do mensageiro e qual será sua ação. Ml 3,2 é composto por uma sequência de orações nominais. Em 3,2a e 3,2b encontram-se duas perguntas iniciadas pelo pronome interrogativo מִי. Pode ser sentida a assonância seja no início, quanto no fim dos segmentos, com o sufixo de 3ms. Em 3,2c há uma explicação que completa o sentido das expressões em 3,2a e 3,2b: o dia da atuação do mensageiro de YHWH será difícil de suportar porque ele é "como o fogo do fundidor" e como a "lixívia dos lavadeiros". Ao introduzir esses dois elementos de comparação que identificam o "mensageiro de YHWH", o texto de 3,2c abre caminho para o que vem adiante: uma cadeia de W^{e}Qatal que descreve a ação do mensageiro (3,3abc), o resultado de sua ação (3,3d-4) e a ação final de YHWH (3,5).

A ação do mensageiro descrita em Ml 3,3a-c é marcada pelo W^{e}Qatal das raízes: ישב (3,3a); טהר (3,3b) e זקק (3,3c). Em 3,3a, a aparição do termo מְצָרֵף liga este segmento com o anterior. No mesmo segmento, o termo מְטַהֵר liga 3,3a a 3,3b, onde aparece o W^{e}Qatal da raiz טהר. As três raízes – צרף / טהר / זקק – estão ligadas ao campo semântico da purificação.

Em 3,3b o texto faz menção aos בְּנֵי־לֵוִי, uma referência aos sacerdotes que serão purificados em virtude das acusações a eles dirigidas no oráculo de 1,6–2,9. Levi é particularmente mencionado em 2,1-9, quando o profeta afirma que, em virtude da sua transgressão, os sacerdotes corromperam a "aliança de Levi" (Ml 2,8c). A descrição da atuação do mensageiro é encerrada em 3,3c com o W^{e}Qatal da raiz זקק. O termo אֹתָם retoma a expressão "filhos de Levi", mostrando a continuidade do texto e a ligação entre as suas partes.

O segmento 3,3d e o v. 4 mostram o resultado da ação do mensageiro de YHWH para dois grupos específicos, indo do particular para o geral: os sacerdotes e o povo em geral. Em 3,3d encontra-se o resultado da ação do mensageiro para os sacerdotes: eles serão para YHWH os que apresentam uma "oferenda em

---

559. NICCACCI, A., Poetic Syntax and Interpretation of Malachi, p. 91.

560. Em Ml 1,6, perguntando a respeito de sua honra, YHWH se autodenomina "Senhor".

justiça". Em 3,4 aparece o resultado da ação do mensageiro para o povo em geral: a oferenda de Judá e Jerusalém será agradável para YHWH como nos dias antigos.

Os termos נָגַשׁ e מִנְחָה conectam este oráculo com Ml 1,6–2,9. A raiz נגש aparece em 1,7.8(2x).11, sempre ligada ao ato de apresentar algo a YHWH em contexto cultual.[561] O termo מִנְחָה, por sua vez, aparece em 1,10.11.13. Estes versículos preparam o juízo de YHWH apresentado em 2,1-9. A raiz ערב abre Ml 3,4, indicando o segundo resultado da ação do "mensageiro da Aliança" sobre os sacerdotes: a oferenda de Judá e Jerusalém será novamente agradável a YHWH.

Em Ml 3,5 é descrita a ação de YHWH. Esta vem indicada pelo WeQatal da raiz קרב. O termo מִשְׁפָּט conecta Ml 3,5a a Ml 2,17g e soa como uma resposta à pergunta ali presente. Em Ml 3,5b-d enumera-se a ação de YHWH contra grupos específicos (enumerados no esquema 3–3–1): feiticeiros, adúlteros e perjuros (3,5b); exploradores do assalariado, da viúva e do órfão (3,5c); os que enganam o estrangeiro. Todas essas ações são sintetizadas em 3,5e: os que não temem YHWH.

Em 2,5 e 3,5 ocorre a raiz ירא. Em 2,5c afirma-se que Levi "temia" YHWH. Agora em 3,5e os que "não temem" YHWH serão julgados por ele. Os sacerdotes não são enumerados aqui, pois seu juízo será a purificação descrita em 3,3. O v. 3,5 termina com uma oração em 0-Qatal, a fórmula do mensageiro, que aparece aqui pela segunda vez, encerrando todo o oráculo.

Pode-se estabelecer, então, a seguinte estrutura para a perícope:

2,17: Introdução da perícope – Fala do Profeta
2,17a: Acusação (יגע/דָּבָר)
2,17b: Introdução à resposta dos acusados
2,17c: Resposta dos acusados em forma interrogativa (יגע)
2,17d: Introdução à resposta do profeta (אָמַר)
2,17e-g: As palavras dos acusados são reportadas pelo profeta
2,17e: O mal é bom aos olhos de YHWH
2,17f: YHWH se compraz nos maus
2,17g: Onde está o Deus do julgamento?

3,1a-b: Anúncio de uma dupla vinda: o mensageiro e o Senhor – Fala de YHWH
3,1a: Anúncio da vinda do mensageiro
3,1b: Missão do mensageiro (preparar o caminho de YHWH)

---

561. Aparece ainda em 2,12.

3,1c-f: Segundo anúncio de uma dupla vinda: o mensageiro da Aliança e YHWH – Fala do Profeta
    3,1cd: Anúncio da vinda do Senhor
    3,1ef: Retomada do anúncio da vinda do "mensageiro da Aliança"
    3,1g: Fórmula do mensageiro

3,2-4: A vinda do mensageiro:
Descrição do mensageiro em si, de sua ação e do resultado desta ação
    3,2: Descrição do mensageiro em si
        3,2ab: Preparação da descrição do mensageiro
        3,2a: Quem suportará?
        3,2b: Quem ficará de pé?
        3,2c: Descrição do mensageiro (fogo / lixívia)
    3,3a-3c: Descrição da ação do mensageiro
        3,3a: Ele se sentará como faz o fundidor
        3,3b: Purificará os filhos de Levi
        3,3c: Acrisolará os filhos de Levi como o ouro e a prata
    3,3d-4: Resultado da ação do mensageiro
        3,3d: Fruto para os filhos de Levi:
            (Serão os que apresentam uma "oferenda em justiça")
        3,4: Fruto para Judá e Jerusalém
            (Sua oferenda será, de novo, agradável para YHWH)

3,5: A vinda de YHWH – Juízo – Fala de YHWH
    3,5a: Segundo anúncio de sua vinda (3,1bc) – (2,17g: מִשְׁפָּט)
    3,5b-e: Descrição de sua atuação
        3,5b: Será uma "testemunha rápida" contra:
            Feiticeiros, adúlteros e perjuros
        3,5c: Contra os que exploram:
            O assalariado, a viúva e o órfão
        3,5d: (Contra)[562] os que enganam o *estrangeiro*
        3,5e: (Contra) os que não o temem[563]
    3,5f: Fórmula do mensageiro

---

562. O "contra" está entre parênteses porque, no hebraico, esse segmento difere dos anteriores pela ausência da preposição בְּ.

563. Além do que foi dito na nota anterior a respeito do termo "contra", tal segmento funciona como uma espécie de síntese de todas as categorias de pessoas que fazem o que é contrário à vontade de YHWH.

3.3.2. Gênero literário

Ml 2,17–3,5 normalmente é classificado como pertencente ao gênero literário "disputa profética" (*Disputationsworte*). Os textos atribuídos a este gênero possuem três elementos básicos: [564]

1. *Die Behauptung* (Afirmação – uma espécie de "alegação" onde se propõe o motivo da disputa);
2. *Die Einrede des Partners* (Objeção ou réplica da contraparte);
3. *Die Begründung und Schlußfolgerung* (Justificativa e Conclusão).

A primeira parte, *Die Behauptung*, pode vir na forma de uma simples afirmação, de uma pergunta ou, ainda, de um convite/exortação. Pode ser uma fala do profeta ou do próprio Deus. Logo em seguida, aparece a "objeção" ou "réplica" da contraparte, sempre com frases curtas, como pode ser observado em Ml 2,17c, por exemplo.

A terceira parte desta estrutura – *die Begründung und die Schlußfolgerung* – Pfeiffer a define como sendo a "peça central" e mais longa da disputa. A afirmação inicial é exposta em detalhes, "fundamentada/justificada", desenvolvida, chegando-se, enfim, a uma conclusão (*Schlußfolgerung*), sob uma dessas três formas: *Heilsspruch* (Palavra de Salvação); *Mahnrede* (Admoestação/Exortação) ou *Drohspruch* (Palavra de ameaça). Pfeiffer aplica esta estrutura aos seis oráculos nos quais ele subdivide o livro de Malaquias.[565] O texto de Ml 2,17–3,5 traz a quarta disputa do livro de Malaquias.[566] Como em 2,10, a disputa é motivada por uma assertiva do profeta (3ps), que logo depois é questionada pelos interlocutores.

O esquema apresentado por Pfeiffer para definir este gênero pode ser assim aplicado ao texto de Malaquias 2,17–3,5:[567]

2,17a: Afirmação (*Die Behauptung*) – (דָּבָר)
2,17bc: Objeção da contraparte (*Die Einrede des Partners*)
  2,17b: Introdução da objeção
  2,17c: Objeção em si
2,17d-17g: Justificativa (*Die Begründung*)
  2,17d: Introdução (*Ao dizerdes...*) - אמר
  2,17e-g: Esclarecimento da motivação

---

564. PFEIFFER, E., Die Disputationsworte im Buche Maleachi, p. 555-556.

565. Ml 1,2-5; 1,6–2,9; 2,10-16; 2,17–3,5; 3,6-12; 3,13-21.

566. O título (1,1) e a conclusão (3,22-24) são normalmente considerados como acréscimos posteriores. MEINHOLD, A., Maleachi, p. XVI; HILL, A., Malachi, p. 32; KESSLER, R., Maleachi, p. 53.

567. PFEIFFER, E., Die Disputationsworte im Buche Maleachi, p. 566-567.

(Aqui responde-se à objeção da contraparte de 2,17c, esclarecendo-se quais tenham sido as "palavras" – 2,17a – que cansaram YHWH dando, assim, origem ao oráculo) - Pergunta-chave (2,17g): אַיֵּה אֱלֹהֵי הַמִּשְׁפָּט.

A justificativa, apresentada em 2,17d-2,17g progride na continuação do oráculo, até que este atinja seu ponto máximo em 3,5, na forma de um "discurso de ameaça" que, pela presença do termo מִשְׁפָּט parece responder à pergunta de 2,17g:[568]

אַיֵּה אֱלֹהֵי הַמִּשְׁפָּט

	3,1: Anúncio da vinda do mensageiro (1ª pessoa)
3,2-4:	Descrição da figura, da ação e do resultado da ação do mensageiro
3,5:	Conclusão do oráculo (*Schlußfolgerung*) na forma de uma ameaça (*Drohrede*) – retomada da 1ª pessoa[569]

3.4. Comentário exegético

3.4.1. Introdução: 2,17

A perícope inicia-se, à semelhança do que acontece em outros lugares no livro de Malaquias (1,2; 1,6; 3,6; 3,13), com uma afirmação que funciona como uma acusação contra os destinatários do oráculo. Estes não são identificados, mas pode-se depreender do contexto que sejam aqueles que não acreditam que YHWH seja o "Deus do direito" (אֱלֹהֵי הַמִּשְׁפָּט) e, por isso, praticam o que é mau aos seus olhos.[570] Essa acusação inicial é marcada pelo uso da raiz יגע (2,17a.17c) e pelo substantivo מִשְׁפָּט (2,17g; 3,5a).

---

568. PFEIFFER, E., Die Disputationsworte im Buche Maleachi, p. 567.

569. Westermann afirma que o gênero literário de Ml 3,5 é aquele do "procedimento legal/judicial". Esta seria uma forma variante do "discurso profético de juízo". A diferença seria que, enquanto no discurso profético de juízo quem fala é o mensageiro, no "procedimento legal/judicial" quem fala é YHWH diretamente, sem que sua fala seja precedida por qualquer introdução. WESTERMANN, C., Basic Forms of Prophetic Speech, p. 199.

570. Niccacci sugere que os destinatários sejam os membros do povo em geral que, vendo a prosperidade dos maus, se sentem desencorajados e começam a duvidar de que Deus seja, realmente, justo. NICCACCI, A., Poetic Syntax and Interpretation of Malachi, p. 90.

O sentido básico da raiz יגע é "estar/tornar-se cansado", referindo-se mais a fadiga física que psicológica.[571] É o que se pode depreender de passagens como Js 7,3 e outras.[572] No Hifil, a raiz ganha sentido causativo e o instrumento pelo qual o cansaço é causado em alguém vem introduzido, em geral, pela preposição בְּ.[573] Na forma Hifil, a raiz só ocorre em Is 43,23.24 e em Ml 2,17:[574]

Is 43,23	וְלֹא הוֹגַעְתִּיךָ בִּלְבוֹנָה
Is 43,24	הוֹגַעְתַּנִי בַּעֲוֹנֹתֶיךָ
Ml 2,17a	הוֹגַעְתֶּם יְהוָה בְּדִבְרֵיכֶם
Ml 2,17c	בַּמָּה הוֹגָעְנוּ

O texto de Is 43,24 pode ajudar a elucidar o sentido de Ml 2,17.[575] Somente nestes dois textos a raiz יגע, no Hifil, tem YHWH como objeto.[576] Em Is 43,24 são as iniquidades (עֲוֹנוֹת) do povo que cansam YHWH. Em Ml 2,17, por sua vez, são as "palavras" (דְּבָרִים) do povo que o cansam. Lendo em conjunto esses dois textos, parece verossímil afirmar que o termo דְּבָרִים ganha, em Ml 2,17, um aspecto negativo. As "palavras" que serão reportadas logo a seguir exprimem algo de iníquo, "pervertem" a verdadeira imagem de YHWH. Afirmação semelhante pode ser encontrada em Ml 3,13-14. Em Ml 3,13, YHWH classifica de "duras" (חָזַק) as palavras que os israelitas dirigem contra ele e ele próprio explicita quais sejam essas "palavras" (דְּבָרִים): considera-se que é "inútil" (שָׁוְא) servir a Deus e que não há "lucro" (בֶּצַע) nisso.[577]

Nos segmentos 2,17b-17g estabelece-se um diálogo fictício entre o profeta e os destinatários do oráculo. O profeta apresenta o que seria a reação dos destinatários (2,17c) e, ao mesmo tempo, lhes oferece uma resposta (2,17d-17g), que confirma e desenvolve a acusação inicial (2,17a). Tal procedimento literário acontece, também, em Ml 1,2; 1,6; 1,7; 2,14; 3,7; 3,8; 3,13, o que ajuda a perceber como, do ponto de vista do estilo, a perícope de Ml 2,17–3,5 se conecta com o restante

---

571. HASEL, G. F., יָגַע, p. 388.

572. Jó 9,29; Sl 6,7; Jr 45,3; 51,58; Lm 5,5.

573. HASEL, G. F. יָגַע, p. 389.

574. LISOWSKY, G., Konkordanz zum Hebräischen Alten Testament, p. 559. As maiores ocorrências do verbo יָגַע se dão em Isaías. Das 26x que o termo ocorre no AT, 12x são em Isaías, sempre no Dêutero e no Trito-Isaías (40,28.30.31; 43,22.23.24; 47,12.15; 49,4; 57,10; 62,8; 65,23).

575. VERHOEF, P. A., The Books of Haggai and Malachi, p. 258; MEINHOLD, A., Maleachi, p. 251.

576. SNYMAN, S. D., Malachi, p. 129.

577. FLOYD, M. H., Minor Prophets, p. 612.

do livro. Nos segmentos 2,17e-2,17g o profeta reporta quais são as "palavras" que "cansam" YHWH. Os segmentos 2,17e-2,17f estão unidos por um ו *copulativum*. O segmento 2,17g, por sua vez, vem introduzido pela conjunção disjuntiva אוֹ. Tal conjunção geralmente serve para indicar alternativas, como em Jz 18,19.[578]

A primeira "palavra" dos destinatários reportada pelo profeta está em 2,17e: כָּל־עֹשֵׂה רָע טוֹב בְּעֵינֵי יְהוָה. O termo רָע, quando utilizado como um adjetivo para referir-se a uma pessoa ou grupo, indica sempre o mal em sentido moral e nunca a simples desventura ou aflição (Sl 5,5).[579] Costuma aparecer justaposto ao termo טוֹב, como acontece em Ml 2,17.[580] A comparação com alguns textos bíblicos pode ajudar a compreender melhor o sentido e a força das palavras dos destinatários do oráculo reportadas pelo profeta.[581]

O primeiro texto a ser evocado é Dt 25,16. Nesse texto, o autor sagrado afirma que todo o que pratica a "injustiça" (עָוֶל) é considerado uma "abominação" para YHWH (תּוֹעֵבָה).[582] Se YHWH odeia a injustiça, como ele pode ser classificado como alguém que vê como "bom" aquilo o que é "mau"? Com relação ao termo רָע, ele ocorre, de modo particular, dentro da frase estereotipada וּבִעַרְתָּ הָרָע מִקִּרְבֶּךָ que aparece 7x no livro do Deuteronômio.[583] Mais uma vez surge a pergunta: se YHWH é aquele que manda "exterminar" (בער) o mau do meio do seu povo, como Ele agora se tornou não somente complacente, mas passou a considerar "bom" o que é "mau"? A frase "fazer o mal aos olhos de YHWH" (הָרַע בְּעֵינֵי + עָשָׂה יְהוָה), por sua vez, é recorrente na BH para indicar uma atitude ou conjunto de atitudes que atraem o juízo de YHWH sobre uma pessoa ou sobre todo o povo.[584]

Outros dois textos poderiam, ainda, elucidar a gravidade do enunciado de 2,17e. O primeiro é Is 5,20, onde o juízo de YHWH (הוֹי) está sobre os que chamam ao mal bem e ao bem mal. A audiência de Malaquias acusa YHWH de fazer

---

578. ALONSO SCHÖKEL, L., Dicionário Bíblico Hebraico-Português, p. 31-32; GKC §150g.

579. STOEBE, H. J., רָע, p. 1007.

580. DOHMEN, C; RICK, D., רעע, p. 564.

581. Embora seja um diálogo fictício, é possível que o profeta tenha introduzido no seu oráculo aquilo que se costumava dizer a respeito de YHWH, e que ele percebia que adquiria um tom blasfemo. Ou, ainda, o profeta pode ter sintetizado nessas frases o pensamento e o dizer do povo a respeito de YHWH.

582. Petersen chega a afirmar que, a assonância existente entre os termos טוֹב (Ml 2,17) e תּוֹעֵבָה (Dt 25,16) serviria para deixar ainda mais claro o sentido blasfemo da palavra povo ao classificar a atitude de YHWH diante dos maus. PETERSEN, D.L., Zechariah 9-14 and Malachi, p. 208.

583. 13,6; 17,7; 19,19; 21,21; 22,21; 22,24; 24,7.

584. Nm 32,13; Dt 4,25; 9,18; 17,2; 31,29; Jz 2,11; 3,7; 3,12(2x); 4,1; 6,1; 10,6; 13,1; 1Sm 15,19; 1Rs 11,6; 14,22; 15,26.34; 16,19.25.30; 21,20.25; 22,53; 2Rs 3,2; 8,18.27; 13,2.11; 14,24; 15,9.18.24.28; 17,2.17; 21,2.6.16.20; 23,32.37; 24,9.19; 2Cr 21,6; 22,4; 29,6; 33,2.6.22; 36,5.9.12; Jr 52,5.

exatamente aquilo de que o povo foi acusado no passado.[585] Em Sf 1,12, por sua vez, YHWH promete "visitar" (פקד) os que afirmam que ele não faz nem o "bem" (יטב) e nem o "mal" (רעע). Embora a raiz פקד possa ser utilizada como um "conceito que expressa o interesse salvador de YHWH pelo indivíduo ou por Israel como povo", é mais comum, na linguagem teológica do AT, que ela seja utilizada para indicar a "intervenção de YHWH para pedir conta pelas faltas e omissões".[586] Em virtude desse último sentido é que é possível traduzi-la como "castigar". Em suma, se YHWH promete "visitar", no sentido de pedir contas, aos que afirmam que ele não faz nem o mal e nem o bem, afirmando que sua atuação e, logo, sua presença, não se pode sentir ou não faz diferença, quão grande não deverá ser o castigo de YHWH para os que afirmam algo pior: que Ele, YHWH, perverte o direito, transformando o mal em bem.[587]

A segunda afirmação dos destinatários do oráculo reportada pelo profeta é: בָּהֶם הוּא חָפֵץ (Ml 2,17f). A raiz verbal חפץ, em Malaquias, só ocorre em 2,17f e em 3,1e. O substantivo חֵפֶץ, derivado da mesma raiz, aparece em Ml 1,10 e 3,12. Interessa para a compreensão de Ml 2,17f o uso de tal substantivo em Ml 1,10. Ali o profeta afirma que Deus não tem nenhum prazer (חֵפֶץ) nos sacerdotes, em virtude dos seus desmandos no culto, o que se encaixa com o sentido teológico do termo, que indica o favor ou a rejeição da parte de Deus.[588] A construção das frases em Ml 1,10 e Ml 2,17 são parecidas, evidenciando o contraste:[589]

| Ml 1,10 | אֵין־לִי חֵפֶץ בָּכֶם |
| Ml 2,17f | וּבָהֶם הוּא חָפֵץ |

Ml 1,10 evidencia a consciência que o profeta tem de que Deus rejeita aquele que pratica o mal, o que contrasta com a afirmação que a audiência do profeta faz com relação a YHWH em 2,17f. Tal compreensão se coaduna com a imagem de Deus apresentada pelos outros profetas e, de modo geral, em toda a BH. Em Jr 9,23, por exemplo, o profeta afirma que o que "agrada" (חָפֵץ) a Deus é justamente o oposto daquilo que os interlocutores de Malaquias afirmam. Deus "se agrada" em praticar o "amor" (חֶסֶד), o "direito" (מִשְׁפָּט) e a "justiça" (צְדָקָה), e não no que é "mau" (רַע). Em virtude de uma imagem distorcida de Deus, segundo a qual Deus

---

585. JACOBS, M. R., The Books of Haggai and Malachi, p. 268.
586. SCHOTTROFF, W., פקד, p. 601.603.
587. McCOMISKEY, T. E. (Ed.), The Minor Prophets, p. 921.
588. BOTTERWECK, G. J., חָפֵץ, p. 104.
589. TIEMEYER, L. S., Priestly Rites and Prophetic Rage, p. 25-26.

consideraria o mal um bem, os interlocutores do profeta chegam à conclusão de que Deus se compraz com os malvados. Segundo Ezequiel (Ez 33,11), Deus não tem prazer (חָפֵץ) na morte do ímpio (רָשָׁע), mas também não se compraz com o mal que ele pratica. Deus deseja que o ímpio se converta, que retorne do seu caminho de maldade (הָרְעִים שׁוּבוּ מִדַּרְכֵיכֶם).

A terceira "palavra" dos interlocutores do profeta está em 2,17g: אוֹ אַיֵּה אֱלֹהֵי הַמִּשְׁפָּט. Ela vem unida às outras duas afirmações não por meio do ו *copulativum*, mas pela conjunção disjuntiva אוֹ. Em virtude dessa peculiar forma de se introduzir o segmento, pode-se compreender esta frase tanto como uma terceira invectiva, quanto como uma pergunta que resume as duas afirmações anteriores.[590] Se Deus considera o mal uma coisa boa e se agrada em quem o pratica, como continuar considerando-o o "Deus do direito" (אֱלֹהֵי הַמִּשְׁפָּט)?

O substantivo מִשְׁפָּט provém da raiz שׁפט.[591] Tal raiz, em seu uso mais genérico, designa uma ação que visa restabelecer a ordem que foi perturbada em uma comunidade. Ela costuma indicar uma relação triangular, onde o estado de שָׁלוֹם entre duas pessoas ou dois grupos, é restabelecida após a intervenção de um terceiro elemento, algumas vezes, do próprio YHWH (Is 2,4; Mq 4,3; Ez 34,30-25).[592]

O termo מִשְׁפָּט indica uma conduta considerada adequada (Sl 25,9) ou, de modo mais genérico, o que é certo, apropriado. Nesse sentido, ele pode ser compreendido como a correta ordem do mundo, aquela ordem estabelecida pelo próprio YHWH para garantir o correto ordenamento da sociedade. Na sua forma plural, מִשְׁפָּטִים, o termo pode servir para indicar o conjunto das leis dadas por Deus (Ex 21,1).[593]

No conjunto da BH, o termo מִשְׁפָּט é utilizado muitas vezes em conjunto com outros termos, como צֶדֶק, por exemplo. Em Jó 8,3, por exemplo, o autor sagrado propõe uma pergunta retórica onde os termos מִשְׁפָּט e צֶדֶק aparecem ligados à raiz עות (Piel). Tal raiz, no Piel, em sentido ético, como é o caso de Jó 8,3, possui o sentido de "perverter".[594] YHWH é tido como aquele que não "perverte" o "direito" (מִשְׁפָּט) e a "justiça" (צֶדֶק). Em Is 30,18 encontra-se uma expressão análoga, mas diametralmente oposta à encontrada em Ml 2,17g. YHWH é apresentado pelo profeta Isaías como o "Deus do direito/da justiça" (כִּי־אֱלֹהֵי מִשְׁפָּט יְהוָה). Considerando-se tais textos da BH, pode-se perceber como a pergunta dos interlocuto-

---

590. McCOMISKEY, T. E. (Ed.), The Minor Prophets, p. 1348.
591. JOHNSON, B., מִשְׁפָּט, p. 86.
592. LIEDKE, G., שׁפט, p. 1254.
593. JOHNSON, B., מִשְׁפָּט, p. 94.
594. ALONSO SCHÖKEL, L., Dicionário Bíblico Hebraico-Português, p. 486.

res de Malaquias coloca em questão a veracidade de tais afirmações a respeito de YHWH e seu modo de agir. Além disso, a introdução da pergunta pela partícula interrogativa אַיֵּה a coloca em paralelo com o tema da incredulidade[595], seja de Israel em relação aos deuses estrangeiros (2Rs 18,34; Is 36,19), seja dos povos estrangeiros em relação a YHWH (Sl 42,4.11; Sl 79,10; Jl 2,17; Mq 7,10.).

Questiona-se a respeito do que motivaria tais invectivas do povo contra YHWH. Para alguns autores, o que motivou tais invectivas foi a desilusão do povo frente à aparente demora ou não realização das promessas encerradas no Dêutero-Isaías, em Ageu e em Zacarias.[596] Outros cogitam que, por trás de tais questionamentos, subjaz a completa descrença na doutrina deuteronomista da retribuição. Vendo que esta não se aplica, o povo acaba por acreditar que YHWH se compraz no mal e na injustiça.[597] Muitas vezes nos Salmos (Sl 13; 60; 74) se lamenta a aparente distância de Deus, que não está atuando na defesa do seu povo. Os salmistas, contudo, transformam sua constatação em clamor para que Deus venha em auxílio do seu povo. Isso não acontece em Ml 2,17. As invectivas dos interlocutores do profeta assumem um tom blasfemo. Deus é acusado de perverter o direito. A resposta a todos os questionamentos de Ml 2,17 será dada em Ml 3,1-5, com ação de Deus sobre os sacerdotes e sobre todos os que não o temem.

3.4.2. Primeiro anúncio de uma dupla vinda: o mensageiro (מַלְאָךְ) e YHWH – 3,1ab

Em Ml 3,1 encontram-se dois anúncios da vinda de YHWH e seu mensageiro. O primeiro está descrito em Ml 3,1ab. Nesses segmentos é YHWH quem fala em primeira pessoa. Depois do comentário do profeta que ocupa o texto de

---

595. SNYMAN, S. D., Malachi, p. 129.

596. BALDWIN, J. G., Haggai, Zechariah and Malachi, p. 263; VERHOEF, P. A., The Books of Haggai and Malachi, p. 284-285.

597. GLAZIER-McDONALD, B., Malachi: The Divine Messenger, p. 123. Comentando este versículo, São Jerônimo afirma: "Quando o povo regressou da Babilônia e viu que todos os povos ao redor, inclusive os servidores dos ídolos da Babilônia, eram ricos, tinham corpos vigorosos e possuíam todos os bens deste mundo, enquanto que aqueles que tinham o conhecimento de Deus estavam sujos, famintos e cobertos de escravidão, se escandalizaram e disseram: Não existe uma providência que cuide dos assuntos humanos; é a cega causalidade que governa tudo, não o juízo de Deus; e ainda, ele se compraz nos malvados e os bons lhe desagradam. E, se é Deus quem governa tudo, onde está seu juízo justo e equitativo? A pessoa que desconfia das coisas futuras coloca diariamente esta questão a Deus e, ao ver que os malvados são poderosos enquanto que os santos não contam para nada, que aqueles nadam em abundância, enquanto que estes carecem do indispensável para viver e amiúde padecem cegueira e surdez e tem todo o corpo coberto de chagas e estão golpeados pela enfermidade (...) como não compreendem o tempo do juízo e que os bens verdadeiros são eternos, dizem: 'Os maus lhe agradam' e: 'Onde está o Deus do juízo?'" GARCÍA, A. D., San Jerónimo: Obras Completas, p. 789.

Ml 3,1c-4, a fala de YHWH em primeira pessoa será retomada em Ml 3,5. Ml 3,1a é introduzido pelo sinal macrossintático הִנֵּה, que ocorre outras seis vezes em Malaquias (Ml 1,13; 2,3; 3,1[2x]; 3,19; 3,23).

Do ponto de vista da fraseologia, Ml 3,1ab aproxima-se dos textos de Ex 23,20 e Is 40,3:

Ex 23,20: הִנֵּה אָנֹכִי שֹׁלֵחַ מַלְאָךְ לְפָנֶיךָ   Ml 3,1a: הִנְנִי שֹׁלֵחַ מַלְאָכִי

Is 40,3: פַּנּוּ דֶּרֶךְ יְהוָה   Ml 3,1b: וּפִנָּה־דֶרֶךְ לְפָנָי

Tanto em Ml 3,1a quanto em Ex 23,20, o מַלְאָךְ aparece como uma figura próxima de YHWH. Em Malaquias ele é chamado pelo próprio YHWH de "meu mensageiro" (מַלְאָכִי); no livro do Êxodo, por sua vez, YHWH afirma que seu nome está sobre ele (Ex 23,21: כִּי שְׁמִי בְּקִרְבּוֹ). Em Ex 23,20-33, texto considerado como um epílogo para o "Livro da Aliança" (Ex 23,20-33)[598], a ação do מַלְאָךְ é em vista da chegada do povo, em segurança, na terra prometida. Ele aparece como um guia no deserto, função também atribuída ao מַלְאָךְ em outros textos da BH (Gn 16,7-14; Nm 20,16).[599] Sua voz deve ser "ouvida" (שמע - Qal) e sua presença "respeitada" (שמר – Nifal – Ex 23,21). O contexto da Aliança no qual o "mensageiro" é enviado destaca-se tanto em Malaquias, quanto no livro do Êxodo. No Êxodo, sua função é fazer com que a Aliança seja levada a cabo e Israel tome posse da terra que Deus havia prometido a Abraão. Em Malaquias, por sua vez, sua função será restabelecer a Aliança, começando pela purificação dos sacerdotes, que "corromperam" a Aliança de Levi (Ml 2,8). Uma diferença pode ser notada, contudo, entre Ml 3,1b e Ex 23,20: enquanto em Ex 23,20 o "mensageiro" será enviado à frente do povo ("diante de ti" - לְפָנֶיךָ), em Ml 3,1b afirma-se que ele será enviado à frente de YHWH ("diante de mim" - לְפָנָי). Em Malaquias, o mensageiro não é mais um condutor do povo pelo deserto, mas alguém que vai à frente de YHWH, preparando sua chegada e atuação.

Em Ml 3,1b vem descrita a função do mensageiro: וּפִנָּה־דֶרֶךְ לְפָנָי. Sua função é preparar o caminho diante do próprio YHWH que deve vir ao encontro do seu povo. O uso da raiz פנה, no Piel, acompanhada do substantivo דֶּרֶךְ, como acontece em Ml 3,1b é raro na BH. Constata-se tal uso em Is 40,3; 57,14 e 62,10. Contudo, somente em Is 40,3 trata-se de "abrir" ou "preparar" um caminho para YHWH.

---

598. DOZEMAN, T. B., Exodus, p. 555.

599. DOZEMAN, T. B., Exodus, p. 557. Dozeman ressalta, ainda, que em Ex 23,20 o uso da 1cs no discurso divino dá à promessa um caráter de imediatez. A mesma ideia parece presente em Ml 3,1, não somente pelo uso da 1cs, mas também pelo uso do advérbio פִּתְאֹם em Ml 3,1c.

Em Isaías, a expressão פַּנּוּ דֶּרֶךְ evoca o sentido de uma ação em vista de remover qualquer obstáculo que esteja no caminho de YHWH.[600] Tal sentido, se esclarece pelo uso da raiz יָשַׁר (Piel), no mesmo versículo, com o sentido de "aplainar, endireitar".[601] Nesse sentido, estão próximos os textos de Ml 3,1b e Is 40,3. A necessidade de uma "preparação" para a chegada de YHWH é transmitida nos dois textos. Em Malaquias, contudo, se acrescenta a ideia de uma figura que prepara esse caminho, o מַלְאָךְ, que é enviado pelo próprio YHWH. Em Is 40,3, tal figura que deve "preparar o caminho" de YHWH permanece anônima.[602]

No Antigo Oriente Próximo havia uma grande apreciação pela abertura de estradas que podiam ligar as diferentes partes de um mesmo império. A abertura dessas estradas trazia sempre a ideia de prosperidade, por facilitar o comércio e a comunicação.[603] Dario I construiu, no século V a.C., uma grande estrada com cerca de quase 3.000 km, ligando Susa a Sardes, por onde seus mensageiros podiam circular levando informações de uma ponta à outra do Império.[604] Além disso, os israelitas haviam conhecido as grandes procissões da Babilônia.[605] Nessas procissões, os deuses se tornavam visíveis nos objetos ou imagens que os representavam. Para Israel, todavia, a presença de YHWH se fará sentir de uma outra forma. A libertação do povo em Isaías e o juízo purificador de YHWH em Malaquias funcionam como experiência da sua presença. A presença de YHWH não se faz sentir por meio de uma imagem, mas por meio de sua ação na história.[606]

Se a raiz פנה guarda o sentido de remover do caminho daquele que vem qualquer obstáculo, entende-se porque a fala de YHWH é complementada pelo comentário do profeta em Ml 3,1c-4. Antes que YHWH tome de novo a palavra

---

600. SCHREINER, J., פָּנָה, p. 584.

601. ALONSO SCHÖKEL, L., Dicionário Bíblico Hebraico-Português, p. 301-302.

602. Segundo Oswalt, a identidade do mensageiro foi absorvida pela mensagem. OSWALT, J. N., O livro de Isaías: capítulos 40-66, p. 76.

603. BEITZEL, B. J., Travel and Communication (OT World), p. 647. Na Escritura, a ideia de um caminho plano, uma estrada reta, evoca uma era de paz (Sl 143,10; Pr 3,6; 15,19).

604. KIA, M., The Persian Empire, p. 127-128. Ina Willi-Plein acredita que o pano de fundo desse imaginário do mensageiro que prepara o caminho deva-se ao que ocorria no Império Persa. A mobilidade do "grande Rei" exigia que uma espécie de cortejo real fosse à frente, não somente reparando as estradas para que o "grande Rei" pudesse vir sem transtornos, mas também fazendo sua "propaganda" nas áreas mais remotas do império. WILLI-PLEIN, I., Haggai, Sacharja, Maleachi, p. 268-269.

605. WESTERMANN, C., Isaiah 40-66, p. 38-39.

606. WILLI-PLEIN, I., Haggai, Sacharja, Maleachi, p. 268-269. Elliger correlaciona a ideia de "preparar um caminho" presente em Is 40,3 com a mesma ideia presente em textos babilônicos para referir-se tanto às procissões dos deuses quanto à chegada do rei. Tal expressão em Isaías significa tanto o reconhecimento da realeza quanto da divindade de YHWH. ELLIGER, K., Deuterojesaja, p. 17-18.

para anunciar a sua aproximação para o juízo daqueles que não o temem (Ml 3,5), o profeta explica em que consiste a preparação do seu caminho (Ml 3,1c-4).

Estão particularmente próximos os textos de Ml 3,1 e Ml 3,23, porque além de utilizarem o termo הִנֵּה introduzindo uma fala de YHWH, os dois textos trazem a raiz שׁלח (Qal - ptc). Em Ml 3,1a YHWH promete enviar (שׁלח) seu mensageiro (מַלְאָכִי). Em Ml 3,23, por sua vez, YHWH anuncia que enviará (שׁלח) o profeta Elias, antes que chegue o יוֹם יְהוָה. Nos dois versículos, a ideia de um envio do mensageiro ou do profeta Elias antes da chegada do próprio YHWH é expressa pelo termo לִפְנֵי. Além disso, a raiz שׁלח, utilizada em 3,1a, ocorre outras vezes dentro do livro de Malaquias (Ml 2,2.4.16; 3,1.23). Em geral, esta raiz aparece, no livro, no Piel (Ml 2,2.4.16). Só em Ml 3,1a e Ml 3,23 é que ela é utilizada no Qal (ptc). Tais elementos revelam pontos de contato entre Ml 3,1 e Ml 3,23. Não é improvável que o redator final do livro tenha interpretado que o מַלְאָךְ anunciado em Ml 3,1a fosse o profeta Elias redivivo.[607]

3.4.3. Segundo anúncio de uma dupla vinda: o mensageiro da aliança (מַלְאַךְ הַבְּרִית) e o Senhor (אָדוֹן) – 3,1c-f

O texto de Ml 3,1c-4 retoma a 3ps de Ml 2,17. Em Ml 3,1c-f encontra-se o segundo anúncio de uma dupla vinda: a do אָדוֹן (Ml 3,1c), que virá ao "seu Templo" (הֵיכָלוֹ) e a do מַלְאַךְ הַבְּרִית (Ml 3,1e). Essa vinda se dará "repentinamente" (פִּתְאֹם). O advérbio פִּתְאֹם ocorre principalmente nos textos proféticos.[608] Os eventos introduzidos por ele indicam, em geral, uma grande calamidade ou a vinda de YHWH para julgar, como ocorre em Ml 3,1c. Tais eventos ocorrem em virtude da iniquidade do povo, ou dos inimigos de Israel sobre os quais virá o castigo de YHWH (Is 30,13 - הֶעָוֹן הַזֶּה).[609] Embora esta frase possua um verbo numa forma finita (יָבוֹא), é o advérbio que assume a posição enfática. Com isso, fica mais claramente evidenciado que, particularmente para os que põem em dúvida a ação de YHWH, esta se dará de modo repentino, assim como "repentinamente" caiu Babilônia, conforme a palavra dos profetas (Is 47,11; Jr 51,8). Para os "céticos", para os que defendem o desinteresse de YHWH pelo povo e pela prática do direito (Ml 2,17) e para os que praticam o mal (Ml 3,5), a vinda de YHWH se dará de modo repentino.[610]

---

607. PETERSEN, D.L., Zechariah 9-14 and Malachi, p. 230; WEYDE, K. W., Prophecy and Teaching, p. 392-393.

608. THIEL, W., פִּתְאֹם, p. 160. Das 25 ocorrências do termo na BH, 10 se dão nos livros proféticos, em Isaías, Jeremias e Malaquias. LISOWSKY, G., Konkordanz zum Hebräischen Alten Testament, p. 1195.

609. THIEL, W., פִּתְאֹם, p. 161.

610. HILL, A., Malachi, p. 267. O mesmo advérbio é utilizado em Is 48,3, demonstrando a ação de YHWH se dá de modo repentino, ainda que sua palavra pareça demorar a se cumprir.

Deve-se destacar, contudo, que em dois lugares na BH o advérbio פִּתְאֹם faz referência aos atos salvíficos de YHWH (Is 29,5; 2Cr 29,36). Em Is 29,5 a intervenção salvífica de YHWH se dará "repentinamente" e os inimigos de Jerusalém serão dispersos. Em 2Cr 29,36 afirma-se que YHWH agiu "repentinamente", fazendo com que as medidas de reforma cultual propostas por Ezequias obtivessem pronto sucesso. Tal aspecto positivo do advérbio pode ser aplicado também ao contexto de Ml 2,17–3,5, uma vez que a intervenção "repentina" de YHWH trará, também, um efeito positivo: a aceitação, por parte de YHWH, da oferenda de Judá e Jerusalém (Ml 3,4).[611]

Discute-se a respeito da identidade das duas figuras mencionadas em Ml 3,1c (מַלְאַךְ הַבְּרִית / הָאָדוֹן). Basicamente, os autores se dividem em dois grupos: os que defendem que se trata de uma mesma figura, apresentada com dois títulos distintos; os que defendem uma distinção entre as duas figuras. Entre os autores que defendem que as expressões הָאָדוֹן e מַלְאַךְ הַבְּרִית podem ser consideradas como referindo-se à mesma figura, destaca-se Skrinjar, que afirma não ser estranho chamar o "mensageiro da aliança" de "Senhor", uma vez que, em Is 9,6, o "Emanuel" é chamado de "Deus forte".[612] Outros autores seguem a mesma linha interpretativa, afirmando que a expressão מַלְאַךְ הַבְּרִית é uma fórmula de autorevelação do próprio YHWH.[613]

Tal interpretação parte de dois argumentos: primeiro, a semelhança que existe na descrição do הָאָדוֹן e do מַלְאַךְ הַבְּרִית, particularmente, o uso comum de orações subordinadas para descrever a expectativa do povo com relação à vinda dessas personagens; o segundo argumento parte de uma interpretação do texto, ou seja, a purificação descrita nos vv. 2-3 só pode ser obra de YHWH e, como esses versículos dizem respeito à ação do מַלְאַךְ הַבְּרִית, esse deve ser idêntico a YHWH.[614] A este respeito, Glazier-McDonald compara o texto de Malaquias com textos do AT onde aparece a expressão מַלְאַךְ יְהוָה que, no seu parecer, pode ser

---

611. MEINHOLD, A., Maleachi, p. 259.

612. SKRINJAR, A., Angelus Testamenti, p. 40-48.

613. GLAZIER-McDONALD, B., Malachi: The Divine Messenger, p. 130-131; RENKER, A., Die Tora bei Maleachi, p. 90-97; VAN DER WOUDE, A. S., Der Engel des Bundes, p. 289-300; KAISER, W. C., The Promise of the Arrival of Elijah in Malachi and the Gospels, p. 221-233; GLAZIER-MCDONALD, B., Mal'ak Habberît, p. 93-104; McCOMISKEY, T. E. (Ed.), The Minor Prophets, p. 1350; MALONE, A. S., Is the Messiah announced in Malachi 3:1?, p. 215-228; HIMBAZA, I., L'eschatologie de Malachie 3, p. 359-361; SNYMAN, S. D., Once again: Investigating the Identity of the Three Figures Mentioned in Malachi 3:1, p. 1031-1044; JACOBS, M. R., The Books of Haggai and Malachi, p. 275.

614. Este segundo argumento é aduzido por aqueles que, como Glazier-McDonald, defendem que as duas figuras sejam representações do próprio YHWH. GLAZIER-McDONALD, B., Malachi: The Divine Messenger, p. 130-131.

uma forma de se referir ao próprio YHWH.⁶¹⁵ Hill compartilha o mesmo ponto de vista e defende que, sintaticamente, o sintagma וּפִתְאֹם יָבוֹא rege não somente Ml 3,1b mas, também, Ml 3,1e. O ו que conecta Ml 3,1e aos segmentos anteriores, não deveria ser entendido como um ו *copulativum*, mas sim, como um ו epexegético, que serve para especificar a identidade do הָאָדוֹן.⁶¹⁶

Um segundo grupo de autores acredita que expressões מַלְאַךְ הַבְּרִית e הָאָדוֹן referem-se a duas figuras distintas. Entre estes, Malchow não somente as distingue, mas afirma ser o מַלְאַךְ הַבְּרִית uma figura sacerdotal, uma vez que, em Ml 2,7 é dito que o sacerdote é מַלְאַךְ יְהוָה־צְבָאוֹת.⁶¹⁷ Malone segue esta mesma linha interpretativa, afirmando que, embora não seja impossível compreender o מַלְאַךְ הַבְּרִית como uma figura humana, é mais provável, segundo seu parecer, que se trate de um "anjo escatológico".⁶¹⁸ Wallis afirma que se trata de um mensageiro divino, que está junto de Deus, mas próximo dos homens. Ele pode ser chamado "Senhor do Templo" porque é uma espécie de "mordomo" da casa de YHWH.⁶¹⁹

O parecer de Niccacci se destaca pela sua análise da sintaxe do texto. Diferentemente de Hill, ele não concebe que os segmentos Ml 3,1c e Ml 3,1e sejam regidos pelo mesmo sintagma (וּפִתְאֹם יָבוֹא). No seu parecer, a vinda de YHWH é apresentada pela raiz בוא no Yiqtol (Ml 3,1a), enquanto a vinda do mensageiro é apresentada pela mesma raiz no particípio (Ml 3,1f).⁶²⁰ Além disso, a presença do termo הִנֵּה nas expressões הִנְנִי שֹׁלֵחַ (Ml 3,1a) e הִנֵּה־בָא (Ml 3,1f), ajudaria a identificar o מַלְאַךְ הַבְּרִית (Ml 3,1e) com o מַלְאָכִי (Ml 3,1a). Se em Ml 3,1a essa figura aparece claramente distinta de YHWH que o envia, isso parece ser um argumento a favor da tese segundo a qual também as duas figuras apresentadas em Ml 3,1c e Ml 3,1e se distinguem, sendo הָאָדוֹן uma referência a YHWH e מַלְאַךְ הַבְּרִית uma referência ao seu mensageiro, já anunciado em Ml 3,1a.⁶²¹

Para sustentar tal opinião, outros argumentos poderiam ser aduzidos:

---

615. GLAZIER-McDONALD, B., Malachi: The Divine Messenger, p. 130. Dozeman afirma em seu comentário ao Êxodo que o "mensageiro de YHWH", frequentemente, não se distingue com clareza do próprio YHWH: DOZEMAN, T. B., Exodus, p. 125.

616. HILL, A., Malachi, p. 269.

617. MALCHOW, B. V., The Messenger of the Covenant in Mal 3:1, p. 252-255.

618. MALONE, A. S., Is the Messiah announced in Malachi 3:1?, p. 215-228. A mesma linha interpretativa é seguida por Scalabrini. SCALABRINI, P. R., Il messaggero del Signore (Ml 2,17–3,5), p. 35-41.

619. VON WALLIS, G., Wesen und Struktur der Botschaft des Maleachis, p. 229-237.

620. NICCACCI, A., Poetic Syntax and Interpretation of Malachi, p. 55-107. Esta forma do verbo בוא pode ser compreendida tanto como um Qatal 3ms, quanto como um particípio 3ms.

621. NICCACCI, A., Poetic Syntax and Interpretation of Malachi, p. 92.

• O termo אָדוֹן ocorre cinco vezes em Malaquias e quatro vezes refere-se a YHWH. Em Ml 1,6, o termo ocorre duas vezes. A primeira ocorrência em Ml 1,6 não se refere diretamente a YHWH, mas serve para introduzir uma comparação que levará à conclusão de que YHWH é "Senhor".

• A expressão הָאָדוֹן e sua variante הָאָדֹן só ocorre em Ml 3,1; em Isaías e no livro do Êxodo. Em Isaías, ela sempre se refere a YHWH, particularmente quando aparece nas fórmulas do mensageiro (Is 1,24; 19,4). No Êxodo (23,17; 34,23) ela vem acompanhada do tetragrama sagrado (יהוה).[622]

• A expressão מַלְאַךְ הַבְּרִית é única em Malaquias e em toda a BH. Não há motivos para se presumir que, necessariamente, tal figura seja idêntica ao מַלְאַךְ יְהוָה que aparece em outros textos do AT (Ex 3,2; Nm 22; Jz 2,1) e que, segundo alguns autores, não parece muito distinguível do próprio YHWH em alguns textos (Ex 3,2.4).[623] Deve-se observar, ainda, que em nenhum lugar na Bíblia Hebraica YHWH é chamado, diretamente, de מַלְאָךְ. Alguns textos demonstram a proximidade entre YHWH e o מַלְאָךְ, ou até mesmo uma certa ambiguidade, mas não uma identificação clara.

• O uso de formas diferentes da raiz בוא, quando esta se refere ao הָאָדוֹן (Ml 3,1c – Yiqtol) e ao מַלְאַךְ הַבְּרִית (Ml 3,1f – Qatal particípio) parece apontar para a anterioridade da ação deste último em relação à ação do próprio YHWH. Isso faz com que haja uma harmonia entre Ml 3,1c-g e Ml 3,1a-b, onde o próprio YHWH apresenta a vinda prévia do mensageiro que preparará seu caminho.

• Um último argumento a ser aduzido vem da interpretação que o texto recebeu dentro da tradição judaica. O texto de Ml 3,1a descoberto em Qumran traz a raiz בוא na terceira pessoa do plural.[624] Tal alteração pode ter sido em vista da difícil sintaxe que poderia causar alguma ambiguidade na interpretação das duas figuras às quais o profeta alude em Ml 3,1.[625]

---

622. A expressão הָאָדוֹן ocorre em Is 1,24; 3,1; 10,16.33; 19,4. LISOWSKY, G., Konkordanz zum Hebräischen Alten Testament, p. 17-20; JENNI, E., אָדוֹן, p. 82-83.
623. DOZEMAN, T. B., Exodus, p. 125.
624. ULRICH, E. et alii, Qumran Cave 4 X: The Prophets, p. 225: a forma atestada em Qumran é יבאו.
625. HIMBAZA, I., L'eschatologie de Malachie 3, p. 360.

A manifestação de YHWH se dará no "seu Templo" (הֵיכָלוֹ – Ml 3,1c). O termo הֵיכָל no AT pode designar três coisas: um palácio (1Rs 21,1); um Templo (1Sm 1,9) ou uma parte específica interna do Templo de YHWH (1Rs 6,2; 2Cr 3,17). Quando se refere a um Templo, o termo em geral designa o Templo de YHWH.[626] A única exceção é Esd 5,14, onde o termo refere-se tanto ao Templo de Jerusalém, quanto ao Tempo de Babilônia (מִן־הֵיכְלָא דִּי בָבֶל).[627] O Templo é o lugar da manifestação da "Glória de YHWH" (Is 6,1-3). Os "céus dos céus" não podem conter a presença de YHWH (1Rs 8,27), mas ela se faz sentir no Templo, porque Deus desejou Sião como morada (Sl 132,13). Segundo a concepção Deuteronomista, o Templo é o lugar onde habita o "nome de YHWH" (Dt 12,5; 1Rs 8,17.29).[628] Sendo que o "nome" na concepção semita representa a própria pessoa,[629] esta é uma outra forma de dizer que YHWH está presente no Templo. Em Malaquias, o Templo se torna o lugar onde YHWH realiza seu juízo, que começará pela purificação dos sacerdotes a ser executada pelo מַלְאָךְ.

Os segmentos Ml 3,1c-f possuem um certo paralelismo. Tal paralelismo é indicado por dois elementos: o uso da raiz בוא (Ml 3,1c.f) e de orações subordinadas em Ml 3,1de. Com relação à raiz verbal בוא, ela é utilizada para indicar as duas vindas, a de YHWH (Ml 3,1c) e a de seu mensageiro (Ml 3,1f). Tal raiz é muito recorrente no AT, sendo uma das mais utilizadas para indicar movimento.[630] Ela é utilizada em Malaquias tanto no Hifil, para indicar o que é "trazido/apresentado" a YHWH (Ml 1,13; 3,10), quanto no Qal, para indicar seja a vinda do "Dia de YHWH", seja o dia da vinda de seu mensageiro (Ml 3,1.2.19.23). Na BH, a raiz בוא costuma ser utilizada para indicar a proximidade da vinda de YHWH, em vista da realização de algum ato salvífico ou de juízo.[631] No caso de Malaquias, a vinda de YHWH é uma vinda de juízo (Ml 3,1.5), que será precedida pela ação purificadora do seu mensageiro, classificada como יוֹם בּוֹאוֹ.

As orações subordinadas presentes em Ml 3,1d e Ml 3,1e corroboram o paralelismo existente entre as figuras de YHWH (הָאָדוֹן) e do seu mensageiro (מַלְאָךְ):

Ml 3,1d: הָאָדוֹן אֲשֶׁר־אַתֶּם מְבַקְשִׁים
Ml 3,1e: מַלְאַךְ הַבְּרִית אֲשֶׁר־אַתֶּם חֲפֵצִים

---

626. Seja em Silo (1Sm 1,9; 3,3), seja o Templo de Jerusalém (2Rs 18,16; Esd 3,10).

627. OTTOSSON, M., הֵיכָל, p. 383.

628. OTTOSSON, M., הֵיכָל, p. 386; WEINFELD, M., Deuteronomy and the Deuteronomic School, p. 192-193.

629. VAN DER WOUDE, A. S., שֵׁם, p. 1195.

630. PREUSS, H. D., בוא, p. 20.

631. PREUSS, H. D., בוא, p. 34.49.

Em Ml 3,1d é dito que הָאָדוֹן é aquele a quem os destinatários do oráculo "procuram" (בקשׁ - Piel). A raiz בקשׁ aparece na BH no Piel e no Pual, sendo muito mais frequente a forma Piel.[632] O sentido literal deste verbo é "procurar". Indica a ação do sujeito que procura por uma pessoa ou coisa. Pode ser utilizado em sentido próprio (Gn 37,15-16) ou metafórico (Sl 4,3). Pode indicar, ainda, a ação de alguém que "procura" realizar uma ação (Ex 2,15).[633] O uso do termo em sentido teológico pode ter YHWH como sujeito ou como objeto.[634] Tendo YHWH como objeto, a raiz בקשׁ aparece em expressões como: מְבַקֵּשׁ יְהוָה (Ex 33,7); אֶת־פְּנֵי יְהוָה + בָּקֵשׁ (2Sm 21,1); מְבַקְשֶׁיךָ (Sl 40,17). No Sl 40,17 "procurar YHWH" está em paralelo com "amar a salvação" (אֹהֲבֵי תְּשׁוּעָתֶךָ) oferecida pelo próprio YHWH. Nesta passagem e em outras (Sl 69,7; 1Cr 16,10-11) o termo tem sempre uma acepção positiva, indicando uma atitude piedosa em relação a YHWH.[635] Em Pr 28,5, os "homens maus" (אַנְשֵׁי־רָע) são os antagonistas dos que "procuram YHWH" (מְבַקְשֵׁי יְהוָה). Em Pr 29,10, os "assassinos" (אַנְשֵׁי דָמִים) são esses antagonistas.

Com relação ao מַלְאַךְ הַבְּרִית, é dito em Ml 3,1e que os destinatários do oráculo o "desejam" (חָפֵץ). A raiz verbal חפץ (Qal) pode significar tanto "comprazer-se" quanto "desejar".[636] Na perícope de Ml 2,17–3,5 o verbo é utilizado nas duas acepções. Em Ml 2,17f são os interlocutores que afirmam a respeito de YHWH que ele se "compraz" (חפץ) nos que fazem o mal. Em Ml 3,1e é o profeta quem afirma a respeito dos seus interlocutores que eles "desejam" a vinda do mensageiro da Aliança (חפץ).

"Procurar YHWH" e "desejar" a vinda do seu mensageiro são ações sinônimas em Ml 3,1. No conjunto da BH, elas indicam uma disposição positiva em relação a YHWH, o que parece estar em contradição com o modo como os interlocutores do profeta são apresentados em Ml 2,17. Isso faz com que os estudiosos de Malaquias caminhem em duas vertentes na interpretação desse versículo. De um lado, estão aqueles que consideram que tal forma de apresentar os interlocutores demonstra que não são eles que praticam o "mal", eles estariam desejosos de ver a justiça de YHWH se manifestar, por isso eles "procuram" sua presença e "desejam" a vinda de seu mensageiro. Ml 3,1 seria o início da reposta de Deus para

---

632. Das cerca de 225 ocorrências do verbo na BH, apenas 3 são no Pual (Jr 50,20; Ez 26,21; Est 2,23). Todas as demais ocorrências são no Piel. LISOWSKY, G., Konkordanz zum Hebräischen Alten Testament, p. 277-279.

633. SIEGFRIED, W., בָּקֵשׁ, p. 229.

634. SIEGFRIED, W., בָּקֵשׁ, p. 236-241.

635. SIEGFRIED, W., בָּקֵשׁ, p. 239.

636. ALONSO SCHÖKEL, L., Dicionário Bíblico Hebraico-Português, p. 238.

estes que clamam por sua justiça. Para estes autores, os destinatários do oráculo não estariam incluídos no juízo previsto pelo oráculo.[637]

De outro lado, outros autores admitem que tal modo de se referir aos destinatários guarda certa ironia. Os destinatários do profeta Malaquias ou não desejam realmente a vinda de YHWH ou, se a desejam, não conseguem entender que essa vinda será para eles um dia de um duro juízo.[638] Segundo a opinião deste último grupo de autores, Ml 3,1 poderia ser lido em conjunto com Am 5,18. Para o profeta Amós, o dia de YHWH será trevas e não luz. Por isso, os que o desejam, hão de se arrepender nesse dia (הוֹי).[639] Do mesmo modo, acontecerá com os destinatários de Malaquias. Parece verossímil tal interpretação, uma vez que, ainda que não sejam os destinatários do oráculo a realizar as práticas denunciadas em Ml 3,5, sua atitude em relação a YHWH parece condenável aos olhos do profeta, o que atrairá também sobre eles o juízo (Ml 3,5e).[640]

3.4.4. A vinda do mensageiro: 3,2-4

Ml 3,2-4 descreve o mensageiro em si (Ml 3,2); a sua ação (Ml 3,3a-c) e o resultado desta (Ml 3d-4). Antes, contudo, de descrever o mensageiro em si (Ml 3,2c), o profeta prepara tal descrição com duas perguntas retóricas a respeito do dia da sua vinda (Ml 3,2a-b). Essas duas perguntas são introduzidas pelo pronome interrogativo מִי, precedido de ו (וּמִי). A resposta esperada para elas seria negativa. Isto se pode depreender a partir do uso que o profeta faz do pronome interrogativo מִי seguido de particípio.[641] A repetição da expressão וּמִי visa dar ênfase e corrobora a ideia de que os interlocutores do profeta não imaginam que, o dia da vinda de YHWH e de seu mensageiro será, também para eles, um dia de juízo.[642]

---

637. WEYDE, K. W., Prophecy and Teaching, p. 291; JACOBS, M. R., The Books of Haggai and Malachi, p. 274-275.

638. BALDWIN, J. G., Haggai, Zechariah and Malachi, p. 265; HILL, A., Malachi, p. 269; McCOMISKEY, T. E. (Ed.), The Minor Prophets, p. 1350.

639. Em muitos contextos na BH, a interjeição הוֹי é utilizada para introduzir declarações de desgraça. Tal parece ser o sentido de Am 5,18, onde o יוֹם יהוה será, também, um acerto de contas entre YHWH e aqueles que, dentre o povo, fazem o mal achando que o juízo de YHWH não os atingirá (Am 9,10). JENNI, E., הוֹי, p. 670; McCOMISKEY, T. E. (Ed.), The Minor Prophets, p. 428.

640. YHWH será juiz contra os que "não o temem". O modo de se referir a YHWH em Ml 2,17, por parte dos interlocutores do profeta, pode ser descrita como uma ausência de "temor".

641. GKC §150a; VERHOEF, P. A., The Books of Haggai and Malachi, p. 290.

642. Tal expressão, acompanhada das raízes כּוּל e עָמַד como ocorre em Ml 3,2ab aparece também em outros textos proféticos: Jl 2,11 (כּוּל); Jr 49,19 (עָמַד); Jr 50,44 (עָמַד); Na 1,6 (עָמַד).

Em Ml 3,2a é utilizada a raiz כול (Pilpel). Seu uso não é frequente nos profetas e, na forma pilpel, ocorre apenas em Jr 20,9; Zc 11,16 e Ml 3,2.[643] כול indica, em primeiro lugar, a atividade de "medir", seja um espaço ou a quantidade de alguma coisa (Is 40,12). Pode indicar, também, a capacidade de se conter algo (1Rs 7,26; 8,64).[644] Nesse sentido, ela é aplicada a YHWH em 1Rs 8,27; 2Cr 2,5; 6,18.[645] A raiz כול pode ser utilizada, também, em sentido figurativo, indicando a capacidade de se manter, se conduzir em um determinado caminho (Sl 112,5); de se compreender ou não alguma coisa (Is 40,12);[646] de suportar algo (Jl 2,11; Jr 20,9).[647] Esse último sentido é o que melhor se encaixa em Ml 3,2a.

O dia da vinda do mensageiro é anunciado pela expressão יוֹם בּוֹאוֹ. A raiz בוא vem acompanhada do sufixo de 3ms. A forma de se compreender este sufixo pode causar certa ambiguidade. Contudo, levando em conta que se trata de duas figuras distintas, YHWH e seu mensageiro (Ml 3,1c-f) e que, em Ml 3,1a-b, o próprio YHWH afirma que o mensageiro virá à sua frente para preparar o caminho (Ml 3,1b), parece mais verossímil entender que o sufixo refira-se à vinda do mensageiro, uma vez que a ação descrita em Ml 3,2-4 parece ser apresentada como uma ação prévia ao que acontecerá quando da vinda do próprio YHWH (Ml 3,5).[648] Tal forma de interpretar o versículo harmoniza-se com o conjunto do texto de Malaquias, uma vez que, em Ml 3,23, encontra-se uma fala de YHWH, onde ele afirma que enviará o profeta Elias antes do יוֹם יְהוָה e que o profeta terá uma missão análoga a que é atribuída ao mensageiro da Aliança em Ml 3,2-4: o profeta Elias "fará voltar" o coração dos pais aos filhos (Ml 3,24), assim como o mensageiro da Aliança purificará os filhos de Levi fazendo-os apresentar, de novo, uma oferenda digna de YHWH.

Em Ml 3,2b encontra-se a segunda pergunta retórica proposta pelo profeta, desta vez tendo em seu centro a raiz עמד (Qal – ptc).[649] O sentido básico de

---

643. LISOWSKY, G., Konkordanz zum Hebräischen Alten Testament, p. 670-671. O verbo כּוּל ocorre 38x na BH e 11x nos profetas.

644. BAUMANN, A., כּוּל, p. 86.

645. BAUMANN, A., כּוּל, p. 88.

646. Tal modo de falar do profeta, pelo contexto do oráculo (Is 40,12-26), particularmente a repetição do pronome interrogativo מִי nos vv. 12-14, seria uma forma de se exprimir a incompreensibilidade de Deus. A resposta a estas perguntas retóricas seria sempre negativa, ou seja, ninguém é capaz de realizar tais tarefas enumeradas pelo profeta. ALONSO SCHÖKEL, L.; SICRE DIAZ, J. L., Profetas, p. 286-288.

647. BAUMANN, A., כּוּל, p. 88.

648. NICCACCI, A., Poetic Syntax and Interpretation of Malachi, p. 92.

649. Deve-se notar que, em Ml 3,2b, o particípio do verbo עָמַד vem acompanhado de artigo definido. Tal fato não costuma ser notado ou comentado pelos estudiosos de Malaquias. Segundo GKC §126k o artigo definido pode ser utilizado diante de um particípio dando à oração regida por esse particípio o valor de

עמד é "colocar-se, manter-se, estar, ficar" ou, simplesmente, "estar/pôr-se de pé".[650] Quando unida à expressão לִפְנֵי, a raiz costuma expressar a impossibilidade de se resistir a YHWH na luta (Jr 49,19; Na 1,6).[651] Algumas vezes, mesmo utilizada sozinha, a raiz assume tal significado (Sl 130,3).[652] Esse parece ser o sentido da raiz em Ml 3,2b. Tal modo de se compreender a raiz עמד é corroborado pelo paralelismo com a raiz כול do segmento anterior. A ação do mensageiro está estreitamente unida ao juízo que YHWH virá estabelecer. Por isso, o profeta coloca a pergunta a respeito da possibilidade de se manter de pé quando o mensageiro "se revelar".

Em paralelo com a expressão אֶת־יוֹם בּוֹאוֹ de Ml 3,2a, está a expressão בְּהֵרָאוֹתוֹ deste segmento. Ela é composta pelo infinitivo constructo do verbo ראה unido à preposição בְּ. No Qal, o sentido da raiz ראה é "ver", contudo, no Nifal, ela pode significar "aparecer/manifestar-se/revelar-se".[653] Relacionado a Deus, o verbo ראה no Nifal ocorre cerca de 45x na BH.[654] Em geral, nesse sentido, quem se manifesta é o próprio YHWH (Gn 12,7) ou a sua "glória" (Nm 16,19). Apenas 4x na BH o verbo ראה no Nifal tem o "mensageiro de YHWH" ou, no caso de Malaquias, "o mensageiro da Aliança" como sujeito: Ex 3,2; Jz 6,12; Jz 13,3; Ml 3,2.[655] Em Ex 3,2 e em Jz 6,12, o "mensageiro de YHWH" aparece para "comissionar" alguém que agirá em nome do próprio YHWH. Em Jz 13,3, o mensageiro "aparece" para anunciar o nascimento de Sansão, que será também um instrumento de YHWH para a libertação do povo. Em Ml 3,2b, por sua vez, não é dito que o mensageiro aparecerá para "anunciar algo" ou "comissionar alguém" em nome de YHWH. Ele aparecerá para "agir" em nome do próprio YHWH, o que vem indicado pelos verbos de ação presentes respectivamente em Ml 3,3a.b.c[656] e que se referem ao mensageiro da Aliança.

Ml 3,2 encerra-se com a descrição propriamente dita do mensageiro (Ml 3,2c). As duas perguntas retóricas de Ml 3,2ab são respondidas com a frase

---

uma oração relativa (Dt 1,38; 17,12; Zc 1,10.11). Nesse sentido, tal segmento poderia, também, ser traduzido como "E quem (é aquele que) se manterá de pé quando ele se revelar?" Em geral, os comentadores de Malaquias não traduzem assim este segmento, talvez para manter o paralelismo com o segmento anterior, onde o particípio não é acompanhado de artigo. De qualquer forma, esse detalhe não altera o sentido do segmento.

650. RINGGREN, H., עָמַד, p. 178; AMSLER, S., עמד, p. 419.

651. AMSLER, S., עמד, p. 423.

652. RINGGREN, H., עָמַד, p. 183.

653. VETTER, D., ראה, p. 872-874.

654. VETTER, D., ראה, p. 881; LISOWSKY, G., Konkordanz zum Hebräischen Alten Testament, p. 1297-1298.

655. VETTER, D., ראה, p. 881; VON SCHNUTENHAUS, F., Das Kommen und Erscheinen Gottes im Alten Testament, p. 10.

656. Tais segmentos utilizam a raiz ישב no Qal, e as raízes טהר e זקק no Piel.

introduzida pela conjunção כִּי. O pronome הוּא, colocado em primeira posição, chama a atenção para a figura que será descrita. Enquanto em 3,2ab o foco estava sobre os que não seriam capazes de resistir à chegada do mensageiro, ou seja, os destinatários do oráculo, agora a atenção do ouvinte/leitor se dirige para a figura do mensageiro em si. Os dois elementos com os quais são comparados o mensageiro são o fogo e a lixívia.

Dentro dos relatos de teofania, o fogo (אֵשׁ) ocupa um lugar importante. Em Ex 3,2, o "mensageiro de YHWH" aparece numa "chama de fogo" (בְּלַבַּת־אֵשׁ). Com relação à teofania do Sinai, esta é descrita como o momento no qual a montanha "ardia em fogo" (Dt 4,11; 5,23; 9,15: בֹּעֵר בָּאֵשׁ).[657] O fogo é também um elemento importante no culto, uma vez que as vítimas deviam ser queimadas nele (Lv 1,8). Ainda no âmbito cultual, a expressão "fogo irregular" (אֵשׁ זָרָה) que aparece Lv 10,1; Nm 3,4; 26,61 parece indicar uma forma de sacrifício inapropriado, que não atende às normas ou não está de acordo com a vontade de YHWH.[658] O fogo aparece, ainda, na BH como um meio de purificação ritual. Embora as abluções, sacrifícios e ritos de sangue sejam mais comuns para realizar a purificação ritual (Lv 11,32; Nm 8,7; 19,19), os metais devem ser purificados pelo fogo (Nm 31,22-23).[659]

A imagem da fundição de metais pelo fogo como manifestação do juízo de YHWH aparece em alguns textos proféticos (Jr 6,27-30; Ez 22,17-22). Nestas duas passagens, contudo, a fundição não aparece como um meio de purificação, mas como manifestação da ira de YHWH. É em Zc 13,9 e Ml 3,2 que o fogo é apresentado como meio pelo qual YHWH realiza um "juízo purificador".[660] Nos dois textos, a raiz צרף aparece unida às expressões בָּאֵשׁ e כְּאֵשׁ, respectivamente. Se em Jr 6,29 o fundidor trabalha em vão (לַשָּׁוְא), em Zc 13,9 e Ml 3,2, a purificação alcançará resultado. Ela servirá para "transformar" os sacerdotes (Ml 3,2-4), purificando-os daquilo que os impede de oferecer um culto agradável a YHWH.[661] Existe, contudo, uma diferença de perspectiva entre Zc 13,9 e Ml 3,2. Em Zc 13,9 o agente da purificação é YHWH e aqueles que serão purificados deverão "entrar no fogo" (וְהֵבֵאתִי אֶת־הַשְּׁלִשִׁית בָּאֵשׁ). Em Ml 3,2, por sua vez, o agente da purificação é o "mensageiro da Aliança" e, neste segmento, não se trata ainda do modo como

---

657. STOLZ, F., אֵשׁ, p. 366-367.

658. STOLZ, F., אֵשׁ, p. 364.

659. MAASS, F., טהר, p. 898.

660. STOLZ, F., אֵשׁ, p. 368.

661. Segundo Asensio, o fogo é uma realidade ambivalente na escritura. Pode ter ação destrutiva ou transformadora. Este segundo caso parece ser o de Malaquias. ASENSIO, V. M., El Fuego en el Antiguo Testamento, p. 353.

ele realizará a "purificação". O próprio mensageiro é que é comparado ao "fogo do fundidor" (אֵשׁ מְצָרֵף).

A raiz צרף, no Piel, significa "fundir" (Is 1,25) ou "refinar" (Sl 12,7). No Qal, pode ter o sentido de "pôr à prova" (Jz 7,4).[662] A forma מְצָרֵף ocorre somente em Ml 3,2-3 e, no segmento 3,2c, vem unida ao substantivo אֵשׁ para qualificar o mensageiro da Aliança. O contexto no qual a raiz צרף é utilizada em Malaquias, o coloca em harmonia com a tradição profética, onde a mesma raiz verbal é utilizada metaforicamente para indicar que YHWH deve purificar seu povo (Is 1,25; Jr 9,6).

O segundo elemento com o qual o "mensageiro da Aliança" é comparado é o termo בֹּרִית. Ele deriva da raiz ברר,[663] assim como o termo sinônimo בֹּר, que aparece em Is 1,25 e Jó 9,30.[664] A raiz ברר, tanto no Qal quanto no Piel, pode significar "purificar, peneirar, limpar, selecionar ou afastar" (Ez 20,38).[665] O termo בֹּרִית é raro na BH, ocorrendo somente em Ml 3,2c e Jr 2,22.[666] Tanto o termo בֹּרִית, quanto o termo בֹּר, costumam ser traduzidos como "lixívia"[667], produto utilizado tanto na purificação dos metais, quanto na lavagem de tecidos, com a função de eliminar as impurezas. Os textos de Ml 3,2c e Jr 2,22 se aproximam do ponto de vista semântico. Eles têm em comum não somente o uso do termo בֹּרִית, mas também da raiz כבס. De um lado, Jeremias demonstra que é impossível ao homem purificar-se. Ainda que ele "aumentasse a lixívia", a mancha de sua iniquidade (עָוֹן) permaneceria diante de YHWH. Ml 3,2c, por sua vez, afirma que existe alguém capaz de purificar o homem, o mensageiro da Aliança que agirá em nome de YHWH. Costuma-se destacar a assonância produzida neste oráculo entre os termos בְּרִית e בֹּרִית. O "mensageiro da Aliança" de Ml 3,1e (מַלְאַךְ הַבְּרִית) é comparado à lixívia (כְּבֹרִית) em Ml 3,2c.[668]

Assim como o substantivo אֵשׁ vem unido a um particípio (מְצָרֵף), também o termo בֹּרִית vem qualificado pelo particípio Piel da raiz כבס (מְכַבְּסִים). Tal forma é única em toda a BH. No Piel, a raiz כבס significa "lavar", e sua maior ocorrência é no Levítico, onde ocorre 30x em rituais de purificação, na maioria

---

662. SAEBO, M., צָרַף, p. 477; KOEHLER, L.; BAUMGARTNER, W., The Hebrew and Aramaic Lexicon of the Old Testament, p. 1057.

663. ALONSO SCHÖKEL, L., Dicionário Bíblico Hebraico-Português, p. 120-121.

664. LISOWSKY, G., Konkordanz zum Hebräischen Alten Testament, p. 280; ALONSO SCHÖKEL, L., Dicionário Bíblico Hebraico-Português, p. 116: Em Is 1,25 e Jó 9,30 o termo בֹּר costuma ser traduzido como "lixívia". Em outros lugares, o termo בֹּר costuma ser traduzido como "pureza" (2Sm 22,21.25; Sl 18,21.25; Jó 22,30).

665. ALONSO SCHÖKEL, L., Dicionário Bíblico Hebraico-Português, p. 120-121; HAMP, V., בָּרַר, p. 308-309.

666. LISOWSKY, G., Konkordanz zum Hebräischen Alten Testament, p. 285.

667. ALONSO SCHÖKEL, L., Dicionário Bíblico Hebraico-Português, p. 116.119.

668. GLAZIER-McDONALD, B., Malachi: The Divine Messenger, p. 148.

das vezes unido ao termo בֶּגֶד, formando a expressão "lavar as vestes" (Lv 6,20; 11,25; 13,6 etc.).⁶⁶⁹ Considerando-se o contexto, onde a parte central do oráculo trata da purificação dos filhos de Levi (Ml 3,3b), que há de se dar no Templo (Ml 3,1c), é significativo que o profeta utilize um termo que se liga diretamente aos rituais de purificação, rituais estes que estavam sob a responsabilidade do corpo de sacerdotes do Templo. Em 1,6-14 e em 2,6, oráculos que são dirigidos também contra os sacerdotes, Malaquias utiliza textos ou expressões ligados ao ambiente cultual. Tal recurso, que parece ser intencional,⁶⁷⁰ torna a mensagem do profeta ainda mais impactante para os seus destinatários. No caso de Ml 3,2c, a metáfora do mensageiro que é como "a lixívia dos lavadeiros" se aproxima da repetida ordem de YHWH para que aqueles que precisam ser purificados do contato com um morto, ou doença contagiosa ou outras formas de impureza "lavem as vestes" para que fiquem puros (Lv 11,25; 13,6; 15,5). Em Malaquias, a metáfora sugere que não somente as vestes dos "Filhos de Levi", mas eles próprios, serão "lavados" pelo mensageiro da Aliança.

Em Ml 3,3a-c, três raízes verbais colocadas em posição enfática nos segmentos ilustram o modo como o "mensageiro da aliança" agirá: ישׁב, צרף e זקק. O 1º segmento, Ml 3,3a, é introduzido pela raiz ישׁב (Qal), que pode significar tanto "sentar" quanto "habitar".⁶⁷¹ Com o sentido de "sentar", a raiz ישׁב costuma ser utilizado na BH para indicar o ato de julgar (Ex 18,12) ou, ainda, associado ao sintagma עַל־כִּסֵּא, indica o ato de reinar (1Rs 8,20; 2Cr 6,10).⁶⁷² Somente aqui e em Jz 6,11 o verbo está associado à figura de um mensageiro divino. Em Jz 6,11 é o "mensageiro de YHWH" quem se senta debaixo do Terebinto de Efra para comissionar Gedeão como juiz em Israel. Em Ml 3,3a, por sua vez, o "mensageiro da Aliança" senta-se como um "fundidor" e "purificador" de metais. O uso do particípio Piel da raiz צרף conecta este segmento com Ml 3,2c, ampliando a metáfora ali criada: o mensageiro é apresentado não somente como o "fogo do fundidor" (Ml 3,2c), mas como o próprio "fundidor". Ela vem unida à raiz טהר (Piel ptc) para indicar a purificação da prata (כֶּסֶף). Em Malaquias, a raiz טהר só aparece em Ml 3,3ab, e é sinônima da raiz ברר, da qual provém o termo בָּרִית de Ml 3,2c, indicando, na BH, tanto a pureza corporal, quanto a moral e a religiosa.⁶⁷³ Seu uso em Malaquias aproxima este oráculo tanto da linguagem cultual, quanto da linguagem profética:

---

669. LISOWSKY, G., Konkordanz zum Hebräischen Alten Testament, p. 663.

670. McCOMISKEY, T.E. (Ed.), The Minor Prophets, p. 1296-1297.

671. ALONSO SCHÖKEL, L., Dicionário Bíblico Hebraico-Português, p. 298-299.

672. McCOMISKEY, T.E. (Ed.), The Minor Prophets, p. 1353-1354.

673. MAASS, F., טהר, p. 896.

• No Qal, o verbo significa "ser/tornar-se puro" (Lv 14,53). No Piel, como acontece em Malaquias, o termo indica a ação de purificar ou de "declarar alguém puro" (Lv 13,6.23.28.37), função esta que era específica dos sacerdotes.[674] Em Nm 31,23, a raiz טהר aparece no Qal, indicando que um metal torna-se puro quando passa pelo fogo.[675]

• Nos profetas Jeremias e Ezequiel, a raiz טהר é utilizada para indicar a ação de YHWH que se aproximará para purificar o povo das suas iniquidades (Jr 33,8; Ez 36,33: עָוֹן) e das suas impurezas (Ez 36,25: טֻמְאָה).[676] A novidade apresentada por Malaquias é que YHWH realizará tal purificação por meio do seu mensageiro.

O 2º segmento, Ml 3,3b, continua a descrição da ação do mensageiro utilizando a raiz טהר, agora numa forma finita (Piel): se em Ml 3,3a ele é "o que purifica", em Ml 3,3b, por sua vez, ele efetivamente "purificará" os "filhos de Levi". A expressão בְּנֵי־לֵוִי ocorre em algumas genealogias na BH (Ex 6,16; Ne 12,23). Em dois textos do Deuteronômio, encontra-se a expressão הַכֹּהֲנִים בְּנֵי לֵוִי como um modo de referir-se ao sacerdócio (Dt 21,5; 31,9), diferentemente de outros lugares, particularmente do livro do Levítico, onde é comum a expressão בְּנֵי אַהֲרֹן הַכֹּהֲנִים para referir-se aos mesmos sacerdotes (Lv 1,5.8.11; 2,2; 3,2; Nm 3,3; Js 21,19).[677]

A compreensão do sentido da expressão בְּנֵי־לֵוִי em Malaquias é dúplice. De um lado, um grupo significativo de estudiosos admite que se trata dos sacerdotes.[678] De fato, a menção de Levi (בְּרִית הַלֵּוִי / בְּרִיתִי אֶת־לֵוִי) em Ml 2,4.8, um oráculo dirigido contra os sacerdotes (Ml 2,1), permite afirmar que se trata aqui da purificação dos mesmos.[679] Se, por um lado, o profeta denuncia seus crimes (Ml 1,6-14) e anuncia-lhes o juízo que virá (Ml 2,1-9), por outro, o profeta promete que YHWH os purificará. Hanson, contudo, propõe que se entenda a crítica do pro-

---

674. O uso do verbo טָהֵר para indicar uma das ações específicas dos sacerdotes como visto acima permitiu que Weyde encontre-se base para a sua afirmação de que o "mensageiro da Aliança" apresentado em Ml 3,1e é uma figura sacerdotal. WEYDE, K. W., Prophecy and Teaching, p. 298.

675. MAASS, F., טהר, p. 897.

676. MAASS, F., טהר, p. 899-900.

677. Costuma-se admitir que, o uso da expressão בְּנֵי־לֵוִי em Malaquias, para referir-se aos sacerdotes, indica uma maior proximidade, do ponto de vista ao menos da linguagem, do livro do Deuteronômio. VAN HOONACKER, A., Les Douze Petit Prophètes, p. 282-283.

678. VERHOEF, P. A., The Books of Haggai and Malachi, p. 291; HILL, A., Malachi, p. 276; JACOBS, M. R., The Books of Haggai and Malachi, p. 279; KESSLER, R., Maleachi, p. 236; VAN HOONACKER, A., Les Douze Petit Prophètes, p. 731-732.

679. BOLOJE, B. O.; GROENEWALD, A., Malachi's Eschatological Day of Yahweh: Its Dual Roles of Cultic Restoration and Enactment of Social Justice (Ml 3:1-5; 3:16–4:6), p. 69.

feta Malaquias ao sacerdócio como expressão de uma cisão dentro do conjunto daqueles que serviam ao Templo. Se Ez 44,10-14 previa o afastamento dos levitas do sacerdócio, afirmando que somente os "filhos de Sadoc" (Ez 44,15) deveriam se aproximar para exercê-lo, devido aos desmandos desse último grupo e da sua corrupção apresentada pelo próprio profeta Malaquias (1,6–2,9), o que estaria por trás da perspectiva de purificação dos "filhos de Levi" em Malaquias seria o rebaixamento dos sadocitas, ou mesmo o seu total afastamento do Templo e do culto, e a colocação dos levitas, que exerciam as funções de um "clero inferior", em seu lugar.[680]

O'Brien descartou esta possibilidade. Em sua tese doutoral, a autora demonstra que, em Malaquias, o termo כֹּהֵן e a expressão בְּנֵי־לֵוִי são intercambiáveis. Tal tese parte da análise do livro de Malaquias como um todo e, particularmente, do oráculo de Ml 2,1-9 onde afirma-se que a corrupção dos sacerdotes (כֹּהֲנִים: Ml 2,1) levou à corrupção da "Aliança de Levi" (בְּרִיתִי אֶת־לֵוִי :Ml 2,4 / בְּרִית הַלֵּוִי: Ml 2,8). A expressão "filhos de Levi" aparece, então, como um termo mais amplo e genérico, para designar os sacerdotes.[681] Malaquias não estaria muito distante da linguagem de Ezequiel, como supõe Hanson. Embora em Ez 44,15 encontre-se a expressão "filhos de Sadoc" (בְּנֵי צָדוֹק), estes mesmos são chamados de "sacerdotes levitas" (הַכֹּהֲנִים הַלְוִיִּם), uma vez que constituíam uma parcela da tribo de Levi.

O 3º segmento, Ml 3,3c, retoma a metáfora da purificação dos metais de Ml 3,3a utilizando a raiz זקק (Piel),[682] associada aos termos זָהָב e כֶּסֶף. O objeto do verbo, no caso os "filhos de Levi", é retomado no sufixo de 3mpl aglutinado à partícula indicadora de objeto direto. A raiz זקק, no Qal, significa "filtrar/destilar" (Jó 36,27). Suas formas intensivas (Piel/Pual) indicam a ação de "purificar, refinar ou acrisolar" e podem referir-se a metais (ouro e prata: 1Cr 28,18; 29,4) ou ao vinho, mais frequentemente a metais (5x na BH).[683] As duas referências ocorrem na tradição profética. Nesta, a raiz זקק é utilizada somente em Is 25,6 e Ml 3,3 re-

---

680. HANSON, P. D., The People Called, p. 281-283; Weyde afirma que é plausível admitir que a expressão "filhos de Levi" tenha um sentido mais abrangente. Seria uma referência não somente aos sacerdotes, mas ao conjunto de todos aqueles que estavam a serviço do culto, incluindo os levitas. Essa afirmação baseia-se no fato de que Ml 1,6–2,9 nomeia os "sacerdotes" e, em Ml 2,17–3,5 usa uma terminologia a seu ver mais ampla, que inclui os sacerdotes, mas também o que os autores costumam chamar de "clero inferior", ou seja, os levitas. Isso não significaria, contudo, na opinião de Weyde, nem o rebaixamento do sacerdócio sadocita e nem a sua substituição pelos levitas, como afirma Hanson. WEYDE, K. W., The Priests and the Descendants of Levi in the Book of Malachi, p. 247.

681. O'BRIEN, J. M., Priest and Levite in Malachi, p. 141-142 e o item 2.4.2.3.

682. Tal verbo é pouco utilizado na BH. LISOWSKY, G., Konkordanz zum Hebräischen Alten Testament, p. 559: Em toda a BH a raiz זקק ocorre apenas 7x (1Cr 28,18; 29,4; Jó 28,1; 36,27; Sl 12,7; Is 25,6; Ml 3,3).

683. KOEHLER, L.; BAUMGARTNER, W., The Hebrew and Aramaic Lexicon of the Old Testament, p. 279.

ferindo-se, em Is 25,6, ao vinho "purificado" (Pual: שְׁמָרִים מְזֻקָּקִים) e, em Ml 3,3c, ao "ouro" e à "prata".

O uso transitivo da raiz זקק só se dá em Ml 3,3 e Jó 36,27, e a vocalização torna os segmentos 3,3b e 3,3c assonantes (וְזִקַּק/וְטִהַר).[684] Em Jó 36,27, a raiz é utilizada no Qal, com o sentido de "destilar" e o sujeito é Deus (Jó 36,22: אֵל); em Ml 3,3c o sujeito da raiz זקק é o "mensageiro" que haverá de "acrisolar" (Piel) os filhos de Levi como o ouro e como a prata. A raiz זקק aproxima o texto de Malaquias da linguagem cultual tanto quanto a raiz טהר, particularmente o uso que dele se faz em 1Cr 28,18 e 29,4, quando refere-se ao ouro e à prata purificados que serão utilizados no Templo de YHWH. Se os materiais utilizados para compor o espaço cultual deviam ser purificados, muito mais aqueles que desempenham a função de atuar o culto propriamente dito.

O uso das raízes צרף (Ml 3,2c; 3,3a), טהר (Ml 3,3ab) e זקק (Ml 3,3c) em conjunto só ocorrem em dois lugares na BH: em Ml 3,3 e no Sl 12,7. No Sl 12,7 é dito a respeito das "palavras de YHWH" (אִמְרוֹת יְהוָה): são "palavras puras" (אֲמָרוֹת טְהֹרוֹת); "prata fundida" (כֶּסֶף צָרוּף); "prata acrisolada/refinada" (מְזֻקָּק [כֶּסֶף]).[685] Somente a "Palavra de YHWH" e os sacerdotes possuem esse grau de pureza, de refinamento. A Palavra de YHWH é, em si mesma, pura, refinada, livre de qualquer mistura. Os sacerdotes, devido à importância de sua função no povo eleito, serão também purificados, fundidos e acrisolados, para que possam exercer em retidão o seu ministério.[686]

Na metáfora da purificação dos metais, Malaquias dá ênfase à purificação da prata, termo repetido duas vezes, no final dos segmentos 3,3a e 3,3c. Além de garantir a assonância, dando fechamento à descrição da ação do mensageiro, acredita-se que essa ênfase tenha como objetivo chamar a atenção dos ouvintes para o complexo processo de purificação deste metal. Segundo os estudiosos da metalurgia antiga, o fundidor devia ficar muito atento ao momento em que a prata, uma vez derretida, entra em ebulição. Neste momento, o processo devia ser concluído de modo rápido, a fim de que a prata não reabsorvesse o gás carbônico, tornando-se opaca. Além disso, para se certificar da pureza da prata, o fundidor a espalhava sobre uma bandeja, de modo que ela formasse uma camada fina. Assim,

---

684. VON BULMERINCQ, A., Kommentar zum Buche Maleachi, p. 365.

685. Embora o verbo צָרַף apareça, também, em Ml 3,2, quer se enfatizar aqui o uso dos três verbos dentro de um mesmo versículo.

686. Este versículo exprimiria, no parecer de Weyde e Meinhold, a riqueza do vocabulário de Malaquias, que se vale de termos não tão comuns na BH, como a raiz זקק, e os associa com outros, a fim de expressar o sentido profundo da sua mensagem WEYDE, K. W., Prophecy and Teaching, p. 298-299; MEINHOLD, A., Maleachi, p. 272-273.

o fundidor podia perceber se a prata refletia de modo nítido sua imagem e o que mais houvesse em redor. Caso isso ocorresse, estava garantida a pureza do metal. Particularmente este último aspecto enriquece a metáfora. Embora a purificação seja realizada pelo "mensageiro da Aliança", esse age em nome de YHWH, e é a imagem de YHWH que os sacerdotes, uma vez purificados, devem refletir.[687]

O resultado da ação do mensageiro vem descrito em Ml 3,3d-4. Em Ml 3,3b o profeta apresenta o resultado desta ação em relação aos "filhos de Levi"; em Ml 3,4, por sua vez, é apresentado o resultado dessa ação em relação ao povo como um todo, ainda em âmbito cultual. A cadeia de WeQatal continua nestes versículos e estende-se até Ml 3,5b. Em Ml 3,3d encontra-se o WeQatal do verbo הָיָה (וְהָיוּ). Tal forma do verbo הָיָה aparece nos profetas tanto em oráculos de juízo (Jr 19,13), quanto em oráculos de salvação (Jr 32,38). Nos oráculos proféticos de salvação, aparece sete vezes a expressão "eles serão o meu povo" (וְהָיוּ לִי לְעָם)[688], sempre acompanhada da expressão "e eu serei o seu Deus" ([אָנֹכִי] אֶהְיֶה לָהֶם לֵאלֹהִים וַאֲנִי).[689] Os dois usos são atestados em Malaquias (Ml 3.3.17.19), o que demonstra sua conexão com a linguagem profética em geral. Em Ml 3,3d, no entanto, do ponto de vista da fraseologia, o texto de Malaquias se aproxima de Ez 37,23, seja pelo uso da expressão וְהָיוּ לְ, seja pelo uso do Piel do verbo טָהַר:

Ml 3,3b:	Ez 37,23:
וְטִהַר אֶת־בְּנֵי־לֵוִי	וְטִהַרְתִּי אוֹתָם
Ml 3,3d:	
וְהָיוּ לַיהוָה מַגִּישֵׁי מִנְחָה בִּצְדָקָה	וְהָיוּ־לִי לְעָם

Em Ez 37,23 a promessa de restauração dirige-se ao povo como um todo, que será purificado a fim de que a בְּרִית שָׁלוֹם de YHWH seja restabelecida (Ez 37,26). A sequência "purificação – restabelecimento da Aliança" ajuda a compreender o sentido de Ml 3,3b. Em Malaquias, os sacerdotes "corromperam" a "aliança de Levi" (Ml 2,8b), que era "vida e paz" (הַחַיִּים וְהַשָּׁלוֹם - Ml 2,5ab), por isso necessitam de purificação. A consequência dessa purificação pode ser compreendida, do mesmo modo como em Ez 37,15-28, como o restabelecimento da aliança corrompida.[690]

---

687. ROBINSON, A., God: The Refiner of Silver, p. 118-190; HORTON, R. F., The Minor Prophets: Hosea, Joel, Amos, Obadiah, Jonas and Micah, p. 329.

688. Jr 24,7; 32,38; Ez 11,20; 14,11; 37,23; Zc 2,15; 8,8.

689. Com exceção de Zc 2,15.

690. ZIMMERLI, W., Ezekiel, p. 275-277.

A raiz נגשׁ ocorre 6x em Malaquias, sempre em contexto cultual. Sua maior ocorrência é em Ml 1,6-14 (4x: 1,7.8[2x].11): a crítica do profeta aos sacerdotes que "oferecem" (נגשׁ) animais defeituosos ao Senhor. No Qal, נגשׁ significa "aproximar"; no Hifil, significa "trazer/oferecer".[691] Em textos que se referem ao culto, é mais comum que a raiz קרב (Hifil) esteja associada ao termo מִנְחָה (Lv 2,1.4; 6,13). Lv 2,8, no entanto, é uma exceção. Nesse versículo, três raízes verbais estão associadas à oferta da מִנְחָה: בוא/קרב/נגשׁ. Em Malaquias, a raiz נגשׁ é a usual para indicar a oferta não somente da מִנְחָה (Ml 3,3), mas de toda forma de sacrifício (Ml 1,7.8).

Uma vez purificados, os "filhos de Levi" poderão oferecer uma מִנְחָה בִּצְדָקָה, expressão única em toda a BH. Embora alguns autores entendam que essa expressão signifique "uma oferenda de acordo com a Lei",[692] em contexto cultual, são as expressões כַּמִּשְׁפָּט ou כְמִשְׁפָּט, as mais frequentes para indicar que tal sacrifício ou cerimônia está de acordo com a regulamentação prevista e não a expressão בִּצְדָקָה.[693] Somente em três lugares na BH é que ocorre uma expressão semelhante indicando, provavelmente, os sacrifícios oferecidos segundo os ritos previstos pela lei: זִבְחֵי־צֶדֶק (Dt 33,19; Sl 4,6; Sl 51,21).[694] A expressão בִּצְדָקָה ocorre alhures na BH para indicar seja o juízo de YHWH, que se dará "em justiça" (Sl 72,3-4), seja o meio pelo qual ele redimirá o seu povo (Is 1,27). O profeta Isaías afirma que a santidade de Deus se mostra "na justiça" (Is 5,16). A análise do termo צְדָקָה e seu uso no profeta Malaquias pode ajudar a compreender a expressão מִנְחָה בִּצְדָקָה.

O termo צְדָקָה ocorre 2x em Malaquias, sempre servindo para qualificar alguma coisa. Em Ml 3,3 ele qualifica a oferenda que será apresentada a YHWH, em Ml 3,20, por sua vez, ele qualifica o "sol", que é dito "sol de justiça" que brilhará para o povo trazendo a cura em seus raios. O termo utilizado para "cura" em Ml 3,20 é o termo מַרְפֵּא. Em alguns textos proféticos, tal termo parece ter um sentido metafórico, onde "cura" indica a purificação dos pecados (Jr 8,15; 33,6). O sentido de "justiça" parece poder ser compreendido em Malaquias como aquilo o que trará a purificação para o povo. Assim como o "sol de justiça" trará a "cura" (purificação), do mesmo modo a "oferenda em justiça" será fonte de salvação e de purificação para o povo. Uma vez que o termo צְדָקָה está relacionado à ideia de "aliança" (בְּרִית),[695] entende-se melhor a expressão מִנְחָה בִּצְדָקָה em Malaquias. A "aliança" foi corrompida (Ml 2,8) porque os sacerdotes apresentaram a Deus ofe-

---

691. RINGGREN, H., נָגַשׁ, p. 215.218.

692. VERHOEF, P. A., The Books of Haggai and Malachi, p. 291.

693. JOHNSON, B., מִשְׁפָּט, p. 95: Lv 5,10; 9,16; Nm 9,3.14; 15,24; 29,6; Esd 3,4; Nm 8,18.

694. SMITH, R. L., Micah-Malachi, p. 329.

695. JOHNSON, B., צָדַק, p. 259-260.

rendas impróprias e descuraram o culto. Uma vez purificados, a "aliança" poderá ser restaurada, em virtude de uma oferenda בִּצְדָקָה.

Weyde afirma que Ml 3,3d esclarece-se à luz de Ml 1,11. Em Ml 1,11 a מִנְחָה vem qualificada com מִנְחָה טְהוֹרָה. O termo טָהֵר é um termo chave em Ml 3,3. Em alguns lugares na BH, termos oriundos das raízes צדק e טהר aparecem lado a lado, como sinônimos (Jó 4,17). Logo, no seu parecer, as expressões מִנְחָה טְהוֹרָה e מִנְחָה בִּצְדָקָה em Malaquias são intercambiáveis. Mais que uma oferenda de acordo com a Lei, a oferenda seria "pura", equiparável àquela que, segundo YHWH, lhe é oferecida em "todo lugar" e "do nascer ao pôr do sol" (Ml 1,11).[696]

A expressão וְעָרְבָה לַיהוָה de Ml 3,4 está em paralelo com a expressão וְהָיוּ לַיהוָה de Ml 3,3d. Ela introduz a consequência da purificação do mensageiro para Judá e Jerusalém. Postulam-se pelo menos três sentidos para a raiz ערב que abre o versículo.[697] Em Ml 3,4 tratar-se-ia da raiz ערב III, cujo sentido é "ser doce", "ser agradável".[698] Esta raiz ocorre poucas vezes na BH[699], e aplica-se a diferentes realidades: sacrifícios/oferendas, poesias, o dormir etc.[700] Relacionado aos sacrifícios/oferendas, o termo aparece em Jr 6,20, Os 9,4 e Ml 3,4. Em Jr 6,20 e Os 9,4 o verbo tem como objeto o termo זֶבַח. Os dois textos comportam sentido negativo e asseveram que os sacrifícios do povo não serão aceitos diante de YHWH. Somente em Ml 3,4 o verbo está num contexto positivo, onde o profeta afirma que a oferenda do povo será "agradável" (ערב), depois que os sacerdotes forem purificados.[701]

De modo particular, o uso da raiz ערב em Jr 6,20 pode ajudar a elucidar o seu uso em Ml 3,4. Em Jr 6,20, ela está em paralelo com o substantivo רָצוֹן (favor, graça, benevolência) derivado da raiz רצה (apreciar, aceitar, comprazer-se em). YHWH afirma que não aprecia (רצה) e que não lhe agradam (ערב) os sacrifícios do povo em razão da sua desobediência. Eles não "dão atenção" (קשׁב) à sua Palavra (דָּבָר) e "desprezam" (מאס) a sua "Lei" (תּוֹרָה) – Jr 6,19. Em Malaquias, a raiz רצה, por sua vez, aparece em Ml 1,8.10.13.[702] Em Ml 1,8.13, esta raiz está inserida

---

696. WEYDE, K. W., Prophecy and Teaching, p. 300.

697. Fabry postula três sentidos; Lisowsky quatro; Koehler, por sua vez, cinco. KOEHLER, L.; BAUMGARTNER, W., The Hebrew and Aramaic Lexicon of the Old Testament, p. 876-877; FABRY, H.-J.; LAMBERTY-ZIELINSKI, H., ערב, p. 331-334; LISOWSKY, G., Konkordanz zum Hebräischen Alten Testament, p. 1110-1111.

698. KOEHLER, L.; BAUMGARTNER, W., The Hebrew and Aramaic Lexicon of the Old Testament, V. 1, p. 877; FABRY, H.-J.; LAMBERTY-ZIELINSKI, H., ערב, p. 333.

699. Segundo Lisowsky, ערב III ocorre 8x na BH: Jr 6,20; 31,26; Ez 16,37; Os 9,4; Ml 3,4; Sl 104,34; Pr 3,24; 13,19. LISOWSKY, G., Konkordanz zum Hebräischen Alten Testament, p. 1110-1111.

700. FABRY, H.-J.; LAMBERTY-ZIELINSKI, H., ערב, p. 333.

701. Wolff e Fabry consideram o verbo עָרַב III um termo técnico cultual, devido ao uso que dele se fazem Jr 6,20, Os 9,4 e Ml 3,4. FABRY, H.-J.; LAMBERTY-ZIELINSKI, H., ערב, p. 333; WOLFF, H. W., Hosea, p. 155.

702. ALONSO SCHÖKEL, L., Dicionário Bíblico Hebraico-Português, p. 630.

dentro de uma pergunta retórica de YHWH. Como poderá ser agradável a oferenda dos sacerdotes, tendo em vista que eles oferecem animais defeituosos, inapropriados para o culto? Em Ml 1,10 aparece a mesma raiz numa frase negativa: YHWH não considerará agradável a oferta provinda "das mãos" dos sacerdotes. A sua desobediência às prescrições rituais, que reflete o seu desprezo pela Lei de Deus, faz com que, à semelhança do que acontece no citado oráculo de Jeremias, seus sacrifícios não sejam aceitos e, consequentemente, os sacrifícios oferecidos pelo povo, uma vez que os sacerdotes são os intermediários legítimos do culto. O estado de crise do culto e, particularmente, do sacerdócio descrito em Ml 1,6-14 suscita o juízo de YHWH sobre os sacerdotes (Ml 2,1-9). Esse "juízo" encontra seu contraponto em Ml 2,17–3,5. Somente depois da purificação dos sacerdotes, como descrita em Ml 3,3ac, é que YHWH considerará "agradável" (ערב) a oferenda do povo.[703]

A expressão לַיהוָה, que só ocorre, dentro do livro de Malaquias, em Ml 3,3d.4, aponta para a centralidade de Deus na mensagem do profeta. Tanto os sacerdotes quanto a oferenda serão purificados para que se tornem dignos de YHWH. O mandamento que o homem parece não conseguir cumprir, a pureza que ele não consegue alcançar por si só, realiza-se mediante a intervenção de YHWH. A menção de Judá e Jerusalém, o estado e a capital da comunidade pós-exílica, respectivamente, apontam para a totalidade do povo de Israel, a quem o profeta dirige o conjunto da sua profecia (Ml 1,1).[704]

Na segunda metade do versículo, o profeta afirma que a oferenda será agradável a YHWH valendo-se de duas comparações, introduzidas pela preposição כְּ. Este uso de uma dupla comparação marca o estilo deste oráculo. Em Ml 3,2c; 3,3c e, agora, em 3,4, o profeta se vale desta dupla comparação com sentido enfático:

Ml 3,2c	כִּי־הוּא	⟵	כְּאֵשׁ מְצָרֵף וּכְבֹרִית מְכַבְּסִים
Ml 3,3c	וְזִקַּק אֹתָם	⟵	כַּזָּהָב וְכַכָּסֶף
Ml 3,4	מִנְחַת יְהוּדָה וִירוּשָׁלָ͏ִם	⟵	כִּימֵי עוֹלָם וּכְשָׁנִים קַדְמֹנִיּוֹת

Assim como em Ml 3,2c e 3,3c, em Ml 3,4 são usadas expressões equivalentes. Tanto a expressão כִּימֵי עוֹלָם, quanto a expressão כְּשָׁנִים קַדְמֹנִיּוֹת são utilizadas nos textos proféticos para referir-se a um passado ideal. Em Am 9,11, a expressão

---

703. FABRY, H.-J.; LAMBERTY-ZIELINSKI, H., ערב, p. 333; WEYDE, K. W., Prophecy and Teaching, p. 300-301.
704. VERHOEF, P. A., The Books of Haggai and Malachi, p. 292.

כִּימֵי עוֹלָם refere-se ao tempo da monarquia davídica;[705] em Mq 7,14, por sua vez, a mesma expressão refere-se ao tempo do Êxodo.[706]

O termo קַדְמֹנִי (כְּשָׁנִים קַדְמֹנִיּוֹת) é derivado da raiz קדם, que pode significar "sair ao encontro", "preceder", "ir à frente", em sentido espacial; com conotação temporal, a mesma raiz pode significar "antecipar-se".[707] Da mesma raiz provém o substantivo קַדְמָה, que pode significar "origem" (Is 23,7) ou "estado/condição anterior" (Ez 16,55).[708] קַדְמֹנִי, por sua vez, pode significar tanto "oriental" – sentido espacial (Ez 10,19), quanto "anterior" – sentido temporal (Ez 38,17). Com sentido de "anterior" ou "antigo", o termo é utilizado somente quatro vezes na BH: 1Sm 24,14; Is 43,18; Ez 38,17; Ml 3,4.[709] Em Is 43,18, o termo é utilizado sozinho, indicando as "coisas passadas" que não devem mais ser recordadas. Em Ez 38,17 e Ml 3,4 o termo remete a um tempo ideal. Em Ez 38,17, ao tempo dos antigos profetas e, em Ml 3,4, ao tempo de um sacerdócio ideal.

Quando teria sido esse passado ideal do sacerdócio israelita não é consenso entre os estudiosos de Malaquias. Alguns pensam tratar-se de uma referência à época mosaica[710] ou à época davídica[711], tendo em vista que a primeira expressão, כִּימֵי עוֹלָם, ocorre em Mq 7,14 e Am 9,11 referindo-se a uma e outra época, respectivamente. Outros autores, todavia, concordam que não parece possível determinar um período particular da história de Israel ao qual o profeta estaria se referindo. As alusões ao tempo dos inícios de Israel são muito variadas em Malaquias. Ele refere-se ao tempo de Esaú e Jacó (1,2); ao tempo "dos pais" (3,7); ao tempo de Moisés e Elias (3,22-23). O profeta parece partilhar uma visão comum do profetismo, aquela segundo a qual "o tempo antigo" é, de modo geral, considerado como um tempo ideal, onde a comunhão com YHWH produzia os melhores

---

705. Uma das possíveis interpretações da סֻכַּת דָּוִיד הַנֹּפֶלֶת em Am 9,11 é a que indica sua relação com o tempo da monarquia davídica. McCOMISKEY, T.E. (Ed.), The Minor Prophets, p. 490-491; LIMA, M. L. C., Amós 9,11-15 e a unidade do livro dos Doze Profetas, p. 182-199.

706. Em Mq 7,14, a referência ao tempo do Êxodo pode ser percebida pelo paralelo estabelecido entre a expressão כִּימֵי עוֹלָם e a expressão כִּימֵי צֵאתְךָ מֵאֶרֶץ מִצְרָיִם de Mq 7,15. McCOMISKEY, T.E. (Ed.), The Minor Prophets, p. 759-760.

707. ALONSO SCHÖKEL, L., Dicionário Bíblico Hebraico-Português, p. 570.

708. KOEHLER, L.; BAUMGARTNER, W., The Hebrew and Aramaic Lexicon of the Old Testament, p. 1070.

709. JENNI, E., קדם, p. 738-741; KOEHLER, L.; BAUMGARTNER, W., The Hebrew and Aramaic Lexicon of the Old Testament, p. 1071.

710. BALDWIN, J. G., Haggai, Zechariah and Malachi, p. 266; McCOMISKEY, T.E. (Ed.), The Minor Prophets, p. 1354-1355;

711. BOLOJE, B. O.; GROENEWALD, A., Malachi's Vision of the Temple: An Emblem of Eschatological Hope (Ml 3:1-5) and an Economic Centre of the Community (Ml 3:10-12), p. 371.

frutos para o povo.⁷¹² Sendo assim, o profeta pode estar referindo-se não somente a um momento específico da vida do povo de Israel, mas a todos os momentos em que, no passado, o sacerdócio desempenhou o seu papel de modo digno de YHWH,⁷¹³ ou, ainda, a um passado ideal que, nas partes sacerdotais do Pentateuco é colocado na época da peregrinação no deserto.⁷¹⁴

A terceira parte do oráculo é concluída, assim, em tom positivo, prevendo que a purificação a ser empreendida pelo mensageiro da Aliança redundará em benefício não somente para o sacerdócio, mas para o povo em geral. Desta forma, parece verossímil afirmar que, no pensamento do profeta, a atitude dos sacerdotes põe em risco não somente sua relação com YHWH, mas a relação de aliança que envolve todo o povo. Uma vez purificado o sacerdócio, o culto é restabelecido na sua integridade, ou seja, com ofertas "puras" e oferecidas "segundo a Lei" (מִנְחָה בִּצְדָקָה), o que abre caminho para a renovação da aliança entre YHWH e seu povo.

3.4.5. A vinda de YHWH: 3,5

Na quarta e última parte do oráculo é retomada a 1ps: é YHWH quem fala. Este versículo se conecta com Ml 3,1ab onde YHWH anuncia a vinda de seu mensageiro que prepara a sua própria vinda. A vinda de YHWH é designada pela raiz קרב – Qal (Ml 3,5a). קרב significa, em primeiro lugar, "aproximar-se/estar próximo de"⁷¹⁵ e é utilizada na BH em âmbitos variados: no âmbito cultual (Hifil), indicando o ato de aproximar-se das coisas santas, como o altar ou tenda (Ex 40,32; Lv 9,5), e também com o sentido de "oferecer/apresentar" (Lv 2,8);⁷¹⁶ no âmbito bélico (Dt 20,2); no campo judicial, indicando a aproximação para o juízo (Is 41,1.5); indicando o intercurso sexual (Gn 20,4; Lv 18,6); em 1Rs 2,7, o paralelo com a expressão תַּעֲשֶׂה־חֶסֶד parece dar ao verbo o sentido de "ser benevolente".⁷¹⁷ Seu antônimo é a raiz רחק (estar distante), como se pode depreender de Is 46,13.⁷¹⁸

Embora o texto de Malaquias exprima, também, algo do campo judicial, o sentido de Ml 3,5a exprime-se melhor quando se considera o sentido teológico da

---

712. GLAZIER-McDONALD, B., Malachi: The Divine Messenger, p. 155.

713. HILL, A., Malachi, p. 279; VERHOEF, P. A., The Books of Haggai and Malachi, p. 292-293; SNYMAN, S. D., Malachi, p. 138; JACOBS, M. R., The Books of Haggai and Malachi, p. 280-281.

714. A possível referência a Ex 23,20 parece apontar neste sentido (item 3.4.2.).

715. KÜHLEWEIN, J., קרב, p. 850.

716. KOEHLER, L.; BAUMGARTNER, W., The Hebrew and Aramaic Lexicon of the Old Testament, p. 1132-1134. O hifil é a forma mais recorrente na BH (177x de 293 ocorrências). KÜHLEWEIN, J., קרב, p. 850.

717. KÜHLEWEIN, J., קרב, p. 851-852.

718. KÜHLEWEIN, J., קרב, p. 851.

raiz קרב. A proximidade do יוֹם יְהוָה vem indicada, nos profetas, pelo adjetivo קָרוֹב, que indica, em geral, a severidade do juízo de YHWH (Is 13,6; Ez 30,3; Jl 4,14). A proximidade da salvação de YHWH também é indicada pelo mesmo adjetivo (Is 51,5).[719] Na 1ps, no conjunto dos livros proféticos, o verbo só aparece em Is 46,13 e Ml 3,5, contudo, somente em Malaquias ele tem Deus por sujeito. Em Is 46,13 Deus torna próxima a sua "justiça". Diante deste conjunto, ganha força a afirmação de YHWH em primeira pessoa anunciado a sua aproximação (קרב) para o julgamento (מִשְׁפָּט) e, ao mesmo tempo, pode-se perceber certa harmonia do vocabulário de Malaquias com o vocabulário dos outros profetas, no que diz respeito ao anúncio dessa vinda de YHWH. O termo מִשְׁפָּט conecta Ml 3,5 com Ml 2,17, emoldurando o oráculo. À pergunta אַיֵּה אֱלֹהֵי הַמִּשְׁפָּט, o próprio YHWH responde, afirmando que וְקָרַבְתִּי אֲלֵיכֶם לַמִּשְׁפָּט.[720] Em Ml 3,5b-5e o profeta explicita em que consiste o termo מִשְׁפָּט de modo concreto, na perícope.

YHWH se autodenomina em Ml 3,5b como עֵד מְמַהֵר. Ao mesmo tempo em que é juiz, porque ele "se aproxima para o julgamento", YHWH também é "testemunha".[721] As diversas classes contra as quais YHWH testemunha são indicadas pela preposição בְּ, à exceção de Ml 3,5de. A expressão בְּ + עֵד indica uma "testemunha de acusação/testemunha contra" e ocorre não somente em Malaquias, mas também em outros lugares na BH.[722] Na conclusão de um pacto, YHWH podia ser designado como testemunha (Gn 31,50), esse parece ser o sentido do uso da raiz עוד em Ml 2,14.[723] Na literatura profética, YHWH é chamado de "testemunha" em Jr 29,23; Jr 42,5 e Mq 1,2. Em Jr 29,23, à semelhança do que acontece em Ml 3,5, YHWH é, também, juiz, uma vez que em Jr 29,21 ele já dita a sentença contra os que são acusados. O mesmo se dá em Mq 1,2-7. Malaquias harmoniza-se, assim, com a linguagem profética, ao apresentar YHWH na dupla função de juiz e testemunha.[724]

O termo עֵד vem qualificado pela raiz מהר (Piel – ptc), que significa "acelerar, tornar rápido".[725] Ela costuma ser associada a verbos, para indicar a rapidez

---

719. Is 13,6; Jl 1,15; 4,14; Ab 1,15; Sf 1,7.14. KÜHLEWEIN, J., קרב, p. 856.

720. GLAZIER-McDONALD, B., Malachi: The Divine Messenger, p. 158; VERHOEF, P. A., The Books of Haggai and Malachi, p. 293-296; SNYMAN, S. D., Malachi, p. 138-139.

721. WEYDE, K. W., Prophecy and Teaching, p. 304.

722. GLAZIER-McDONALD, B., Malachi: The Divine Messenger, p. 159: Nm 5,13; Dt 19,15; 31,26; Js 24,22; 1Sm 12,5; Mq 1,2; Pr 24,28.

723. VAN LEEUWEN, C., עֵד, p. 279-280.

724. VAN LEEUWEN, C., עֵד, p. 281.

725. LISOWSKY, G., Konkordanz zum Hebräischen Alten Testament, p. 755-756; KOEHLER, L.; BAUMGARTNER, W., The Hebrew and Aramaic Lexicon of the Old Testament, p. 553-554.

com a qual uma ação deve ser realizada. Nesses casos, ela pode assumir uma função adverbial (Ex 34,8).[726] A expressão עֵד מְמַהֵר só ocorre em Malaquias[727] e há quem sugira uma ligação com Dt 17,7. Dt 17,6 prevê que a condenação à morte se dê a partir da palavra de duas ou três testemunhas. Dt 17,7, por sua vez, prevê que as testemunhas sejam as primeiras a executar a sentença, o que parece indicar certa rapidez na execução da mesma sentença. Segundo Freudenstein e Weyde esse seria o pano de fundo de Ml 3,5b: YHWH apresenta-se como a testemunha que também executa a sentença e a executa rapidamente.[728] Como da raiz מהר também deriva-se o adjetivo מָהִיר "habilidoso/versado" (Esd 7,6), sugere-se também que a expressão עֵד מְמַהֵר sirva para indicar que YHWH é a testemunha "habilidosa", capaz de discernir o sentido das acusações e aplicar os critérios de juízo.[729] Embora tal forma de compreender a expressão ajude a elucidar seu sentido, parece mais evidente o sentido primeiro do termo מְמַהֵר, que indica a rapidez com a qual YHWH realizará seu juízo, quando da sua súbita vinda (Ml 3,1c: פִּתְאֹם).[730]

Em Ml 3,5b-5e encontra-se a lista daqueles contra os quais YHWH será uma "testemunha rápida". O texto enumera cinco categorias:[731] feiticeiros; adúlteros; perjuros; exploradores do assalariado, da viúva e do órfão; os que enganam o estrangeiro. Ml 3,5e não parece ser uma nova categoria, mas sim uma espécie de categoria-síntese que indica todos aqueles que experimentarão o juízo de YHWH, os já enumerados e os que fogem de tal enumeração: לֹא יְרֵאוּנִי.[732] Admite-se que Malaquias se utiliza de várias "tradições" para compor tal lista, mormente aquelas presentes no Deuteronômio e no Levítico, embora se encontrem também conexões entre as categorias citadas por Malaquias e a literatura profética e sapiencial.[733]

A primeira categoria é indicada pela raiz כשׁף (Piel) que significa "praticar magia".[734] O uso do termo em Ex 22,17 e Dt 18,10 é digno de nota. Em Ex 22,17 é prevista, para a "feiticeira" (מְכַשֵּׁפָה) a pena capital. Em Dt 18,10, por sua vez, o que pratica a magia (מְכַשֵּׁף) vem colocado ao lado de outras categorias de infiéis:

---

726. KOEHLER, L.; BAUMGARTNER, W., The Hebrew and Aramaic Lexicon of the Old Testament, v. 1, p. 553-554; RINGGREN, H., מהר, p. 138.

727. WEYDE, K. W., Prophecy and Teaching, p. 304.

728. WEYDE, K. W., Prophecy and Teaching, p. 304; FREUDENSTEIN, E. G., A Swift Witness, p. 114-115.

729. JACOBS, M. R., The Books of Haggai and Malachi, p. 282.

730. GLAZIER-McDONALD, B., Malachi: The Divine Messenger, p. 159.

731. SMITH, R. L., Micah-Malachi, p. 330: segundo Smith, o uso dos particípios na enumeração dessas categorias de pessoas têm em vista mostrar que se trata de comportamentos habituais, rotineiros.

732. WEYDE, K. W., Prophecy and Teaching, p. 310.

733. O'BRIEN, J. M., Priest and Levite in Malachi, p. 91; WEYDE, K. W., Prophecy and Teaching, p. 311.

734. LISOWSKY, G., Konkordanz zum Hebräischen Alten Testament, p. 704; ANDRÉ, G., כָּשַׁף, p. 361.

os que fazem passar pelo fogo os filhos; os que fazem presságios, oráculos ou adivinhações. O conjunto destas práticas é classificada como uma "abominação" (תּוֹעֵבָה) – Dt 18,12. Weyde acredita que os "feiticeiros" sejam enumerados em primeiro lugar em Ml 3,5 porque a prática da feitiçaria pode ter se tornado um problema crescente no período pós-exílico. Ele baseia sua afirmação no fato de que, somente em 2Cr 33,6 se faz a menção da "prática da feitiçaria" (וְכִשֵּׁף) por parte de Manassés, enquanto o texto paralelo de 2Rs 21,6, mais antigo, não traz essa informação. Os dois textos são praticamente idênticos, excetuando-se a menção da "feitiçaria" em 2Cr 33,6.[735] Is 57 parece apontar no mesmo sentido. O profeta, contudo, utiliza outra raiz verbal. A expressão בְּנֵי עֹנְנָה, normalmente traduzida como "filhos da feiticeira"[736] (Is 57,3), traz a raiz ענן (Poel – ptc) que significa "adivinhar, vaticinar, augurar", por isso seu particípio vem traduzido como adivinho, agoureiro, vaticinador ou feiticeiro.[737] Tanto em 2Cr 33,6, quanto em Dt 18,10, a raiz ענן está associada à raiz כשף na enumeração de uma série de práticas idolátricas que atraem a ira de YHWH.

A segunda categoria indiciada por Malaquias são os "adúlteros" (Ml 3,5b: מְנָאֲפִים). O adultério é expressamente proibido pelo decálogo (Ex 20,14; Dt 5,18). A raiz נאף é utilizada em sentido metafórico na literatura profética para indicar a idolatria (Jr 3,9; Ez 23,37; Os 3,1).[738] Ez 23,45 prevê que Jerusalém e Samaria sejam julgadas segundo o "direito das adúlteras" (מִשְׁפַּט נֹאֲפוֹת), que previa a sua morte (Lv 20,10). É possível que os dois sentidos do termo estejam compreendidos dentro da afirmação de Malaquias: adultério e idolatria. O juízo de YHWH se dará não somente sobre os que cometem propriamente o adultério, mas também sobre aqueles que o praticam de modo metafórico, abandonando YHWH e indo atrás dos ídolos. Há quem sugira que o profeta esteja retomando aqui o que já foi abordado em Ml 2,10-16, um oráculo onde YHWH afirma odiar o "repúdio" (כִּי־שָׂנֵא שַׁלַּח) – Ml 2,16. Neste oráculo, os destinatários são acusados de abandonar a "mulher da juventude" (אֵשֶׁת נְעוּרֶיךָ) – Ml 2,14 – e de desposar a "filha de um Deus estrangeiro" (בַּת־אֵל נֵכָר) – Ml 2,11, o que poderia indicar certo perigo de idolatria no caso do casamento com as estrangeiras.[739]

A terceira categoria enumerada em Ml 3,5b é a dos que "fazem um juramento falso" (נִשְׁבָּעִים לַשָּׁקֶר). A raiz שבע (Qal) significa "jurar, prometer, prestar

---

735. WEYDE, K. W., Prophecy and Teaching, p. 310.

736. ALONSO SCHÖKEL, L.; SICRE DIAZ, J. L., Profetas, p. 362.

737. ALONSO SCHÖKEL, L., Dicionário Bíblico Hebraico-Português, p. 509.

738. FABRY, H.-J., נאף, p. 116-117.

739. GLAZIER-McDONALD, B., Malachi: The Divine Messenger, p. 161-162.

juramento". Quando unido ao termo שֶׁקֶר (mentira, falsidade), como ocorre em Ml 3,5b, significa "fazer um juramento falso".[740] O homem pode jurar em nome de Deus (Dt 10,20), mas o juramento falso é expressamente proibido no Levítico (5,22.24; 19,12) e condenado na literatura profética (Jr 7,9; Zc 5,4). Em Jr 7,9, o "juramento falso" é mencionado juntamente com o "adultério", à semelhança do que ocorre em Ml 3,5b. O juramento falso não afeta somente a pessoa sobre a qual uma sentença cairá indevidamente, mas é uma transgressão contra o próprio YHWH, que é quem garante o juramento.[741]

Uma quarta categoria de transgressores é apresentada em Ml 3,5c: os que "oprimem" (עשׁק) o assalariado, a viúva e o órfão.[742] A raiz עשׁק I significa "oprimir, explorar, defraudar".[743] Ela e seus derivados exprimem sempre ações e estados apresentados negativamente. Algumas vezes, a raiz עשׁק vem justaposta a outras raízes que indicam ações igualmente violentas e proibidas em Israel, como roubar, mentir, colocar obstáculo diante de um cego e jurar falso, por exemplo (Lv 19,11-14). Ml 3,5c faz eco, de certa forma, aos Salmos 103,6: עֹשֵׂה צְדָקוֹת יְהוָה וּמִשְׁפָּטִים לְכָל־עֲשׁוּקִים e 146,7: עֹשֶׂה מִשְׁפָּט לָעֲשׁוּקִים.[744]

Os "oprimidos", em Ml 3,5c são, em primeiro lugar, os "assalariados". O termo שָׂכָר significa "salário". שָׂכִיר, por sua vez, refere-se ao homem livre, mas que não possuindo nenhuma terra, trabalha em terra alheia em troca de uma diária. A expressão שְׂכַר־שָׂכִיר designa, portanto, "o salário do assalariado" ou "o salário do diarista".[745] Como o termo mais próximo do verbo é o termo salário (שָׂכָר), e a expressão "oprimir o salário" não parece compreensível,[746] na história da inter-

---

740. ALONSO SCHÖKEL, L., Dicionário Bíblico Hebraico-Português, p. 655. Algumas vezes, o mesmo sentido vem expresso quando o verbo שָׁבַע está unido ao termo מִרְמָה, como no Sl 24,4.

741. KOTTSIEPER, I. שָׁבַע, p. 321-322.

742. Um amplo trabalho sobre a figura do estrangeiro, do órfão e da viúva pode ser encontrado em FRIZZO, A. C., A Trilogia Social: estrangeiro, órfão e viúva no Deuteronômio e sua recepção na Mishná, p. 51-138.

743. KOEHLER, L.; BAUMGARTNER, W., The Hebrew and Aramaic Lexicon of the Old Testament, p. 897; ALONSO SCHÖKEL, L., Dicionário Bíblico Hebraico-Português, p. 524-525.

744. GERSTENBERGER, E., עָשַׁק, p. 414.416.

745. KOEHLER, L.; BAUMGARTNER, W., The Hebrew and Aramaic Lexicon of the Old Testament, p. 1327; LIPINSKI, E., שָׂכָר, p. 131-132.

746. Espera-se, normalmente, um complemento de pessoa para o verbo עָשַׁק, como é comum acontecer na BH e que tornaria o texto mais harmônico, uma vez que os demais objetos do verbo são, em Ml 3,5c, classes de pessoas (viúva e órfão). Uma exceção é Mq 2,2. Neste texto, o verbo עָשַׁק é utilizado com complemento de pessoa e de coisa como objeto direto: גֶּבֶר וּבֵיתוֹ (o varão e sua casa). Contudo, em Mq 2,2, diferentemente de Ml 3,5c, o que está em primeiro lugar é o complemento de pessoa e só depois o complemento de coisa, que retoma o primeiro complemento por meio do sufixo. Além disso, a expressão בֵּיתוֹ de Ml 2,2 pode ser entendida em sentido metafórico, como um segundo complemento de pessoa, significando não a construção em si, mas a família. Tal constatação reforça a afirmação de que Malaquias usa de modo um tanto quanto inusitado o verbo עָשַׁק no que diz respeito ao seu complemento.

pretação de Malaquias houve quem sugerisse a inversão dos termos, a fim de que a frase ficasse mais inteligível, com o sentido de "oprimir o assalariado [no que diz respeito ao seu] salário".[747] Há quem sugira, ainda, que se retire o termo שָׂכָר da oração, a fim de que Ml 3,5 se harmonize com Dt 24,14 (לֹא־תַעֲשֹׁק שָׂכִיר).[748] Admite-se, contudo, que a raiz עשׁק possua o sentido primeiro de "reter/reter indevidamente" um bem de alguém e só secundariamente signifique "oprimir". Joüon faz essa afirmação tomando por base alguns textos da BH onde a raiz עשׁק vem justaposta à raiz גזל (roubar), como em Lv 19,13, que trata da retenção indevida do "salário do assalariado/diarista" (פְּעֻלַּת שָׂכִיר).[749] Nesse sentido entende-se Ml 3,5c à luz de Lv 19,13 e Dt 24,14. Lv 19,13 proíbe reter até a manhã seguinte o salário do assalariado. Dt 24,14, por sua vez, proíbe "oprimir" (עשׁק) o assalariado, que também é classificado como "pobre" (עָנִי) e "necessitado" (אֶבְיוֹן); no v. 15 fica claro qual o sentido desta opressão: o salário (שָׂכָר) dele deve ser pago cada dia, antes que o sol se ponha, como prevê Lv 19,13. Em síntese, a "opressão" do assalariado consiste, como visto nos dois textos citados, em reter o seu salário até o dia seguinte.[750]

Além do assalariado, Ml 3,5c menciona a viúva (אַלְמָנָה) e o órfão (יָתוֹם). O dever de proteger a viúva, o órfão e o pobre é um tema comum no Antigo Oriente Próximo. Encontram-se menções a isto na literatura mesopotâmica e egípcia. Na literatura mesopotâmica, a proteção do órfão, da viúva e do pobre era uma

---

747. VON BULMERINCQ, A., Kommentar zum Buche Maleachi, p. 383: sugere a inversão dos termos e a tradução da inteira expressão pelo termo Lohnarbeiter (diarista); VAN HOONACKER, A., Les Douze Petit Prophètes, p. 730. Barthélemy sugere que se mantenha o Texto Leningradense que é atestado na Tradição Massorética e se traduza o versículo da seguinte forma: *et contre ceux qui font tort au salariè quant à son salaire*. BARTHÉLEMY, D., Critique Textuelle de L'Ancien Testament, p. 1036; MEINHOLD, A., Maleachi, p. 242; JACOBS, M. R., The Books of Haggai and Malachi, p. 283: sugere traduzir a expressão como: *hired labourer through the wages*. A tradução da LXX, que emprega três verbos diferentes para traduzir o único verbo עשׁק do TM é um exemplo desta dificuldade de se entender o texto de Ml 3,5c: ZIEGLER, J., Duodecim Prophetae, v. XIII, p. 336.

748. KOEHLER, L.; BAUMGARTNER, W., The Hebrew and Aramaic Lexicon of the Old Testament, p. 1327.

749. GERSTENBERGER, E., עָשַׁק, p. 412; JOÜON, P., Verb עָשַׁק 'retenir' (Le Bien d'Autrui), secondairement 'opprimer', p. 445-447.

750. A expressão שְׂכַר שָׂכִיר / שְׂכַר־שָׂכִיר só aparece em Ml 3,5 e Dt 15,18. A ligação dos termos com o maqqēp só ocorre em Ml 3,5 e pode corroborar o parecer dos que traduzem a expressão שְׂכַר־שָׂכִיר simplesmente por "assalariado". Parece verossímil conjecturar que Malaquias possa ter utilizado um só e mesmo verbo para indicar a opressão do assalariado, da viúva e do órfão, causando certo embaraço na compreensão do uso desse verbo com o complemento שְׂכַר־שָׂכִיר, por razões de estilo. O autor poderia ter utilizado o verbo לִין, como ocorre em Lv 19,13, e que se encaixaria perfeitamente com a expressão שְׂכַר־שָׂכִיר uma vez que ele é utilizado no mesmo texto de Lv 19,13 com a expressão sinônima פְּעֻלַּת שָׂכִיר. A inserção deste verbo faria, contudo, que se perdesse a forma 5 + 1 que parece marcar o estilo de tal versículo, onde cinco categorias de malfeitores são indicadas pelo uso de cinco particípios diferentes e depois sintetizadas num verbo em forma finita (Ml 3,5e). Também Niccaci traduz o verbo עשׁק por "oprimir": NICCACCI, A., Poetic Syntax and Interpretation of Malachi, p. 66.

tarefa atribuída tanto às divindades, quanto ao rei.[751] Na BH, o órfão e a viúva são mencionados de modo particular no Deuteronômio.[752] Em Dt 10,18, YHWH é apresentado como aquele que "faz justiça" (עֹשֶׂה מִשְׁפַּט) ao órfão e à viúva. O Sl 68,6 o apresenta como "pai dos órfãos" (אֲבִי יְתוֹמִים) e "justiceiro das viúvas" (דַּיַּן אַלְמָנוֹת). Pode-se depreender dessas passagens que o próprio YHWH faz-se protetor daqueles que perdem o seu protetor natural: no caso da viúva, o esposo e, no caso dos órfãos, os pais. A conduta de YHWH torna-se, assim, um modelo de conduta para os israelitas, particularmente para aqueles que devem liderar o povo. Dt 24,17 ordena que não se perverta o "direito dos estrangeiros e dos órfãos" (מִשְׁפַּט גֵּר יָתוֹם) e nem se tome como penhor a roupa da viúva. Em Dt 24,19-21 encontram-se leis referentes à ceifa. De acordo com tais leis, a respiga dos campos deve ser deixada para as viúvas e os órfãos. O profeta Isaías condena os príncipes do povo porque não fazem justiça aos órfãos e nem se importam com causa das viúvas (Is 1,23).[753]

Na tradição profética, a raiz עשק aparece relacionada à viúva e ao órfão em Jr 7,6 e em Zc 7,10. Nestes dois textos, todavia, os profetas acrescentam o "estrangeiro", que Malaquias menciona relacionado a outro verbo. Em Jr 7,6, "não oprimir a viúva e o órfão" é uma das formas de se "praticar o direito" (עשה + מִשְׁפָּט) a favor do próximo. Em Zc 7,10, por sua vez, não oprimir a viúva e o órfão é uma forma de "fazer um julgamento verdadeiro" (מִשְׁפַּט אֱמֶת + שפט) e de "praticar o amor e a misericórdia" (וְרַחֲמִים חֶסֶד + עשה). O uso do termo מִשְׁפָּט em Jr 7,6 e Zc 7,10 ajuda a esclarecer o sentido de Ml 3,5c no que diz respeito à opressão da viúva e do órfão. Ao oprimi-los, os israelitas estão falhando no que concerne à prática da מִשְׁפָּט. YHWH revela-se como o Deus do "julgamento" (מִשְׁפָּט) afirmando que será uma testemunha contra aqueles que não praticam o "direito" (מִשְׁפָּט) com relação ao próximo, de modo particular, a viúva e o órfão. Paulatinamente vai sendo respondida a pergunta de Ml 2,17g (אַיֵּה אֱלֹהֵי הַמִּשְׁפָּט) e, ao mesmo tempo, vai sendo demonstrado quem é que realmente está falhando no que diz respeito à observância do "direito" (מִשְׁפָּט).

Embora na BH algumas vezes o estrangeiro seja mencionado junto com a viúva e o órfão (Dt 24,20), Malaquias o menciona em um segmento à parte (Ml 3,5d). Assim, a quinta categoria daqueles contra os quais YHWH executará

---

751. FENSHAM, F. C., Widow, Orphan and the Poor in Ancient Near Eastern Legal and Windom Literature, p. 129-139.

752. Em geral, o livro do Deuteronômio menciona o "órfão e a viúva", diferentemente de Ex 22,1; Zc 7,10 e Ml 3,5 que mencionam a "viúva e o órfão". HILL, A., Malachi, p. 282-283.

753. HOFFNER, H. A., אַלְמָנָה, p. 291.

seu juízo são os que "enganam o estrangeiro" (מַטֵּי־גֵר).⁷⁵⁴ A raiz נטה (Qal) significa "esticar, estender" (Gn 12,8; Dt 4,34). No Hifil, pode significar "inclinar, torcer, perverter" (Sl 31,3).⁷⁵⁵ Com o sentido de "torcer", "perverter", נטה possui como objeto, algumas vezes, o termo מִשְׁפָּט. Em Dt 24,17, por exemplo, se ordena que não se "perverta (נטה) o direito (מִשְׁפָּט) do estrangeiro"; Dt 27,19, por sua vez, declara "maldito" o que desobedece a esse mandamento. O uso de Ml 3,5d tendo o substantivo גֵר como objeto é único na BH.⁷⁵⁶ Há quem sugira que a expressão מַטֵּי־גֵר de Ml 3,5d seja uma forma abreviada da expressão תַּטֶּה מִשְׁפַּט גֵר dos já citados textos do Deuteronômio.⁷⁵⁷ Os lexicógrafos admitem o sentido de "enganar", que parece se encaixar no uso que Malaquias faz do verbo.⁷⁵⁸ Em outros lugares na BH o direito do estrangeiro é garantido. De modo particular, os israelitas são lembrados de que eles foram também "estrangeiros" na terra do Egito (Ex 22,29; 23,9; Lv 19,34; Dt 10,19) e, por isso, não devem "afligir" (יָנָה – Ex 22,20) o estrangeiro. Devem, ao contrário, "amar" (אהב) o estrangeiro, como o próprio YHWH o faz (Lv 19,33.34; Dt 10,18.19).⁷⁵⁹

Colocada no final da enumeração dos transgressores que sofrerão o juízo de YHWH (Ml 3,5b-d), a expressão לֹא יְרֵאוּנִי (Ml 3,5e) não somente as sintetiza,⁷⁶⁰ como também as expande. Pode-se colocar sob esta categoria final toda sorte de transgressão executada contra YHWH e contra o próximo, tanto aquelas já enumeradas pelo profeta, quanto outras que se podem depreender do contexto da BH. O temor de YHWH é um conceito importante na BH e em outras religiões do

---

754. Pode-se encontrar uma síntese a respeito dos termos utilizados pela BH para designar o "estrangeiro" com suas diferentes nuances em: UTRINI, H. C. S., Is 56,1-8: A visão acerca do estrangeiro na comunidade pós-exílica, p. 34-35.

755. RINGGREN, H., נָטָה, p. 384-386; KOEHLER, L.; BAUMGARTNER, W., The Hebrew and Aramaic Lexicon of the Old Testament, p. 693

756. Quando refere-se ao estrangeiro, o verbo tem como objeto, normalmente, a expressão מִשְׁפַּט גֵר. A LXX insere o termo κρίσις, com o intuito de se harmonizar com uso comum do verbo na BH. ZIEGLER, J., Duodecim Prophetae, p. 336. É possível admitir que tal "omissão" do termo מִשְׁפָּט, que seria esperado em tal proposição, seja uma questão de estilo. É possível conjecturar que o autor sagrado tenha deixado o termo מִשְׁפָּט encerrando apenas a fala dos interlocutores do profeta em Ml 2,17g e abrindo a fala final de YHWH em Ml 3,5a. Assim, além de emoldurar a perícope, o termo ganha mais destaque.

757. HILL, A., Malachi, p. 284.

758. KOEHLER, L.; BAUMGARTNER, W., The Hebrew and Aramaic Lexicon of the Old Testament, p. 693. Se, segundo o Deuteronômio, não se deve "perverter o direito" do estrangeiro, isto nada mais é do que evitar que ele seja "enganado" ou que sofra qualquer tipo de engodo.

759. Sobre as dificuldades econômicas do estrangeiro no pós-exílio, pode ser encontrada uma síntese em UTRINI, H. C. S., Is 56,1-8: A visão acerca do estrangeiro na comunidade pós-exílica, p. 47-55.

760. WEYDE, K. W., Prophecy and Teaching, p. 310; MEINHOLD, A., Maleachi, p. 277; KESSLER, R., Maleachi, p. 244.

Antigo Oriente Próximo.[761] Segundo Fuhs, o encontro com o numinoso produz uma dupla reação: de um lado, o terror e, de outro, o fascínio. O temor do divino passa a expressar-se como consciência de sua grandeza e, ao mesmo tempo, reverência, louvor.[762]

Esse movimento do terror ao fascínio, que depois se encaminha para a adoração e a consequente obediência é o que se pode depreender do uso da raiz ירא na BH. Em alguns textos, o medo/pavor (ירא) aparece como uma reação humana diante de Deus. Assim acontece com Adão e Eva, depois do pecado (Gn 3,10); com Moisés, diante da sarça ardente (Ex 3,6) e com o povo diante do rosto resplandecente de Moisés, sinal visível de sua experiência com Deus (Ex 34,30). O medo/pavor aparece associado, em outros textos, com a adoração a YHWH, ou ao seu "nome" (1Rs 8,43). Em 1Rs 8,43 o "temor" está associado ao "conhecimento" de YHWH (ידע). Em outros lugares, o "temor" se relaciona com a "confiança" (בָּטַח) em YHWH – Is 51,3. No Sl 119,63, o "temor" (יָרֵא) de YHWH está associado à obediência aos seus mandamentos/normas (שָׁמַר + פִּקּוּדִים). Em Dt 10,12-13 encontra-se uma síntese do que se compreende como "temor de YHWH" na BH. Nesse texto, o "temor" é colocado em paralelo com as expressões: "andar em seus caminhos" (הָלַךְ + דֶּרֶךְ); amá-lo (אָהַב); servi-lo de todo o coração e com todo o ser (עָבַד + בְּכָל־לְבָבְךָ וּבְכָל־נַפְשֶׁךָ); guardar (שָׁמַר) seus mandamentos (מִצְוָה) e estatutos (חֻקָּה).[763]

Em Malaquias, o tema do "temor de YHWH" é abordado nos dois textos que formam o conjunto deste trabalho (2,1-9 e 2,17–3,5). Somente em Ml 2,3 e em Ml 3,5 o verbo יָרֵא é utilizado numa forma finita. O particípio da mesma raiz, contudo, é utilizado em 1,14 (caracterizando o "nome de YHWH" como "terrível") e 3,23 (caracterizando do mesmo modo o "dia de YHWH")[764]; em 1,6 e 2,5 aparece o substantivo מוֹרָא derivado da mesma raiz; em 3,16 e 3,20 é utilizado o adjetivo יָרֵא nas expressões יִרְאֵי יְהוָה e יִרְאֵי שְׁמִי.[765] A expressão לֹא יְרֵאוּנִי de Ml 3,5c assemelha-se à expressão יָרֵאתָ מֵאֱלֹהֶיךָ de Lv 19,14.31; 25,17.36.43. Tanto em Malaquias quanto no livro do Levítico, o temor de Deus está relacionado, também, ao comportamento moral.[766]

---

761. FUHS, H. F., יָרֵא, p. 297.

762. FUHS, H. F., יָרֵא, p. 298.

763. VAN PELT, M. V.; KAISER, W. C., ירא, p. 526-532.

764. "Terrível" parece ser o significado mais preciso do particípio niphal נוֹרָא quando utilizado com valor de adjetivo. STÄHLI, H.-P., ירא, p. 1055-1056.

765. STÄHLI, H.-P., ירא, p.1052.

766. STÄHLI, H.-P., ירא, p. 1067; WEYDE, K. W., Prophecy and Teaching, p. 310.

Particularmente em Lv 19, a raiz ירא é utilizada em sentido positivo, no conjunto de uma série de práticas enumeradas e que devem expressar o temor de YHWH. Algumas dessas práticas que manifestam o "temor de YHWH" são apresentadas em Ml 3,5, nomeadamente: cuidar do pobre e do estrangeiro (Lv 19,10; Ml 3,5d); não jurar falso (Lv 19,12; Ml 3,5b); não reter o salário do assalariado (Lv 19,13; Ml 3,5c). Ml 3,5e, por sua vez, aparece como uma antítese desses textos. No final da enumeração das diversas práticas que contrariam o que está disposto seja no Levítico seja em outros textos do Pentateuco, a raiz ירא é utilizada em uma sentença negativa, demonstrando que tais atitudes representam o reverso do temor de YHWH. Uma vez que os apelos à justiça social são compreendidos como uma ordem dada por YHWH, o que está em questão é mais do que o cumprimento de normas éticas. O que está em questão, em última análise, é a capacidade de "temer a YHWH" e expressar isso de modo concreto, na obediência à sua Palavra.[767]

O oráculo de Ml 2,17–3,5 é finalizado pela fórmula do mensageiro, presente também em Ml 3,1g. Depois de uma motivação inicial (Ml 2,17) o oráculo anuncia a vinda de YHWH e de seu mensageiro. Após uma breve palavra de YHWH (Ml 3,1ab), no centro do oráculo está a explicação do profeta a respeito de como será a vinda e a atuação do "mensageiro da aliança". Tal vinda ganha lugar de destaque no texto, uma vez que a sua atuação purificando os sacerdotes é pormenorizadamente detalhada por meio da metáfora da purificação dos metais e da limpeza de tecidos. Não somente a purificação dos sacerdotes é descrita, mas também a consequente restauração do culto em sua pureza original. Com isso, as ameaças contra o sacerdócio em Ml 2,1-9 ganham uma nova perspectiva: o mal não tem a última palavra, porque YHWH enviará seu mensageiro para purificar e restaurar o sacerdócio e o culto. A conclusão do oráculo se dá com a retomada da fala de YHWH em primeira pessoa (Ml 3,5). Ml 3,5 abrange os dois aspectos da aliança: o vertical e o horizontal, ou seja, a relação com Deus e a relação com o próximo. O juízo começa e termina com aquelas situações que ferem a comunhão com Deus (Ml 3,5b e 3,5e: feitiçaria, adultério,[768] perjúrio,[769] não temer YHWH). No centro, estão as situações que ferem a comunhão entre os irmãos (Ml 3,5c e Ml 3,5d: a opressão do assalariado, da viúva, do órfão e do estrangeiro). Depois de restabelecer o culto em sua integridade, YHWH então se aproxima para estabelecer o direito (מִשְׁפָּט), respondendo à pergunta de Ml 2,17.

---

767. FUHS, H. F., יָרֵא, p. 313.

768. Porque relaciona-se, de certo modo, com a idolatria.

769. Porque compromete a imagem de Deus, que é chamado como testemunha no juramento.

Capítulo 4 | Juízo e purificação: A perspectiva escatológica de Malaquias (2,17–3,5) e seu pressuposto (2,1-9)

4.1. O discurso de ameaça de Ml 2,1-9 como pressuposto de Ml 2,17–3,5

No contexto do livro de Malaquias, a profecia salvífica de 2,17–3,5 encontra seu pressuposto na crise do sacerdócio descrita em 1,6–2,9 e que desencadeia a ameaça de YHWH contida, de modo particular, em 2,1-9. Quatro aspectos do texto pedem uma particular atenção a fim de que se possa compreender melhor o contexto imediato onde nasce tal perspectiva salvífica: a crítica ao sacerdócio em si; as causas e as consequências da crise denunciada pelo profeta; por fim, o contraste com Levi e a apresentação da imagem ideal do sacerdote ideal como contraponto da crítica.

4.1.1. A crítica ao sacerdócio em Ml 2,1-9

O texto de Ml 2,1-9 se concentra, de modo particular, sobre a função sacerdotal de "ensinar". Contrastados com a imagem do sacerdote ideal (Ml 2,7), que guarda em seus lábios o "conhecimento" (דַּעַת) e em cuja boca se procura a "instrução" (תּוֹרָה), os sacerdotes são indiciados por "fazerem tropeçar" (כשל - hifil) e por serem "parciais" (נֹשְׂאִים פָּנִים) na "instrução" (תּוֹרָה). Se fazem tropeçar, é porque não conduzem os homens ao verdadeiro conhecimento de YHWH. Se são parciais na instrução, é porque não se empenham em fazer com que o povo siga corretamente e de modo integral a lei de YHWH.[770]

---

[770]. "Andar no caminho" (הָלַךְ + דֶּרֶךְ) de YHWH é uma expressão recorrente no Deuteronômio para indicar a obediência à sua palavra (10,12; 11,22; 19,9). Em Ml 2,8, a expressão "fazer tropeçar" (כשל hifil) está em paralelo com a expressão "afastar-se do caminho" (דֶּרֶךְ + סור), demonstrando que a atitude dos sacerdotes

Embora a instrução sacerdotal diga respeito de modo particular ao culto, onde se ensina ao povo a diferença entre o puro e o impuro, o uso do termo "instrução" (תּוֹרָה) em paralelo com o termo "conhecimento" (דַּעַת), à semelhança do que ocorre em Os 4,6, parece indicar que tal instrução possui um âmbito mais amplo, incluindo também os aspectos éticos derivados do culto, cujo cumprimento se espera daqueles que pretendem cultuar YHWH de modo autêntico.[771] Tal acusação demonstra como a falha do sacerdote nesse aspecto traz trágicas consequências para o povo como um todo, que acaba por "tropeçar" (Ml 2,8b) justamente naquilo que deveria ser o meio pelo qual eles poderiam andar na comunhão com Deus – a "instrução" (תּוֹרָה), voltando-se a YHWH de todo o coração e afastando-se do caminho da iniquidade (Ml 2,6ad).

A gravidade da situação se pode depreender de textos como Ml 2,3, que sugere não somente na humilhação pública dos sacerdotes, mas também a ameaça de seu afastamento do Templo e do fim de sua descendência; bem como de Ml 2,9, com a afirmação categórica de que YHWH tornou os sacerdotes vis e desprezíveis diante de todo o povo, pelo fato de não darem ouvido à sua palavra, não guardando seus caminhos (Ml 2,9b) e sendo parciais na instrução (Ml 2,9c).

Embora Ml 2,1-9 se detenha mais propriamente na falha dos sacerdotes no que diz respeito à sua função de ensinar, o texto pressupõe a crítica profética no que diz respeito à sua função cultual (Ml 1,6-14). Alguns elementos textuais de Ml 2,1-9 apontam para o texto de 1,6-14: em 2,2c, YHWH exige dos sacerdotes que estes, ouvindo sua palavra que lhes é enviada por meio do profeta, deem "glória ao seu nome", mesmo questionamento apresentado em 1,6, onde YHWH interroga os sacerdotes a respeito da glória que lhe é devida (אַיֵּה כְבוֹדִי); além disso, a menção das "bênçãos" (2,2f) e das "festas" (2,3b) apontam para o universo cultual.

A crítica de Ml 1,6-14 à falha dos sacerdotes no âmbito do culto se concentra, principalmente, na aceitação por parte dos sacerdotes de vítimas impróprias para o sacrifício. No v. 8, são enumerados o animal "cego" (עִוֵּר), o coxo (פִּסֵחַ) e o doente (חֹלֶה); o v. 13, por sua vez, traz uma lista quase idêntica: o animal "rouba-

---

é diametralmente oposta àquela contida no Deuteronômio e que indica a reta obediência aos mandamentos e estatutos de YHWH.

771. Segundo Wolff, o termo "conhecimento" (דַּעַת) em Os 4,6 significa, do ponto de vista objetivo, o reconhecimento dos seus atos salvíficos: a libertação do Egito (Os 11,1-3); a eleição, no tempo do deserto (Os 9,10; 13,5); o dom da terra com seus frutos (Os 2,10). Do ponto de vista subjetivo, por sua vez, o "conhecimento" de YHWH significa a "devoção sincera" e a "relação interior com Deus". WOLFF, H. W., Hosea, p. 79. Reventlow, compara a sentença שִׂפְתֵי כֹהֵן יִשְׁמְרוּ־דַעַת de Ml 2,7, com a sentença שִׂפְתֵי חֲכָמִים יְזָרוּ דָעַת de Pr 15,7, afirmando que é digno de nota que Malaquias atribua ao sacerdote a responsabilidade sobre um "conhecimento" de Deus que diz respeito ao modo de se conduzir a própria vida (Lebensführung). REVENTLOW, H. G., Die Propheten Haggai, Sacharja und Maleachi, p. 144-145; WEYDE, K. W., Prophecy and Teaching, p. 196-197; JACOBS, M. R., The Books of Haggai and Malachi, p. 224-225.

do" (גָּזוּל), o coxo (פִּסֵּחַ) e o doente (חֹלֶה). A referência ao animal "cego" (עִוֵּר) ou coxo (פִּסֵּחַ) coloca o texto de Malaquias em relação com as tradições contidas em Dt 15,21, onde tais animais são tidos como impróprios para serem oferecidos a YHWH. A expressão genérica מָשְׁחָת (Ml 1,14), por sua vez, relaciona a profecia de Malaquias com Lv 22,17-25 onde este termo serve como uma categoria-síntese para ratificar que toda e qualquer deformidade torna um animal impróprio para o sacrifício (Lv 22,25).[772] Tal acusação encontra eco em Ml 2,1-9, uma vez que "ser parcial na instrução" (Ml 2,9c) significa, também, não orientar corretamente o povo no que diz respeito à correta prática do culto, aceitando de sua parte tais animais impróprios para o sacrifício.

A partir de Ml 1,13 se pode depreender qual seja a atitude de desprezo dos sacerdotes com relação ao culto. Segundo o profeta, os sacerdotes "sopram"[773] com desprezo em direção aos sacrifícios e, do culto como um todo, afirmam: הִנֵּה מַתְּלָאָה. A expressão מַתְּלָאָה é fruto da contração da partícula מַה com o termo תְּלָאָה,[774] que, derivando da raiz verbal לאה (cansar, fatigar),[775] possui sentido básico de "tribulação", "dificuldade" ou "sofrimento".[776] É um termo raro na BH, aparecendo em Ex 18,8, Nm 20,14, Ne 9,32 e Lm 3,5,[777] com referência seja às tribulações sofridas por parte dos egípcios (Ex 18,8; Nm 20,14), seja por parte de outras nações estrangeiras (Ne 9,32; Lm 3,5).[778] O termo descreve tanto a falta de fervor dos sacerdotes em realizar seu ofício[779] quanto o seu tédio[780] em cumprir ritos que para eles parecem demasiado cansativos.[781] Seu uso acrescenta grande força retórica à invectiva profética, uma vez que o culto aparece, na boca dos sacerdotes, em comparação com o sofrimento vivido no Egito ou durante o tempo do exílio. Tal forma de se expressar também encontra eco em

---

772. WEYDE, K. W., Prophecy and Teaching, p. 119.

773. A raiz נפח pode significar soprar, resfolegar, aventar etc. No hiphil, como ocorre em Ml 1,13, pode ter o sentido metafórico de "desvalorizar", ou de "resfolegar" em tom de desprezo para com alguma coisa ou pessoa. ALONSO SCHÖKEL, L., Dicionário Bíblico Hebraico-Português, p. 441; KOEHLER, L.; BAUMGARTNER, W., The Hebrew and Aramaic Lexicon of the Old Testament, p. 708-709. O sentido aqui é de demonstração de desprezo pelo sacrifício, pelo altar (mesa de YHWH) e, enfim, pelo próprio YHWH. HILL, A., Malachi, p. 191.

774. GKC §37b.

775. RINGGREN, H, לָאָה, p. 395-396.

776. KOEHLER, L.; BAUMGARTNER, W., The Hebrew and Aramaic Lexicon of the Old Testament, p. 1737.

777. Além, é claro, de Ml 1,13.

778. LISOWSKY, G., Konkordanz zum Hebräischen Alten Testament, p. 1519.

779. VERHOEF, P.A., The Books of Haggai and Malachi, p. 233.

780. GLAZIER-McDONALD, B., Malachi: The Divine Messenger, p. 63.

781. SIQUEIRA, F. S., Ml 1,6-14: A crítica profética ao culto do segundo Templo e sua justificativa sob o aspecto teológico, p. 79-80.

Ml 2,1-9, uma vez que o ensino dos sacerdotes com relação à reta prática do culto, diz respeito não somente ao seu aspecto exterior, mas também à atitude interior que se deve ter diante de YHWH.

4.1.2. As causas da crise denunciada pelo profeta

Chama a atenção em Malaquias que a instituição sacerdotal tenha entrado em tal situação de crise num tempo relativamente breve que vai da restauração do Templo (515 a.C.) até a data que comumente se estabelece para a sua atuação profética (490 – 450 a.C.).[782] Podem ser elencados alguns fatores que podem ter desencadeado tal crise.[783]

O primeiro seria a frustração, tanto do povo quanto dos sacerdotes, diante da não realização das promessas contidas em Ageu e Zacarias e que envolviam o restabelecimento do culto. O profeta Ageu prevê um tempo futuro onde YHWH abalaria o céu, a terra, o mar, o continente e encheria o Templo com as riquezas de todas as nações (Ag 2,6-7), tornando sua glória maior que a do primeiro Templo (Ag 2,9). Ageu profetiza, ainda, que, com a reconstrução do Templo, haveria prosperidade nos campos (Ag 2,15-19) e YHWH haveria de abater todas as nações, fazendo de Zorobabel um "sinete" (Ag 2,23: חוֹתָם).[784] Uma vez que, em Jr 22,24, o rei Jeconias[785] é comparado a um "sinete", alguns julgam que Ag 2,23 contém uma promessa messiânica, sendo uma reversão da profecia de Jeremias.[786] Enquanto em Jr 22,24 o profeta afirma que, ainda que Jeconias fosse como um sinete nas mãos de YHWH, ele o "arrancaria" (נתק) de lá, o que sugere a sua destituição como rei, em Ag 2,23, o termo sinete vem conectado à raiz "colocar" (שׂים), que é justamente o antônimo de נתק. Além disso, o versículo utiliza a raiz בחר para se referir a Zorobabel, termo que significa "eleger" e cujo uso teológico mais antigo

---

782. SOGGIN, J. A., Storia d'Israele, p. 348-351; ALBERTZ, R., Historia de la religión de Israel en tiempos del Antiguo Testamento, p. 662-663; McCOMISKEY, T. E. (Ed.), Minor Prophets, p. 1252-1255.

783. Uma síntese destes elementos pode ser encontrada em McCOMISKEY, T. E. (Ed.), Minor Prophets, p. 1252-1255.

784. Segundo Otzen, o termo חוֹתָם, que provém da raiz חתם, que significa "selar" um documento real, pode ser utilizado em sentido metafórico para expressar a especial relação que une o rei a YHWH. OTZEN, B., חָתַם, p. 269.

785. Em Jr 22,24.28 e 37,1, Jeconias (ou Joaquin) é chamado de Conias (כָּנְיָהוּ).

786. McCOMISKEY, T. E. (Ed.), Minor Prophets, p. 1001-1002. Segundo Sweeney, não somente o termo "sinete" (חוֹתָם) mas, também, a designação "meu servo" (עַבְדִּי) e ao uso da expressão "eu o escolhi" (כִּי־בְךָ בָחַרְתִּי) são indícios da promessa de restauração da monarquia davídica por meio de Zorobabel veiculada por meio de Ageu, como fruto da reconstrução do Templo. Tais termos e expressões conectam Ag 2,23 com outros textos do AT ligados à dinastia davídica, como 1Sm 6,21; 2Sm 3,18; 7,5. SWEENEY, M. A., The Twelve Prophets, p. 553-555.

se conecta com a ideia da eleição de um rei da parte de YHWH.[787] O conjunto destes elementos parece confirmar a esperança retratada em Ag 2,23 de que, enquanto Jeconias, no início do exílio, fora deposto, como um sinete que é tirado da mão de YHWH (Jr 22,24), agora, no retorno do exílio, um outro, Zorobabel, seria escolhido e posto em seu lugar, também como um sinete que é novamente colocado na mão de YHWH.[788] Também Zacarias entrevê a restauração da monarquia davídica e anuncia, ainda, um tempo de grande prosperidade que haveria de vir sobre o país com a restauração do Templo (Zc 8,9-17).

Tais promessas não chegaram a se realizar até a época do profeta Malaquias. Zorobabel não recebeu trono algum e, após a reconstrução do Templo, dele não se falou mais. A menção do "gafanhoto", literalmente "devorador" (Ml 3,11: אֹכֵל),[789] demonstra que ainda existe insegurança no que diz respeito às ameaças naturais à produção agrícola. Mais um indício de que a abundância no que diz respeito aos frutos do campo, como consequência da reconstrução do Templo e do restabelecimento do culto, não aconteceu do modo como os profetas haviam anunciado, ou ao menos do modo como foram compreendidos, naquele contexto, os enunciados proféticos.

Além deste primeiro fator, deve-se levar em conta que, com o desaparecimento da monarquia, o sumo sacerdote e, talvez, um corpo de sacerdotes a ele ligado, teve que dividir sua atenção com os afazeres de estado, não podendo se dedicar exclusivamente ao culto.[790] Tal situação não ocorria em época monárquica, onde apesar de ter influência em questões políticas, como se depreende da atuação de Abiatar e Sadoc na sucessão de Davi (1Rs 1,7-8), estas questões eram, em última análise, resolvidas pelo rei. A menção do "governador" (פֶּחָה)[791] em Ml 1,8, numa pergunta em tom irônico, parece apontar para essa preocupação de se agradar mais ao poder político estrangeiro, no caso os persas, do que a YHWH. Essa necessidade de se dividir entre questões políticas e religiosas pode ter co-

---

787. WILDBERGER, H., בחר, p. 414. A raiz בחר é utilizada para indicar a eleição de Davi da parte de YHWH em 2Sm 6,21 e 1Rs 8,16.

788. OTZEN, B., חתם, p. 269.

789. SWEENEY, M. A., The Twelve Prophets, p. 744; SNYMAN, S. D., Malachi, p. 154-155.

790. SACCHI, P., Historia del Judaísmo en la época del Segundo Templo, p. 127-128.

791. Para Fensham, o termo פֶּחָה poderia designar em Israel e no Antigo Oriente Próximo um governador com poder sobre determinado território ou um representante do rei, ainda que sem nenhum domínio territorial. FENSHAM, F.C., Pehâ in the Old Testament and the Ancient Near East, p. 44-52. O termo פֶּחָה é aplicado a figuras importantes na restauração pós-exílica, como Sasabassar e Zorobabel. Esd 5,14; Ag 1,1. McComiskey acredita que no contexto persa o "governador" estava um posto abaixo do "sátrapa". McCOMISKEY, T.E. (Ed.), The Minor Prophets, p. 1303; VERHOEF, P.A., The Books of Haggai and Malachi, p. 218-219.

laborado na geração da situação de crise envolvendo o sacerdócio e o culto. Tal situação pode ter encontrado solução com a vinda de Neemias, que atua justamente no sentido de eliminar problemas de ordem cultual e social na comunidade restaurada.[792]

O fator econômico pode ter, também, influenciado a decadência do culto. Segundo Albertz, no pós-exílio, com o fim da monarquia, o culto se torna uma instituição totalmente financiada pela comunidade. Segundo seu parecer, a generosidade do governo Persa ajudava a cobrir só parcialmente as despesas do culto. A comunidade, então, assumiu do ponto de vista financeiro a responsabilidade de manter o culto em pleno funcionamento e este se tornou o símbolo de sua unidade.[793] Contudo, uma decisão de tal envergadura não deixa de trazer dificuldades. É possível que nem todos quisessem se engajar financeiramente nesse propósito. A terceira disputa profética em Malaquias (3,6-12), de modo particular os vv. 8-10 parece apontar nesse sentido. A "maldição" (מְאֵרָה) está sobre o povo, porque este "engana/defrauda" (קבע - qal)[794] YHWH a respeito do "dízimo" (מַעֲשֵׂר) e da "contribuição" (תְּרוּמָה).

Compreende-se o uso da raiz קבע - qal em Ml 3,8 à luz de textos como Lv 27,30 e Dt 12,6, que preveem que o "dízimo" (מַעֲשֵׂר) seja trazido integralmente para o Templo de YHWH. Não apresentar o dízimo, ou apresentá-lo de modo parcial, é um modo de defraudar YHWH.[795] O termo תְּרוּמָה, utilizado em Ml 3,8, tem um significado mais amplo que o termo מַעֲשֵׂר. Derivado da raiz רום, pode ter em contexto cultual o sentido de "contribuição".[796] Segundo Ez 44,30, as primícias de tais contribuições pertencem aos sacerdotes. Assim seria garantida a "bênção" (בְּרָכָה) de YHWH sobre o povo. Porque não levam a contribuição para o Templo, o que o povo recebe não é a bênção (Ml 3,10) mas, sim, a maldição (Ml 3,9). Este último fator não somente oferece certo esclarecimento a respeito do pano de fundo da crise denunciada por Malaquias, como também demonstra que o profeta se apoia na tradição que lhe é anterior.

A acusação de Malaquias em 3,8-10 não é dirigida de modo particular aos sacerdotes, mas a todo o povo. Contudo, ela se conecta com a acusação aos sacerdotes em 1,6–2,9. A oferta de animais impróprios atrai sobre o povo a "maldição" de YHWH (Ml 1,14 – ארר - qal). Ao aceitar da parte do povo tal oferta, e ao apre-

---

792. SOGGIN, J. A., Storia d'Israele, p. 356-360.

793. ALBERTZ, R., Historia de la Religión de Israel em tiempos del Antiguo Testamento, p. 605.

794. ALONSO SCHÖKEL, L., Dicionário Bíblico Hebraico-Português, p. 568.

795. Vide a expressão כָּל־הַמַּעֲשֵׂר em Ml 3,10.

796. FABRY, H.-J. et al, תְּרוּמָה, p. 770-771.

sentá-las a YHWH (Ml 1,8.13), os sacerdotes estão falhando na sua função de ensinar ao povo o modo correto de cultuar a Deus, por isso, também sobre eles está a maldição de YHWH (Ml 2,2ef).[797]

Se o culto deve ser fonte de "bênção" e de "vida" para o povo, o que se pode depreender do próprio texto de Malaquias, que afirma que a aliança de YHWH com Levi trazia como fruto a "vida e a paz" (Ml 2,5), o uso recorrente dos termos "maldição" (Ml 2,2; 3,9) e da raiz ארר (Ml 1,14; 2,2; 3,9) apontam para um tempo onde o mal chegou a um nível insuportável. O "temor" reverencial para com YHWH não é mais encontrado nem mesmo naqueles que deveriam ser os primeiros a incutir no povo tal atitude (Ml 1,6). Os sacerdotes não dão mais "glória" ao nome de YHWH por meio de uma instrução reta e de um culto realizado segundo sua vontade (Ml 2,2).

Esse parece ser o ambiente favorável para o desenvolvimento da esperança de que YHWH mesmo intervirá, fazendo com que tal estado de coisas possa ser revertido e o culto possa tornar-se, de novo, fonte de "vida e paz" para o povo. Segundo Albertz, a não realização das profecias salvíficas, além do efeito negativo que pode ser constatado pelo texto de Malaquias (Ml 2,1-9), produziu, também, um efeito positivo: a abertura à perspectiva escatológica. Uma vez que, do ponto de vista humano, a história não chega a um momento de plenitude e abundância, Deus mesmo vai intervir para que se abra, enfim, um tempo novo.[798]

4.1.3. A ameaça de YHWH: consequências para o sacerdócio e o culto

Ml 1,10 previra a possibilidade do fechamento das portas do Templo em virtude da oferta de animais impróprios a YHWH da parte tanto dos sacerdotes quanto do povo. Tal modo de expressão pode indicar, de modo metafórico, o fim do culto, ou sua interrupção. Ml 2,1-9, por sua vez, apresenta as consequências da crítica profética ao sacerdócio de modo particular nos vv. 2-4.9. Não há distinção entre o que acontecerá ao sacerdócio e o que acontecerá ao culto, uma vez que as duas realidades estão mutuamente implicadas.

As consequências da crítica profética incluem um aspecto futuro, que é colocado em destaque de modo particular em 2,2ef.3c.4, e um aspecto presente, apresentado em 2,2gh.3ab.9. Do ponto de vista futuro, o juízo de YHWH trará sobre os sacerdotes a "maldição" (מְאֵרָה) e, inclusive, suas bênçãos serão amaldiçoadas. Se, no passado, a Aliança de YHWH com Levi tinha como fruto a vida e a paz (Ml 2,5),

---

797. SNYMAN, S. D., Malachi, p. 152.
798. ALBERTZ, R., Historia de la Religión de Israel en tiempos del Antiguo Testamento, p. 594-600.

agora a falta dos sacerdotes trará justamente o oposto. À luz de Dt 30,19 que coloca em paralelo os binômios "vida" (חַי) / "morte" (מָוֶת) e "bênção" (בְּרָכָה) e "maldição" (קְלָלָה), pode-se perceber que a infidelidade dos sacerdotes gera justamente o oposto do que havia gerado, no passado, a fidelidade de Levi.[799]

Uma vez que os sacerdotes parecem não dar ouvidos à palavra de YHWH (Ml 2,2h), a ameaça do profeta assume um tom presente, sendo o aspecto futuro retomado somente em Ml 2,3c e Ml 2,4, onde, neste último versículo, o profeta indica o aspecto pedagógico do juízo[800] e anuncia uma possibilidade de restauração da aliança corrompida pelos sacerdotes (Ml 2,8c).

Ml 2,2h traz para a perspectiva presente a maldição de YHWH sobre os sacerdotes e os versículos 3 e 9 tornam explícito o conteúdo de tal maldição: a repreensão da "descendência" (Ml 2,3a); a humilhação pública dos sacerdotes (Ml 2,3b.9) e seu afastamento do Templo (Ml 2,3c – sendo, neste segmento, retomada a dimensão futura do juízo). Estas três consequências do juízo de YHWH põem em risco a subsistência da instituição sacerdotal. Uma vez que o sacerdócio se transmite de modo hereditário, a ameaça da descendência significa o fim da mesma instituição. A humilhação pública dos sacerdotes, com o lançamento do que é impuro sobre suas faces, tornando-os "vis e desprezíveis" (Ml 2,9a) diante de todo o povo, produz uma atitude de desconfiança no mesmo povo, que não vê mais no sacerdócio uma classe que os conduz à comunhão com YHWH.

O afastamento dos sacerdotes, o lançá-los fora no lugar da imundície (Ml 2,3c), funciona como uma metáfora para indicar o fim de sua ação no Templo de YHWH, do mesmo modo como em Ml 1,10 o fechar as portas do Templo para que não se acenda em vão o altar de YHWH funciona como uma metáfora para o fim ou a suspensão do culto. Tais elementos reforçam o caráter de definitividade do juízo de YHWH com relação aos sacerdotes. É um juízo abrangente, que atinge não somente os sacerdotes daquele momento histórico específico, mas que se refere também à sua descendência. O objetivo de tal juízo é pôr fim à situação de não salvação: uma vez que os sacerdotes não se emendam e não dão ouvidos à palavra divina (Ml 2,2gh), o próprio YHWH agirá, a fim de tornar manifesto que ele não é conivente com o mal (Ml 2,17).[801]

---

799. O termo utilizado em Dt 30,19 – קְלָלָה – é sinônimo do termo מְאֵרָה utilizado em Ml 2,5.

800. Sobre o juízo como meio pedagógico, LIMA, M. L. C., Mensageiros de Deus: Profetas e profecias no Antigo Israel, p. 127-128.

801. LIMA, M. L. C., Mensageiros de Deus: Profetas e profecias no Antigo Israel, p. 128: "...o juízo é julgamento e rejeição da situação de pecado e da ausência de conversão, que impedem que Deus poupe o culpado".

A função pedagógica do juízo é indicada em Ml 2,4 em tom futuro, como indica o uso do WeQatal utilizado para introduzir o versículo. Em primeiro lugar, o juízo de YHWH levará os sacerdotes a "reconhecerem" (ידע) que procede d'Ele a palavra do profeta (Ml 2,4ab). Em Ez 2,5, "reconhecer" (ידע) que o conteúdo da mensagem é palavra de YHWH já é considerado fruto positivo da ação do profeta. A raiz ידע associada à expressão כִּי אֲנִי יְהוָה é utilizada, de modo particular em Ezequiel, na "fórmula de reconhecimento", indicando que, diante de uma ação portentosa de YHWH, seja de salvação (Ex 6,7) ou de juízo (Ez 26,6), tanto os pagãos quanto Israel reconhecerão que se trata de uma ação de YHWH, o que pode produzir, de modo particular nos israelitas, uma atitude de conversão e de retorno para Deus.[802]

Em Ml 2,4c é indicada uma dimensão positiva do juízo: a possibilidade de que subsista a aliança de YHWH com Levi. Embora as consequências do juízo apontem para o fim da aliança de YHWH com os sacerdotes, parece restar uma esperança de salvação, o que vem indicado pela expressão לִהְיוֹת בְּרִיתִי אֶת־לֵוִי. O comentário ao texto demonstrou que a expressão לִהְיוֹת deve ser entendida em sentido positivo.[803] Já Jeremias havia previsto que a aliança de YHWH tanto com a casa de Davi quanto com os sacerdotes não poderia terminar de modo definitivo (Jr 33,20-21). Neste ponto, a crítica de Ml 2,1-9 aponta, de certa forma, para a perspectiva salvífica delineada em Ml 2,17–3,5. Uma vez que o juízo de YHWH é certo e já começa a realizar-se porque os sacerdotes não dão ouvidos à sua palavra (Ml 2,2h), somente uma ação futura de YHWH poderá fazer com que a aliança, rompida pelas atitudes dos sacerdotes, seja de novo restabelecida, a fim de que o culto seja outra vez aceito da parte de YHWH.

4.1.4. A aliança com Levi e o sacerdote ideal como contraponto da crítica

O termo בְּרִית de Ml 2,4c é retomado em Ml 2,5a, onde a "aliança de Levi" aparece como contraponto da crítica ao sacerdócio. A expressão בְּרִית הַלֵּוִי (Ml 2,8) é única em toda a BH, contudo, em outras passagens, o sacerdócio é apresentado sob este mesmo conceito (בְּרִית).[804] Cogita-se que a reflexão a respeito do sacerdó-

---

802. Pode-se encontrar o uso do verbo יָדַע associado à expressão כִּי אֲנִי יְהוָה em Ex 6,7; Dt 29,5; Is 60,16; Ez 13,14; Jl 4,17.

803. Para Serafini, a interpretação positiva de Ml 2,4 pode ser estabelecida a partir de sua comparação com Dt 7,9, onde os três termos predominantes no versículo – a raiz ידע e os substantivos מִצְוָה e בְּרִית também ocorrem. Segundo sua compreensão, o chamado a obedecer a palavra divina e a dar glória ao nome de YHWH contido em Ml 2,2 tem em vista a conversão dos sacerdotes, a fim de que a aliança com YHWH possa subsistir. SERAFINI, F., L'Alleanza Levitica, p. 307.

804. Nm 18,19; 25,13; Dt 33,9; Jr 33,14-26; Ne 13,29; Eclo 45,15.24.

cio em termos de uma "aliança" tenha emergido no pós-exílio[805] e que Malaquias seja, talvez, o primeiro a exprimir em tais parâmetros a relação entre YHWH e os sacerdotes.[806]

Os estudiosos deste tema reconhecem que, do ponto de vista teológico, a apresentação da aliança sacerdotal como aliança de Levi, em Malaquias e, também, em outros textos do AT, quer indicar que entre o sacerdócio e YHWH existe um duplo aspecto a ser considerado: de um lado, a eleição de YHWH, entendida como um dom; de outro, a obrigação imposta a "Levi" e ao sacerdócio que ele representa, de servir com fidelidade diante de YHWH.[807] O primeiro aspecto vem destacado em Ml 2,5ab, onde o profeta ressalta que a "aliança de YHWH" com os sacerdotes redunda para eles em vida e paz; o segundo, por sua vez, aparece expresso em Ml 2,5cd.6, onde tanto a atitude pessoal de "temor" (Ml 2,5cd), quanto o agir de modo ético, instruindo na verdade e fazendo voltar os que estão na iniquidade (Ml 2,6), apontam o serviço "fiel" (Ml 2,6: אֱמֶת) que os sacerdotes, representados na figura de Levi, realizaram diante de YHWH num passado ideal.

Segundo Serafini, os textos que apresentam o sacerdócio na perspectiva da Aliança refletem a preocupação de mostrar o valor e o sentido da instituição sacerdotal em Israel.[808] Tal categoria teológica funcionaria tanto como legitimação do sacerdócio quanto como sua instância crítica.[809] Este último aspecto, é ressaltado de modo particular em Ml 2,8, onde os sacerdotes são acusados de "corromper" a Aliança de Levi (Ml 2,8c). Não cumprindo sua parte na aliança, os sacerdotes atraem sobre si o juízo de YHWH, que os torna "vis" e "desprezíveis" diante de todo o povo (Ml 2,9).

Além do tema da aliança, a imagem idealizada do sacerdote conforme exposta em Ml 2,7 também funciona como contraponto da crítica profética. Do

---

805. SERAFINI, F., L'Alleanza Levitica, p. 401. Na sua análise dos diversos textos que apresentam o sacerdócio sob a categoria da Aliança, Serafini considera que, mesmo que se admita que Dt 33,9 seja pré-exílico, isso não seria uma objeção à sua afirmação de que a ideia de uma aliança de YHWH com Levi e com o sacerdócio seja uma reflexão que emerge no pós-exílio. Isto porque em Dt 33,9 não aparecem expressões do tipo "minha aliança [...] com os levitas" (Jr 33,21) ou "aliança dos sacerdotes e levitas" (Ne 13,29). O que se afirma é que "eles [os sacerdotes] mantêm a aliança". Segundo seu parecer, tal modo de se expressar indica que ainda não havia se desenvolvido, completamente, a ideia teológica de uma relação entre os sacerdotes e YHWH concebida como "aliança". Os sacerdotes seriam aqueles que mantêm a aliança de YHWH com o povo, aquela mesma outrora estabelecida no Sinai (Ex 19,1–24,11).

806. GOSSE, B., L'Alliance avec Lévi et l'opposition entre les lignèes royale et sacerdotale à l'époque perse, p. 29.

807. DEVESCOVI, U., L'alleanza di Jahvé con Levi, p. 205-218; HAAG, E., Gottes Bund mit Levi nach Maleachi 2, p. 25-44; SERAFINI, F., L'Alleanza Levitica, p. 403-407.

808. SERAFINI, F., L'Alleanza Levitica, p. 403.

809. SERAFINI, F., L'Alleanza Levitica, p. 406.

sacerdote se espera o "conhecimento" (דַּעַת); ele é o responsável por transmitir ao povo a "instrução" (תּוֹרָה) de YHWH. Tal expectativa provém do fato de que o sacerdote é dito "mensageiro", mas não um mensageiro qualquer, ele é "mensageiro de YHWH dos Exércitos" (מַלְאַךְ יְהוָה־צְבָאוֹת). Sendo mensageiros de YHWH, espera-se deles um ensinamento que conduza à comunhão com ele, contudo, eles não somente "se afastam do caminho" (Ml 2,8a) como, também, "fazem muitos tropeçar" (Ml 2,8b).

O termo תּוֹרָה é retomado em 2,8b e 2,9c, sempre em relação ao tema do caminho: em 2,8b eles "fazem tropeçar na instrução", porque "se afastaram do caminho" (Ml 2,8a); em 2,9c, por sua vez, eles são "parciais na instrução", e "não guardam o caminho" (Ml 2,9b). Conforme já foi demonstrado no comentário a Ml 2,1-9, as expressões "afastar-se do caminho" e "não guardar o(s) caminho(s) [de YHWH]" podem indicar, em contexto teológico, a desobediência aos mandamentos (Dt 11,28; Sl 91,11). O sacerdote ideal é aquele que, por meio de um ensinamento correto (Ml 2,6a: תּוֹרַת אֱמֶת) conduz o povo à comunhão com Deus. Os sacerdotes aos quais o profeta Malaquias se dirige não cumprem pessoalmente os mandamentos (Ml 1,6-14) e completam a sua falta conduzindo o povo por falsos caminhos quando são "parciais" na instrução (Ml 2,9c).

Contrapondo os destinatários do seu oráculo com a imagem do sacerdote ideal, Malaquias se enquadra dentro da perspectiva do AT no seu conjunto, onde, em muitas passagens, a dura crítica dos profetas à instituição sacerdotal provém, justamente, da alta estima que se tem com relação ao mesmo sacerdócio, particularmente em virtude da sua relação com a תּוֹרָה e a דַּעַת, das quais ele é depositário, guardião e dispensador.[810]

4.2. Ml 2,17–3,5 como texto escatológico

4.2.1. O sentido do termo "escatologia" aplicado ao profetismo

Como ressalta Le Roux, é de fundamental importância que, antes de se classificar um texto profético como escatológico, se tenha em mente, com clareza, o que se está entendendo por escatologia.[811] Em virtude disso, faz-se necessário apresentar os ganhos da pesquisa atual nesse sentido, para que se estabeleça uma

---

810. Jr 2,8; Ez 22,26; Os 4,4-6; Mq 3,11; Sf 3,4.
811. LE ROUX, J. H., Eschatology and the Prophets, p. 21.

definição do que se entende por escatologia e se coloque em destaque seus elementos centrais.

É reconhecida a dificuldade que envolve o estudo da escatologia véterotestamentária, tendo em vista que as perspectivas escatológicas de Israel se modificaram no decorrer da história. Sendo, contudo, um importante caminho de "percepção da realidade" que se desenvolveu sobretudo em períodos no qual todo o Israel ou determinados grupos não estavam florescendo, e onde crescia uma ameaça à comunidade, vinda de dentro ou de fora, é significativo que se aprofunde o sentido e a orientação escatológica de cada texto em particular, bem como se averigue, diante de um conceito tão complexo como é o conceito de escatologia, os elementos que o caracterizam mais fortemente.[812]

O termo escatologia deriva da palavra grega ἔσχατον, que significa "o que está na extremidade, o extremo, o último".[813] Na Teologia Dogmática, o termo se refere ao estudo das coisas últimas, ou seja, "tudo o que espera o homem, seja no fim da história, seja no fim de sua vida mortal".[814] Nas ciências bíblicas, o termo pode ser aplicado aos enunciados "que se referem – se considerarmos a sua conotação temporal – ao último, ao fim, ao final".[815] Contudo, o último aqui referido deve ser considerado a partir da perspectiva do texto concreto, considerando-se o sentido do tempo e da história[816] de acordo com a mentalidade israelita.[817] Segundo Petersen, as "últimas coisas" enunciadas num texto previamente classificado como escatológico indicam um tempo futuro onde "o curso da história será modificado de tal forma, que se pode falar de uma realidade inteiramente nova".[818]

A partir desta definição, sem entrar em pormenores da história da compreensão do conceito de escatologia no campo da exegese, o que já foi feito em

---

812. PETERSEN. D. L., Eschatology (OT), p. 578-579; LIMA, M. L. C., Salvação entre juízo, conversão e graça, p. 54.

813. BAILLY, A., Dictionnaire Grec-Français, p. 817.

814. LADARIA, L. F., Escatologia, p. 260.

815. LIMA, M. L. C., Salvação entre juízo, conversão e graça, p. 54.

816. Um estudo mais detalhado sobre a noção de tempo e história no mundo israelita é apresentado em LIMA, M. L. C., Salvação entre juízo, conversão e graça, p. 47-54: conclusões importantes deste estudo para o presente trabalho são as que indicam que os diversos termos que a língua hebraica utiliza para indicar o tempo sempre demonstram que este não é abstrato, mas conectado com um fato específico. A ideia de tempo inclui a concepção de que a história é o lugar no qual Deus se manifesta a favor do seu povo: seja no passado, no presente ou no futuro.

817. LIMA, M. L. C., Salvação entre juízo, conversão e graça, p. 54.

818. PETERSEN. D. L., Eschatology (OT), p. 575.

trabalhos anteriores,[819] serão apresentados os seus elementos centrais e algumas nuances do conceito.[820]

Destacam-se três elementos que compõem o núcleo do conceito de escatologia.[821] O primeiro deles, é a referência a um tempo futuro, onde se entra numa situação definitiva. Para serem escatológicos, os enunciados devem deixar claro que se está no encerramento de uma época, ficando marcada a ideia de um fim, absoluto ou relativo, e de um consequente novo início, um novo estado de coisas.[822] Tais enunciados distinguem, por assim dizer, duas épocas: uma marcada pela falência e pelo pecado, onde a maldade humana e o afastamento da vontade de YHWH atingiram seu ponto máximo,[823] e outra marcada pela reintegração no bem.[824] O caráter de definitividade marca a perspectiva escatológica, de modo que, faltando esse aspecto, um texto não poderia ser considerado como escatológico.[825]

O segundo elemento a ser destacado é que tal ruptura que dá lugar a algo totalmente novo é operada pelo próprio Deus.[826] Na escatologia profética veterotestamentária ganha destaque a consciência de que é Deus quem conduz o curso da história. Quando, no culto israelita, as ações portentosas de YHWH na história foram conectadas com as antigas festas de caráter agrícola, a dimensão cíclica do tempo se uniu àquela linear e que está aberta à intervenção de Deus.[827] O mesmo Deus que agiu no passado, é compreendido como aquele que haverá de intervir no futuro, sempre em favor de Israel. A história de Israel é, portanto, história de salvação, salvação

---

819. Um estudo detalhado acerca do desenvolvimento histórico do conceito de "escatologia" aplicado ao campo das ciências bíblicas pode ser encontrado em LIMA, M. L. C., Salvação entre juízo, conversão e graça, p. 15-63.

820. LIMA, M. L. C., Salvação entre juízo, conversão e graça, p. 55-63.

821. LIMA, M. L. C., Salvação entre juízo, conversão e graça, p. 55.

822. LIMA, M. L. C., Salvação entre juízo, conversão e graça, p. 46.53. A perspectiva é intra-histórica, uma vez que a ideia de um mundo transcendente só ocorre na apocalíptica onde, mesmo assim, coexiste com a concepção intra-histórica. LIMA, M. L. C., Graça e Escatologia: linhas mestras e inter-relações a partir do Antigo Testamento, p. 252: Tal forma de conceber a perspectiva escatológica contida no profetismo como intra-histórica se dá pelo fato de que no AT a ideia de uma vida lúcida após a morte foi se delineando paulatinamente, aparecendo somente em livros tardios, como 2Macabeus e Daniel. A escatologia profética representa, assim, o momento no qual a história atinge plenamente seu objetivo, que é sempre salvífico: o restabelecimento pleno e definitivo da relação de Deus com o seu povo.

823. LIMA, M. L. C., Salvação entre juízo, conversão e graça, p. 57.

824. LIMA, M. L. C., Salvação entre juízo, conversão e graça, p. 47.

825. LIMA, M. L. C., Salvação entre juízo, conversão e graça, p. 47; LIMA, M. L. C., Graça e Escatologia: linhas mestras e inter-relações a partir do Antigo Testamento, p. 252.

826. ASURMENDI, J., De l'impossibilité pour un prophète d'être apocalupticien, p. 356: *Le bouleversement eschatologique est immense, avec un changement de l'espace et du temps, et en même temps quelque chose de notre monde se poursuit.*

827. LIMA, M. L. C., Salvação entre juízo, conversão e graça, p. 50-51.

esta operada pelo próprio YHWH, que pode ser precedida por um juízo que visa, em última análise, à purificação do povo e ao restabelecimento da Aliança.[828] Admite-se que os textos escatológicos possam indicar somente o juízo ou a salvação, ou incluir os dois aspectos conjuntamente.[829]

O terceiro e último aspecto que caracteriza a escatologia profética veterotestamentária é a centralidade de Israel. Embora possam ser incluídos outros povos ou a dimensão cósmica possa ser considerada, a escatologia veterotestamentária visa, em primeiro lugar, o povo de Israel no seu conjunto, "sem restringir-se a uma parte ou categoria do mesmo".[830]

Além destes elementos centrais, os textos escatológicos apresentam determinadas nuances no que diz respeito ao modo como apresentam o juízo ou a salvação de YHWH. Com relação ao juízo, este é apresentado como ponto final de um tempo caracterizado pelo pecado. O juízo escatológico é compreendido como revogação da história, em outras palavras, como revogação perpétua da relação entre YHWH e seu povo. É a falta de conversão que impulsiona o juízo de YHWH e ele é necessário para que se possa pôr fim à situação de pecado.[831] Com relação ao anúncio escatológico de salvação, este manifesta que um estado de שָׁלוֹם realmente novo e não mais sujeito a ameaças foi estabelecido. A salvação rompe com o estado de não salvação, fazendo-o desaparecer completamente, sem que, contudo, se estabeleça um tempo preciso para que essa salvação aconteça, mantendo-se apenas a certeza a respeito da sua realização no futuro.[832]

4.2.2. Ml 2,17–3,5: texto escatológico?

Serão retomados aqui os três critérios elencados no item 4.2.1., com o intuito de se verificar a possibilidade de se admitir que Ml 2,17–3,5 seja um enunciado escatológico.

a) A referência ao tempo futuro

O texto gira em torno de três dimensões temporais: passado, presente e futuro. A dimensão presente é a que está no início de Ml 2,17–3,5. Como costuma

---

828. LIMA, M. L. C., Mensageiros de Deus: Profetas e Profecias no Antigo Israel, p. 129.
829. LIMA, M. L. C., Salvação entre juízo, conversão e graça, p. 47.
830. LIMA, M. L. C., Salvação entre juízo, conversão e graça, p. 61.
831. LIMA, M. L. C., Salvação entre juízo, conversão e graça, p. 60.
832. LIMA, M. L. C., Salvação entre juízo, conversão e graça, p. 61.

acontecer em outras perícopes de Malaquias, é uma afirmação de YHWH que dá ocasião ao oráculo. Em Ml 2,17a encontra-se uma oração aberta pelo Qatal da raiz יגע que introduz o motivo pelo qual YHWH se dirige aos destinatários do oráculo: suas "palavras" o "cansam". Esta perspectiva temporal presente continua por todo o v. 17, com o uso de formas nominais e com duas orações em w-x-Qatal e p-ON, nos vv. 17f e 17g respectivamente, e serve para apresentar a situação de total desconfiança dos destinatários do oráculo, que não são claramente identificados, a respeito de YHWH como "Deus do Direito" (אֱלֹהֵי הַמִּשְׁפָּט).

O aspecto futuro é já apresentado em Ml 3,1b, pelo WeQatal da raiz פנה. Aqui tem início a linha principal do discurso,[833] apontando para a vinda num futuro não determinado do "mensageiro de YHWH", que prepara o caminho para a vinda do próprio YHWH. Tal perspectiva futura, reforçada pelo uso da expressão יוֹם בּוֹאוֹ em Ml 3,2a, continua em Ml 3,1c, com o uso do Yiqtol, e se tornará mais evidente, na cadeia de WeQatal que vai de Ml 3,3a a Ml 3,5b, onde são apresentadas a ação de YHWH (Ml 3,5ab) e seu mensageiro (Ml 3,3ac), bem como a nova ordem a ser estabelecida para Judá e Jerusalém (Ml 3,3b.4). É esta perspectiva futura que domina a perícope, colocando em foco, de modo sequencial, a ação do mensageiro, o resultado de sua ação e a ação de YHWH.

A referência ao passado aparece em Ml 3,4, através das expressões כִּימֵי עוֹלָם e כְּשָׁנִים קַדְמֹנִיּוֹת. O passado serve, aqui, como elemento de comparação, como se pode depreender pelo uso da preposição כְּ que introduz as duas expressões. Assim como em Ml 2,1-9, o sacerdócio é criticado em vista de um passado ideal, simbolizado na figura de Levi (Ml 2,5-6), também na sua perspectiva salvífica Malaquias se vale de um passado ideal, e apresenta o futuro em relação com esse passado.[834]

Resumindo, poder-se-ia estabelecer o seguinte esquema para a forma de se apresentar o aspecto temporal em Ml 2,17–3,5:

- presente: tempo do pecado, que consiste, de forma sintética, em afirmar que o que faz o mal é bom aos olhos de YHWH (Ml 2,17e), o que seria a verbalização de uma atitude de não temor perante o mesmo YHWH (Ml 3,5e);

---

833. NICCACCI, A., Poetic Syntax and Interpretation of Malachi, p. 91.

834. Talvez, poder-se-ia afirmar que aqui se encontra o que Preuss chama de *Entsprechungsmotiven* (o agir futuro de Deus é apresentado a partir do passado), ou seja, a ação de Deus no futuro é o cumprimento da meta para a qual a história de Israel sempre se dirigiu. LIMA, M. L. C., Salvação entre juízo, conversão e graça, p. 44. Também Gerstenberger, embora considere que a perspectiva escatológica não é dominante em Malaquias, afirma que o profeta apresenta o fim dos tempos a partir do que seria uma visão idealizada dos primórdios de Israel. GERSTENBERGER, E. S., Israel in the Persian Period, p. 199-200.

- futuro: domina a perícope. É o tempo da atuação de YHWH e seu mensageiro, onde se dará a purificação do sacerdócio e do culto, abrindo caminho para o restabelecimento da Aliança. É, também, o momento em que YHWH agirá contra toda sorte de malfeitores (Ml 3,5), pondo fim ao questionamento daqueles que alegam que Deus não age conforme o direito (Ml 2,17);

- passado: presente de modo particular em Ml 3,4, não através das formas verbais, mas de expressões temporais, serve, no oráculo, como elemento de comparação para a nova ordem que será estabelecida por YHWH.

A perspectiva futura se apresenta, sobretudo, como revogação da sentença de juízo proferida por YHWH contra os sacerdotes em Ml 2,1-9. Se as suas faltas com relação ao culto (Ml 1,6-14) e à instrução (Ml 2,1-9) levaram à corrupção da aliança que YHWH havia estabelecido com eles (Ml 2,8), num futuro próximo ou distante, o texto não especifica, o próprio YHWH agirá, restabelecendo de modo definitivo sua aliança com os mesmos sacerdotes. Uma vez realizada sua purificação, abre-se caminho para que aqueles que foram tornados vis e desprezíveis (Ml 2,9), possam apresentar, de novo, a YHWH, uma oferenda que lhe seja agradável (Ml 3,3d).

b) Uma mudança qualitativamente significativa operada por YHWH

A centralidade da ação de YHWH vem já indicada em Ml 3,1, onde o mensageiro é apresentado, em primeiro lugar, como aquele que prepara o caminho do próprio YHWH (Ml 3,1b). Segundo Himbaza, o advérbio פִּתְאֹם, que é colocado em posição enfática em Ml 3,1c, serve não somente para indicar que a vinda de YHWH e seu mensageiro será repentina, mas indicaria, ainda, uma certa simultaneidade dessa "dupla vinda", o que parece ser reforçado pela justaposição das orações introduzidas pela partícula אֲשֶׁר em Ml 3,1de.[835]

Embora seja o mensageiro da aliança (מַלְאַךְ הַבְּרִית) quem atua em Ml 3,3a-3c, a centralidade da ação de YHWH não é diminuída, uma vez que ele só atua porque é enviado por YHWH, o que é corroborado pelo uso da expressão הִנְנִי שֹׁלֵחַ em Ml 3,1a,[836] e age em vista do restabelecimento da Aliança, que inclusive qua-

---

835. HIMBAZA, I., L'eschatologie de Malachie 3, p. 360.

836. Tal ação conjunta de YHWH e seu mensageiro pode ser constatada, também, quando pelo uso da expressão הִנֵּה associada à forma verbal בָּא (qal particípio da raiz בוא). Tal fraseologia só ocorre em Ml 3,1, onde a expressão refere-se à vinda do "mensageiro da Aliança" (Ml 3,1e), e em Ml 3,19, onde a mesma expressão está correlacionada com o "dia de YHWH".

lifica o mensageiro (מַלְאַךְ הַבְּרִית), sendo que esta, no livro de Malaquias, é, sobretudo, Aliança de YHWH.[837] A sua ligação com YHWH é enfatizada, ainda, pelo uso do sufixo de 1ms em Ml 3,1a, onde o próprio YHWH afirma: ele é o "meu mensageiro" (מַלְאָכִי).[838]

Não somente a ação de purificação dos sacerdotes tem como agente principal o próprio YHWH, ainda que atue o mensageiro que age em seu nome e por sua própria força, mas também o resultado desta purificação tem YHWH como foco: os sacerdotes serão "para YHWH" (לַיהוָה) como quem apresenta uma oferenda em justiça.

A centralidade da ação de YHWH continua em Ml 3,5: é ele mesmo que anuncia sua vinda (Ml 3,5a) como uma "testemunha rápida" (Ml 3,5b), que agirá contra toda sorte de pessoas que fazem o mal: feiticeiros, adúlteros, os que fazem um juramento falso, os que exploram os mais desfavorecidos (assalariado, viúva, órfão), os que enganam o estrangeiro e, como uma espécie de categoria que sintetiza todas as demais e parece incluir, ainda, os sacerdotes faltosos de Ml 2,1-9 e os que são indiciados em Ml 2,17, os que não o temem, mostrando de modo particular a este último grupo que seu questionamento (Ml 2,17g) não faz sentido, porque YHWH se aproxima justamente para estabelecer o "direito".

A ruptura é indicada, de modo particular, em Ml 3,3d.4, onde se anuncia um tempo em que o sacerdócio será renovado segundo a "justiça" e o culto será agradável a YHWH como "nos dias antigos" e "nos anos remotos". Embora se refira a um passado ideal, no conjunto da BH, não se encontra no passado de Israel um momento de tal perfeição no que diz respeito ao culto e ao sacerdócio. Mesmo nas tradições do Pentateuco, que falam das origens do sacerdócio em Israel, sempre alguma vicissitude é recordada.[839] De modo particular, na profecia veterotestamentária, percebe-se que o ideal esperado do sacerdote é tão alto (Os 4,6; Ml 2,7) que estes dificilmente conseguem atingi-lo. Em Ml 2,17–3,5 será a ação de YHWH quem possibilitará a vivência desse ideal esperado.

Embora, no que se refere aos sacerdotes, o aspecto salvífico da ação de YHWH seja predominante em Ml 3,2-4, tal ação implica um juízo, uma vez que aquele que age em nome de YHWH para a purificação do sacerdócio é apresenta-

---

837. As expressões "minha aliança" (בְּרִיתִי), presentes em Ml 2,4c.5a.

838. Snyman apresenta uma detalhada discussão a respeito da possível origem do nome do livro a partir desta referência em 3,1. SNYMAN, S. D., Malachi, p. 22-27.

839. Quando se questiona a respeito de qual momento histórico o profeta está se referindo, Snyman afirma: *It is perhaps a problem that cannot be solved because according to the knowledge that we have of the history of Israel and Judah, there is hardly a time that can be described as the ideal time of true and authentic worship. Even during the time of the Sinai events, when Yahweh was close to his people and the covenant was formed, the abomination of the Golden calf took place (Ex 32)*. SNYMAN, S. D., Malachi, p. 138.

do com as imagens do "fogo" e da "lixívia" (Ml 3,2c), elementos que são utilizados para se eliminar o que há de impuro. Metaforicamente, sem precisar detalhes, o profeta sugere que a ação de YHWH implica destruição, nos sacerdotes, daquilo que não se coaduna com sua identidade e função. A analogia com a purificação dos metais deixa entrever que será destruído neles tudo o que é impuro, para que eles resplandeçam como a prata e o ouro purificados.[840] Tal ação de juízo que precede a purificação dos sacerdotes faz perceber que Ml 2,17–3,5 pressupõe Ml 2,1-9, onde a corrupção dos mesmos sacerdotes é deflagrada. O juízo aparece de modo mais contundente, todavia, na ação de YHWH contra os malfeitores descritos em Ml 3,5. Mais uma vez não é descrito o que será feito deles, mas o próprio YHWH agirá como uma testemunha rápida, colocando-se contra os iníquos que não o temem.[841]

A salvação é a total revogação do mal, particularmente daquele descrito em Ml 2,1-9, que condena os sacerdotes a mais alta humilhação por se terem afastado do caminho de YHWH. As expressões paralelas וְעָרְבָה לַיהוָה / וְהָיוּ לַיהוָה (Ml 3,4.5a) colocam em evidência que o afastamento de YHWH, fruto da desobediência, que levou à sua não aceitação nem do culto e nem dos sacerdotes, será revertido quando ele purificar os mesmos sacerdotes, tornando a oferenda do povo de novo aceita diante d'Ele.

c) A centralidade de Israel

A centralidade de Israel aparece tanto na perspectiva de juízo quanto na perspectiva salvífica que se entrelaçam em Ml 2,17–3,5. É contra os sacerdotes de Jerusalém que, de modo particular, se abate o juízo "purificador" de YHWH. Também os malfeitores elencados em Ml 3,5 parecem ser membros do povo de Israel, em primeiro lugar os próprios interlocutores do profeta, o que fica patente pelo uso do termo מִשְׁפָּט que forma uma inclusão no oráculo (Ml 2,17g; 3,5a).

Também a perspectiva de salvação é em referência a Israel, o que vem indicado pela citação de "Judá e Jerusalém" em Ml 3,4. O profeta tem em vista, em primeiro lugar, os sacerdotes. Estes, uma vez purificados, serão reabilitados a apresentar uma "oferenda" em justiça, então, o povo no seu conjunto, representado na menção do território (Judá) e sua capital (Jerusalém), será reabilitado para que possa apresentar uma "oferenda" (מִנְחָה) que seja "agradável" a YHWH. Tal

---

840. WIELENGA, B., Eschatology in Malachi, p. 6.

841. Detalhes a respeito do juízo que há de se abater sobre os ímpios são dados na perícope de Ml 3,13-21, de modo particular no v. 19, onde o profeta afirma que eles serão como "palha" e o "dia de YHWH" será como uma "fornalha".

perspectiva revoga, totalmente, a sentença condenatória presente em Ml 2,1-9: outrora desprezados por YHWH (Ml 2,9), os sacerdotes se tornam, agora, o instrumento por meio do qual a oferenda do povo como um todo torna-se novamente agradável a YHWH (Ml 3,3d.4).

A partir desta análise, é possível afirmar que Ml 2,17–3,5 é um texto escatológico, onde predomina a perspectiva salvífica para o sacerdócio e para o povo, embora seja previsto um juízo, não só em vista da purificação dos mesmos sacerdotes mas, também, em vista da eliminação dos malfeitores (Ml 3,5). O texto apresenta, contudo, além de características próprias que serão analisadas no item 4.2.3, uma particularidade no que diz respeito à centralidade de Israel. Foi afirmado que, na perspectiva escatológica profética, o juízo ou a salvação deve referir-se ao povo como um todo (item 4.2.1.), contudo, uma particularidade de Ml 2,17–3,5 é que as duas perspectivas dizem respeito, em particular, a uma parcela do povo. A perspectiva salvífica, predominante em 3,2-4, diz respeito de modo direto aos sacerdotes e, de modo indireto, ao povo. Isto se dá porque são os sacerdotes que precisam ser purificados, o que se pode perceber pelo texto de Ml 2,1-9: são eles que falham no que diz respeito à instrução. Na perspectiva de Malaquias, assim como a falha de um grupo redunda num mal para o povo no seu conjunto, com a ameaça do fim da instituição sacerdotal e da consequente cessação do culto, do mesmo modo, a ação escatológico-salvífica de YHWH sob este grupo em particular, redundará num benefício para o povo no seu conjunto, tornando agradável, de novo, a oferenda de Judá e Jerusalém (Ml 3,4). Do mesmo modo, o juízo que deve chegar com a era escatológica, se abaterá somente sobre os que não temem YHWH.[842]

4.2.3. Ml 2,17–3,5 e seus aspectos escatológicos

Uma vez delineada a dimensão escatológica de Ml 2,17–3,5, convém destacar seus elementos peculiares.

a) A figura do mensageiro

O termo "mensageiro" (מַלְאָךְ) apresenta-se como polivalente na profecia de Malaquias. Ocorre duas vezes, indicando personagens distintas: não somente os sacerdotes (Ml 2,7) como, também, a personagem anônima que purifi-

---

842. Em Ml 3,13-21 é delineado, de modo ainda mais claro, o "Dia de YHWH" como dia de separação entre justos e ímpios (Ml 3,18).

ca os mesmos sacerdotes em nome de YHWH são chamados de "mensageiros" (Ml 3,1). Questiona-se se a expressão "meu mensageiro" (מַלְאָכִי: Ml 1,1) que deve ser entendida como um nome próprio ou pode ser um epíteto retirado de Ml 3,1a e aplicado ao profeta pelo redator final.[843]

Embora existam opiniões em contrário, o comentário ao texto demonstrou que existem argumentos suficientes para se afirmar que o מַלְאָכִי de Ml 3,1a e o מַלְאַךְ הַבְּרִית de Ml 3,1e são a mesma personagem: ele prepara o caminho de YHWH e age em seu nome. A figura do mensageiro como um instrumento por meio do qual YHWH realiza sua ação é um elemento particular da perspectiva escatológica de Malaquias, não encontrada em outros textos proféticos escatológicos do AT. Em Zacarias, que também é pós-exílico, é recorrente a figura do mensageiro, mas ali ele aparece como portador de uma mensagem (Zc 4,1), diferentemente do que ocorre em Malaquias, onde o mensageiro não traz nenhuma mensagem, mas exerce uma ação concreta: ele purifica, em nome de YHWH, os filhos de Levi.

O paralelismo expresso pelas orações introduzidas por אֲשֶׁר em 3,1de, bem como o uso da raiz בוא para indicar as duas figuras, parece produzir certa ambiguidade[844] que dificulta a distinção entre מַלְאַךְ הַבְּרִית e o אָדוֹן, o que ainda deixa perplexos alguns autores modernos. Há quem defenda que o redator final do livro, percebendo tal ambiguidade, procurou esclarecê-la, apresentando o profeta Elias como aquele que deve preceder a vinda do próprio YHWH, realizando também uma ação concreta: "fazendo voltar o coração dos pais aos filhos" (Ml 3,23-24).[845] De fato, como se pode observar, existe uma grande semelhança entre Ml 3,1 e Ml 3,23 do ponto de vista da fraseologia, com uma ampliação de motivos[846] em Ml 3,23:

Ml 3,1:   הִנְנִי שֹׁלֵחַ מַלְאָכִי וּפִנָּה־דֶרֶךְ לְפָנָי
Ml 3,23:   הִנֵּה אָנֹכִי שֹׁלֵחַ לָכֶם אֵת אֵלִיָּה הַנָּבִיא לִפְנֵי בּוֹא יוֹם יְהוָה

Considerando-se que esta foi a perspectiva do redator final do livro, tem-se um argumento a mais para se afirmar que, na perspectiva escatológica de Malaquias, o mensageiro ganha uma dimensão particular: ele não é um simples anunciador de uma mensagem de YHWH, mas um agente que recebe do próprio YHWH, de um

---

843. JACOBS, M. R., The Books of Haggai and Malachi, p. 154-155.

844. Para McComiskey a compreensão das duas figuras se dá, somente, à luz do NT: onde o "mensageiro da Aliança", o "precursor" é João Batista, e o "Senhor do Templo" é o Cristo. McCOMISKEY, T. E. (Ed.), The Minor Prophets, p. 1351.

845. MEINHOLD, A., Maleachi, p. 417.

846. O לְפָנָי de Ml 3,1, torna-se o לִפְנֵי בּוֹא יוֹם יְהוָה de Ml 3,23.

modo não descrito na profecia, a força para agir em seu nome, antes que o próprio YHWH se apresente para estabelecer um juízo definitivo sobre os malfeitores.

O texto de Eclo 48,10 parece ser uma releitura da função de Elias em relação as duas perícopes: Ml 2,17–3,5 e Ml 3,22-24. O texto afirma que o profeta virá para "apaziguar a cólera antes do furor" (κοπάσαι ὀργὴν πρὸ θυμοῦ) e "fazer voltar o coração do pai ao filho" (ἐπιστρέψαι καρδίαν πατρὸς πρὸς υἱόν). É possível que a expressão κοπάσαι ὀργὴν πρὸ θυμοῦ seja uma referência a Ml 2,17–3,5, onde a ação do mensageiro que torna o culto novamente agradável a YHWH (Ml 3,2-4) pode ser uma forma de aplacá-lo antes do juízo (Ml 3,5).

b) A importância do sacerdócio e do culto

Sacerdócio e culto encontram grande espaço dentro da profecia de Malaquias. Estreitamente unidos, uma vez que na perspectiva veterotestamentária um não pode subsistir sem o outro, não somente sua corrupção é anunciada, mas também a sua purificação. Uma vez que, na comunidade pós-exílica, não existe mais a monarquia, como sinal visível da Aliança de Deus com seu povo e a própria terra está em posse do poder estrangeiro, o culto se torna cada vez a única instância ou, ao menos, a instância central que ainda torna palpável que tal aliança continua a subsistir.

A corrupção dos sacerdotes e do culto é vista como corrupção da Aliança (Ml 2,8), a mesma que YHWH quer, de novo, restabelecer (Ml 2,4), e que tem na sua base o amor preferencial de Deus pelo povo. O início da profecia de Malaquias é marcada pela proclamação do amor de YHWH por seu povo: אָהַבְתִּי אֶתְכֶם - Ml 1,2. O povo, contudo, não reconhece o amor de Deus, e devolve a afirmação de Deus a respeito do seu amor com uma pergunta que manifesta sua descrença no mesmo amor e sua incapacidade de reconhecê-lo nas vicissitudes de sua história: וַאֲמַרְתֶּם בַּמָּה אֲהַבְתָּנוּ (Ml 1,2). Partindo das tradições de Esaú e Jacó (Gn 25,19-34; 27), YHWH manifesta que nos inícios de Israel, na base da aliança, estava o amor de predileção, aquele mesmo que fez com que, no decorrer da história de Israel, fossem escolhidos não os mais fortes ou preparados, mas aqueles que YHWH livremente elegeu (1Sm 16,7).[847]

---

847. Segundo Wallis, a raiz אהב possui uma característica fortemente pragmática, incluindo não somente a ideia de uma disposição interior favorável com relação à pessoa que é objeto do amor, mas também de que se deve agir em benefício da pessoa amada. Em virtude disso, ele afirma que ela pode ser conectada com a ideia de "aliança" (בְּרִית), partindo da análise do texto de 1Sm 18,1-4. WALLIS, G., אָהֵב, p. 105. Tal ideia parece corroborada em Malaquias, de modo particular pode-se destacar o uso do oposto da raiz אהב, ou seja, a raiz שׂנא (odiar) na perícope de Ml 2,10-16, onde YHWH fala contra o divórcio, que é compreendido como rompimento da "aliança" com a mulher da juventude (Ml 2,14). Se o odiar/repudiar significa o rompimento da aliança, parece lógico intuir que o amor está na base da aliança. JENNI, E., אהב, p. 119.

Se na base da aliança está o amor preferencial de YHWH pelo povo, a quebra dessa relação de aliança é, também, uma quebra na relação de amor que existe entre Deus e o povo (Ml 2,8). O juízo de YHWH que precede e prevê, em Malaquias, a escatologia, significa a ação de YHWH em vista do restabelecimento da aliança e, consequentemente, dessa relação de amor que o une a seu povo. É em virtude disso que o "simples" mensageiro de Ml 3,1a torna-se "mensageiro da Aliança" em Ml 3,1e: ele vem para que a vontade de YHWH se cumpra e o que foi "corrompido" pelos sacerdotes, que são tidos como "mensageiros de YHWH dos Exércitos" (Ml 2,7), seja restabelecido também por um "mensageiro".

Na escatologia de Malaquias, os sacerdotes outrora rejeitados (Ml 2,3.9), serão capazes de apresentar uma oferenda justa e agradável a YHWH (Ml 3,3-4). Se, de acordo com Wolff, Os 4,6 pode ser considerado um texto que reflete a mais alta estima pelo sacerdócio no AT, uma vez que, ainda que de modo reverso, ele reflete que o sacerdócio é a instância que deve conduzir à comunhão com YHWH, paralelamente poder-se-ia afirmar que Malaquias, de modo particular o enunciado escatológico de 2,17–3,5, reflete uma tão ou mais alta estima pelo sacerdócio e pelo culto no seu conjunto, uma vez que passa da crítica à perspectiva futura, afirmando que a manutenção da aliança com YHWH depende da purificação dos sacerdotes e do restabelecimento do culto.[848]

Embora seja possível imaginar que, na época da profecia de Malaquias, já se tenha implantado, ainda que de modo incipiente, o programa reformador de Ezequiel com uma clara distinção entre levitas e sacerdotes (sadocitas), o profeta não menciona absolutamente os levitas. Weyde acredita que a purificação prevista em 2,17–3,5 também os envolva, uma vez que eles, ainda que sem se aproximar do altar, tomavam parte no culto com suas funções auxiliares. Weyde, contudo, não acredita que tal purificação signifique a sua reabilitação para o sacerdócio, como uma espécie de revogação do que prefigura Ez 44,10-16.[849]

Todavia, é possível conjecturar que a menção dos "dias antigos" e "anos remotos" de Ml 3,4 possa ser uma referência a um tempo onde tal distinção ain-

---

848. WOLFF, H. W., Hosea, p. 79.

849. WEYDE, K. W., The Priests and Descendants of Levi in the Book of Malachi, p. 247. O autor apresenta aqui uma visão um tanto diferente daquela apresentada em uma obra anterior, onde ele afirmava que a expressão "filhos de Levi" rebela um embate que existiria na época do profeta Malaquias entre sacerdotes e levitas, tendo o profeta envisionado um tempo onde os sacerdotes seriam rebaixados de sua função e os levitas tomariam seu lugar, ou seja, não haveria conexão entre Ml 2,1-9 e 2,17–3,5: WEYDE, K. W., Prophecy and Teaching, p. 303: *A restoration only of the Levites, and not of the priests (הַכֹּהֲנִים) thus seems to be in focus in this verse, one possible implication of this being that Levites will replace the priests in presenting offering (מִנְחָה, vv. 3b.4) to YHWH*. Tal opinião pode ser questionada tendo em vista que, embora não se encontre a expressão הַכֹּהֲנִים em Ml 2,17–3,5, a referência aos "filhos de Levi" de Ml 3,3b claramente conecta esse oráculo com com Ml 2,4c.8c que apresentam a aliança de YHWH com os sacerdotes como "aliança de Levi".

da não existia. As semelhanças, já vistas no comentário, entre o Deuteronômio e Malaquias, tanto do ponto de vista da teologia quanto do vocabulário, bem como o fato de que o profeta não distingue os sacerdotes com as expressões restritivas "filhos de Sadoc" ou "filhos de Aarão", mas os designa pela denominação genérica הַכֹּהֲנִים, pode significar que o profeta anteveja um tempo futuro que se ligue com esse passado anterior à Reforma de Josias, onde tal distinção entre sacerdotes e levitas ainda não existia. A perspectiva escatológica do profeta atingiria, então, não somente os sadocitas faltosos, mas também todos os membros das antigas famílias sacerdotais que, em virtude da sua atuação em "santuários suspeitos", localizados fora de Jerusalém, foram outrora afastados de sua função e admitidos somente como membros de um estamento cultual inferior.[850]

c) O juízo escatológico como "compaixão": Ml 2,17–3,5 à luz de Ml 3,17

A perspectiva escatológica de Ml 2,17–3,5 se complementa com a de Ml 3,13-21. Nesta segunda perícope, o "dia de YHWH" é apresentado como separação entre justos (צַדִּיק) e ímpios (רָשָׁע) (Ml 3,18) e assim se descreve melhor o juízo sobre os ímpios e os que não temem (ירא) YHWH enunciado em Ml 3,5.[851] Para os que o temem (Ml 3,20: ירא), todavia, nascerá o sol da justiça (שֶׁמֶשׁ צְדָקָה), que traz a cura em seus raios. A acusação presente em Ml 3,13-14 se assemelha à encontrada em Ml 2,17: trata-se de "palavras" duras, cujo conteúdo é a afirmação de que o servir YHWH é inútil, assim como em 2,17, o conteúdo das "palavras" que cansam YHWH é a afirmação de que quem "faz o mal" é "bom" aos seus olhos.

Destaca-se o texto de Ml 3,17, que apresenta o juízo como fruto da "compaixão" de YHWH. Embora, no seu contexto imediato, a compaixão refira-se aos que temem YHWH (Ml 3,16), o uso da raiz חמל, cujo sentido é "ter compaixão",[852] contribui para que se perceba que a ação de YHWH, ainda que compreenda em si um aspecto de juízo, é sempre, em última análise, expressão da sua misericórdia. É Deus que deseja purificar o homem para que este possa viver, de novo, em comunhão com Ele. Os que pensam que YHWH não age e que, por isso, caem numa descrença condenada pelo profeta (Ml 2,17; 3,13), verão na diferenciação entre o

---

850. Parece corroborar tal perspectiva não somente o uso que Malaquias faz da expressão "filhos de Levi" (Ml 3,3b), única em toda a BH, bem como a semelhança que existe, do ponto de vista da fraseologia, entre Ez 44,13 (וְלֹא־יִגְּשׁוּ אֵלַי לְכַהֵן לִי) e Ml 3,3d (וְהָיוּ לַיהוָה מַגִּישֵׁי מִנְחָה בִּצְדָקָה): os que antes não podiam "aproximar-se" (נגשׁ - qal) para "exercer o sacerdócio para YHWH", poderão, de novo, "apresentar" נגשׁ (hifil) uma "oferenda segundo a justiça".

851. MACCHI, J.-D., Le thème du "jour de YHWH" dans les XII petits prophètes, p. 163-164.

852. TSEVAT, M., חָמַל, p. 471.

justo e o ímpio que suas afirmações não têm sentido, sua incredulidade será curada (מַרְפֵּא) e eles verão que a "justiça"[853] de YHWH prevalece.

O termo מַרְפֵּא deriva da raiz רפא e ocorre relativamente pouco nos profetas (Jr 8,15; 14,19; 33,6; Ml 3,17).[854] Com o sentido de "curar", a raiz רפא é empregada nos profetas em relação a úlceras, feridas, lesões, para indicar de modo metafórico o mal do pecado. Malaquias fala da cura que há nas asas do sol da justiça.[855] À luz de Os 14,5, no entanto, que fala da "cura da apostasia" (מְשׁוּבָה), pode-se entender que Malaquias 3,20 refira-se, metaforicamente, à cura da "apostasia" daqueles que afirmam que quem faz o mal é bom aos olhos de YHWH (Ml 2,17) ou, de modo mais direto, daqueles que afirmam que é "inútil servir YHWH" (Ml 3,14).

Ml 3,17 retoma, ainda, o vocabulário de Ml 1,6: a relação de YHWH com o povo é descrita como a relação de um "homem" (אִישׁ) que tem misericórdia do "filho" (בֵּן) que o "serve" (עבד).[856] Se os sacerdotes indiciados em Ml 1,6, e sobre os quais o juízo de YHWH deve se abater (Ml 2,1-9), não o honram como "Pai" e "Senhor", o próprio YHWH agirá: eles serão, por causa da sua misericórdia, purificados, a fim de que possam apresentar oferendas justas, ou seja, de acordo com a vontade de YHWH (Ml 3,3-4), honrando-o, assim, como Pai e Senhor.

4.3. A inter-relação de Ml 2,1-9 e Ml 2,17–3,5 no contexto de Malaquias

Enquanto pressuposto do enunciado escatológico de Ml 2,17–3,5, o texto de Ml 2,1-9 compartilha com este último alguns elementos comuns, que devem ser analisados de modo particular.

a) O sacerdote e o culto

O primeiro aspecto que une Ml 2,1-9 e Ml 2,17–3,5 é a centralidade da figura do sacerdote e do culto. Ml 2,1-9 é um discurso de ameaça dirigido exclusivamente aos sacerdotes (Ml 2,1a). São destacados no texto seus aspectos negativos e positivos. Os aspectos negativos dizem respeito à sua incapacidade de ouvir e

---

853. A ideia da justiça de YHWH aparece tanto na perspectiva do restabelecimento do culto em Ml 2,17–3,5 (Ml 3,3: מִנְחָה בִּצְדָקָה), quanto na ideia da separação entre justos e ímpios por ocasião do "Dia de YHWH" (Ml 3,20: שֶׁמֶשׁ צְדָקָה).

854. LISOWSKY, G., Konkordans zum Hebräischen Alten Testament, p. 866.

855. STOEBE, H. J., רפא, p. 1014.

856. Em Ml 1,6 ocorre o termo אָב. Contudo, como o termo "homem" (אִישׁ) de Ml 3,17 está relacionado ao termo "filho" (בֵּן), pode-se concluir que se trata da relação pai-filho.

colocar em prática a palavra de YHWH (Ml 2,2h) e de, a partir do seu fechamento, conduzir o povo ao erro por meio de um ensinamento "parcial" (Ml 2,9c). Em virtude disso, se abaterá sobre eles pesado juízo, que inclui não somente a sua humilhação pública (Ml 2,9a), mas também a possibilidade do fim da sua "semente", o que coloca em risco a instituição sacerdotal (Ml 2,3a).

Tal ameaça aos filhos se assemelha com a encontrada em Os 4,5-6, oráculo com o qual Ml 2,1-9 é normalmente comparado. Em Os 4,5, a ameaça de YHWH recai em primeiro lugar sobre a mãe do sacerdote, que "perecerá"[857] (דמה II– qal).[858] Os filhos são mencionados em Os 4,6, onde se afirma que deles YHWH se "esquecerá"[859] (שׁכח – qal). A raiz שׁכח é utilizada tanto para indicar a atitude dos sacerdotes com relação à תּוֹרָה, quanto para indicar a atitude de YHWH em relação aos filhos dos sacerdotes. Tal termo faz eco aos textos de lamentação que indicam a triste situação daqueles que se encontram distantes de YHWH, que se sentem esquecidos por ele (Lm 5,20).[860] A ameaça à descendência dos sacerdotes perpetrada por Malaquias parece mais contundente, uma vez que a ideia de "ameaça" parece ainda mais forte do que a de "esquecimento" – a ameaça coloca em risco a própria subsistência.

Ao lado dessa imagem negativa, que reflete a situação histórica da instituição sacerdotal no momento no qual está circunscrita a profecia de Malaquias, aparece, contudo, uma alta consideração do mesmo sacerdote, que é dito dispensador da "instrução" (תּוֹרָה) e do "conhecimento" (דַּעַת), "mensageiro" de YHWH dos Exércitos (Ml 2,7).

Também Ml 2,17–3,5 apresenta os aspectos negativos e positivos do sacerdócio. A necessidade de purificação (Ml 3,3b) indica o estado de corrupção no qual os sacerdotes se encontram, estado esse que pode ser conhecido justamente através do discurso de ameaça de Ml 2,1-9. A sua positividade, por assim dizer, está no fato de que as ameaças de Ml 2,1-9 são revertidas, pois o sacerdote é o instrumento por meio do qual se pode apresentar uma oferenda que seja agradável a YHWH (Ml 3,4). O sacerdote aparece, assim, literalmente, como "pontífice", como aquele que possibilita a conexão entre YHWH e o povo por meio do culto.

O tema do culto é, também, central nas duas perícopes. As faltas dos sacerdotes se dão no âmbito cultual (Ml 1,6-14: oferta de animais impróprios; Ml 2,9:

---

857. ALONSO SCHÖKEL, L., Dicionário Bíblico Hebraico-Português, p. 158.

858. WOLFF, H. W., Hosea, p. 78-79: Wolff nota o duplo da raiz דמה em Os 4,5.6 YHWH fará "perecer" a mãe do sacerdote (4,5), porque este faz o povo "perecer" (4,6) por falta de "conhecimento" (דַּעַת).

859. ALONSO SCHÖKEL, L., Dicionário Bíblico Hebraico-Português, p. 669-670.

860. SCHOTTROF, W., שׁכח, p. 1131.

parcialidade na instrução) e encontram ressonância na vida do povo como um todo, uma vez que já foi visto que o paralelismo entre os termos "instrução" (תּוֹרָה) e "conhecimento" (דַּעַת) aponta para um ensinamento que extrapola o âmbito do culto, do puro e impuro, e encontra repercussões no cotidiano da vida do povo, que não deve ser outra coisa senão expressão do culto na vida por meio de um empenho ético. Na perspectiva escatológica do profeta, o que se dá em primeiro lugar é, junto com a purificação do sacerdócio, a restauração do culto – as oferendas serão novamente agradáveis a YHWH. É a revogação total de toda e qualquer rejeição de YHWH com relação ao culto. Somente depois do restabelecimento deste, é que se dará o juízo sobre os malfeitores, a fim de que se manifeste de modo definitivo o "julgamento" de YHWH (Ml 3,5).

b) O tema da aliança

A relação entre culto, sacerdócio e aliança é um tema que se destaca nas duas perícopes em questão. O termo "aliança" (בְּרִית), recorrente em Ml 2,1-9 (2,4c.2,5a.2,8c) é retomado em Ml 3,1e para qualificar o mensageiro, que se torna "mensageiro da aliança" (מַלְאַךְ הַבְּרִית).

Acredita-se que o termo בְּרִית derive da raiz ברה II, que só ocorre em 1Sm 17,8[861] com o sentido "designar, escolher"[862] alguém que deve representar o povo no seu conjunto. No texto em questão, o verbo é colocado na boca do gigante filisteu, que será enfrentado por Davi. Fazendo derivar בְּרִית de ברה II, dá-se ao termo aliança um sentido de "determinação (fazer algo concreto)", uma "obrigação".[863] Contudo, como ברה II trata de alguém que representa o povo numa situação específica, poderia se entrever também que בְּרִית não é somente "determinação", "obrigação", mas também algo que simboliza e torna visível a especial relação que existe entre YHWH e seu povo.

Segundo Serafini, assim como há uma aliança com o povo no Sinai (Ex 19,1–24,11), que põe em relevo a dimensão ética da relação com YHWH, e uma aliança com a casa de Davi (2Sm 7), que acentua a dimensão sociopolítica desta relação, legitimada pela vontade divina, existe também uma aliança sacerdotal, que Malaquias apresenta como "aliança de Levi" (Ml 2,8), acentuando, assim, a fundamental importância da dimensão cultual e religiosa desta mesma relação.[864] No

---

861. LISOWSKY, G., Konkordanz zum Hebräischen Alten Testament, p. 281.
862. KOEHLER, L.; BAUMGARTNER, W., The Hebrew and Aramaic Lexicon of the Old Testament, p. 155.
863. KUTSCH, E., בְּרִית, p. 493.
864. SERAFINI, F., L'Alleanza Levitica, p. 409.

pós-exílio, estando a terra de Israel sob domínio estrangeiro, e não havendo mais rei sobre o trono, a aliança sacerdotal se torna o único e mais eminente sinal da comunhão entre YHWH e o povo. Sem o culto, sinal que torna presente diante dos olhos do povo que esta aliança ainda está vigente, a própria aliança fica ameaçada, não da parte de Deus, cuja palavra é sempre irrevogável, mas da parte do povo, que pode não mais compreender sua relação com YHWH a partir deste conceito fundamental.

A permanência do culto, por sua vez, depende da condução reta dos sacerdotes, responsáveis seja pela oferta de animais conforme a Lei (Ml 1,6-14), seja por uma instrução correta no que diz respeito ao mesmo culto e suas implicações éticas (Ml 2,1-9). Os sacerdotes são, no entanto, acusados em Ml 2,8 de "corromper" (שחת) a aliança. Foi visto no comentário que, embora tal raiz, no piel, também guarde o sentido de "destruir", a corrupção da aliança parece ser o que está em questão, e não o seu aniquilamento, uma vez que o próprio juízo é em vista de uma possível conversão (Ml 2,4).

A perspectiva escatológica de Malaquias demonstra que a בְּרִית de YHWH é irrevogável. Ainda que o comportamento dos sacerdotes tenha colocado em risco tal aliança, corrompendo-a, YHWH mesmo é seu garantidor e, por isso, intervirá para que ela seja plenamente restabelecida. O enunciado escatológico de Ml 2,17–3,5 está em vista desta aliança, por isso YHWH é precedido pelo "mensageiro da Aliança", que age para purificar aqueles que a corromperam. Uma vez purificados, os sacerdotes podem, de novo, oferecer um culto que seja agradável a YHWH (Ml 3,3d) e a aliança pode ser restabelecida.

c) Juízo e salvação

Essa dupla dimensão perpassa tanto a crítica ao sacerdócio (Ml 2,1-9) quanto a perspectiva escatológica do profeta (Ml 2,17–3,5). O aspecto de ameaça é o que se destaca em Ml 2,1-9, uma vez que este trata do juízo de YHWH que deve se abater sobre os sacerdotes faltosos. Contudo, o comentário ao texto procurou demonstrar que uma perspectiva salvífica pode ser entrevista em Ml 2,4, numa dupla dimensão: em primeiro lugar, o juízo de YHWH levará ao reconhecimento de que a palavra profética veio da parte d'Ele, reconhecimento que é fundamental para que haja o retorno/conversão para Deus (Ml 2,4ab); em segundo lugar, a discreta expressão לִהְיוֹת associado ao termo בְּרִית em Ml 2,4c permite que se possa entrever que o objetivo final do juízo é o restabelecimento da aliança que está em risco, qualificada pelo próprio YHWH em Ml 2,4c como "minha aliança" (בְּרִיתִי). Ml 2,1-9 reclama, assim, o enunciado escatológico presente em 2,17–3,5, onde tal restabelecimento da aliança será operado por YHWH.

Em Ml 2,17–3,5, embora predomine a dimensão salvífica, existe um juízo previsto, de modo particular, em 3,5, onde YHWH aparece como "testemunha" contra toda sorte de malfeitores que não o temem (Ml 3,5e). Mesmo nos vv. 2 e 3, onde a perspectiva salvífica é dominante, um juízo é pressuposto, como se pode depreender pelo uso da expressão וּמִי מְכַלְכֵּל (Ml 3,a), que recorda o modo profético de se anunciar o juízo que se abaterá sobre o povo no "Dia de YHWH", por exemplo, em Jl 2,11 (וּמִי יְכִילֶנּוּ). Do mesmo modo, a expressão וּמִי הָעֹמֵד (Ml 3,2b), recorda o modo de anunciar o juízo divino em outros textos proféticos (Na 1,6).[865] Além dessas expressões, marcam a ideia de juízo em Ml 2,17–3,5 a imagem do fogo e da lixívia (Ml 3,2c), bem como o uso de verbos como "fundir" (צרף), "purificar" (טהר), "acrisolar" (זקק). O aspecto salvífico, por sua vez, diz respeito ao restabelecimento da aliança que se expressa no culto, aspecto esse já enunciado em Ml 3,1 e mais claramente expresso em Ml 3,3d e 4: o objetivo final é fazer com que os sacerdotes ofereçam um sacrifício "em justiça" e que a oferenda de Judá e Jerusalém seja, de novo, agradável a YHWH.

---

865. Em Na 1,6 aparece a expressão מִי יַעֲמוֹד.

Conclusão

Malaquias e o sacerdócio: aspectos históricos

A pesquisa acerca da evolução histórica do sacerdócio israelita no Antigo Testamento demonstrou que o aprofundamento do estudo dos textos que, em Malaquias, fazem referência ao sacerdócio e ao culto, é essencial para que se compreenda como se organizou e funcionou, do ponto de vista religioso, a vida do povo de Israel no período entre a reconstrução do Templo (515 a.C.) e a reforma de Neemias (445 a.C.).

Das três funções sacerdotais apresentadas em Dt 33,8-11 – a função oracular, o ensino e o culto – duas são diretamente referenciadas na profecia de Malaquias: o culto é diretamente visado em 1,6-14, mas também subentendido em 2,1-9 pela menção dos termos בְּרָכָה (Ml 2,2f) e חַג (Ml 2,3b); a função de ensinar ganhar destaque em Ml 2,1-9, de modo particular pela menção dos termos דַּעַת (Ml 2,7a) e תּוֹרָה (Ml 2,7b.8b.9c). A pesquisa demonstrou que, muito provavelmente, com o advento da monarquia, a função oracular foi sendo cada vez mais predominantemente exercida pelos profetas (1Rs 14,4-5; 2Rs 3,11) e aos sacerdotes coube, além da função cultual, a função de "ensinar", partindo de um corpo de conhecimentos transmitidos pela tradição (תּוֹרָה/דַּעַת), mantendo, assim, o povo na comunhão com YHWH.

A hierarquia sacerdotal pós-exílica não ganha destaque no profeta, que não menciona a figura do sumo sacerdote e não faz referência aos levitas como uma espécie de clero inferior. Malaquias compreende, contudo, que os sacerdotes conectam-se genealogicamente com Levi, uma vez que apresenta o sacerdócio como "aliança de Levi" (Ml 2,8) e que se refere à sua reabilitação como a "purificação" dos "filhos de Levi" (Ml 3,3).

Deve-se destacar, ainda, que Malaquias não se utiliza das expressões "filhos de Sadoc" ou "filhos de Aarão" para referir-se ao sacerdócio. Tais expressões, consideradas mais restritivas, porque admitem ao sacerdócio somente parte daqueles que se conectam, de alguma forma, com a "tribo de Levi", ocorrem no livro de Ezequiel (filhos de Sadoc) e nos textos da chamada tradição sacerdotal (filhos de Aarão). É admissível que Malaquias se situe no que se pode chamar de "primeiro período sadocita", onde se seguiu o programa reformador de Ezequiel, antes que Neemias e Esdras exercessem sua missão abrindo a possibilidade do sacerdócio a outras famílias sacerdotais que se conectassem, de alguma forma, com Aarão.

A não distinção entre levitas e sadocitas, no texto de Malaquias, que se utiliza de uma expressão mais abrangente – כֹּהֲנִים – pode ser justificada por dois motivos: em primeiro lugar, o profeta parece se aproximar em muitos aspectos da linguagem e da teologia do Deuteronômio, que utiliza a mesma expressão (כֹּהֲנִים) para referir-se aos sacerdotes; em segundo lugar, a não distinção entre sacerdotes e levitas pode ser justificada pelo fato de que o profeta se centra na crítica ao sacerdócio em si, não abordando a questão acerca de quais grupos ou famílias sacerdotais deveriam ou não ser admitidos à função sacerdotal.

A análise dos textos

Ml 2,1-9: aspectos semânticos

Classificada como pertencente ao gênero literário "discurso de ameaça", a perícope de Ml 2,1-9 apresenta uma invectiva de YHWH contra os sacerdotes (Ml 2,1). YHWH lhes dirige um "preceito" (מִצְוָה): os sacerdotes devem dar glória ao seu nome. A ameaça de 2,1-9 pressupõe o texto de 1,6-14, onde os sacerdotes não manifestam a glória de Deus no culto, ofertando a YHWH vítimas impróprias para o sacrifício.

O núcleo do texto está nos vv. 2-4, onde se encontram o anúncio, a descrição e o fruto do juízo de YHWH sobre os sacerdotes. O juízo é anunciado numa dupla perspectiva temporal: há uma dimensão futura em 2,2e e 2,2f e uma dimensão presente em 2,2g. A dimensão futura se esclarece à luz do aspecto condicional das orações contidas em 2,2a e 2,2b; a dimensão presente do juízo, por sua vez, é justificada em 2,2h: os sacerdotes não consideram a possibilidade de ouvir a palavra de YHWH e de tornar manifesta a sua glória por meio do correto exercício das suas funções (2,2c).

O juízo descrito em 2,3 apresenta uma tríplice dimensão: a descendência dos sacerdotes é repreendida, ou seja, o futuro da instituição sacerdotal está ameaçado, o que significa uma reversão da aliança feita com Fineias e contida nas tradições que estão na base de Nm 25,13; em 2,3b, é prevista a humilhação pública dos sacerdotes, com o excremento das vítimas sendo espalhado em suas faces, deixando-os em situação de impureza (Lv 16,28); a terceira consequência é o seu afastamento do Templo, sendo lançados no lugar para onde eram levados os excrementos dos animais (2,3c).

O fruto do juízo de YHWH possui uma dimensão duplamente positiva: em primeiro lugar, o juízo levará ao reconhecimento (ידע) de que a palavra profética veio de YHWH, o que é condição prévia para uma futura conversão; depois, em 2,4c, existe a possibilidade de um restabelecimento futuro da aliança com YHWH, o que vem indicado pela expressão לִהְיוֹת.

Na segunda parte do oráculo, se encontra uma retrospectiva histórica. O profeta apresenta a aliança sacerdotal como aliança de Levi, retomando 2,4c. Tal aliança é descrita de modo idealizado, como fonte de vida e paz. Tal binômio traduz a ideia de uma totalidade, significando o conjunto dos bens que YHWH comunicava ao povo por meio dos sacerdotes, uma vez que a aliança de YHWH com os sacerdotes visa o culto; e o culto, por sua vez, tem como objetivo manter o povo numa relação de comunhão com YHWH.

Tanto a figura de Levi, apresentada na retrospectiva histórica, quanto a imagem do sacerdote ideal, apresentada na terceira parte do oráculo, em 2,7, servem para reforçar o aspecto negativo das atitudes dos sacerdotes a quem o texto de Malaquias se refere. De Levi procedia uma "instrução verdadeira" (2,6a); nele não havia "engano" (2,6b); ele caminhava em "retidão" (2,6c) e fazia muitos retornarem da "iniquidade" (2,6d). O sacerdote ideal, apresentado em 2,7, é dito "mensageiro de YHWH dos Exércitos", justamente por ser o guardião e o transmissor da "instrução" (תּוֹרָה) e do "conhecimento" (דַּעַת) que fazem não só com que o culto seja realizado segundo a vontade de YHWH, mas que se reflita, também, na vida dos próprios sacerdotes e do povo no seu conjunto, que assumem, a partir do culto, um comportamento ético também de acordo com a vontade de YHWH.

O texto chega ao seu ápice nos vv. 8-9, com a retomada da descrição do mal feito pelos sacerdotes, que se comportaram de modo diametralmente oposto ao que foi indicado nos vv. 5-7, com o veredito final de YHWH e a justificativa do juízo. Os sacerdotes se "afastaram do caminho", expressão utilizado também em Dt 9,12 e Ex 32,7-8 para se referir à prática da idolatria do povo de Israel com o bezerro de ouro. Tal expressão serve como metáfora, em Malaquias, para indicar o afastamento de YHWH, o não cumprimento da sua vontade. Se, no passado, uma instrução verdadeira estava na boca dos sacerdotes (2,6a) e eles faziam muitos voltar da iniquidade (2,6d), os sacerdotes indiciados pelo profeta fazem muitos "tropeçar" na instrução (2,8b); a aliança que YHWH estabeleceu com Levi (2,5a) foi corrompida (2,8c), por isso YHWH torna os sacerdotes "vis" e "desprezíveis" diante do povo. O uso da raiz בזה em 2,9a é significativa quando se considera o conjunto do livro de Malaquias. Nele, ela é utilizada 4x em 1,6-14 (vv. 6.7.12) para indicar o desprezo dos sacerdotes pelo "nome" de YHWH, pelo altar e pela oferta depositada sobre este. Em 2,9a, por sua vez, é YHWH quem torna os sacerdotes desprezíveis, porque estes não guardam seu caminho (2,9b) e são parciais na instrução (2,9c).

Como pôde ser observado, embora a descrição do juízo (v. 3) anuncie a rejeição de YHWH com relação aos sacerdotes e à sua descendência, a perspectiva salvífica apresenta-se no v. 4, demonstrando que o juízo tem em vista, em última análise, uma intervenção salvífica futura de YHWH. É particularmente em Ml 2,4c que o juízo se abre para a escatologia contida em Ml 2,17–3,5, onde a purificação futura dos sacerdotes é anunciada pelo profeta. O tema da "aliança" ganha destaque em 2,1-9, aparecendo como uma categoria teológica que serve tanto como critério para a crítica ao sacerdócio (2,5a.8c), quanto fundamento da esperança na intervenção de YHWH (2,4c).

Ml 2,17–3,5: aspectos semânticos

Pertencente ao gênero literário da disputa profética, o texto se articula em cinco partes. Na introdução (2,17) e no segundo anúncio da vinda de YHWH e seu mensageiro (3,1c-f), bem como na descrição da atuação do mensageiro de YHWH que vem para purificar os "filhos de Levi" (3,2-4), o texto se articula na terceira pessoa, onde se distingue a fala do profeta. Em 3,1ab, que traz o primeiro anúncio da vinda de YHWH e seu mensageiro, e em 3,5, que anuncia o juízo de YHWH sobre os malfeitores, aparece a primeira pessoa do singular, e se distingue a fala de YHWH. O texto se apresenta coeso não somente do ponto de vista terminológico e temático, mas também pela inclusão formada pelo termo מִשְׁפָּט que aparece em 2,17 e 3,5: YHWH virá para realizar um juízo que torna manifesto que ele distingue entre bons e maus, diferentemente do que os interlocutores do profeta afirmam em 2,17.

O comentário exegético demonstrou que a perícope de 2,17–3,5 se centra, sobretudo, na purificação dos sacerdotes e no restabelecimento do culto, tema que predomina na maior parte do texto (3,2-4). A purificação dos sacerdotes aparece como sendo realizada pelo "mensageiro da aliança", que age em nome de YHWH, o que fica patente tanto em 3,1a, onde o próprio YHWH afirma que se trata do seu mensageiro (מַלְאָכִי: "meu mensageiro"), enviado por ele mesmo (הִנְנִי שֹׁלֵחַ), quanto pela repetição da expressão לַיהוָה em 3,3d e 3,4a, que deixa claro que sua ação tem em vista reabilitar os sacerdotes e tornar o culto outra vez agradável a YHWH.

Embora o aspecto salvífico sobressaia em 3,2-4, a vinda do mensageiro implica, também, um juízo da parte de YHWH, o que vem indicado pelas expressões presentes em 3,2a (וּמִי מְכַלְכֵּל) e 3,2b (וּמִי הָעֹמֵד). Além do uso de tais expressões, a ideia de juízo é reforçada pelo uso das raízes צרף (3,3a), טהר (3,3ab) e זקק, que trazem em si a ideia de "purificação" e pelas imagens que são utilizadas para se descrever o mensageiro da aliança: "fogo" e "lixívia" (3,2c). Tal necessidade de purificação se compreende à luz de Ml 2,1-9, onde o juízo de YHWH prevê que os sacerdotes serão lançados num estado de impureza (2,3).

Um juízo mais contundente, ou seja, que não tem em mira, a princípio, uma purificação, mas sim o estabelecimento do julgamento de YHWH, é descrito em 3,5, onde são enumerados aqueles contra os quais YHWH agirá como uma "testemunha rápida". São enumerados cinco grupos de malfeitores: feiticeiros, adúlteros, os que juram falso, os que oprimem os mais frágeis e os que não temem YHWH, sendo que esta última categoria parece funcionar como uma categoria-síntese para os demais malfeitores já enumerados. Nota-se nessa conclusão do oráculo, que toma a forma de uma ameaça, a enumeração dos dois aspectos que devem nortear a vida do israelita piedoso: a comunhão com Deus e a comunhão com o próximo. Ml 3,5 retoma 3,1ab, onde YHWH promete também vir, depois de seu mensageiro. Sua vinda terá lugar no Templo, do qual Ele é Senhor (3,1c). O uso da raiz קרב (Lv 1,2; 2,1)[866] aproxima o texto de Malaquias não somente da linguagem cultual mas, também, dos texto que anunciam a proximidade do "Dia de YHWH" (יוֹם יְהוָה), anunciado pelos profetas como estando "próximo" (קָרוֹב: Is 13,6; Ez 30,3; Jl 4,14).

O enunciado escatológico se torna uma resposta a Ml 2,1-9, de modo particular ao v. 4, que previa a continuidade da aliança de YHWH com os sacerdotes como fruto do juízo. Se o mau comportamento dos sacerdotes significou a corrupção da "aliança" (Ml 2,8), a ação do "mensageiro da aliança" (Ml 3,1) que purifica os sacerdotes, abrindo caminho para que o culto seja, novamente, aceito por YHWH, significa o restabelecimento de tal aliança, que se torna visível no culto que, por sua vez, manifesta a glória do "nome" de YHWH (Ml 2,2).

A correlação entre as perícopes

A correlação entre as perícopes se dá em três aspectos principais: o sacerdote e o culto; o tema da aliança e a dupla perspectiva de juízo e salvação que perpassa

---

866. A raiz קרב é utilizada diversas vezes no livro do Levítico, no hifil, com o sentido de "apresentar/oferecer".

os dois textos. As duas perícopes apresentam aspectos positivos e negativos do sacerdócio. Em 2,1-9, predominam os aspectos negativos, a denúncia contra suas faltas, sua falha no que diz respeito à instrução, contudo, de modo particular em 2,7 se pode perceber a grande estima de que goza o sacerdócio na visão do profeta, uma vez que este é visto como dispensador de um "conhecimento" que possibilita a comunhão com YHWH. Em 2,17 – 3,5, por sua vez, predomina a perspectiva positiva, de reabilitação do sacerdócio, contudo, é colocada em destaque a necessidade de purificação, o que se compreende à luz das faltas enumeradas tanto em 1,6-14, quanto, de modo particular, em 2,1-9. O culto, por sua vez, também ocupa lugar central nos dois textos estudados. Ml 2,1-9 prevê o afastamento dos sacerdotes de suas funções cultuais, a rejeição das suas bênçãos e festas, enquanto em 2,17–3,5 a purificação dos sacerdotes torna possível que o culto seja, outra vez, realizado de modo agradável a YHWH.

A relação entre culto, sacerdócio e aliança, também perpassa as duas perícopes. Sendo o único sinal visível da relação entre YHWH e seu povo, uma vez que na época do profeta já não existe mais a monarquia, e a terra segue sendo dominada pelo poder estrangeiro, a aliança se torna uma categoria chave tanto para justificar a ameaça profética aos sacerdotes que corromperam a aliança (2,8), quanto para embasar sua perspectiva escatológica, com a introdução do "mensageiro da aliança" (3,1).

Por fim, o entrelaçamento entre juízo e salvação perpassa tanto 2,1-9, quanto 2,17–3,5. Em 2,1-9, predomina o juízo de YHWH sobre os sacerdotes que não cumprem de modo correto suas funções, contudo, uma perspectiva salvífica é apresentada em 2,4, de modo particular, 2,4c: a aliança de YHWH com os sacerdotes deverá ser restabelecida. De modo inverso, em 2,17–3,5 predomina o aspecto salvífico, a reabilitação dos sacerdotes e a aceitação, da parte de YHWH, da oferenda de Judá e Jerusalém. Contudo, tanto o modo como é descrita a reabilitação dos sacerdotes, com a metáfora da purificação dos metais e a menção do fogo, quanto a ação de YHWH contra os que não o temem (3,5), mostram uma dimensão de juízo que, também, se entrelaça com o aspecto salvífico na perspectiva escatológica do profeta.

A avaliação do caráter escatológico de Ml 2,17–3,5

Sem se deter na história da compreensão do termo escatologia aplicado ao profetismo, mas valendo-se dos ganhos da pesquisa recente, a pesquisa procurou verificar, em Ml 2,17–3,5, as características que permitem identificá-lo como um enunciado escatológico. No que diz respeito à orientação futura do texto, esta domina a perícope, e tem início já em Ml 3,1b onde o WeQatal da raiz פנה marca tal perspectiva como sendo a linha principal do discurso. O futuro é o tempo da atuação de YHWH e seu mensageiro, onde ganha destaque a purificação do sacerdócio e a aceitação, então, da parte de YHWH, da oferenda de Judá e Jerusalém. O futuro será, também, um tempo onde YHWH se colocará como testemunha contra aqueles que praticam o mal, realizando, assim, o "julgamento" (Ml 2,17; 3,5: מִשְׁפָּט).

Embora a purificação dos sacerdotes seja realizada pelo mensageiro da aliança (Ml 3,2-4), isso em nada diminui a centralidade da ação de YHWH, uma vez que se trata de um mensageiro enviado por Ele e identificado com Ele (Ml 3,1). Se as faltas dos sacerdotes chegaram a um ponto máximo, a intervenção de YHWH por meio de seu mensageiro se mostra como um tempo de ruptura total e radical, onde a oferenda de Judá e Jerusalém será, de novo, aceita, e os sacerdotes oferecerão um sacrifício "em justiça" (Ml 3,3: בִּצְדָקָה). O profeta tem em mira não somente o fim da iniquidade cometida pelos sacerdotes, embora esta ganhe lugar de destaque. No seu anúncio, YHWH age, também, contra toda sorte de malfeitores, pondo fim ao questionamento daqueles que acreditam que Deus pode ser conivente com o mal (Ml 2,17). Por fim, a centralidade de Israel aparece não somente na referência ao culto em si e ao sacerdócio, mas na explícita menção de Judá e Jerusalém em Ml 3,4.

Três elementos marcam a particular contribuição de Malaquias para a escatologia profética pós-exílica. O primeiro deles é a figura do mensageiro, que não aparece como o portador de uma mensagem, como em Ex 3,2 ou Jz 6,11-12, nem como um guia do povo, como em Ex 23,20, mas é alguém que age por mandato divino, em estreita unidade com YHWH, sendo o agente por meio do qual YHWH purifica os sacerdotes e o culto. O segundo elemento é a centralidade que a perspectiva cultual ocupa no anúncio escatológico do profeta. Embora, no livro, exista uma outra perspectiva escatológica em 3,13-21, o texto de 2,17–3,5 apresenta a purificação do sacerdócio e o restabelecimento do culto na sua integridade como a primeira e central ação de YHWH por ocasião da sua vinda. Um terceiro elemento é a concepção do juízo como expressão da misericórdia de YHWH. Tal característica pode ser percebida quando se lê Ml 2,17–3,5 no conjunto do livro, interligando-o com Ml 3,17 e com a confissão do amor de YHWH pelo povo que abre a profecia (Ml 1,2).

Considerações finais e perspectivas abertas

Ml 2,1-9 demonstra que duas funções sacerdotais permanecem no pós-exílio: a função propriamente cultual e o ensino. É de modo particular sobre essa segunda função que o texto se detém, embora as falhas com relação ao culto sejam pressupostas, a partir da crítica apresenta em Ml 1,6-14. A apresentação do sacerdote como guardião e dispensador da "instrução" (תּוֹרָה) e do "conhecimento" (דַּעַת) demonstram a alta estima da qual goza a instituição sacerdotal no pós-exílio (2,7). Sua relação com YHWH é apresentada a partir da categoria teológica da "aliança" e, enquanto mediadores da relação entre Deus e o povo, suas falhas no que diz respeito ao culto e à instrução atraem a maldição de YHWH também sobre todo o povo (2,2f). Por outro lado, a sua purificação abre caminho para que o culto se restabeleça na sua integridade e para que o povo possa, de novo, oferecer um sacrifício que seja agradável a YHWH. Em outras palavras, a sua purificação redunda em benefício não só para a instituição sacerdotal em si, mas também para o conjunto do povo.

O estudo conjunto das duas perícopes de Malaquias ajudou a compreender que, na perspectiva do profeta, o juízo definitivo apresentado em 2,1-9 já aponta para a perspectiva salvífica anunciada em 2,17–3,5. Como se trata da "aliança de YHWH" (2,4c), mesmo que a contraparte nessa aliança, no caso em questão, os sacerdotes, não cumpram com as obrigações que lhes são devidas, ela não é totalmente destruída. Da parte dos sacerdotes, ela foi corrompida (2,8), mas YHWH mesmo a restabelecerá no futuro. Tal restabelecimento da aliança é o fruto do juízo, já anunciado em 2,4c e plenamente desenvolvido em 2,17–3,5, onde a purificação dos sacerdotes tem em vista o seu pleno restabelecimento (3,3) e a aceitação, da parte de YHWH, das oferendas do povo (3,4).

Desse modo, relacionam-se no profeta a crise do sacerdócio e a perspectiva escatológica. A situação de crise desencadeia o juízo, necessário para a conversão que é a pressuposta etapa posterior ao reconhecimento de que o juízo veio da parte de YHWH (2,4ab). O juízo, contudo, na perspectiva de Malaquias, se abre para a escatologia. Esta desenvolve a possibilidade de uma renovação da aliança, previamente anunciada em 2,4c. Tal renovação é fruto da ação de YHWH por meio do seu mensageiro, que é qualificado como "mensageiro da aliança" (3,1), justamente porque sua ação é em vista do restabelecimento da aliança de YHWH com os sacerdotes. Ml 2,17–3,5 não apresenta elementos que permitam identificar o mensageiro, apenas é descrito o seu modo de ação. Ele aparece como alguém que vem da parte de YHWH (הִנְנִי שֹׁלֵחַ מַלְאָכִי), que o chama de "meu mensageiro" (מַלְאָכִי). Ele é distinto de YHWH, mas age em conjunto com ele, o que é textualmente corroborado pelo paralelismo estabelecido entre YHWH e seu mensageiro por meio das orações relativas constantes em 3,1d e 3,1e.

A perspectiva escatológica de Malaquias apresenta contornos próprios que ajudam a compreender como o pensamento escatológico se desenvolveu em Israel no pós-exílio. Além da figura de um mediador, que age em nome de YHWH preparando a sua própria vinda, na perspectiva de Malaquias existe uma ação de YHWH em vista de um grupo específico, que redundará em um bem para todo o povo. Assim como o juízo descrito em 2,1-9 atinge os sacerdotes, mas atrai também sobre o povo graves consequências, porque pressupõe o fim do culto e a reversão das bênçãos (2,2), de modo análogo, na sua perspectiva escatológica, o profeta apresenta a ação salvífica de YHWH sobre os sacerdotes como tendo efeito sobre o povo no seu conjunto, uma vez que este depende do sacerdócio, enquanto instituição de mediação, para que suas oferendas sejam apresentadas a Deus e as bênçãos oriundas do culto cheguem até ele. Destaca-se, ainda, a centralidade do culto na perspectiva profética. Na quase totalidade do livro, predomina a temática do culto e, mesmo quando esse não é diretamente visado, ele é ao menos referenciado, como ocorre na disputa profética a respeito do divórcio e dos casamentos mistos em 2,10-16. Na perspectiva escatológica presente em 2,17–3,5 o que predomina é o restabelecimento do culto. Somente em 3,5 é que a ação escatológica de YHWH se apresenta, também, sobre os malfeitores, a fim de que o mal seja eliminado do meio do povo.

O texto de Ml 2,17–3,5, contudo, não esgota a perspectiva escatológica do profeta, pois, assim como este texto é melhor compreendido a partir do estudo conjunto com seu pressuposto, que se encontra em 2,1-9, também parece oportuno um estudo conjunto de 2,17–3,5 com 3,13-21. Os dois textos são introduzidos por questionamentos semelhantes: em 2,17, os interlocutores do profeta afirmam que quem faz o mal é bom aos olhos de YHWH, e que YHWH não está agindo de acordo com o "direito" (מִשְׁפָּט) – a conclusão do profeta é que tais palavras "cansam" (יגע) YHWH; em 3,13, a acusação é apresentada como um discurso de YHWH, onde as palavras do povo são classificadas como "duras", uma vez que este afirma que é inútil servir a Deus e que não há lucro nisso (3,14). O juízo de YHWH contra os malfeitores, apenas anunciado em 3,5, é desenvolvido em 3,13-21, onde o יוֹם יהוה aparece como um dia de separação entre justos e ímpios (3,18). Sendo assim, o estudo conjunto de 2,17–3,5 e 3,13-21 pode oferecer uma visão ainda mais completa da perspectiva escatológica do profeta Malaquias.

Referências bibliográficas

Fontes

ELLIGER, K.; RUDOLPH, W. (Eds.). *Biblia Hebraica Stuttgartensia*. 5. ed. Stuttgart: Deutsche Bibelgesellschaft, 1997.

GELSTON, A. *Biblia Hebraica Quinta:* The Twelve Minor Prophets. Stuttgart: Deutsche Bibelgesellschaft, 2010.

GRYSON, R. (Ed.). *Biblia Sacra Iuxta Vulgata Versionem*. 5. ed. Stuttgart: Deutsche Bibelgesellschaft, 2007.

McCARTHY, C. *Biblia Hebraica Quinta:* Deuteronomy. Stuttgart: Deutsche Bibelgesellschaft, 2007.

RAHLFS, A.; HANHART, R. (Eds.). *Septuaginta*. Stuttgart: Deutsche Bibelgesellschaft, 2006.

ZIEGLER, J. *Septuaginta:* Duodecim Prophetae. Göttingen: Vandenhoeck & Ruprecht, 1943. Vol. XIII.

Estudos

ABBA, R. Levites and Priests. In: BUTTRICK, G. A. (Ed.). *The Interpreter's Dictionary of the Bible*. Nashville: Abingdon Press, 1962, p. 876-889.

ABBA, R. Priests and Levites in Deuteronomy. *Vetus Testamentum*, v. 27, n. 3, p. 257-267, 1977.

ABBA, R. Priests and Levites in Ezekiel. *Vetus Testamentum*, v. 28, n. 1, p. 1-9, 1978.

ABERBACH, M.; SMOLAR, L. Aaron, Jeroboam, and the Goldes Calves. *Journal of Biblical Literature*, n. 86, p. 129-140, 1967.

ACHTEMEIER, E. *Nahum-Malachi*. Kentucky, Louisville: John Knox Press, 1986.

AEJMELAEUS, A. Function and Interpretation of כי in Biblical Hebrew. *Journal of Biblical Literature*, n. 105, p. 193-209, 1986.

AKAO, J. O. Yahweh and Mal'ak in the Early Traditions of Israel: A Study of the Underlying Traditions of Yahweh/Angel Theophany in Exodus 3. *Irish Biblical Studies*, v. 12, p. 72-85, 1990.

ALBERTZ, R. *Historia de la Religión de Israel en tiempos del Antiguo Testamento*. V. 1. Madrid: Editoria Trotta, 1999.

ALBERTZ, R. *Historia de la Religión de Israel en tiempos del Antiguo Testamento*. V. 2. Madrid: Editoria Trotta, 1999.

ALONSO SCHÖKEL, L. *Dicionário Bíblico Hebraico-Português*. São Paulo: Paulus, 1997.

ALONSO SCHÖKEL, L.; SICRE DIAZ, J. L. *Profetas I*. 2.ed. São Paulo: Paulus, 2004.

AMSLER, S. היה. In: JENNI, E.; WESTERMANN, C. (Eds.). *Diccionario Teologico Manual del Antiguo Testamento*. Madrid: Ediciones Cristiandad, 1978, v. I, p. 672-683.

AMSLER, S., עמד. In: JENNI, E.; WESTERMANN, C. (Eds.). *Diccionario Teologico Manual del Antiguo Testamento*. Madrid: Ediciones Cristiandad, 1978, v. II, p. 419-423.

ANDRÉ, G. כָּשַׁף. In: RINGGREN, H.; FABRY, H.-J.; BOTTERWECK, G. J. (Eds.). *Theological Dictionary of the Old Testament*. Grand Rapids, MI: Eerdmans Publishing Co., 1995, v. VII, p. 360-366.

ASENSIO, V. M. *El fuego en el Antiguo Testamento*: estúdio de semântica linguística. Valencia, Bilbao: Institución san Jerónimo, 1988.

ASHLEY, T. R. *The Book of Numbers*. Grand Rapids, MI: Eerdmans Publishing, 1993.

ASSIS, E. The Reproach of the Priests (Malachi 1:6–2:9) within Malachi's Conception of Covenant. In: BAUTCH, R. J.; KNOPPERS, G. N. (Eds) *Covenant in the Persian Period: From Genesis to Chronicles*. Winona Lake, Indiana: Eisenbrauns, 2015, p. 271-290.

ASURMENDI, J. De l'impossibilité pour um prophète d'être apocalupticien. In: VERMEYLEN, J. (Ed.). *Les prophètes de la Bible et la fin des temps*. Paris: Les Éditions du Cerf, 2010, p. 353-358.

AUERBACH, E. Die Herkunft der Sadokiden. *Zeitschrift zür die Alttestamentliche Wissenschaft*, n. 49, p. 327-328, 1931.

AUNEAU, J. Sacerdoce. In: CAZELLES, H.; FEUILLET, A. *Dictionnaire de la Bible: Supplément*. Paris: Letouzey & Ané, 1985, v. 12, p. 1170-1254.

BAILLY, A. *Dictionnaire Grec-Français*. Paris: Hachette, 2000.

BALDWIN, J. G. *Haggai, Zechariah and Malachi*. Downers Grove, Illinois: IVP Academic, 1972.

BARTH, C. כָּשַׁל. In: RINGGREN, H.; FABRY, H.-J.; BOTTERWECK, G. J. (Eds.). *Theological Dictionary of the Old Testament*. Grand Rapids, MI: Eerdmans Publishing Co., 1995. v. VII. p. 353-360.

BARTHÉLEMY, D. *Critique Textuelle de L'Ancien Testament*. V. 3. Fribourg, Suisse: Éditions Universitaires, 1992. OBO 51.

BAUKS, M.; NIHAN, C. *Manuale di esegesi dell'Antico Testamento*. Bologna: Centro Editoriale Dehoniano, 2010.

BAUMANN, A. כּוּל. In: RINGGREN, H.; FABRY, H.-J.; BOTTERWECK, G. J. (Eds.). *Theological Dictionary of the Old Testament*. Grand Rapids, MI: Eerdmans Publishing Co., 1995, v. VII, p. 85-89.

BAUSCHER, G. D. *The Aramaic-English Interlinear Peshitta Old Testament*. Australia: Lulu Publishing, 2016.

BEITZEL, B. J. Travel and Communication (OT World). In: FREEDMAN, D. N. *Anchor Yale Bible Dictionary.* New Haven: Yale University Press, 2008, v. VI, p. 644-648.

BERLIN, A. Parallelism. In: FREEDMAN, D. N. *Anchor Yale Bible Dictionary.* New Haven: Yale University Press, 2008. v. V. p. 155-162.

BLENKINSOPP, J. The Judaean Priesthood during the Neo-Babylonian and Achaemenid Periods: A Hypothetical Reconstruction. *Catholic Biblical Quaterly,* v. 60, n. 1, p. 25-43, 1998.

BÖHME, W. Zu Maleachi und Haggai. *Zeitschrift zür die Alttestamentliche Wissenschaft,* n. 7, p. 210-217, 1887.

BOLING, R. G. *Judges.* London: Doubleday, 1975.

BOLOJE, B. O.; GROENEWALD, A. Literary Analysis of Covenant Themes in Book of Malachi. *Old Testament Essays,* v. 28, n. 2. Pretoria, p. 257-282, 2015.

BOLOJE, B. O.; GROENEWALD, A. Malachi's Eschatological Day of Yahweh: Its Dual Roles of Cultic Restoration and Enactment of Social Justice (Mal 3:1-5; 3:16–4:6). *Old Testament Essays,* v. 27, n. 1, Pretoria, p. 53-81, 2014.

BOLOJE, B. O.; GROENEWALD, A. Perspectives on Priests' Cultic and Pedagogical Malpractices in Malachi 1,6–2,9 and their Consequent Acts of Neglicence. *Journal for Semitics.* V. 22, n. 2, p. 376-408, 2013.

BOLOJE, B. O.; GROENEWALD, A. Malachi's Vision of the Temple: An Emblem of Eschatological Hope (Ml 3:1-5) and na Economic Centre of the Community (Ml 3:10-12). *Journal for Semitics,* v. 23. n. 2, p. 354-381, 2014.

BOTTERWECK, G. J. Ideal und Wirklichkeit der Jerusalemer Priester: Auslegung von Mal 1,6-10; 2,1-9. *Bibel und Leben,* Heft 2, p. 100-109, jun. 1960.

BOTTERWECK, G. J. חָפֵץ. In: RINGGREN, H.; FABRY, H.-J.; BOTTERWECK, G. J. (Eds.). *Theological Dictionary of the Old Testament.* Grand Rapids, MI: Eerdmans Publishing Co., 1986, v. V, p. 92-106.

BRICHTO, H. C. *The Problem of the Curse in the Hebrew Bible.* Philadelphia: Society of Biblical Literature and Exegesis, 1963.

BRODSKY, H. *Bethel (Place).* In: FREEDMAN, D. N. (Ed.). The Anchor Bible Dictionary. New York: Doubleday, 1992, v. 1, p. 710-712.

BROWN, F.; DRIVER, S. R.; BRIGGS, C. A. *The Brown-Driver-Briggs Hebrew and English Lexicon.* Peabody, Massachusetts: Hendrickson Publishers, 1994.

BUDDE, D. Die Herkunft Sadoks. *Zeitschrift zür die Alttestamentliche Wissenschaft,* n. 52, p. 42-50, 1934.

CAQUOT, A. גָּעַר. In: RINGGREN, H.; FABRY, H.-J.; BOTTERWECK, G. J. (Eds.). *Theological Dictionary of the Old Testament.* Grand Rapids, MI: Eerdmans Publishing Co., 1978, v. III, p. 49-52.

CASHDAN, E. Malachi: Introduction and Commentary. In: COHEN, A. *The Twelve Prophets.* London: Soncino Press, 1957, p. 335-355.

CATHCART, K. J.; GORDON, R. P. *The Targum of the Minor Prophets.* Collegeville, Minnesota: Liturgical Press, 1990.

CHARY, T. *Aggée-Zacharie-Malachie.* Paris: Gabalda, 1969.

CHILDS, B. S. *The Book of Exodus:* A Critical, Theological Commentary. Kentucky, Louisville: John Knox Press, 1974.

CHRISTENSEN, D. L. Dtn 33,1 – A Curse in the 'Blessing of Moses'. *Zeitschrift zür die Alttestamentliche Wissenschaft*, n. 101, p. 278-282, 1989.

CODY, A. *A History of Old Testament Priesthood.* Rome: Pontifical Biblical Institute, 1969.

CONRAD, J. שָׁחַת. In: RINGGREN, H.; FABRY, H.-J.; BOTTERWECK, G. J. (Eds.). *Theological Dictionary of the Old Testament.* Grand Rapids, MI: Eerdmans Publishing Co., v. XIV, 2004, p. 583-595.

COOK, S. L. Innerbiblical Interpretation in Ezekiel 44 and the History of Israel's Priesthood. *Journal of Biblical Literature*, v. 114, n. 2, p. 193-208, 1995.

CORNEY, R. W. Zadok, the Priest. In: BUTTRICK, G. A. (Ed.). *The Interpreter's Dictionary of the Bible.* Nashville: Abingdon Press, 1962, p. 928-929.

CRAIGIE, P. C. *The Book of Deuteronomy.* Grand Rapids, MI: Eerdmans Publishing, 1976.

CROSS, F. M. *Canaanite Myth and Hebrew Epic.* London: Harvard University Press, 1973.

DE VAUX, R. *Instituições de Israel no Antigo Testamento.* São Paulo: Vida Nova, 2004.

DEISSLER, A. *Zwölf Propheten III: Zephaniah, Haggai, Sacharja, Maleachi.* Würzburg: Echter Verlag, 1988.

DEL BARCO DEL BARCO, F. J. *Profecía y Sintaxis.* Madrid: CSIC, 2003.

DELCOR, M.; JENNI, E. שלח. In: JENNI, E.; WESTERMANN, C. (Eds.). *Diccionario Teologico Manual del Antiguo Testamento.* Madrid: Ediciones Cristiandad. 1978, v. II, p. 1142-1149.

DEVESCOVI, U. L'alleanza di Jahvé con Levi. *Bibbia e Oriente*, v. 4, n. 6, p. 205-218, 1962.

DOHMEN, C; RICK, D., רעע. In: RINGGREN, H.; FABRY, H.-J.; BOTTERWECK, G. J. (Eds.). *Theological Dictionary of the Old Testament.* Grand Rapids, MI: Eerdmans Publishing Co., 2004, v. XIII, p. 560-588.

DOMMERSHAUSEN, W., כֹּהֵן. In: RINGGREN, H.; FABRY, H.-J.; BOTTERWECK, G. J. (Eds.). *Theological Dictionary of the Old Testament.* Grand Rapids, MI: Eerdmans Publishing Co., 1995, VII, p. 60-75.

DOZEMAN, T. B. *Exodus.* Grand Rapids, MI: Eerdmans Publishing, 2009.

DRIVER, G. R. Linguistic and Textual Problems: Minor Prophets III. *Journal of Theological Studies*, v. 39, n. 155, p. 393-405, 1938.

EGGER-WENZEL, R. Covenant of Peace (ברית שלום) – An Eschatological Term? In: LIESEN, J.; BEENTJES, P. C. *Visions of Peace and Tales of War.* Berlin; New York: De Gruyter, 2010, p. 35-65.

ELLIGER, K. *Deuterojesaja: 40,1–45,7.* Neukirch-Vluyn: Neukirchener Verlag, 1978.

ELLIGER, K. *Die Propheten Nahum, Habakuk, Zephanja, Haggai, Sacharja, Maleachi.* Göttingen: Vandenhoeck & Ruprecht, 1982.

ENGELKEN, K. שָׁפֵל. In: RINGGREN, H.; FABRY, H.-J.; BOTTERWECK, G. J. (Eds.). *Theological Dictionary of the Old Testament.* Grand Rapids, MI: Eerdmans Publishing Co., 2006, v. XV, p. 442-448.

ERLEHT, T.; HAUSOUL, R. R. *Das Buch Haggai. Das Buch Maleachi*. Witten: SCM R. Brockhaus, 2011.

FABRY, H.-J. et alii. נָשָׂא. In: RINGGREN, H.; FABRY, H.-J.; BOTTERWECK, G. J. (Eds.). *Theological Dictionary of the Old Testament*. Grand Rapids, MI: Eerdmans Publishing Co., 1999, v. X, p. 24-40.

FABRY, H.-J. נָאַף. In: RINGGREN, H.; FABRY, H.-J.; BOTTERWECK, G. J. (Eds.). *Theological Dictionary of the Old Testament*. Grand Rapids, MI: Eerdmans Publishing Co., 1998, v. IX, p. 113-118.

FABRY, H.-J.; BLUM, E.; RINGGREN, H. רַב. In: RINGGREN, H.; FABRY, H.-J.; BOTTERWECK, G. J. (Eds.). *Theological Dictionary of the Old Testament*. Grand Rapids, MI: Eerdmans Publishing Co., 2004, v. XIII, p. 272-298.

FABRY, H.-J.; GARCÍA LOPEZ, F., תּוֹרָה. In: RINGGREN, H.; FABRY, H.-J.; BOTTERWECK, G. J. (Eds.). *Theological Dictionary of the Old Testament*. Grand Rapids, MI: Eerdmans Publishing Co., 2006, v. XV, p. 609-646.

FABRY, H.-J.; GRAUPNER, M. שׁוּב. In: RINGGREN, H.; FABRY, H.-J.; BOTTERWECK, G. J. (Eds.). *Theological Dictionary of the Old Testament*. Grand Rapids, MI: Eerdmans Publishing Co., 2004, v. XIV, p. 461-522.

FABRY, H.-J.; LAMBERTY-ZIELINSKI, H. ערב. In: RINGGREN, H.; FABRY, H.-J.; BOTTERWECK, G. J. (Eds.). *Theological Dictionary of the Old Testament*. Grand Rapids, MI: Eerdmans Publishing Co., 2001, v. XI, p. 331-334.

FABRY, H.-J.; RINGGREN, H.; SEYBOLD, B. מֶלֶךְ. In: RINGGREN, H.; FABRY, H.-J.; BOTTERWECK, G. J. (Eds.). *Theological Dictionary of the Old Testament*. Grand Rapids, MI: Eerdmans Publishing Co., 1997, v. VIII, p. 345-346.

FENSHAM, F. C. Widow, Orphan and the Poor in Ancient Near Eastern Legal and Windom Literature. *Journal for Near Eastern Studies*, v. XXI, n. 2. 1962, p. 129-139.

FENSHAM, F.C. Pehâ in the Old Testament and the Ancient Near East. In: VV.AA. *Studies in the Chronicler. Ou-Testamentische Werkmeenskap van Suid Afrika*. Pochefstroom: Pro Rege, 1976, p. 44-52.

FISHBANE, M. Form and Reformulation of the Biblical Priestly Blessing. *Journal of American Oriental Society*, n. 103, p. 115-121, 1983.

FLOYD, M. H. *Minor Prophets*, v. 2. Grand Rapids, MI: Eerdmans, 2000.

FREUDENSTEIN, E. G. A Swift Witness. *Tradition*, v. 13, p. 114-123, 1972-1973.

FREVEL, C. Mein Bund mit ihm war das Leben und der Friede: Priesterbund und Mischehenfrage. In: DOHMEN, C.; FREVEL, C. [Ed.]. *Für immer verbündet*: Studien zur Bundestheologie der Bibel. Stuttgart: Verlag Katholisches Bibelwerk, 2007, pp. 85-93.

FRIZZO, A. C. *A Trilogia Social*: estrangeiro, órfão e viúva no Deuteronômio e sua recepção na Mishná. Rio de Janeiro, 2009, 235p. Tese de Doutorado. Faculdade de Teologia, Pontifícia Universidade Católica do Rio de Janeiro.

FUHS, H. F. יָרֵא. In: RINGGREN, H.; FABRY, H.-J.; BOTTERWECK, G. J. (Eds.). *Theological Dictionary of the Old Testament*. Grand Rapids, MI: Eerdmans Publishing Co., 1990, v. VI, p. 290-315.

FULLER, R. The Blessing of Levi in Dtn 33, Mal 2, and Qumran. In: BARTELMUS, R. et alii (Org.). *Konsequente Traditionsgeschichte*. Freiburg, Schweiz: Universität Verlag; Göttingen: Vandenhoeck & Ruprecht, 1993, p. 31-44.

GALVANO, G.; GIUNTOLI, F. *Dai frammenti alla storia:* Introduzione ao Pentateuco. Torino, Editrice Elledici, 2013.

GARCÍA, A. D. *San Jerónimo:* Obras Completas. v. IIIb. Madri: BAC, 2003.

GELIN, A. Message aux prêtres. *Bible et Vie Chrètienne*, n. 30, p. 14-20, 1959.

GERLEMAN, G. שלם. In: JENNI, E.; WESTERMANN, C. (Eds.). *Diccionario Teologico Manual del Antiguo Testamento*. Madrid: Ediciones Cristiandad, 1978, v. II, p. 1154-1173.

GERLEMAN, G., שאל. In: JENNI, E.; WESTERMANN, C. (Eds.). *Diccionario Teologico Manual del Antiguo Testamento*. Madrid: Ediciones Cristiandad, 1978, v. II, p. 1057-1061.

GERLEMAN, G.; RUPRECHT, E., דרש. In: JENNI, E.; WESTERMANN, C. (Eds.). *Diccionario Teologico Manual del Antiguo Testamento*. Madrid: Ediciones Cristiandad, 1978, v. I, p. 650-659.

GERSTENBERGER, E. S. עָשַׁק. In: RINGGREN, H.; FABRY, H.-J.; BOTTERWECK, G. J. (Eds.). *Theological Dictionary of the Old Testament*. Grand Rapids, MI: Eerdmans Publishing Co., v. IX, p. 412-417, 1998.

GERSTENBERGER, E. S. *Israel in the Persian Period:* The Fifth and Fourth Centuries B. C. E. Atlanta: Society of Biblical Literature, 2011.

GESENIUS, W.; KAUTZSCH, E. *Gesenius' Hebrew Grammar*. Oxford: Clarendon Press, 1910.

GIBSON, J. *Covenant Continuity and Fidelity:* a Study of Inner-biblical Allusion and Exegesis in Malachi. New York: T & T Clark, 2016.

GLAZIER-McDONALD, B. *Malachi:* The Divine Messenger. Atlanta, Georgia: Scholars Press, 1987.

GLAZIER-McDONALD, B. Mal'ak Habberît: The Messenger of the Covenant in Mal 3:1. *Hebrew Annual Review*, v. 11, p. 93-104, 1987.

GOSSE, B. L'Alliance avec Lévi et l'opposition entre les lignèes royale et sacerdotale à l'époque perse. *Transeuphratène*, n. 10, p. 29-33, 1995.

GOSSE, B. Les Lévites au Retour de l'Exil dans les livres d'Ezéchiel, de Jérémie ed d'Isaïe. *Transeuphratène*, n. 48, p. 43-76, 2016.

GOSWELL, G. The Eschatology of Malachi after Zechariah 14. *Journal of Biblical Literature*, v. 132, n. 3, p. 625-638, 2013.

GRAY, J. *I and II Kings:* A Commentary. London, SCM Press: 1977.

GRUBER, M. I. The Many Faces of נשׂא פנים "lift up the face". *Zeitschrift zür die Alttestamentliche Wissenschaft*, v. 95, p. 252-260, 1983.

GUNNEWEG, A. H. J. *Leviten und Priester*. Göttingen: Vandenhoeck & Ruprecht, 1965.

HAAG, E. Gottes Bund mit Levi nach Maleachi 2: Historische und theologische Aspekte des Priestertums im Alten Testament. *Trierer Theogische Zeitschrift*, n. 107, pp. 25-44, 1998.

HABETS, G. Vorbild und Zerrbild: Eine Exegese von Maleachi 1,6–2,9. *Teresianum*, v. 1, n. 41, p. 5-58, 1990.

HAMILTON, V. P. *The Book of Genesis 18-50*. Grand Rapids, MI: Eerdmans Publishing, 1995.

HAMP, V. בָּרַר. In: RINGGREN, H.; FABRY, H.-J.; BOTTERWECK, G. J. (Eds.). *Theological Dictionary of the Old Testament*. Grand Rapids, MI: Eerdmans Publishing Co., v. II, p. 308-312, 1975.

HANSON, P. D. *The Dawn of Apocalyptic*. Philadelphia: Fortress Press, 1979.

HANSON, P. D. *The People Called:* The Growth of Community in the Bible. Louisville; London: Westminster John Knox Press, 1986.

HARAN, M. *Temple and Temple-Service in Ancient Israel*. Oxford: Eisenbrauns, 1978.

HARRISON, G. W. Covenant Unfaithfulness in Malachi 2:1-16. *Criswell Theological Review*, v. 2, n. 1, p. 63-72, 1987.

HARTLEY, J. E. *Leviticus*. Grand Rapids, MI: Zondervan, 1992.

HARTMANN, T. רַב. In: JENNI, E.; WESTERMANN, C. (Eds.). *Diccionario Teologico Manual del Antiguo Testamento*. Madrid: Ediciones Cristiandad. 1978, v. II, p. 900-914.

HASEL, G. F. יָעַץ. In: RINGGREN, H.; FABRY, H.-J.; BOTTERWECK, G. J. (Eds.). *Theological Dictionary of the Old Testament*. Grand Rapids, MI: Eerdmans Publishing Co., 1986, v. V, p. 385-393.

HAUER, C. E. Who was Zadok? *Journal of Biblical Literature*, n. 82, p. 89-94, 1963.

HAURET, C. Lewy et Kohen. *Revue des Sciences Religieuses*, v. 44, n. 1-2, p. 85-100, 1970.

HILL, A. *Malachi*. Grand Rapids, MI: Doubleday, 1998.

HIMBAZA, I. L'eschatologie de Malachie 3. In: VERMEYLEN, J. (Ed.). *Les prophètes de la Bible et la fin des temps*. Paris: Les Éditions du Cerf, 2010, p. 359-366.

HOFFNER, H. A. אַלְמָנָה. In: RINGGREN, H.; FABRY, H.-J.; BOTTERWECK, G. J. (Eds.). *Theological Dictionary of the Old Testament*. Grand Rapids, MI: Eerdmans Publishing Co., 1974, v. I, p. 287-291.

HORTON, R. F. *The Minor Prophets:* Hosea, Joel, Amos, Obadiah, Jonas and Micah, v. 1. London: The Caxton Publishing Company, 1920.

HUNT, A. W. Zadok, Zadokite. In: SAKENFELD, K. D. (Ed.). *The New Interpreter's Dictionary of the Bible*. Nashville: Abingdon Press, 2009, v. 5, p. 952-954.

JACOBS, M. R. *The Books of Haggai and Malachi*. Grand Rapids, MI: Eerdmans, 2017.

JENNI, E. אהב. In: JENNI, E.; WESTERMANN, C. (Eds.). *Diccionario Teologico Manual del Antiguo Testamento*. Madrid: Ediciones Cristiandad, 1978, v. I, p. 115-132.

JENNI, E. אָדוֹן. In: JENNI, E.; WESTERMANN, C. (Eds.). *Diccionario Teologico Manual del Antiguo Testamento*. Madrid: Ediciones Cristiandad, 1978, v. I, p. 76-86.

JENNI, E. קדם. In: JENNI, E.; WESTERMANN, C. (Eds.). *Diccionario Teologico Manual del Antiguo Testamento*. Madrid: Ediciones Cristiandad, 1978, v. II. p. 738-741.

JOHNSON, B. מִשְׁפָּט. In: RINGGREN, H.; FABRY, H.-J.; BOTTERWECK, G. J. (Eds.). *Theological Dictionary of the Old Testament*. Grand Rapids, MI: Eerdmans Publishing Co., 1998, v. IX, p. 86-98.

JOHNSON, B. צָדַק. In: RINGGREN, H.; FABRY, H.-J.; BOTTERWECK, G. J. (Eds.). *Theological Dictionary of the Old Testament.* Grand Rapids, MI: Eerdmans Publishing Co., 2003, v. XII, p. 239-264.

JOÜON, P., Verb עָשַׁק 'retenir' (Le Bien d'Autrui), secondairemente 'opprimer'. *Biblica,* v. 3, n. 4, p. 445-447, 1922.

JOÜON, P.; MURAOKA, T. *A Grammar of Biblical Hebrew.* 2. ed. Roma: Gregorian & Biblical Press, 2009.

KAISER, W. C. The Promise of the Arrival of Elijah in Malachi and the Gospels. *Grace Theological Journal,* v. 3, n. 2, p. 221-233, 1982.

KAPELRUD, A. S. כְּלִיל. In: RINGGREN, H.; FABRY, H.-J.; BOTTERWECK, G. J. (Eds.). *Theological Dictionary of the Old Testament.* Grand Rapids, MI: Eerdmans Publishing Co., 1995, v. VII, p. 182-185.

KEDAR-KOPFSTEIN B.; BOTTERWECK, G. J. חַג. In: RINGGREN, H.; FABRY, H.-J.; BOTTERWECK, G. J. (Eds.). *Theological Dictionary of the Old Testament.* Grand Rapids, MI: Eerdmans Publishing Co., 1980, v. IV, p. 201-213.

KEDAR-KOPFSTEIN, B., תָּמַם. In: RINGGREN, H.; FABRY, H.-J.; BOTTERWECK, G. J. (Eds.). *Theological Dictionary of the Old Testament.* Grand Rapids, MI: Eerdmans Publishing Co., 2006, v. XV, p. 699-711.

KEIL, C. F.; DELITZSCH, F. *Commentary on the Old Testamen in tem Volumes:* Minor Prophets, v. X. Grand Rapids, MI: Eerdmans Publishing Company, 1971.

KELLER, C. A. ארר. In: JENNI, E.; WESTERMANN, C. (Eds.). *Diccionario Teologico Manual del Antiguo Testamento.* Madrid: Ediciones Cristiandad, 1978, v. I, p. 355-360.

KELLER, C. A.; WEHMEIER, G. ברך. In: JENNI, E.; WESTERMANN, C. (Eds.). *Diccionario Teologico Manual del Antiguo Testamento.* Madrid: Ediciones Cristiandad, 1978, v. I, p. 509-540.

KELLERMANN, D. לֵוִי. In: RINGGREN, H.; FABRY, H.-J.; BOTTERWECK, G. J. (Eds.). *Theological Dictionary of the Old Testament.* Grand Rapids, MI: Eerdmans Publishing Co., 1995, v. VII, p. 483-503.

KESSLER, R. *Maleachi.* Freiburg im Breisgrau: Verlag Herder, 2011.

KIA, M. *The Persian Empire:* A Historical Encyclopedia. Denver, Colorado: ABC-CLIO, 2016.

KNIERIM, R. עָוֺן. In: JENNI, E.; WESTERMANN, C. (Eds.). *Diccionario Teologico Manual del Antiguo Testamento.* Madrid: Ediciones Cristiandad, 1978, v. II, p. 315-322.

KNIERIM, R., עָוַל. In: JENNI, E.; WESTERMANN, C. (Eds.). *Diccionario Teologico Manual del Antiguo Testamento.* Madrid: Ediciones Cristiandad, 1978, v. II. p. 291-296.

KOCH, K. עָוֺן. In: RINGGREN, H.; FABRY, H.-J.; BOTTERWECK, G. J. (Eds.). *Theological Dictionary of the Old Testament.* Grand Rapids, MI: Eerdmans Publishing Co., 1990, v. X, p. 546-562.

KOEHLER, L.; BAUMGARTNER, W. *The Hebrew and Aramaic Lexicon of the Old Testament,* 2 v. Leiden: Brill, 2001.

KOTTSIEPER, I. שָׁבַע. In: RINGGREN, H.; FABRY, H.-J.; BOTTERWECK, G. J. (Eds.). *Theological Dictionary of the Old Testament.* Grand Rapids, MI: Eerdmans Publishing Co., 2004, v. XIV, p. 311-336.

KUGLER, R. A. A note on the Hebrew and Greek Texts of Mal 2,3α. *Zeitschrift für die Alttestamentliche Wissenschaft*, n. 108, p. 426-429, 1996.

KUGLER, R. Priests and Levites. In: SAKENFELD, K. D. (Eds.). *The New Interpreter's Dictionary of the Bible*. Nashville: Abingdon Press, 2009, v. 4, p. 596-613.

KÜHLEWEIN, J. קרב. In: JENNI, E.; WESTERMANN, C. (Eds.). *Diccionario Teologico Manual del Antiguo Testamento*. Madrid: Ediciones Cristiandad, 1978, v. II, p. 849-858.

KÜHLEWEIN, J. רחק. In: JENNI, E.; WESTERMANN, C. (Eds.). *Diccionario Teologico Manual del Antiguo Testamento*. Madrid: Ediciones Cristiandad, 1978, v. II, p. 966-970.

KUTSCH, E. *Verheißung und Gesetz:* Untersuchungen zum sogennanten "Bund" im Alten Testament. Berlin; New York: De Gruyter, 1973.

LADARIA, L. F. Escatologia. In: LATOURRELE, R.; FISICHELLA, R. *Dicionário de Teologia Fundamental*. Petrópolis: Vozes, 1994, p. 260-262.

LAURENTIN, A. We'attah – kai nun – formule caractéristique des textes juridiques et liturgiques. *Biblica*, v. 45, p. 168-197, 1964.

LE ROUX, J. H. Eschatology and the Prophets. *Old Testament Essays*, n. 1, p. 1-25, 1988.

LESCOW, T. *Das Buch Maleachi*. Stuttgart: Calwer Verlag, 1993.

LIEDKE, G. גער. In: JENNI, E.; WESTERMANN, C. (Eds.). *Diccionario Teologico Manual del Antiguo Testamento*. Madrid: Ediciones Cristiandad, 1978, v. I, p. 609-612.

LIEDKE, G. צוה. In: JENNI, E.; WESTERMANN, C. (Eds.). *Diccionario Teologico Manual del Antiguo Testamento*. Madrid: Ediciones Cristiandad, 1978, v. II, p. 668-674.

LIEDKE, G. שָׁפַט. In: JENNI, E.; WESTERMANN, C. (Eds.). *Diccionario Teologico Manual del Antiguo Testamento*. Madrid: Ediciones Cristiandad, 1978, v. II, p. 1252-1265.

LIMA, J. M. F. *Salvação em Zc 8,1-8:* leitura exegética a partir do cenário de Zc 7,4-14. Rio de Janeiro, 2019, 215p. Tese de Doutorado. Faculdade de Teologia, Pontifícia Universidade Católica do Rio de Janeiro.

LIMA, M. L. C. Amós 9,11-15 e a unidade do livro dos Doze Profetas. *Atualidade Teológica*. v. 7, n. 14, p. 182-199, 2003.

LIMA, M. L. C. Graça e Escatologia: linhas mestras e interrelações a partir do Antigo Testamento. In: MAZZAROLO, I.; FERNANDES, L. A.; LIMA, M. L. C. *Exegese, Teologia e Pastoral:* relações, tensões e desafios. Santo André: Academia Cristã; Rio de Janeiro: PUC-Rio, 2015. p. 236-256.

LIMA, M. L. C. *Mensageiros de Deus:* Profetas e Profecias no Antigo Israel. Rio de Janeiro: Editora PUC; Reflexão, 2012.

LIMA, M. L. C. *Salvação entre juízo, conversão e graça:* a perspectiva escatológica de Os 14,2-9. Roma: Editrice Pontificia Università Gregoriana, 1998.

LIMA, M.L.C. *Exegese bíblica:* teoria e prática. São Paulo: Paulinas, 2014.

LIPINSKI, E. שָׁכַר. In: RINGGREN, H.; FABRY, H.-J.; BOTTERWECK, G. J. (Eds.). *Theological Dictionary of the Old Testament*. Grand Rapids, MI: Eerdmans Publishing Co., 2004, v. XIV, p. 128-135.

LISOWSKY, G. *Konkordanz zum Hebräischen Altes Testament*. Stuttgart: Deutsche Bibelgesellschaft, 1993.

LIVERANI, M. *Para além da Bíblia:* História antiga de Israel. São Paulo: Loyola; Paulus, 2008.

LIWAK, R. תָּפַשׂ. In: RINGGREN, H.; FABRY, H.-J.; BOTTERWECK, G. J. (Eds.). *Theological Dictionary of the Old Testament.* Grand Rapids, MI: Eerdmans Publishing Co., 2006, v. XV, p. 745-753.

LOPASSO, V. La Vocazione del sacerdote in Malachia 1,6–2,9. *Liber Annuus Studium Biblicum Franciscanum,* n. 66, p. 25-36, 2017.

MAASS, F. חָתַת. In: RINGGREN, H.; FABRY, H.-J.; BOTTERWECK, G. J. (Eds.). *Theological Dictionary of the Old Testament.* Grand Rapids, MI: Eerdmans Publishing Co., 1986, v. V, p. 277-283.

MAASS, F. טהר. In: JENNI, E.; WESTERMANN, C. (Eds.). *Diccionario Teologico Manual del Antiguo Testamento.* Madrid: Ediciones Cristiandad, 1978, v. 1, p. 895-902.

MACCHI, J.-D. Le thème du "jour de YHWH" dans les XII petits prophètes In: VERMEYLEN, J. (Ed.). *Les prophètes de la Bible et la fin des temps.* Paris: Les Éditions du Cerf, 2010, p. 146-181.

MACINTOSH, A. A. A consideration of Hebrew גַּעַר. *Vetus Testamentum,* n. 19, p. 471-479, 1969.

MALCHOW, B. V. The Messenger of the Covenant in Mal 3:1. *Journal of Biblical Literature,* v. 103, p. 252-255, 1984.

MALONE, A. S. Is the Messiah announced in Malachi 3:1? *Tyndale Bulletin,* n. 57, v. 2, p. 215-228, 2006.

McCOMISKEY, T.E. (Ed.). *The Minor Prophets:* An Exegetical and Expository Commentary. Grand Rapids. MI: Baker Academic, 1992.

McKENZIE, S. L.; WALLACE, H. N. Covenant Themes in Malachi. *Catholic Biblical Quaterly,* v. 45, p. 549-563, 1983.

MEINHOLD, A. *Maleachi.* Düsseldorf. Neukirchener Verlag, 2006.

MORROW, W. Memory and Socialization in Malachi 2:17–3:5. In: BEN ZVI, E.; LEVIN, C. *Remembering and Forgetting in Early Second Temple Judah.* Tübingen: Mohr Siebeck, 2012, p. 125-142.

NEHER, A. *Prophètes et Prophecie: L'essence du prophètisme.* Paris: Editions Payot & Rivages, 1995.

NEUSNER, J. (trad.). *The Babylonian Talmud.* V. 5, Peabody, Massachusetts: 2011.

NICCACCI, A. Poetic Syntax and Interpretation of Malachi. *Liber Annuus Studium Biblicum Franciscanum,* n. 51, p. 55-107, 2001.

NORTH, F. S. Aaron's Rise in Prestige. *Zeitschrift für die Alttestamentliche Wissenschaft,* v. 66, n. 3-4, p. 191-199, 1954.

NOTH, M. *Könige.* Neukirchen-Vluyn: Neukirchener Verlag, 1968. BK IX/1.

NURMELA, R. *The Levites.* Georgia: Scholar Press, 1998.

O'BRIEN, J. M. *Priest and Levite in Malachi.* Atlanta: Scholars Press, 1990.

O'BRIEN, J. *Nahum, Habakkuk, Zephaniah, Haggai, Zechariah, Malachi.* Nashville: Abingdon Press, 2004.

OLIVEIRA, T. C. S. A. *Os Bezerros de Arão e Jeroboão:* Uma verificação da relação intertextual entre Ex 32,1-6 e 1 Rs 12,26-33. Rio de Janeiro, 2010, 163p. Tese de Doutorado. Faculdade de Teologia, Pontifícia Universidade Católica do Rio de Janeiro.

OLYAN, S. Zadok's Origins and the Tribal Politics of David. *Journal of Biblical Literature*, v. 2, n. 101, p. 177-193, 1982.

OSWALT, J. N. *O livro de Isaías:* capítulos 40-66. São Paulo: Cultura Cristã, 2011.

OTTOSSON, M. הֵיכָל. In: RINGGREN, H.; FABRY, H.-J.; BOTTERWECK, G. J. (Eds.). *Theological Dictionary of the Old Testament.* Grand Rapids, MI: Eerdmans Publishing Co., 1978, v. III, p. 382-388.

OTZEN, B. חָתַם. In: RINGGREN, H.; FABRY, H.-J.; BOTTERWECK, G. J. (Eds.). *Theological Dictionary of the Old Testament.* Grand Rapids, MI: Eerdmans Publishing Co., 1986, v. V, p. 263-269.

PAUTREL, R. Malachie. In: CAZELLES, H.; FEUILLET, A. *Dictionnaire de la Bible:* Supplément. Paris: Letouzey & Ané, 1985, v. 5, p. 739-746.

PAZDAN, M. M. *I Libri di Gioele, Abdia, Aggeo, Zaccaria, Malachia.* Brescia: Queriniana, 1996.

PETERSEN, D. L. *Zechariah 9-14 and Malachi: a Commentary.* Louisville, Kentucky: Westminster John Knox Press, 1995.

PETERSEN, D. L. Eschatology (OT). In: FREEDMAN, D. N. (Ed.). *The Anchor Bible Dictionary.* New York: Doubleday, 1992, v. 2, p. 575-579.

PFEIFFER, E. Die Disputationsworte im Buche Maleachi: Ein Beitrag zur formgeschichtlichen Struktur. *Evangelische Theologie,* n. 19, p. 546-568, 1959.

PONTIFÍCIA COMISSÃO BÍBLICA. *A Interpretação da Bíblia na Igreja.* São Paulo: Paulinas, 2000.

PRESSEL, W. *Commentar zu den Schriften der Propheten Haggai, Sacharja und Maleachi.* Gotha: Gustav Schloessmann, 1870.

PREUSS, H. D. בּוֹא. In: RINGGREN, H.; FABRY, H.-J.; BOTTERWECK, G. J. (Eds.). *Theological Dictionary of the Old Testament.* Grand Rapids, MI: Eerdmans Publishing Co., 1975, v. II, p. 20-49.

PREUSS, H. D. גִּלּוּלִים. In: RINGGREN, H.; FABRY, H.-J.; BOTTERWECK, G. J. (Eds.). *Theological Dictionary of the Old Testament.* Grand Rapids, MI: Eerdmans Publishing Co., 1997, v. III, p. 1-5.

REHM, M. Levites and Priests. In: FREEDMAN, D. N. (Ed.). *The Anchor Bible Dictionary.* New York: Doubleday, 1992, v. 4, p. 297-310.

REIF, S. C. A note on גָּעַר. *Vetus Testamentum,* n. 21, p. 241-244, 1971.

RENKER, A. *Die Tora bei Maleachi.* Freiburg: Herder, 1979.

REVENTLOW, H. G. *Die Propheten Haggai, Sacharja uns Maleachi.* Göttingen: Vandenhoeck & Ruprecht, 1993.

REYNOLDS, C. B. *Malachi and the Priesthood.* Yale University, 1993. Tese de Doutorado, 189p.

RINGGREN, H. et al. חָיָה. In: RINGGREN, H.; FABRY, H.-J.; BOTTERWECK, G. J. (Eds.). *Theological Dictionary of the Old Testament.* Grand Rapids, MI: Eerdmans Publishing Co., 1980, v. IV, p. 324-344.

RINGGREN, H. אָח. In: RINGGREN, H.; FABRY, H.-J.; BOTTERWECK, G. J. (Eds.). *Theological Dictionary of the Old Testament.* Grand Rapids, MI: Eerdmans Publishing Co., 1977, v. I, p. 188-193.

RINGGREN, H. מהר. In: RINGGREN, H.; FABRY, H.-J.; BOTTERWECK, G. J. (Eds.). *Theological Dictionary of the Old Testament.* Grand Rapids, MI: Eerdmans Publishing Co., 1997, v. VIII, p. 138-142.

RINGGREN, H. נָגַשׁ. In: RINGGREN, H.; FABRY, H.-J.; BOTTERWECK, G. J. (Eds.). *Theological Dictionary of the Old Testament.* Grand Rapids, MI: Eerdmans Publishing Co., 1998, v. IX, p. 215-219.

RINGGREN, H. נָטָה. In: RINGGREN, H.; FABRY, H.-J.; BOTTERWECK, G. J. (Eds.). *Theological Dictionary of the Old Testament.* Grand Rapids, MI: Eerdmans Publishing Co., 1998. v. IX. p. 381-387.

RINGGREN, H. עָמַד. In: RINGGREN, H.; FABRY, H.-J.; BOTTERWECK, G. J. (Eds.). *Theological Dictionary of the Old Testament.* Grand Rapids, MI: Eerdmans Publishing Co., 2001, v. XI, p. 178-187.

RINGGREN, H; LEVINE, B. מִצְוָה. In: RINGGREN, H.; FABRY, H.-J.; BOTTERWECK, G. J. (Eds.). *Theological Dictionary of the Old Testament.* Grand Rapids, MI: Eerdmans Publishing Co., 1974, v. VIII, p. 505-514.

ROBINSON, A. God: The Refiner of Silver. *Catholic Biblical Quaterly,* v. IX, n. 2, p. 118-190, 1949.

ROWLEY, H. H. Zadok and Nehushtan. *Journal of Biblical Literature,* n. 58, p. 113-141, 1939.

RÜTERSWÖRDEN, U. שָׁמַע. In: RINGGREN, H.; FABRY, H.-J.; BOTTERWECK, G. J. (Eds.). *Theological Dictionary of the Old Testament.* Grand Rapids, MI: Eerdmans Publishing Co., 2006, v. XV, p. 253-279.

SACCHI, P. *Historia del Judaísmo en la época del Segundo Templo.* Madrid Editorial Trotta, 2004.

SAEBO, M. צָרַף. In: RINGGREN, H.; FABRY, H.-J.; BOTTERWECK, G. J. (Eds.). *Theological Dictionary of the Old Testament.* Grand Rapids, MI: Eerdmans Publishing Co., 2003, v. XII, p. 475-480.

SAWYER, J. F. A., תעה. In: JENNI, E.; WESTERMANN, C. (Eds.). *Diccionario Teologico Manual del Antiguo Testamento.* Madrid: Ediciones Cristiandad, 1978, v. II, p. 1322-1324.

SCALABRINI, P. R. Il messaggero del Signore (Ml 2,17–3,5). *Parole di Vita,* n. 6, p. 35-41, nov./dez. 2009.

SCHART, A. *Maleachi.* Stuttgart: Kohlhammer, 2019.

SCHMIDT, W. H.; BERGMAN, J.; LUTZMANN, H. דָּבָר. In: RINGGREN, H.; FABRY, H.-J.; BOTTERWECK, G. J. (Eds.). *Theological Dictionary of the Old Testament.* Grand Rapids, MI: Eerdmans Publishing Co., 1997, v. III, p. 84-125.

SCHOORS, A. The Particle כִּי. In: VAN DER WOUDE, A. S. *Remembering all the way.* Leiden: Brill, 1981, p. 240-276.

SCHOTTROF, W. שׂכח. In: JENNI, E.; WESTERMANN, C. (Eds.). *Diccionario Teologico Manual del Antiguo Testamento.* Madrid: Ediciones Cristiandad, 1978, v. II, p. 1127-1135.

SCHOTTROFF, W. פקד. In: JENNI, E.; WESTERMANN, C. (Eds.). *Diccionario Teologico Manual del Antiguo Testamento.* Madrid: Ediciones Cristiandad, 1978, v. II, p. 589-613.

SCHOTTROFF, W. ידע. In: JENNI, E.; WESTERMANN, C. (Eds.). *Diccionario Teologico Manual del Antiguo Testamento.* Madrid: Ediciones Cristiandad, 1978, v. I, p. 942-967.

SCHREINER, J. פָּנֶה. In: RINGGREN, H.; FABRY, H.-J.; BOTTERWECK, G. J. (Eds.). *Theological Dictionary of the Old Testament.* Grand Rapids, MI: Eerdmans Publishing Co., 2001, v. XI, p. 578-585.

SCHULLER, E. M. Malachi. In: ALEXANDER, N. M. *New Interpreter's Bible.* Nashville: Abingdon Press, 1996, v. 7, p. 843-877.

SCHULT, H. שׁמע. In: JENNI, E.; WESTERMANN, C. (Eds.). *Diccionario Teologico Manual del Antiguo Testamento.* Madrid: Ediciones Cristiandad. 1978, v. II, p. 1221-1231.

SCHUNCK, K.-D. בָּמָה. In: RINGGREN, H.; FABRY, H.-J.; BOTTERWECK, G. J. (Eds.). *Theological Dictionary of the Old Testament.* Grand Rapids, MI: Eerdmans Publishing Co., 1977, v. II, p. 139-145.

SCHWERTNER, S. סוּר. In: JENNI, E.; WESTERMANN, C. (Eds.). *Diccionario Teologico Manual del Antiguo Testamento.* Madrid: Ediciones Cristiandad, 1978, v. II, p. 198-200.

SCORALICK, R. Priester als "Boten" Gottes (Mal 2,7)? In: LUX, R.; SCHNELLE, U., *Die unwiderstehliche Wahrheit:* Studien zur alttestamentlichen Prophetie. Leipzig: Evangelische Verlagsanstalt, 2006, p. 415-430.

SERAFINI, F. *L'Alleanza Levitica:* Studio sulla *berît* di Dio con i sacerdote leviti nell'Antico Testamento. Assisi: Cittadella Editrice, 2006.

SICRE DIAZ, J. L. *Josué.* Navarra: Editorial Verbo Divino, 2002.

SIEGFRIED, W. בָּקַשׁ. In: RINGGREN, H.; FABRY, H.-J.; BOTTERWECK, G. J. (Eds.). *Theological Dictionary of the Old Testament.* Grand Rapids, MI: Eerdmans Publishing Co., 1975, v. II, p. 229-241.

SILVA FILHO, P. S. *Ml 3.13-21 no conjunto dos Doze Profetas.* Rio de Janeiro, 2006, 265p. Tese de Doutorado. Faculdade de Teologia, Pontifícia Universidade Católica do Rio de Janeiro.

SILVA, C. M. D. Deuteronômio, portal da História Deuteronomista. *Teocomunicação,* v. 42, n. 1, p. 37-49, 2012.

SIMIAN-YOFRE, H. Diacronia: os métodos histórico-críticos. In: SIMIAN-YOFRE, H. (Org.). *Metodologia do Antigo Testamento.* São Paulo: Loyola, 1994, p. 73-108.

SIQUEIRA, F. S. *Ml 1,6-14:* A crítica profética ao culto do segundo Templo e sua justificativa sob o aspecto teológico. Rio de Janeiro, 2013, 133p. Dissertação de Mestrado. Faculdade de Teologia, Pontifícia Universidade Católica do Rio de Janeiro.

SKRINJAR, A. Angelus Testamenti. *Verbum Domini,* v. 14, p. 40-48, 1934.

SMITH, R. L. *Micah-Malachi.* Nashville, Tennessee: Thomas Nelson, 1984.

SNIJDERS, L. A.; FABRY, H.-J., מָלֵא. In: RINGGREN, H.; FABRY, H.-J.; BOTTERWECK, G. J. (Eds.). *Theological Dictionary of the Old Testament*. Grand Rapids, MI: Eerdmans Publishing Co., 1997, v. III, p. 297-308.

SNYMAN, S. D. *Malachi*. Historical Commentary on the Old Testament. Leuven: Peeters, 2015.

SNYMAN, S. D. Once again: Investigating the Identity of the Three Figures Mentioned in Malachi 3:1. *Verbum et Ecclesia*, v. 3, n. 27, p. 1031-1044, 2006.

SOGGIN, J. A. *Storia d'Israele*. 2. ed. Brescia: Paideia Editrice, 2002.

SOGGIN, J. A. שׁוּב. In: JENNI, E.; WESTERMANN, C. (Eds.). *Diccionario Teologico Manual del Antiguo Testamento*. Madrid: Ediciones Cristiandad. 1978, v. II, p. 1110-1118.

STÄHLI, H. P. ירא. In: JENNI, E.; WESTERMANN, C. (Eds.). *Diccionario Teologico Manual del Antiguo Testamento*. Madrid: Ediciones Cristiandad. 1978, v. I, p. 1051-1068.

STENDEBACH, F. J. שָׁלוֹם. In: RINGGREN, H.; FABRY, H.-J.; BOTTERWECK, G. J. (Eds.). *Theological Dictionary of the Old Testament*. Grand Rapids, MI: Eerdmans Publishing Co., 2006, v. XV, p. 13-49.

STERN, E. *Archaeology of the Land of the Bible*. Volume II: The Assyrian, Babylonian and Persian Periods (732-332 a.C.). New Haven: Yale University Press, 2001.

STOEBE, H. J. רַע. In: JENNI, E.; WESTERMANN, C. (Eds.). *Diccionario Teologico Manual del Antiguo Testamento*. Madrid: Ediciones Cristiandad, 1978, v. II, p. 999-1010.

STOEBE, H. J. רפא. In: JENNI, E.; WESTERMANN, C. (Eds.). *Diccionario Teologico Manual del Antiguo Testamento*. Madrid: Ediciones Cristiandad, 1978, v. II, p. 1010-1017.

STOLZ, F. אֵשׁ. In: JENNI, E.; WESTERMANN, C. (Eds.). *Diccionario Teologico Manual del Antiguo Testamento*. Madrid: Ediciones Cristiandad, 1978, v. 1, p. 363-369.

STOLZ, F. נשׂא. In: JENNI, E.; WESTERMANN, C. (Eds.). *Diccionario Teologico Manual del Antiguo Testamento*. Madrid: Ediciones Cristiandad, 1978, v. II, p. 149-159.

SWEENEY, M. A. *The Twelve Prophets*, v. 2. Collegeville, Minnesota: The Liturgical Press, 2000.

SWETNAM, J. Malachi 1:11: An Interpretation. *Catholic Biblical Quaterly*, v. 31, n. 2, p. 200-209, 1969.

TATE, M. E. Questions for Priests and People in Malachi 1,2 -2,16. *Review & Expositor*, n. 84, p. 391-407, 1987.

TAYLOR, R. A.; CLENDENEN, E. R. *Haggai, Malachi*. Nashville, Tennessee: B & H Publishing Group, 2004.

THIEL, W. פִּתְאֹם. In: RINGGREN, H.; FABRY, H.-J.; BOTTERWECK, G. J. (Eds.). *Theological Dictionary of the Old Testament*. Grand Rapids, MI: Eerdmans Publishing Co., 2003, v. XII, p. 160-162.

TIEMEYER, L. S. *Priestly Rites and Prophetic Rage*. Tübingen: Mohr Siebeck, 2006.

TSEVAT, M. חָמַל. In: RINGGREN, H.; FABRY, H.-J.; BOTTERWECK, G. J. (Eds.). *Theological Dictionary of the Old Testament*. Grand Rapids, MI: Eerdmans Publishing Co., 1980, v. IV, p. 470-472.

ULRICH, E. et al. Qumran Cave 4 X: The Prophets. *Discoveries in the Judaean Desert*, v. XV. Oxford: Clarendon Press, 1997.

UTRINI, H. C. S. *Is 56,1-8:* A visão acerca do estrangeiro na comunidade pós-exílica. Rio de Janeiro, 2006, 86p. Dissertação de Metrado. Faculdade de Teologia, Pontifícia Universidade Católica do Rio de Janeiro.

VAN DER WOUDE, A. S. Der Engel des Bundes: Bemerkungen zu Maleachi 3,1c und seinem Kontext. In: JEREMIAS, J.; PERLITT, L. (Orgs.). *Die Botschaft und die Boten:* Festschrift für Hans Walter Wolff zum 70. Geburtstag. Neukirchen-Vluyn: Neukirchener Verlag, 1981, p. 289-300.

VAN DER WOUDE, A. S. שֵׁם. In: JENNI, E.; WESTERMANN, C. (Eds.). *Diccionario Teologico Manual del Antiguo Testamento.* Madrid: Ediciones Cristiandad, 1978, v. II, p. 1173-1207.

VAN HOONACKER, A. *Les Douze Petit Prophètes.* Paris: Gabalda, 1908.

VAN LEEUWEN, C. עַד. In: JENNI, E.; WESTERMANN, C. (Eds.). *Diccionario Teologico Manual del Antiguo Testamento.* Madrid: Ediciones Cristiandad, 1978, v. II, p. 273-287.

VAN PELT, M. V.; KAISER, W. C. חָתַת. In: VANGEMEREN, W. A. (Org.). *Novo Dicionário Internacional de Teologia e Exegese do Antigo Testamento.* São Paulo: Cultura Cristã, 2011, v. 2, p. 330-332

VAN PELT, M. V.; KAISER, W. C. ירא. In: VANGEMEREN, W. A. *Novo Dicionário de Teologia e Exegese do Antigo Testamento.* São Paulo: Editora Cultura Cristã, 2011, v. 2, p. 526-532.

VANHOYE, A. *Sacerdotes Antigos e Sacerdote Novo: Segundo o Novo Testamento.* São Paulo: Loyola; Academia Cristã, 2007.

VANONI, G. שִׂים. In: RINGGREN, H.; FABRY, H.-J.; BOTTERWECK, G. J. (Eds.). *Theological Dictionary of the Old Testament.* Grand Rapids, MI: Eerdmans Publishing Co., 2004, v. XIV, p. 89-112.

VERHOEF, P. A. *The Books of Haggai and Malachi.* Grand Rapids, MI: Eerdmans, 1987.

VETTER, D. ראה. In: JENNI, E.; WESTERMANN, C. (Eds.). *Diccionario Teologico Manual del Antiguo Testamento.* Madrid: Ediciones Cristiandad, 1978, v. II, p. 871-883.

VETTER, D. שחת. In: JENNI, E.; WESTERMANN, C. (Eds.). *Diccionario Teologico Manual del Antiguo Testamento.* Madrid: Ediciones Cristiandad, 1978, v. II, p. 1118-1123.

VIANÈS, L. L'Épaule comme part des Lévites: Le Rouleau du Temple et Ml 2,3. *Revue Biblique,* n. 1, p. 512-521, 1997.

VIANÈS, L. *La Bible d'Alexandrie:* Malachie. Paris: Les Éditions Du Cerf, 2011.

VIANÈS, L. Lévites fautifs et prêtre parfait dans la LXX de Malachie 2,3-9. In: KRAUS, W.; MUNNICH, O. (Org.). *La Septante en Allemagne et en France.* Fribourg: Academid Press; Göttingen: Vandenhoeck & Ruprecht, 2009.

VON BULMERINCQ, A. *Kommentar zum Buche Maleachi.* Tartu: Krüger, 1932.

VON SCHNUTENHAUS, F. Das Kommen und Erscheinen Gottes im Alten Testament. *Zeitschrift für die Alttestamentliche Wissenschaft,* v. 76, p. 1-22, 1964.

VON WALLIS, G. Wesen und Struktur der Botschaft des Maleachis. In: MAASS, Fritz (Org.). *Das Ferne und Nahe Wort:* Festschrift Leonhard Rost zur Vollendung seines 70. Lebensjahres. Berlin: Verlag Alfred Töpelman, 1967, p. 229-237.

VUILLEUMIER, R. Malachie. In: AMSLER, S. et alii. *Commentaire de L'Ancien Testament*, v. XIc, Paris: Delachaux & Niestlé Éditeurs, 1981.

WAGNER, S., יָרָה III. In: RINGGREN, H.; FABRY, H.-J.; BOTTERWECK, G. J. (Eds.). *Theological Dictionary of the Old Testament*. Grand Rapids, MI: Eerdmans Publishing Co., 1990, v. VI, p. 339-347.

WALLACE, H. N. Covenant Themes in Malachi. *Catholic Biblical Quaterly*, v. 45, n. 1, p. 549-563, 1983.

WALLIS, G.; BERGMAN, J.; HALDAR, A. O. אָהַב. In: RINGGREN, H.; FABRY, H.-J.; BOTTERWECK, G. J. (Eds.). *Theological Dictionary of the Old Testament*. Grand Rapids, MI: Eerdmans Publishing Co., 1990, v. I, p. 99-118.

WEINFELD, M. *Deuteronomy and Deuteronomic School*. Winona Lake, Indiana: Eisenbrauns, 1992.

WEINFELD, M. כָּבוֹד. In: RINGGREN, H.; FABRY, H.-J.; BOTTERWECK, G. J. (Eds.). *Theological Dictionary of the Old Testament*. Grand Rapids, MI: Eerdmans Publishing Co., 1995, v. VII, p. 22-38.

WELLHAUSEN, J. *Prolegomena to the History of Israel*. Cambridge: University Press, 2013.

WENHAM, G. J. *The Book of Leviticus*. Grand Rapids, MI: Eerdmans, 1979.

WESTERMANN, C. *Basic Forms of Prophetic Speech*. Philadelphia: Westminster Press, 1967.

WESTERMANN, C. *Isaiah 40-66*. Philadelphia: Westminster Press, 1969.

WEYDE, K. W. *Prophecy and Teaching:* Prophetic Authority, Form Problems, and the Use of Traditions in the Book of Malachi. Berlin; New York: Walter de Gruyter, 2000.

WEYDE, K. W. The Priests and the Descendants of Levi in the Book of Malachi. *Acta Theologica*, v. 1, p. 238-253, 2015.

WHITELAM, K. W. King and Kingship. In: FREEDMAN, D. N. *Anchor Yale Bible Dictionary*. New Haven: Yale University Press, 2008, v. IV, p. 40-48.

WIELENGA, B. Eschatology in Malachi: The Emergence of a Doctrine. *In Luce Verbi*, n. 50, v. 1, p. 1-10, 2016.

WILDBERGER, H. אמן. In: JENNI, E.; WESTERMANN, C. (Eds.). *Diccionario Teologico Manual del Antiguo Testamento*. Madrid: Ediciones Cristiandad. 1978, v. I, p. 276-319.

WILDBERGER, H. בחר. In: JENNI, E.; WESTERMANN, C. (Eds.). *Diccionario Teologico Manual del Antiguo Testamento*. Madrid: Ediciones Cristiandad. 1978, v. I, p. 406-439.

WILLI-PLEIN, I. *Haggai, Sacharja, Maleachi*. Zürich: TVZ, 2007.

WILLI-PLEIN, I. *Sacrifício e culto no Israel do Antigo Testamento*. São Paulo: Loyola, 2001.

WOLFF, H. W. *Hosea*. Philadelphia: Fortress Press, 1974.

ZIMMERLI, W. *Ezekiel*, v. 2. Philadelphia: Fortress Press, 1983.

ZOBEL, H.-J. *Stammesspruch und Geschichte:* Die Angaben der Stammessprüche von Gen 49, Dtn 33 und Jdc 5 über die politischen und kultischen Zustände im damaligen Israel. Berlin: De Gruyter, 1965. BZAW 95.

Posfácio

De início, manifesto minha alegria em poder fazer o Posfácio desta obra do Prof. Fabio da Silveira Siqueira, intitulada *Ml 2,1-9 e 2,17–3,5: Crise do Sacerdócio e Escatologia no séc. V a.C.*, fruto de seus estudos em vista do Doutorado junto ao PPG em Teologia da PUC-Rio e que, por sua relevância, valor da pesquisa e temática, recebeu a "Menção Honrosa CAPES Tese 2020".

Esta obra vem trazer significativas colaborações para o estudo e o conhecimento da Palavra de Deus, especialmente no que diz respeito Antigo Testamento, como os temas do profetismo, da monarquia e do culto nas Sagradas Escrituras, sendo este último um de seus grandes temas, seja no Deuteronômio e na literatura por ele influenciada, como é o caso do profetismo em geral, e no conhecimento das Instituições do antigo Israel. As palavras-chave indicadas pelo autor já nos mostram o valor e a magnitude da obra: livro de Malaquias, culto, templo, sacerdócio, escatologia, profetismo, período pós-exílico.

Malaquias é o último dos Profetas Menores e igualmente o último livro no arranjo do Cânon Bíblico do Antigo Testamento. Um texto pequeno, com apenas três capítulos e com um conteúdo marcado por temáticas ligadas ao culto, ao sacerdócio, ao Templo, ao Dízimo e ao Dia do Senhor. São temas que encontramos em outros livros proféticos, mas não com as mesmas características e intensidade. Neste sentido, Malaquias oferece uma singular colaboração para entender a crise do sacerdócio e a escatologia no séc. V a.C., corte histórico aqui estabelecido.

Já no início da obra, percebe-se que seu objetivo foi bem traçado e o escopo alcançado: "estudar o modo como se relacionam, no profeta Malaquias, a crise do sacerdócio, descrita de modo particular em 2,1-9, e a perspectiva escatológica apresentada em 2,17–3,5". O fio condutor da narrativa se dá a partir de uma perspectiva salvífica, em que YHWH quer purificar seus sacerdotes e restabelecer o culto, segundo seu justo desígnio e função, a partir da leitura do profeta Malaquias, especialmente das duas perícopes que o autor analisa em conjunto: Ml 2,1-9 e 2,17–3,5. Aliás, sua análise exegética dos textos, a partir do emprego das etapas e passos do Método Histórico Crítico, conjugando-o com a análise sincrônica e considerando cada uma das perícopes em sua forma final e canônica, apresenta uma grande colaboração à exegese bíblica. Todo o estudo mostra a crise do sacerdócio e a misericórdia de YHWH, que, como verdadeiro protagonista, vai "purificando os sacerdotes e restabelecendo o culto na sua integridade e, depois, atuando como 'testemunha' contra os que não o temem".

Em sua introdução, o autor trabalha os dados preliminares para a delimitação do tema e campo da pesquisa. É sempre bom ter presente que uma intuição precisa ser checada e colocada à prova. Neste caso, o otimismo da vontade precisa ser colocado à prova diante do pessimismo da ciência acadêmica. É necessário desconfiar da intuição e levantar uma pesquisa a fim de se comprovar a possibilidade ou não de se prosseguir no caminho desejado ou mudar de rota. Para isso serve o *Status Quaestionis*, que vai ajudar a checar os objetos material e formal, a esclarecer a hipótese e o objetivo, a estabelecer o roteiro a ser seguido e o método a ser empregado nos estudos a fim de se trilhar um bom caminho e se chegar a bom termo. Isso ele faz com maestria nesta primeira parte de seu trabalho. Aliás, o próprio autor afirma que a partir de seu *Status Quaestionis* ele pode perceber que "faltam estudos que correlacionem melhor a crítica ao sacerdócio (Ml 2,1-9) à perspectiva salvífica de Ml 2,17–3,5". E seu trabalho procurou "não somente elucidar a correlação entre a crise do sacerdócio e a perspectiva escatológica de Malaquias, mas, também, pôr em destaque os elementos que permitiriam caracterizar Ml 2,17–3,5 como um enunciado escatológico", trazendo uma grande colaboração para a temática da crise do sacerdócio e da perspectiva salvífica de YHWH que quer purificar seus sacerdotes e restaurar a integridade do culto. Tema de grande relevância e atualidade ainda hoje.

Em seguida, o autor trabalha o tema do "sacerdócio israelita em tempos do Antigo Testamento", onde analisa a terminologia e as funções dos sacerdotes e dos levitas, o panorama histórico da instituição sacerdotal no Antigo Testamento, passando pelos vários momentos históricos antes e durante do Primeiro Templo, o período do Segundo Templo, o sacerdócio antes do exílio e a hierarquia sacerdotal no pós-exílio, focando também nas reformas de Josias e de Ezequiel, passando pela figura do sumo sacerdote e não se esquecendo da figura do rei diante do culto, visto que a monarquia tem um papel importante na missão dos profetas e das classes sacerdotais.

Dado esse passo, o autor realiza a análise exegética das duas perícopes por ele propostas como objeto material para sua pesquisa: Ml 2,1-9 e 2,17–3,5. Para cada perícope ele apresenta uma tradução, notas à tradução e crítica textual, delimitação e unidade textual, aplica os vários passos do Método Histórico Crítico, como a crítica da redação, da forma e gênero literário. Tudo isso, para entrar na exegese do texto, buscando chegar a uma Teologia Bíblica das duas perícopes, tendo sempre presente o objeto formal indicado para conduzir seu trabalho: "Crise do Sacerdócio e Escatologia no séc. V a.C.", a partir da ótica da Aliança de YHWH que quer restaurar o verdadeiro culto, em sua integridade, e revalorizar o Templo, lugar escolhido para sua morada entre os homens. Para tanto, YHWH não tem dúvidas que precisa purificar seus sacerdotes, a partir de sua ótica salvífica de misericórdia, pensando no bem de todo o seu povo. Diante disso, o autor dá um passo importante e apresenta um desdobramento significativo de seu trabalho, ou seja, a temática "Juízo e purificação: a perspectiva escatológica de Ml 2,17–3,5 e seu pressuposto (Ml 2,1-9)", com uma belíssima análise sobre o sentido do termo escatologia aplicado ao profetismo, discurso de ameaça de Ml 2,1-9, como pressuposto de Ml 2,17–3,5, a crítica ao sacerdócio, as causas da crise denunciada pelo profeta, a ameaça de YHWH, Ml 2,17–3,5 e seus aspectos escatológicos, e conclui com a inter-relação de Ml 2,1-9 e Ml 2,17–3,5 no contexto do livro e do profeta. Aqui se entende porque o autor escolheu os dois textos e os confrontou, a fim de analisar a temática proposta para sua pesquisa, indicando que "a purificação redunda em benefício não só para a instituição sacerdotal em si, mas também para o conjunto do povo". Vê-se, então, que o juízo, na perspectiva de Malaquias, não é condenatório, mas se abre para a escatologia, desenvolvendo a possibilidade de uma renovação da Aliança entre YHWH e seu povo, tendo os sacerdotes como seus mediadores.

As conclusões da presente obra trazem alguns aspectos muito interessantes tanto do objeto material (*Ml 2,1-9 e 2,17–3,5*) e do objeto formal (*Crise do Sacerdócio e Escatologia no séc. V a.C.*) como de aspectos históricos acerca de Malaquias e o sacerdócio, análise dos textos e aspectos semânticos das duas perícopes, a correlação entre elas, avaliação do caráter escatológico de Ml 2,17–3,5. Se não bastasse tudo isso, deixa espaço para perspectivas abertas, que ainda precisam ser melhor trabalhadas. Esta porta aberta para futuros estudos e novas pesquisas, constitui-se numa oportunidade para se avançar no caminho indicado por este trabalho, sobremaneira pelo fato de que as funções sacerdotais permanecem mesmo no pós-exílio: a cultual e o ensino. Mais ainda, o sacerdote é visto e tido como guardião e dispensador da "instrução" e do "conhecimento". Para tanto, a obra também apresenta excelente bibliografia a ser consultada para ulteriores estudos, a qual foi usada como fontes bibliográficas para a presente pesquisa. Para facilitar ainda mais, traz ainda três índices: de autores citados, de expressões e termos hebraicos, e de textos bíblicos tratados.

A obra nos ajuda a ver a força da presença das instituições do Antigo Testamento, como o profetismo, a monarquia e o culto, seja no Pentateuco seja no Profetismo. Aliás, o autor aponta para o fato de que na "literatura profética, sacerdócio e culto também ocupam um lugar de singular importância", e especial destaque é dado ao Templo, como lugar em que YHWH escolhe para aí fazer "habitar o seu nome" (Dt 12,11). No culto, realizado especialmente no Templo, dá-se a união-comunhão entre YHWH e seu povo, intermediado por seus sacerdotes, que devem ter vida exemplar de retidão e justiça. Justamente isso é que o profeta Malaquias vai denunciar, em consonância com outros profetas como Amós e Oseias. Ademais, aqui vale a pena ressaltar o valor dos livros do Doze Profetas Menores neste sentido. Embora vários deles estejam entre os menores livros do Antigo Testamento, em tamanho, no entanto eles são gigantes no conteúdo, pois nos revelam algumas facetas da fé judaica que não temos nos Profetas Maiores. É importante recordar ainda que os Doze Profetas Menores sempre tiveram especial destaque na tradição judaica a ponto de serem tidos como um único livro. Hoje diríamos que seria um livro de doze capítulos, cada um tratando de um importante tema, mas em unidade com a temática de todo o conjunto do profetismo, como porta voz de YHWH.

A exemplo dos Profetas Maiores, os Profetas Menores denunciam das injustiças cometidas pelos reis e pelos sacerdotes, mas, sobretudo, são muito firmes e contundentes em anunciar a justiça e a paz, em indicar que, apesar de tudo, IHWH quer e vai manter sempre sua Aliança com seu povo. No que tange a essa temática, como nos recorda o autor, por exemplo, "o livro de Ezequiel, embora reconheça os desvios outrora cometidos pelos sacerdotes (Ez 22,26), dedica grande espaço à restauração futura do sacerdócio e do culto (Ez 40-48) que estarão, segundo sua visão, no centro da comunidade restaurada". Em Malaquias, temos uma fonte primária para se tomar conhecimento do modo como o culto era realizado no período do Segundo Templo, especialmente desde sua reconstrução (515 a.C.) até a intervenção de Neemias (445 a.C.), entrando no corte histórico estabelecido pelo autor (séc. V a.C.). Mais ainda, como ele bem ressalta, em Malaquias "a temática do culto e do sacerdócio ocupa quase a totalidade do livro: além das perícopes de Ml 2,1-9 e 2,17–3,5, tal temática é diretamente abordada em Ml 1,6-14, onde os sacerdotes são duramente criticados por apresentarem vítimas impróprias a YHWH e, juntamente com o povo, são amaldiçoados por pretenderem enganar a Deus (Ml 1,14); além disso, encontram-se referências ao culto em Ml 2,10-16, que trata sobre os casamentos mistos, e em Ml 3,6-12, que trata especificamente dos dízimos"

Enfim, esta obra vem preencher uma lacuna nesta área, em língua portuguesa, visto que não temos produção a respeito da "Crise do Sacerdócio e Escatologia no séc. V a.C.", ainda mais sobre a ótica do profeta Malaquias, pouco estudado e nosso meio. Ela servirá como fonte de consulta e para novas pesquisas. Deverá estar em nossas bibliotecas. Sua publicação na Série Teologia PUC-Rio significa justamente que a mesma, sendo disponibilizada ao público em geral, no formato impresso, irá atingir um ambiente universitário, tanto nos seminários, como nas faculdades, seja nos cursos livres, seja nos cursos reconhecidos pelo MEC. Com mais esta obra sendo publicada e disponibilizada a tosos, o PPG em Teologia da PUC-Rio continua oferecendo sua colaboração para o crescimento e fortalecimento da Área 44 da CAPES: Ciências da Religião e Teologia.

Waldecir Gonzaga[867]

---

867. Doutor em Teologia Bíblica pela Pontifícia Universidade Gregoriana, Roma. Diretor e Professor de Teologia Bíblica do Departamento de Teologia da PUC-Rio. Criador e líder do Grupo de Pesquisa junto ao CNPq: Análise Retórica Bíblica Semítica. E-mail: <waldecir@hotmail.com>, Currículo Lattes: http://lattes.cnpq.br/9171678019364477 e ORCID ID: https://orcid.org/0000-0001-5929-382X

Série Teologia PUC-Rio

- *Rute: uma heroína e mulher forte*
Alessandra Serra Viegas

- *Por uma teologia ficcional: a reescritura bíblica de José Saramago*
Marcio Cappelli Aló Lopes

- *O Novo Êxodo de Isaías em Romanos – Estudo exegético e teológico*
Samuel Brandão de Oliveira

- *A escatologia do amor – A esperança na compreensão trinitária de Deus em Jürgen Moltmann*
Rogério Guimarães de A. Cunha

- *O valor antropológico da Direção Espiritual*
Cristiano Holtz Peixoto

- *Mística Cristã e Literatura Fantástica em C. S. Lewis*
Marcio Simão de Vasconcellos

- *A cristologia existencial de Karl Rahner e de Teresa de Calcutá – Dois místicos do século sem Deus*
Douglas Alves Fontes

- *O sacramento-assembleia – Teologia mistagógica da comunidade celebrante*
Gustavo Correa Cola

- *Crise do sacerdócio e escatologia no séc. V a.C. – A partir da leitura de Ml 2,1-9 e 17–3,5*
Fabio da Silveira Siqueira

- *A formação de discípulos missionários – O kerigma à luz da cruz de Antonio Pagani*
Sueli da Cruz Pereira

- *O uso paulino da expressão μὴ γένοιτο em Gálatas – Estudo comparativo, retórico e intertextual*
Marcelo Ferreira Miguel